ANOTHER
WORLD
IS
POSSIBLE

다른 세상은
가능하다

Rhetoric for Radicals: A Handbook for 21st Century Activists by Jason Del Gandio

다른 세상은 가능하다

세상을 바꾸려는 사람들이 갖춰야 할 수사학

초판 1쇄 펴낸날 | 2011년 3월 3일
초판 2쇄 펴낸날 | 2011년 11월 5일

지은이 | 제이슨 델 간디오 **옮긴이** | 김상우
펴낸이 | 이건복 **펴낸곳** | 도서출판동녘

전무 | 정락윤
주간 | 곽종구
책임편집 | 윤현아 **편집** | 이상희 김옥현 박상준 구형민 이미종
영업 | 이상현 **관리** | 서숙희 장하나

인쇄 | 영신사 **제본** | 영신사 **라미네이팅** | 북웨어 **종이** | 한서지업사

등록 | 제 311-1980-01호 1980년 3월 25일
주소 | (413-756) 경기도 파주시 교하읍 문발리 파주출판도시 532-5
전화 | 영업 031-955-3000 편집 031-955-3005 **전송** | 031-955-3009
블로그 | www.dongnyok.com **전자우편** | editor@dongnyok.com

ISBN 978-89-7297-643-1 03300

• 책값은 뒤표지에 있습니다.
• 이 도서의 국립중앙도서관 출판시도서목록(CIP)은 e-CIP 홈페이지(http://www.nl.go.kr/ecip)에서 이용하실 수 있습니다. (CIP제어번호: CIP2011000649)

세 상 을 바 꾸 려 는 사 람 들 이 갖 춰 야 할 수 사 학

다른 세상은 가능하다

RHETORIC FOR RADICALS
A Handbook for 21st Century Activists

제이슨 델 간디오 지음 | 김상우 옮김

동녘

오랫동안 기다려온 활동가들을 위한 책

하종강_ 한울노동문제연구소장

흔히 "달을 보라고 했거늘 손가락만 본다"는 말을 많이 한다. 문제의 본질에 눈을 돌리기보다 사소한 것에 집착해 관심을 가진다는 뜻이다. 우리가 유념해야 할 것은 실제로 많은 사람들이 달보다 손가락을 먼저 본다는 엄연한 사실이다. 그런데 과연 그 손가락에는 아무런 문제가 없었을까? 별로 중요하지 않은 비본질적 방향으로 논쟁이 번져 나가는 모습을 보며 '처음 문제를 지적할 때 그 손가락이 조금 더 깨끗하고 정돈된 모습이었더라면 얼마나 좋았을까?' 싶은 아쉬움을 느낄 때가 많다.

어떤 이가 인터넷 게시판에 경찰의 지나친 폭력적 진압 방식을 고발하는 글을 올리며 "개○○"라는 표현을 사용했다. 그 뒤 곧바로 "경찰이 왜 개○○냐?"는 반박이 올라왔고 그 뒤부터 사람들은 "명령에 따를 뿐인 경찰이 왜 개○○라는 소리를 들어야 하냐?"는 논쟁을 벌이느라고 정작 경찰의 폭력적 진압 방식의 문제점과 피해자들의 억울한 사정에 대해서는 관심을 기울이지 못했다. '처음에 글을 올린 사람이 표현을 조금 절제했더라면 얼마나 좋았을까?' 싶은 아쉬움을 떨치기 어려웠다.

　이러한 일들은 하루에도 수없이 많이 발생한다. 논쟁의 '달인' 경지에 다다른 사람이라면 모르되 본질에 접근하는 투철한 의지를 지속적으로 유지하기 힘든 보통 사람들은 자극적 표현들을 더 오래 기억한다. 이러한 일들이 반복되면 대중의 뇌리에는 사회의 문제점을 지적하는 급진주의자들이 경망스러운 조급증 환자들처럼 각인된다. 영화나 드라마에 나오는 급진주의자들의 캐릭터가 거친 언행을 사용하거나 자의식이 지나친 독불장군으로 묘사되는 경우가 많은 것은 그 때문이다.

　노동자 파업을 소재로 다루는 영화들에서 가족의 생계를 걱정하며 파업 대오에서 빠져 나오는 인물들은 대개 진지하고 인생에 대한 성찰이 깊고 학력과 무관하게 '고뇌하는 지성'의 이미지를 갖고 있는 반면, 파업을 줄기차게 계속하기를 주장하는 사람들은 타인에 대한 배려가 부족하고 직설적 어법을 주로 사용하는 단세포적 인간으로 묘사되는 경우가 많다. 역할을 맡은 배우들도 힘이 잔뜩 들어간 표정 연기로 일관한다. 그러나 실제로는 거의 그렇지 않다는 것이 파업하는 노동자들을 만나는 일을 30년 가까이 해온 사람으로서 얻은 결론이다.

　지방의 낯선 극장에서 의자에 몸을 깊이 묻고 혼자 청승을 떨며 봤던 일본 애니메이션 영화에서도 마찬가지였다. 회색의 깊은 허무주의가 시종일관 분위기를 지배하는 그 영화에서 도시 게릴라들은 대부분 눈꼬리가 치켜 올라간 사나운 얼굴로 그려졌다. 서글서글하거나 부리부리한 눈매를 가진 표정으로 그려진 사람은 거의 없다. 자신들이 바라는 '혁명'을 위해서는 다른 이들의 생명조차 중요하게 여기지 않는 단세포적 사고의 폭력배들처럼 그려졌다. 매일매일의 삶이 긴장의 연속이었을 테니 눈은 좌악 잡아 째졌겠고 수많은 동료들이 붙잡히고 죽어갈 테니 감정은 얼마나 모질어졌을까. 작가나 관객은 그렇게 생각 했을 것이다. 그러니 그 사람들이 그 결단에 이르기까지 역사와 사회 와 인간과 사랑에 대한 수많은 고뇌와 번민으로 밤을 지새웠을 것이라 는 것을 사람들이 어찌 상상할 수 있을까?

파업하는 노동자들을 찾아다니는 일을 직업으로 가진 사람으로 서, 그 일을 30년 가까이 해온 사람으로서 감히 말하건대 현실에서는 거의 그 반대다. 하루에도 수십 번씩 "포기할까? 계속할까?" 마음을 다 잡으면서 파업대오에 남아 있는 사람들의 표정은 대부분 진지하고 인 간미가 넘치고 넉넉하다. 지금 이 시간에도 부산 한진중공업 영도공장 85호 크레인 위에 올라가 홀로 40여 일째 농성을 하고 있는 김진숙 씨 를 보자. 사람들이 스마트폰을 하나 사서 크레인 위로 올려 보냈다. 그 가 트위터에 남긴 수많은 문장 중의 하나다. "이누무 건 약도 빨리 떨 어지구 충전시키기 바쁘이. 근데 갈아 낄 때마다 참 거석헌 게 할딱 베 낄 수밖에 없는 건지. 야도 굴욕감 만만찮을 텐디⋯⋯."

《한겨레》에 김진숙 씨가 기고한 글에 보니 해고된 노동자들의 딸 내미들이 밸런타인데이에 초콜릿을 밧줄에 매달아 크레인에 올려 보 냈다는 얘기가 나왔다. 휴대폰으로 김진숙 씨에게 문자를 보냈다. "제 가 맡기고 온 초콜릿은 밑에서 다 먹어버렸나 봐요." 바로 답이 왔다. "죄송합니다. 수제 초콜릿만 접수를 받아서 선생님이 주신 건 이 외중 에도 초콜릿을 달라고 징징거리는 넘들이 있어서 노나 먹었습니다."

회사 정문에 바리케이트를 쌓거나 경찰과 용역 깡패들의 저지선 을 돌파할 계획을 은밀히 세우는 노동자들은 숱한 영화나 드라마에 나오는 것처럼 격앙된 어조로 말하지 않는다. 그들은 대개 낮은 목소리로 더할 나위 없이 진지하게 말한다. 수배된 동료들을 위해 '안가'를 마련하는 회의를 하는 노동자들이 부릅뜬 눈으로 과장된 손짓을 사용하면서 이야기하는 장면은 상상하는 것조차 불가능하다. 그러나 영화나 드라마에서는 거의 매번 그런 표정과 말씨로 묘사된다. 그 일 속에 직접 몸을 던져본 경험이 없는 많은 사람들에게는 '적'과의 전투에서 쥐어짜듯 날카로운 목소리로 선동하는 노동자들만 보였기 때문이다. 그러니 폭력적으로 드러나는 그 급진적 운동이 실제로는 인생에 대한 한없이 진지한 고민과 역사와 사회에 대한 깊은 성찰의 총체적 결실임을 이해하는 것은 불가능하다.

최근 중동을 뜨겁게 달구고 있는 민주화 요구 투쟁에 관한 언론의 보도들을 보면서도 마찬가지 생각을 했다. 광장을 메우고 있는 사람들 중 앞장 선 이들의 과격한 언행들이 주로 카메라의 세례를 받는다. 그 사람들 중 상당수가 진지한 토론으로 지난밤을 지새우며 다음날의 인원 동원과 집회 내용과 행진 경로에 대한 이야기들을 나누었겠지만 수십만 인파가 모여 뿜어내는 열기만 겉으로 드러날 뿐이다.

《다른 세상은 가능하다》에 주목하는 이유는 대중이 활동가들의 언행과 글을 통해 운동 전체에 대한 자신의 생각을 정리하기 때문이다. 활동가들은 각종 매체에서 자신들이 사용하는 다양한 표현들을 통해 운동의 실체와 진정성을 대중에게 올바로 전달해야 할 책임이 있다. 활동가들에게는 자신이 바른 말을 했다는 만족감보다 그 말이 사람들에게 미치는 올바른 영향이 더욱 중요하지만 때로 우리는 그것을 너무 쉽게 잊는다.

이 글을 쓰고 있던 중, 언론 분야에서 잔뼈가 굵은 후배가 깊은 밤에 트위터에 짧은 글을 올렸다. "돈 까밀로와 뻬뽀네'를 간만에 꺼내 읽다가 한 줄. '말하고 논쟁할 때 문법이나 단어의 잘못을 가지고 적을 공격하는 것은 가장 비열한 짓이다.' 심하게 뜨끔했다." 그러나 실제로 그런 경우가 얼마나 많은가? 《다른 세상은 가능하다》는 이를테면 활동가들이 문법이나 단어의 잘못을 빌미로 공격당하는 일을 줄임으로 써 자신들이 이룩하고 싶은 목표를 달성하는 데에 기여한다는 면에서 중요하다. 이런 책을 오래전부터 기다렸다.

우리는 계속 혁명을 꿈꾸고 실천해야 한다

목수정_《야성의 사랑학》,《뼛속까지 자유롭고 치맛속까지 정치적인》 저자

한동안 혁명은, 다락방에서 먼지를 뒤집어쓴 채 사람들의 꿈의 목록에서 지워져가고 있었다. 그것은 100년 전, 볼셰비키를 연상시키는 고색창연한 어휘가 되어가고 있었다. 바로 어제까지는. 지상에서 가장 반동적인 사회였던, 아랍세계로부터 혁명의 도미노가 밀려오는 지금, 혁명은 세상을 변화시키는 가장 구체적이고, 쉬운 방법으로, 모든 억압받는 사람들이 손에 쥘 수 있는 현실로 다가왔다. 그러나 체제를 전복하는 것보다 더 어려운 것은, 낡고 썩은 생각을 넘어서서 새로운 삶의 조건을 유지시키는 일이다.

체제의 변화 이전에 언어의 변화를 겪으면, 심대하고 지속적인 사회적 변화의 조건이 만들어진다는 의심할 수 없는 사실을 저자는 구체적인 언어로 설득력 있게 전해준다. 세계를 바꾸는 방식은, 창조할 세계의 유형을 좌우할 터이니 혁명이 유행이 된 오늘, 이보다 더 실용적이며 시기 적절한 책은 없을 터이다. 수사를 바꾸면 소통이 바뀌고, 소통을 바꾸면 경험이 바뀌며, 경험을 바꾸면 사람들의 성향이 바뀐다. 성향을 바꾸면, 사회에 섬세한 변화의 조건이 생긴다.

대학에서 커뮤니케이션을 가르치던 저자는, 워싱턴에서 벌어진

세계은행과 국제통화기금에 항의하는 장면을 보면서 분연히 활동가의 길로 들어섰고, 남미에서의 혁명을 목격하면서 혁명이 가능할 뿐 아니라 동시에 필연이라 믿게 된다. 저자는 무엇보다 이 책으로 인해 혁명이 시작됐으면 좋겠다고 적고 있다. 그의 소박하고도 담대한 바람은 나를 곧바로 전염시켰다. 그리고 살아 있는 동안, 우린 계속해서 혁명을 꿈꾸고 실천해야 한다는 사실, "우리의 말이 바로 우리의 무기"라는 사실을 심장 한 켠에 아로새겼다.

다른 세상은 가능하다

만국의 활동가여, 이 책으로 소통하라!

안진걸_ 참여연대 민생희망팀장, 성공회대 'NGO와 사회운동' 강사

《다른 세상은 가능하다》는 짧게 정리하면 '사회변혁'과 '수사·언어'의 책입니다. 저자인 간디오가 변혁가이면서 커뮤니케이션을 가르치는 교수이기에 자신의 두 전공 분야를 통섭해 우리에게 변혁을 위한 훌륭한 지침서를 내놓은 것입니다. "우리의 말이 우리의 무기입니다"(사파티스타 마르코스 부사령관) "가능한 한 혁명적 자세를 유지한 채 다양한 청중의 심금을 울려야 한다. 이 양날의 칼은 급진주의의 생명줄이다" "가장 사랑받는 급진주의자가 가장 훌륭한 소통자"(제이슨 델 간디오)라는 본문의 구절들이 이 책의 문제의식을 가장 잘 드러내고 있습니다.

　우리나라에도 '말 한마디로 천 냥 빚을 갚는다'는 유명한 속담이 있듯이 표현과 소통의 문제는 굉장히 오래된 주제여서 이 책의 주제인 '변혁 활동을 위한 수사학과, 수사법과 커뮤니케이션을 통해 세계를 변화시키는 신급진주의'라는 문제의식과 제안이 낯설지 않습니다. 이 책은 미국 사회변혁의 다양한 사례와 인물들이 수시로 등장하여 전혀 지루하지 않으면서도, 활동가 또는 사회변혁에 조금이라도 관심이 있는 사람들은 누구라도 꼭 읽어볼 만한 내용으로 가득합니다. 저는 이

11

책을 다 읽고 나서, 이렇게까지 사회변혁을 위해 열정적으로 좋은 문제의식을 피력하신 저자에게 감사의 마음이 저절로 생겨났습니다.

우리가 수사라고 하면, '으레 그렇게 하는 화법' 또는 '과장된 표현을 동원한 진부한 설명' 등의 부정적인 뉘앙스를 떠올리겠지만, 원래 수사는 설득하고, 추론하고, 분석하고, 나아가 현실을 창조하는 것을 뜻합니다. 그래서 위에서 언급한 것처럼 "가장 사랑받는 급진주의자가 가장 훌륭한 소통자"라는 것이 이 책의 핵심 메시지입니다. 특히 사회운동에서 좋은 뜻에 비추어 그것을 표현하고 소통하는 수사가 매우 취약한 한국 사회에서 이 책은 특히 많은 시사점을 주고 있습니다. 수사는 단순히 더 나은 표현을 위한 기술적인 문제가 아니라 사회운동의 내용에 못지않은 '소통의 철학' 문제이고, 운동의 성패를 가르는 중대한 변수라는 이 책의 문제의식에 저도 전적으로 공감하게 됐습니다. 우리는 수사나 소통을 아주 부차적인 것으로 여기는 경향이 있습니다. 예를 들어 요즘의 사회운동 집회를 보면, 주최 측의 주장에만 충실한 집회를 만들 뿐이지 집회를 통한 국민대중과의 소통, 메시지, 설득 등은 별로 신경 쓰지 않는 것처럼 보일 때가 많습니다. 이 책의 저자인 간디오 교수가 한국의 집회를 참관한다면, 한국 사회운동의 주요 성명서들을 읽어본다면 틀림없이 낙제점을 줄 것이라고 생각합니다.

이 책에는 노엄 촘스키, 하워드 진, 킹 목사, 말콤 X, 체 게바라, 마르코스, 사울 알린스키, 아룬다티 로이 같은 세계의 저명한 사회운동가들의 활동과 수사가 종종 소개되어 있고《미국민중사》,《급진주의자를 위한 규칙》같이 한국에 잘 알려져 있는 책들에 대한 설명도 종종 나타나 읽는 재미를 더합니다. 또 재미있는 것은 미국의 시민들이 경찰을 비판하며 부르는 은어에서 'pig'를 '짭새'로, 'lobocop'를 '견찰犬察'로 번역한 부분입니다. 권력의 시녀로 전락해 죄 없는 시민들을 잡으러 다니는 것은 미국도 크게 다르지 않기 때문에 이런 은어들이 있는 것이겠죠. 이 책은 '언어'와 '소통'을 매우 중요하게 여기므로 단어 하나하나, 표현 하나하나에도 주의를 기울이라고 끊임없이 충고하고 있습니다.

'급진주의자들을 위한 수사학: 21세기 활동가들을 위한 안내서'라는 원제에서 알 수 있듯이 활동가를 위해 쓰였고, 저자도 그들을 위해서 쓴 책이라고 공공연하게 설명하지만, 관심 있는 시민이라면 누구에게라도 유용한 책입니다. 책에도 나와 있듯이 이제 '중심 없는 네트워크'의 시대, 하트와 네그리가 제시한 '다중'의 시대가 아니던가요. 다수의 차이를 인정하고, 투쟁해나가는 세계 창조 활동을 전개하는 다중의 시대에는 이제 평범한 시민들도 때로는 활동가이고, 때로는 활동가보다 더한 활동가가 될 수 있으므로(지난 2008년 촛불시위를 생각해보세요.) 시민 누구에게라도 유용한 책인 것입니다. 참여민주주의 시대에 주권자 시민들의 필독서라고 해도 손색이 없을 것입니다(다중multitude은 대중, 민중, 노동계급과 어떻게 다른지 이 책에서 확인해보시기 바랍니다).

또 한국 사람들도 혼동하고 있거나 편견을 가지고 있는 부분에 대한 언급도 아주 많이 나와 있어서 고개를 끄덕이게 합니다. '급진과 과격은 동격이 아니다' '말보다는 행동이 아니라 말이 곧 행동이다' '폭력적 혁명이 아닌 수사적 혁명' 등의 서술이 특히 그러합니다. 그래서 저자는 "급진주의자에게는 혁명으로 가는 다른 길이 필요하다. 나는 수사적 노동이 이 요구를 충족한다고 생각한다. 수사가 사회적 변혁에 가장 중요한 요소도 아니고, 이 책이 혁명의 청사진도 아니다. 그러나 수사는 필요한 요소이기에 이 책은 변혁과 혁명으로 나아갈 때 도움을 줄 수 있다. 그 점을 마음에 새기고 모든 이에게 말한다. 만국의 수사가여 단결하라!"고 호소합니다.

"객관적 사실에 호소한다고 언제나 사람들의 마음이 바뀌는 것은 아니라는 것. 견고한 사실을 제시한 다음 사람들의 마음이 움직이지 않는다고 심란해하는" 모든 이들도 이 책을 반드시 읽어봐야 할 것입니다. 바로 그런 답답한 이들을 위해서 이 책은, 수사가 · 수사노동 · 신급진주의 등의 흥미로운 표현들과 함께 변혁과 수사에서 다시 생각해야 할 열 가지 신화, 현대 행동주의 수사학이 지향해야 할 열 가지 테제 등을 끊임없이 제시합니다.

마지막으로, 이 책은 한국 사회운동의 발전을 위해서 쓰여진 것이 아닌가 하는 착각이 들 정도로 우리가 처한 현실, 우리가 겪는 고민과 일맥상통하는 이야기가 많습니다. 그만큼 메시지의 설득력이 높기에 책을 다 읽고 나면 우리부터 변해야겠다는 생각이 불끈 솟아오르게 될 것입니다. 제가 저자에게 '감사의 마음'이 절로 생겨났다는 말이 결코 과장이 아니라는 것을 느끼시게 될 것입니다. 그래서 저자에게 감사의 마음을 다음과 같은 문구로 전해봅니다. "만국의 활동가여, (이 책으로) 소통하라!"

제대로 된 소통이 가능하길 바라며

노회찬_ 진보신당 전 대표

역사가 문자로 기록되기 시작한 이래 인간이 봉착한 최대의 난관 중의 하나는 '소통의 문제'임이 분명하다. 소통이 제대로 되었다면 우리가 읽고 있는 문학작품 중 절반은 애당초 쓰여지기도 어려웠을 것이다. 서로 뜻과 의도가 온전히, 제대로 전달되지 않은 탓에 일어난 전쟁, 벌어진 참극, 깨져버린 사랑이 그 얼마나 많았던가. 나는 사랑하는데 상대는 왜 내 마음을 몰라주는지 아직도 모르겠다면 우선 이 책부터 읽기를 권한다. 소통의 중요성은 누구나 아는 얘기지만 자신이 제대로 소통하고 있는지 '건강진단'을 받아본 경우는 드물다. 이 책의 강점은 소통의 중요성을 설파하는 것에서 한걸음 더 나아가 소통의 실제상황에 대한 점검을 통해 구체적인 실행방법을 제시하는 데 있다. 따라서 소통을 바꾸면 사람이 바뀌고 사람이 바뀌면 세상이 바뀐다는 것을 믿는 사람들이라면 자기검열을 위해서 놓치지 말아야 할 책이다.

가두, 수사, 혁명!

이 책은 세계의 변혁을 다룬다. 특히 인간의 소통을 통한 세계의 변혁이 주제다. 이것은 단순해 보일지 모르지만, 나는 그렇지 않다고 논증할 생각이다. 소통은 세계의 기초이며 인간 현실의 기초이다. 사람의 삶에서 소통을 제외하면 차갑고 거칠고 끊어진 것만 남는다. 감정이 없는 사실과 삶이 없는 세계밖에 남지 않는 것이다. 그러나 사람은 소통을 하며, 그럴 때 싸워볼 가치가 있고 더 좋게 바꿔볼 가치가 있는 세계를 갖게 된다. 사람들이 소통을 바꿀 때, 세계는 바뀐다. 그러나 그렇게 하려면 영리하고 전략적이어야 한다. 언어, 진술, 맵시styles ◆, 행동, 소통효과 전부를 생각할 필요가 있는 것이다. 이것들은 모두 수사에 포함된다. 우선, 수사rhetoric, 修辭는 사회적이고 정치적인 목적을 이루기 위해 정교하게 가다듬은 소통으로 정의할 수 있다. 이 정의는 기

◆ 'style'은 이 책에서 가장 다채롭게 구사되는 용어다. 수사를 다루는 만큼 당연한 일이나 적용되는 대상에 따라 번역어가 달라질 수 있는 번역의 어려움이 있었다. '스타일'로 번역을 하면 통일은 되지만 '옮기는 의미'가 퇴색된다는 생각이 들었다. 그래서 글이면 '문체', 말이면 '말씨', 몸이면 '맵시'며, 삶이면 '매무새'로 문맥에 맞게 옮겼다. (옮긴이)

본적으로 충분해 보일지 모르나, 실제로 수사의 의미는 매우 복잡하다. 일반적으로 소통은 정보의 기본적 교환으로 생각되곤 한다. 두 사람이 만나서 얘기하고, 정보를 교환하고, 일을 시작하는 것이다. 흔히 하는 대로 이렇게 소통을 이해하는 것은 소통의 정치적 유효성을 끔찍하게 제한한다. 소통하는 방식은 사람들의 생각에, 즉 그들이 무엇인가 이해하고 지각할 때 영향을 끼치며, 심지어 규정하는 것도 가능하다. 이러한 점은 정치, 사회적 변혁, 저항과 혁명에 대해서 토론하는 경우는 물론 실제로 행동하는 경우에 더욱 잘 들어맞는다.

직접행동direct action과 시민불복종civil disobedience을 생각해보자. 모든 행동에는 다양한 소통양식이 수반된다. 참가자 모두는 행동을 조직하기 위해 소통해야 한다. 그 다음 행동은 보고 듣고자 하는 모든 사람에게 공공연히 소통된다. 행동은 매우 특정한 청중에 맞게 조정되거나, 전 세계를 겨냥해 창조된다. 어느 경우든 염두에 두는 청중이 있다. 사람들은 행동을 궁리하며 몇 날, 몇 주, 심지어 몇 달을 보낸다. 그들은 웹사이트와 블로그를 만들거나 갱신하며, 텍스트와 벽보와 전단지를 쓰고 꾸미거나 전자우편과 휴대전화로 사람들과 연락하고, 특정 뉴스매체와 계약을 맺는다. 목적, 장소, 메시지, 노렸던 효과는 검토되고 토론된다. 소통은 이 같은 행동의 모든 국면에 존재한다.

거의 불가피하게도 행동에 참가한 사람은 결국 폭력 경찰과 정면으로 부딪치게 마련이다. 이 때문에 협상과 논쟁, 아니면 설득이 필요할지 모른다. 혹은 침묵한 채로 몸을 축 늘어뜨려 대처하든가, 어깨동무하고 고함치며 반항하고 바짝 긴장한 채로 몸싸움을 벌일 수도 있다. 이때 경찰은 행동을 분쇄하고 분산시킬 것이 뻔하다. 도망치는 활동가도 있을 테고, 경찰에 붙잡히는 활동가도 있을 것이다. 도망친 사람은 친구에게 얘기하고 전자우편과 온라인 벽보를 작성하겠지만, 체포된 사람은 수갑을 찬 채로 도로에서 질질 끌려갈 것이다.

보통 체포되는 경우, 대개는 경찰에게 이렇게 말할 것이다. 나는 범죄자가 아니라 양심적 거부자라고, 법을 어긴 것이 아니라 부당한 법을 따르기 거부한 것이라고, 나 자신의 이익 때문에 하는 게 아니라 함께하는 사회를 개선하기 위해서라고. 그러면 체포한 경관은 이렇게 받아칠 것이다. 나는 할 일을 했을 뿐이라고, 나는 당신의 동기나 이유에 관심이 없다고, 당신이 한 일과 결과는 본인이 잘 알테니 공평한 판사 앞에서 스스로 입증해보라고. 이러한 사례에는 정보의 교환이 명백히 있지만, 그 외의 다른 사항도 많다.

체포된 사람과 경찰은 주거니 받거니 하면서 단어를 신중하게 선택해 상황을 통제하려 한다. 그 사람은 활동가로, 시민불복종자로, 급진주의자로, 심지어 혁명가로까지 자처하지만, 경찰은 범죄자로 부른다. 경찰은 법의 봉사자요 보호자로 자처하지만, 붙잡힌 사람은 짭새나 정권의 개라고 부른다. 그러면 경찰은 화가 나, 너는 멍청이에 무식하다고 반격한다. 지금까지 기술한 내용 전부는 어느 정도 정확하며, 이런 일은 언어의 본성 때문에 발생한다. 말은 결코 실재의 중립적 중재자가 아니며, 그런 언어는 존재하지 않는다. 이것은 모두가 너무 잘 알고 있으며, 정확히는 아니어도 직관으로 알아챈다. 이렇기 때문에 언어라는 자유이용권을 활용해 사람들의 이해방식을 구성할 수 있는 것이다. 결국 체포된 사람과 경관은 수사로 게임을 했다고 볼 수 있다. 말과 언어적 틀거리라는 경기장에서 행동의 합법화라는 득점을 얻기 위해서 말이다. 물론, 이 사례는 대단히 말랑말랑한 경우다. 실재로 겪는 삶의 상황은 강도 높고, 혼란스럽고, 사악하고, 광포하기까지 하다. 사람들은 이리저리 왔다 갔다 하면서 고함치고, 소리치고, 의미 없는 소리를 질러댄다. 저마다 다른 이의 마음을 사로잡고, 할퀴고, 서로의 이데올로기를 해치려고 한다. 이러한 상황이 깔끔한 것은 아니지만, 대중이 행동하고 동원될 때면 흔히 일어나는 일이다.

체포된 사람과 체포한 경관은 나중에 주거니 받거니 하면서 말하고 들을지도 모른다. 십중팔구 체포된 사람은 급진적 사회변혁이 중요하다고 설명할 테지만, 경관은 고개를 저으며 눈도 안 맞출 것이다. 아예 완벽히 침묵할 수도 있지만, 그가 말하지 않는다고 소통하지 않은 것이 아니다. 사실 그는 침묵하면서 이 상황으로부터 '직업상 거리를 두고 있다'는 것을 전달하는 것이다. 마치 그가 개인적으로 느끼는 감정은 없는 것처럼 말이다. 그는 직업상 체포를 하는 것이지, 인간으로서 그러고 싶은 게 아니다. 체포된 사람도 침묵할 수 있는데, 이유가 다르다. 그것은 묵비권을 근거로 법적인 보호를 위한 것이다. 다른 한편으로 침묵은 저항의 표현일 수 있다. 질문 일체를 거부하고, 이름, 주소, 당적political affiliation 혹은 행동의 목적을 일러주지 않는다. 침묵함으로써 작지만 효과적인 메시지를 보낸다. 나라의 규칙을 인정하는 것과 복종하는 것 모두를 거부하는 것이다. 체포된 사람의 침묵은 소리가 크고, 설득력이 있으며, 전략적으로 강력하고 매우 많은 것을 전달한다. 다른 말로 하면, 수사적인 것이다.

몸말body language과 비언어소통noverbal communication도 여기서 주요한 요인이다. 경찰관이 몸을 곧추세우고 자신감을 과하게 드러내면,

그가 체포할 의사가 있다는 것이다. 활동가도 자신감을 발산하지만, 그와는 방식이 다르다. 그는 발로 차면서 싸우고, 발뒤꿈치로 빈틈을 구석구석 밟아댄다. 그들은 싸우지 않고는 어느 누구도 굴복하지 않을 것이다. 매우 훌륭한 태도지만, 대응할 방식이 그것만 있는 것은 아니다. 끌고 가지 않을 수 없도록 처절하게 흐느적거리는 것도 가능하고, 극히 비타협적인 태도로 나가는 것도 가능하다. 어느 경우든 사람들은 반항을 전달한다. 체포된 것이 명백한 마당에, 경찰을 단단히 애먹게 하기로 결심한 것이다. 이러한 권력의 전도는 몸으로 하는 소통 활동이다. 몸을 사용해 저항을 전달한 것이다.

다른 활동가들은 거리를 가로질러서 온 사람이든 여전히 행동에 임해 있는 사람이든 환호하기 시작한다. 여기서 실제로 발화되는 말은 전혀 없다. 연대solidarity를 뜻하는 여러 가지 소리만 있을 뿐이다. 환호는 임시로 구금하는 버스에 끌려갈 때까지 계속된다. 30명, 40명, 어쩌면 60명의 활동가들은 손이 등 뒤로 수갑에 묶인 채 그곳에 앉는다. 이것은 장난이 아니다. 실제로 그렇다. 하지만 버스에는 기묘한 분위기가 풍긴다. 왜 그런지 분명치 않지만, 사람들은 무엇인가 통했다는 것을 마음속 깊이 깨닫는다. 자신이 비틀린 사회의 변덕에 항복하지도, 무릎 꿇지도, 혹은 고개 숙이지도 않았다는 것을 명확히 깨닫는 것이다. 사람들은 불안하게 구금돼 있을 때조차 자유롭게 투쟁하는 것이다. 다른 투쟁은 또 있으며 결국 승리할 것이다. 시간문제일 따름이다.

이 확장된 사례에는 수사의 몇 가지 기본구조가 눈에 띈다. 예를 들어, 전달자와 청중과 메시지와 주변 환경은 언제나 존재한다. 또한 말하는 사람과 듣는 사람 간에는 항상 교류가 이뤄지며, 일정한 정치적 목적이나 행동을 달성하고 표현의 매체를 얻고자 하는 욕망도 뒤따른다. 사람들은 어느 때는 전달자이며, 어느 때는 청중이다. 때로는 메시지를 전달하고, 때로는 메시지에 응답한다. 사람들은 언제나 어떤 상황에 처하지만, 그 상황은 언제나 변하기에 거기에 조절하고 적응해야 한다. 정치적 욕망 때문에 사람들은 상이한 목표들과 행동들 사이를 왔다 갔다 한다. 그리고 이 과정은 언어, 행동, 몸짓, 심지어 집단이 내뿜는 분위기를 통해 펼쳐진다. 이 모든 것이 수사의 영역이다.

이 사례는 활동가와 사회 전체의 교환을 강조하기도 한다. 활동가는 공공장소에서 여러 사람에게 말을 전하는 전임 소통자다. 그의 행동 하나하나는 세계를 활짝 열어젖히고, 행동에 담긴 말들은 각기 미묘하게 다른 효과를 만들어낸다. 발로 차며 소리치는 것도 있지만, 걸어가며 노래하거나 얘기하며 협상하는 것도 있다. 선택하는 행동마다 메시지와 효과가 다르다. 대부분의 활동가는 이 사실을 이미 잘 알고 있다. 활동가가 왜 직접 행동의 형태와 느낌을 논의하고, 왜 특정한 구호와 노래를 의논하며, 왜 어떤 상징을 선택하는지 깨닫고 있다. 그것도 대단한 일이나, 충분하지는 않다. 활동가는 이러한 사항을 수사적으로 전달하는 편이 낫다. 그래야 급진주의도 개선될 것이기 때문이다. 수사는 더 많은 대중에게 호소하고, 더욱 효과적인 메시지와 행동을 창조하고, 21세기에 알맞은 행동주의 형식을 창조할 때 도움이 된다. 그것이 바로 행동주의, 조직화, 급진주의에 대한 모든 것이다. 즉 더 나은 세계를 만들기 위해 타자와 소통하는 것이다. 그것이 바로 이 책의 전반적인 목적이다.

두루 보기

이 책은 중심 없는 세계, 반권위주의 세계, 급진민주주의 세계를 추구하는 활동가를 위해 썼다. 그렇다고 이 책을 평가하기 위해 투사나 직접 행동하는 사람이 돼야 한다는 것은 아니다. 급진적 활동가 가운데 많은 사람은 자신을 투사나 직접 행동하는 사람이라고 결단코 생각하지 않는다. 그러나 활동가는 기꺼운 마음으로 자기가 꿈꾸는 더 나은 세계를 향해서 걸어가며, 바로 그 때문에 그들은 급진주의자가 된다. 심장이 가리키는 대로 급진적 욕망을 쫓아가는 사람이 있다면, 이 책은 그 사람을 위한 것이다.

　내 행동주의의 욕망을 당긴 것은 범지구적 정의운동global justice movement이었다. 2000년 봄, 나는 우연히 저녁 뉴스를 보다가 워싱턴에서 사람들이 세계은행World Bank과 국제통화기금IMF, International Monetary Fund에 항의하는 장면에 붙들려버렸다. 일순간 나는 충격을 받았고, 갑자기 깨달았다. 세상을 더 좋게 바꾸려고 노력하기 위해서는 세계 속으로 나가야 한다는 것을. 나는 곧장 활동가의 길로 들어섰다. 이후 나는 자유무역과 공정무역 문제, 반전운동, 반공화당전당대회 anti-Republican National Convention, 중남미계미국인연대행동Latin American solidarity actions에 참여했다. 그리고 활동가 회의, 지역 서점, 지역 사회 공간에서 소통, 수사, 급진주의 이론을 주제로 모임을 조직하고 조력하고 지도했다. 베네수엘라의 볼리바르혁명을 관찰한 다음 보고서를 쓰기 위해 뉴욕 시 활동가 파견단과 함께 여행을 하기도 했다. 이 같은 경험은 나의 삶을 바꾸었다. 현재 진행 중인 볼리바르혁명을 목격하고서, 나는 혁명이 가능하며 동시에 필연이라고 믿게 됐다. 거기서 얻은

22
　다 른　세 상 은　가 능 하 다

경험에서 자연스럽게 내가 소통연구에 대해서 공부했고 가르쳤던 내용과 만났고 급진주의적 활동가와 조직가를 위해서 안내서를 써야겠다는 생각을 하게 됐다.

이 책은 여느 교범과는 다르다. 너무나 많은 책들이 일찍이 실무적인 조직화와 행동주의 전략을 상세하게 다루었다. 몇 가지만 나열해보자. 사울 알린스키Saul Alinsky의 《급진주의자를 위한 규칙Rules for Radicals》(1971), 킴 보보Kim Bobo, 잭키 켄달Jacki Kendal, 스티브 맥스 Steve Max의 《사회변혁을 위한 조직화Organizing for Social Change》(1996), 랜디 쇼Randy Shaw의 《활동가 안내서The Activist's Handbook》(2001), 공정경제연합United For a Fair Economy의 《범지구적 활동가 교범The Global Activist's Manual》(2002), 마이클 앨버트Micheal Albert의 《변혁의 궤도 Trajectory of Change》(2002), 훨씬 직접적 전복 전략을 다룬 크라임싱크 CrimethInc의 《재앙을 위한 비책Recipes for Disaster》(2005). 하지만 이 책은 위에 언급된 책들과 다르다. 이 책은 행동주의를 수사적 문제로 접근하면서 효과적인 급진주의는 타당한 수사적 전략을 포함해야 한다고 주장한다. 전부는 아니지만 많은 사람이 이 사실을 어느 정도는 알고 있다. 하지만 이 책은 단지 알기만 해서는 곤란하며, 사실상 행동주의를 수사적 노동rhetorical labor으로 접근해야 한다고 주문한다.

물론 이 책만이 그런 이야기를 하는 것은 아니다. 조지 레이코프 George Lakoff의 몇 가지 저서들, 특히 《코끼리는 생각하지 마!Don't Think of an Elephant!》(2004)와 《핵심을 생각하라Thinking Points》(2006)는 소통과 행동주의의 교차점을 다룬다. 스티븐 던컴Stephen Duncombe의 《꿈: 환상의 시대에 진보정치를 다시 상상하기Dream: Re-imagining Progressive

Politics in the Age of Fantasy》(2007)도 비슷하다. 그러나 몇 가지 핵심적 차이가 있다. 레이코프가 민주당 당원을 위해 그 책을 썼다면, 나는 급진주의자를 위해서 작업했다. 던컴이 볼거리를 연출하는 것처럼 소통해야 하는 이유에 대해 요약한다면, 내가 제공한 것은 활동가의 소통을 향상시키는 실무 설명서다. 결국, 내가 사람들에게 권유하는 것은 급진주의적 수사가rhetorician이다. 소통의 경험으로 가득한 대안의 세계를 솜씨 좋게 표현하는 사람이 됐으면 좋겠다는 것이다. 여기에 깔린 논리는 다음과 같다.

- 수사를 바꾸면, 소통이 바뀐다.
- 소통을 바꾸면, 경험이 바뀐다.
- 경험을 바꾸면, 사람들의 성향이 바뀐다.
- 성향을 바꾸면, 사회에 심대한 변화의 조건이 생긴다.

이 논리는 말과 행동에 대해서 이야기하는 것은 적지만, 말과 행동을 수사적으로 꾸미는 것에 대해서는 일러주는 것이 많다. 바라는 것이 있다면 무엇이든 말할 수 있다고 나는 굳게 믿고 있다. 하지만 정확한 말, 정확한 어조, 정확한 접근, 정확한 수사를 찾는 비결이 필요하다.

나는 거짓을 꾸미라고 말하는 게 아니다. 절대 그런 짓을 용인하지 않는다. 하지만 저항, 반항, 혁명을 말하고 있다면, 민중을 따돌리는 것보다 끌어들이는 방식으로 말할 필요가 있다. 나쁜 소통에는 명예도 영광도 없다. 그것은 사람들이 사회 변혁의 길에 들어서지 못하게 하여, 그들을 외롭게 버려둔다. 내가 바라는 것은 이것과 명확히 반대다.

즉 수사적 소통을 개선하는 것만이 행동주의에 도움이 된다. 행동주의가 시대에 따라 변하는 것처럼, 수사적 고찰과 반응 또한 바뀌어야 마땅하다. 9·11사태 이후 세계화 네트워크 시대는 사회 변혁에 독특한 과제를 부과했다. 이 책은 21세기 활동가에게 지침, 통찰, 이론, 도구, 제안을 제공함으로써 그 같은 과제를 다루고 있는 셈이다.

여기서 중요한 문제가 제기된다. 내가 뜻하는 21세기 행동주의는 무엇인가. 두 개의 부분적 답변이 있다. 첫 번째 답변은 역사적이고, 두 번째 답변은 직관적이다.

위에서 말했듯, 범지구적 정의운동은 내가 행동주의에 입문하는 통로였다. 그 운동에서 배웠던 모든 것을 지금도 사랑하고 고마워하지만, 그때는 지나갔다. 예를 들어 시애틀 대투쟁을 생각해보자. 그 역사적 사건은 1999년 말에 일어났으며, 범지구적 정의운동의 출발이 아닌 번성을 명확히 보여줬다. 이 '운동들의 운동'은 다음 해는 물론 그 다음 해까지 맹렬한 기세로 타올랐다. 대중 동원, 직접행동, 참여민주주의, 수평적 공동체, 화급한 감정이 들불처럼 퍼졌다. 그러고 나서 사단이 발생했다. 바로 2001년 9월 11일 사태다. 9·11의 여파 때문에 사람들은 범지구적 자본의 일반적 문제에서 미제국의 특수한 문제로 관심을 돌렸다. 미국의 반전운동이 곧바로 나타났다. 이 운동은 때때로 효과가 있었다. 예를 들어, 2003년 2월 15일 1,000만에서 3,000만 명가량의 사람들이 세계 곳곳에서 곧 있을 이라크 침략을 규탄했다. 그리고 전쟁이 발발하기 직전 100만 명이 미국 전역에서 직접행동에 나섰다. 이것은 인상적이고 흥분되는 일이었다. 그러나 반전운동은 전쟁을 주동한 정치인 압박lobbying에 과하게 매달리면서 더디게 진행됐다. 압박은 중요하나, 반전운동은 좀처럼 문제의 뿌리를 짚지 못했다. 민족주의, 자본주의, 제국, 타락한 양당체제, 이라크 전쟁에 대한 민중의 묵인, 부시 행정부의 '테러와의 전쟁'으로 알려진 술책에 다가가지 못했다. 실제 이라크를 침략하기 몇 달 전만 해도 9·11 사태 이전의 범지구적 정의운동이 타오를 것 같았다. 그러나 9·11 사태 이전의 급진주의는 전쟁이 시작되자 수그러들었다.

9·11 사태 이전부터 이후까지 진행된 국면을 살펴보면, 단 한 가지 기본적 이유 때문에 당황스럽기 짝이 없다. 범지구적 정의운동 활동가는 그대로 있었던 것이다. 그들은 사라지지 않았고, 어디에도 가지 않았다. 여전히 의욕이 있었고, 일을 했으며, 범지구적 변혁을 위해 애썼다. 또한 꾸준히 대중 동원, 정상회담 반대운동, 국경 없는 캠프no-border camps, 세계사회포럼, 초국가동맹transnational alliances, 문화 간 연대cross-cultural solidarities, 각종 범지구적 네트워크 행동 및 운동을 조직하고 거기에 참여했다. 그러나 '범지구적 정의운동'이란 이름은 이제 낡아버렸다. 그때는 황홀했지만 이제는 끝나버렸다. 따라서 새로운 주제, 이름, 정체성, 구호, 언어, 수사를 탐색해가면서 앞으로 가지 않을 수 없다. 이 책은 이러한 막다른 골목에 부딪혔을 때 썼던 글이다. '21세기 활동가를 위한 안내서'라고 이 책을 소개했던 이유도 그 때문이다.

물론 내가 봐도 '21세기 활동가'가 정확히 무엇을 뜻하는지 아주 명확하지는 않다. 잡히는 것도, 보이는 것도 희미할 따름이다. 그리고 내가 꿈꾸는 미래에는 구체적인 분석보다 창조적인 상상이 더 많은 영향을 끼칠지도 모른다. 이것이 나쁜 것만은 아니다. 상상은 막다른 골목에 닥쳤을 때 그 상황을 돌파하게 해준다. 상상은 퇴폐한 사회의 낡고, 썩고, 궂은 생각을 넘어서게 해준다. 나도 상상했기 때문에 이 책의 핵심에 다가설 수 있었다. 즉 소통과 수사의 문제에 접근할 수 있었다. 21세기 활동가는 미래의 수사다. 지금은 아니더라도 그렇게 될 것이다. 모두 함께 생각을 행동으로 옮길 것이며, 미래를 현실에 전할 것이다. 세계를 공유해 모두 함께하게 할 것이며, 세계를 독특하게 만들어 모두 함께 영감에 넘치게 할 것이다. 이것이 지금부터 시작해야 하는 미래의 행동주의다.

사실 21세기 활동가의 선례는 이미 나왔다. 바로 사파티스타. 그들은 최고의 사례다. 1994년 반란은 수사적 현상이었다. 그들은 자기들이 주장하는 비이데올로기적 정치 사파타주의Zapatismo의 명확한 이미지를 창조하기 위해서 당시에 출현한 새로운 매체를 이용했다. 인터넷은 혁명의 도구가 되었고, 말은 무기가 되었다. 그들의 시와 성명과 이야기는 사유와 감정과 행동의 정치적 상상력을 창조했다. 정치적 지각을 창조했던 것이다. 허위로, 엉터리로, 아니면 그릇되게 '현실과 대결한 것'이 아니다. 구체적이되 열려 있는 현실을, 즉 다가가기 쉽고, 연대하기 좋으며, 비판이 오고가고, 자기와 집단이 자율로 결정하는 현실을 만들려고 한 것이다. 사파티스타는 이러한 지속적인 소통을 함께 창조하자고, 이러한 수사를 같이 만들자고 권유했던 것이다.

사파티스타는 21세기 급진주의 최고의 선례인데다가, 혼자도 아니다. 다른 집단, 운동, 행동이 미래의 정치로 가는 길을 함께 일구고 있다. '이제 그만!Ya Basta!'과 '불복종Disobedianti'. '검은단Black Blocs'과 '푸른단Green Blocs'과 '분홍단Pink Blocs'*. '거리를 되찾자Reclaim the Streets', '임계질량Critical Mass', '시간 다 됐어!Time's Up!'와, 'CIRCA 어릿광대 은밀 반란군Clandestine Insurgent Rebel Clown Army'. 저항의 축제, 삶의 행진, 미래사회를 예표하는 축전. 아나키스트, 자율주의자 autonomists, 사이버마르크스주의자, DIY족do-it-yourselfers. 반인종주의 노동자, 투사형 연구자, 행동파 철학자. 급진주의 응원단radical cheerleaders, 거물급 페미니스트feminist virtuosos, 성소수자 옷쟁이queer knitter, 그리고 한밤중에 도심에서 은밀하게 활약하는 원예애호가 undercover lovers gardening in the dark of night 등. 물론 여기에는 북, 꼭두각시, 가장무도, 구호, 민중가요, 율동, 복장, 색깔, 말, 행동, 이미지도 들어간다! 많은 사람들이 이 같은 미래로 걸어갔다. 거기서 급진주의자는 미지의 세계를 창조할 것이며, 미답의 현실을 실현할 것이다. 급진주의자는 이루지 못한 것을 이룰 것이고, 상상하지 못한 것을 창조할 것이다. 이것이 급진주의자의 소통이 되리라. 이것이 급진주의자의 수사가 되리라. 이것이 급진주의자의 혁명적 변혁이 되리라.

미리 보기

1장은 수사를 소통의 노동communicative labor으로 규정하고서 혁명적 요청에 착수한다. 수사는 의심할 여지없이 계속되는 과정이나, 훌륭한 수사를 만들기 위해서는 노동을 강도 높게 투여해야 한다. 시간과 생각과 활력이 필요한 것이다. 노력하지 않으면 행동과 대중의 수용 간

◆ 검은단, 푸른단, 분홍단은 항의와 행진의 전술이다. 참여하는 사람은 각 집단이 맞춘 색의 옷, 두건, 헬멧, 마스크를 착용하며, 곤봉과 방패 같은 것을 휴대할 때도 있다. 이렇게 복장을 착용하는 이유는 신분을 가리고 대규모 연대를 진작시키 위해서다. 이 전술은 1980년대 자율주의자가 빈집거주민squatter 퇴거, 원자력, 낙태제한에 맞서 싸울 때 발전됐다. 특히 검은단은 1999년 세계무역기구 반대시위를 할 때 많은 전 세계의 주목을 받았다. 그때 그들은 시애틀 시내에 있는 GAP, 스타벅스, 올드 네이비 같은 소매점을 파괴했다. 이 집단들은 특정한 무정부주의 집단으로 알려졌으나, 잘못된 내용이다. 그것은 생각과 이념이 다양한 집단이 선택하는 전술일 뿐이다. http://en.wikipedia.org/wiki/Black_bloc 참고. (옮긴이)

에는 소통의 간격이 생긴다. 쉽게 말해, 급진주의는 수사적 위기를 겪게 된다. 그러나 모조리 잃은 것은 아니다. 이 책이 주장하는 대로 수사를 개선하고, 위기를 넘는 것은 가능하다. 개선 과정은 급진주의자를 위해서 수사를 개념적으로 개괄하는 일에서 출발한다. 1장은 수사에 대한 다르되 연관된 세 가지 정의를 제공한다. 수사를 사회적 변혁의 핵심에 놓고 수사적 실천을 행동주의, 조직화와 접속시키며 수사라는 렌즈로 행동주의에 접근할 것을 주장한다. 행동주의는 사회를 변화시키는 의식적 활동으로 본래부터가 수사적이다. 정치운동, 사회운동, 직접행동, 시위, 집회, 저항 행진은 수사적 구성물이다. 그러나 1장에서는 더 깊게 파고들어 인간현실의 모든 것이 수사적으로 구성된다고 주장한다. 그러한 틀거리로 보면, 세계는 유연한 과정으로 기술되고, 행동주의는 현실을 창조할 때 필요한 소통의 노동으로 묘사된다. 이것이 사실이라면, 행동주의는 세상을 바꾸는 문제가 아니라 창조하는 문제가 된다. 이러한 통찰은 급진주의자를 위한 수사에 근원적이다.

2장은 실무용으로, 수사적 기술을 개발할 때 필요한 지침과 제안을 한가득 담았다. 가장 기본적 기술인 대중적 말하기와 글쓰기 방법을 출발점으로 삼았다. 이 기술은 모든 사람이 원하거나 필요로 하는 것은 아니지만, 활동가가 하는 일로 쉽게 전용된다. 예를 들어, 웹사이트 디자인, 대중계몽운동의 전개, 티셔츠와 벽보 이미지 제작, 시각예술 개발, 가두 청원, 일일 집회하기 등이 있다. 모든 경우 또렷한 메시지를 개발하여, 사람들에게 효과적으로 전달할 수 있어야 한다. 2장은 실무에 관련된 사항과 씨름하는 셈이다. 또한 메시지, 청중, 전략, 목표, 상황을 포함한 통합수사를 만들 때 필요한 방법을 제공한다. 그 다음 설득, 논쟁,

이야기하기, 권유적 수사 등 여러 다른 수사적 접근법을 다룬다. 이 같은 접근법을 어떻게 사용할지 이해하는 것도 중요하나 수사적 지식을 발전시키는 것도 필요하다. 이렇게 하려면, 현재의 사건, 역사, 자기인식을 이용해 수사적 발판으로 삼는 것이 필수다. 2장은 소통의 기술, 수사의 기술, 수사적 지식을 개선할 때 단단한 출발점을 제시하는 셈이다.

3장은 언어의 힘에 대해 논의한다. 특히 언어가 사람들의 지각과 이해를 어떻게 짜는지 논한다. 주류 매체, 정치전략가, 광고와 마케팅 회사는 이 모든 것을 너무나 잘 알고 있다. 활동가는 일상적 구호, 문장과 요구의 어법에 유념하고 유의해야 한다. 언어는 알다시피 급진적 사회변혁의 도구다. 정확한 언어의 구사가 성패를 가를 수 있다. 3장은 다음을 이해할 때 쓸 만하다. 언어는 민중의 관점을 어떻게 짜는가, 이 것을 어떻게 사용하고 오용하는가, 또한 자기 정체성과 선전의 문제에 어떻게 관련되는가, 언어의 방해를 받지 않은 채 정치적 올바름을 어떻게 평가하는가, 새로운 말과 언어의 수사적 힘을 어떻게 활용하는가. 결국, 첫째 언어는 어떻게 의식을 짜는가, 둘째 더욱 근본적으로 언어는 현실을 어떻게 구성하는가, 이 두 가지를 이해하게 될 것이다. 그리고 언어를 바꾸면 세계를 바꿀 때 도움이 된다는 것도 알게 될 것이다.

4장은 수사의 범위를 확장해 몸의 수사를 다룬다. 몸의 수사에는 적어도 육체적 동작의 외관, 느낌, 차림과 비언어소통의 메시지, 몸동작의 의미와 효과가 포함된다. 언어의 수사를 개선하는 것이 가능한 것처럼, 몸의 수사를 개선하는 것도 가능하다. 몸은 일상의 삶이 깃든 터전이기에, 몸을 급진적 활동과 수사적 교전engagement의 장으로 일구는 것이 가능하다. 4장은 몸으로 하는 논쟁, 급진적 맵시style, 몸이 발산하여 형성되는 인간적 분위기, 이 세 가지 사항에 주목해 몸의 수사를 이루게 도와준다. 4장은 이러한 수사 형식을 개선할 때 사례와 지침을 제공하는 셈이다.

5장은 책 전체의 목적을 요약하고 확장한다. 21세기 급진적 수사학을 구축할 때 필요한 지침을 제공하는 것이다. 이 장은 현대 활동가의 수사에 대해서 열 가지 사항을 관찰하며 출발한다. 현재의 활동을 이해하면 미래의 활동에 필요한 길을 내는 것이 쉬울 것이다. 그 다음 '네트워크 수사'를 논의한다. 그것은 오늘의 행동주의를 대표적으로 보여주는 형상paradigmatic figure이다. 몇 가지 네트워크 수사의 사례를 논의한 다음, 이 같은 수사 형식을 넘어설 뿐만 아니라 개선하는 방법을 논의해보겠다. 이 접근법은 이른바 신급진주의neo-radicalism로서, 21세기의 물질적이고 소통적인 노동에 기초한 행동주의에 대해서 새로운 방향을 제시한다. 신급진주의는 수사를 핵심으로 하는 행동주의로 이 책의 본성과 목적을 요약한다.

서문을 끝내기 전에 이 책을 쓰게 된 동기를 적는 게 좋겠다. 나는 편하게 앉아서 적게나마 기여하고자 노력할 따름이며, 단지 나의 본분을 수행할 뿐이라고, 이 책이 공공의 문제에 자그마한 파문이라도 일으켰으면 좋겠다는 식으로 쓸 수도 있었다. 물론, 이것들이 맞는 말이긴 하지만, 어느 정도일 따름이다. 무엇보다 나는 이 책을 통해서 혁명이 시작됐으면 좋겠다. 나는 혁명이 실제로 일어날 것이라고 생각하는가? 이 책이 혁명을 일으킬 것이라고 생각하는가? 나 역시 확신하지는 못한다. 그러나 내가 불확실하다고 생각한다고 해서 꿈꾸고 노력하는 것까지 불가능한 것은 아니다. 교차로를 점거한다고 전쟁이 반드시 끝나는 것은 아니다. 불도저 앞에 드러눕는다고 인종차별이 반드시 사라지는 것은 아니다. 또한 세계무역기구wTo를 폐쇄한다고 기업 주도 세계화가 반드시 멈추는 것은 아니다. 그럼에도 이러한 활동을 꾸준히 하는 이유는 활동의 결과가 불확실할지라도 아무것도 하지 않는 것보다 낫기 때문이다. 나도 다르지 않다. 세계를 바꾸려고 노력하지만 책을 쓰는 불확실한 활동을 하는 처지다. 제안을 할 때도 있고 비판을 할 때도 있다. 당신과 의견이 완전히 다르다고 얘기하는 때도 있을 것이다. 자, 이제부터 이 책의 생각을 말하고, 다루고, 논하고, 넓히자. 그러고 나면 함께 혁명으로 나갈 수 있을 것이다.

그러나 이러한 논의의 무게도 인지해야겠다. 체계의 변혁에 대해서 도발적으로 논쟁하는 것도 가능하다. 과거의 혁명을 논의하고 그것이 오늘날 어떠한 관계가 있는지 얘기하는 것도 가능하다. 그리고 급진주의를 꿈꾸고 낭만화하는 것도 가능하다. 그러나 몇 가지 현실적 질문이 우리를 괴롭힌다. 오늘날 혁명은 실제로 가능한가? 혁명은 미국 내에서 가능한가? 혁명의 가능성을 말하는 것은 분별 있는 일인가? 급진주의자는 미친 게 아닐까? 그들은 시대와 조건에서 멀어진 것일까? 문제의 답은 혁명이 무엇을 뜻하는가에 달려 있다. 물리적, 전투적 혹은 폭력적 혁명은 미욱해 보인다. 사람들을 충분히 그러모아 폭력적인 기술 장치를 사용해 현 질서를 전복할 수도 없다. 그것은 가능한 일이 아니다. 솔직히 불가능하다. 미국의 권력구조는 강력한 무력으로 빈틈없이 무장해 있다. 아파치헬기 두 대만 있어도 어느 마을이든 몇 분 안에 초토화된다. 이런 것은 급진주의자가 꿈꾸고 상상한 것이 아니라고 생각한다. 그리고 더 나은 사회나 세계로 가는 현명한 길도 아니라고 본다. 만약 이렇게 생각하지 않는다면 결국 또 다른 난관에 빠지거나, 최소한 그렇게 될 것으로 보인다. 급진주의자에게는 혁명으로 가는 다른 길이 필요하다. 나는 수사적 노동이 이 요구를 충족한다고 생각한다. 수사가 사회적 변혁에 가장 중요한 요소도 아니고, 이 책이 혁명의 청사진도 아니다. 그러나 수사는 필요한 요소이기에 이 책은 변혁과 혁명으로 나아갈 때 도움을 줄 수 있다. 그 점을 마음에 새기고, 모든 이에게 말한다. 만국의 수사가여, 단결하라!

차 례

4. 몸으로 하는 혁명

5. 21세기의 급진적 수사

1 수사는 행동이다

NO BLOOD FOR OIL

석유를 위한 전쟁을 반대한다.

:: 급진주의자에게 수사가 필요한 이유 ::

21세기 행동주의는 다수의 현실로 구성된 하나의 세계를 지지한다.[♦]
급진주의자가 권력을 잡지 않고 세계의 변혁을 추구할 때는 여러 유형
의 조직구조, 소통의 접근법, 삶의 방식이 탐구된다. 군중, 정체성, 성
향, 필요, 요구는 사회 정의를 바라는 욕망과 세상에서 더 의미 있게 살
고 싶은 욕망과 관련된다. 정치적 행동은 굶주림, 차별, 실직, 폭격, 점
령, 야만, 제국의 경험에 근거한다. 다양한 운동이 이 같은 경험에 반대
하며 출현하고, 급진주의자는 다른 세상이 가능할 뿐만 아니라 절대적
필연이라고 주장한다. 급진주의자가 즉흥적으로 실천하고, 전략을 짜
며 실험을 할 때는 지역과 세계에서 저항 · 반란 · 혁명 · 해방을 조직할

♦ 글머리의 일부는 다음의 글에서 이미 발표됐다. "Rhetoric for Radicals: A Call for Communicative Action," *Journal of Aesthetics and Protest*, June, 2007. journalofaestheticsandprotest.org/5/articles/DelGandio/delgandio.htm. 2008년 2월 1일 인용.

때다. 혁명의 방법론은 개인주의적이자 공동체적이며, 환원하지도 않고 보편화하지도 않는 연대다.[*] 이러한 21세기 급진주의는 아름답고 훌륭하며, 흥분되고 활기차다. 그러나 21세기 급진주의자는 의도하지 않은 수사적 위기 때문에 괴로워한다.

급진주의자는 더 나은 현실을 위해 의식적으로 작업하고 행동하고 소통하며, 노력하는 많은 경우 의심의 여지없이 결실을 맺는다. 그러나 보통 사람은 긴급한 행동이 요구될 때 폭넓게 감지하는 능력이 떨어지는데, 이것은 급진주의운동에 심대한 사회 변혁에 필요한 비판적 대중이 없다는 뜻이기도 하다. 또한 이것은 대다수 급진적 계획과 사회정치적 시대가 맞닥뜨리는 표준적 상황이다. 급진주의자는 언제나 한정된 자원을 갖고 활동하며 상상하는 역량을 넘어서 나아간다. 그러나 계획들은 하나같이 독특하고, 각 시기마다 판이하다. 따라서 처한 상황이 어떠한지 직시하고, 노력한 결과가 어떠한지 평가해야 한다. 예를 들어, 급진주의자가 하는 말과 생각과 논쟁은 그들 사이에서는 돌고 돌지만, 대중은 평소에 그것들을 입에 올리지도 않는다. 급진주의자의 행동주의와 조직화는 미시관계micro-relations를 바꾸고 당면한 국면을 누그러뜨릴 때는 도움이 되지만 이것을 듣는 이도 보는 이도 없을 때가 너무 많은 것 같다. 직접행동은 전 세계의 정의를 신장하

◆ 내가 21세기 급진주의를 기술할 때 영향을 받았던 몇 가지 근거는 다음과 같다. Alex Callinicos, *An Anti-Capitalist Manifesto*, Polity Press, 2003; John Holloway, *Change the World Without Taking Power*, Pluto Press, 2005; Jose Correa Leite, *The World Social Forum*, Haymarket Books, 2005; Stevphen Shukaitis and David Graeber eds., *Constituent Imagination: Militant Investigations, Collective Theorization*, AK Press, 2007; David Solnit ed., *Globalize Liberation: How to Uproot the System and Build a Better World*, City Rights Books, 2004; Amory Starr, *Global Revolt: A Guide to Movements Against Globalization*, Zed Books, 2005; Notes from Nowhere, eds., *We Are Everywhere: The Irresistible Rise of Global Anti-Capitalism*, Verso, 2003.

고 개인의 자기역량 강화를 진전시키는 반면, 언론의 짜깁기식 설명과 정치평론가의 개입 때문에 무시되기 일쑤다. 급진주의자의 정치철학과 이데올로기는 사유를 도발하고 심금을 울리는 한편, 매체에 더 많이 노출되고, 사람들에게 더 많이 수용되고, 대중을 더 많이 동원하기 위해서 분투한다. 기본적으로 급진주의의 노력과 대중의 수용 사이에는 소통의 간극이 있다. 이 간극은 주의와 시정이 필요한 수사의 문제다. 세계를 바꾸려 한다면, 이 상황을 고쳐야 한다. 21세기 급진주의의 소통 측면에 정밀하게 주목하며 대책을 마련해보자.[**]

활동가는 전통적으로 자신의 물질적 조건에 관심을 두며, 자신과 타인의 구체적인 삶의 상황을 개선하려 노력한다. 따라서 세계를 바꾸는 것은 삶의 조건을 바꾸는 것이다. 이것은 틀림없이 중요하나, 놓치는 것이 너무나 많다. 활동가가 바꾸려 하는 이 세상에는, 물질적 조건 이상의 것들이 있기 때문이다. 그런 조건들은 계획의 일부분일 따름이다. 세상에는 물질적 조건에 대한 사람들의 경험도 존재한다. 그 경험에는 언어, 지각, 이야기, 담론, 이데올로기, 심리, 사회관계, 세계관이 영향을 끼친다. 따라서 물질적 조건을 생각하는 동시에, 그것을 둘러싼 비물질적 수사를 생각해야 한다. 물론 활동가는 언제나 수사를 어느 정도 고려한다. 그들은 시위와 직접행동의 형태 및 계획을 놓고 끊임없이 논쟁한다. 또한 성명과 연설의 어법, 이데올로기의 유용성, 철학과 분석에 대해서 논의한다. 그러나 그런 것을 논의해봤자 물리적 활동과 실질적 조건에 그다지 영향을 끼치지 않는다. 이것은 잘못된

[**] '소통노동' 개념을 보려면, Ronald Greene's "Rhetoric and Capitalism: Rhetorical Agency as Communicative Lobor", *Philosophy and Rhetoric*, 37,3 188~206, 2004.

것이자 나약한 짓이다. 수사를 얕잡아보면, 공공영역 전체와 소통하는 것도 막히고, 거기서 정치적 결과를 내는 것도 어렵다. 물질적인 것과 비물질적인 것 양쪽을 동등하게 생각하는 패러다임 전환이 필요하다.

여기서 내 생각을 가능한 한 명쾌히 제시하겠다. 나는 물질적 사항을 내치거나 무시하라고 하는 게 아니다. 먹을 것, 입을 것, 안전하게 살 만한 집이 필요하고, 양질의 건강관리를 받는 것도 필요하고, 믿음직한 교통, 지속 가능한 환경에 있는 것도 필요하다. 현대의 불평등을 은폐하고 생산하는 독재정권, 군부체제, 자본주의 하부구조, 거대한 관료체제와 싸우고 이겨내는 것도 필요하다. 이러한 물질적 사항은 사람들의 살아 숨 쉬는 몸의 욕구, 필요와도 연결되어 있다. 그러나 세상을 올바르게 만들기 위해서는 사람들의 생각, 이해, 지각을 바꿔야 한다. 이것은 비물질적 문제다.

혁명의 쟁취를 예로 들어보자. 참된 혁명은 행정체계, 경제체제, 정치체제에 대체하는 것 이상이 필요하다. 물론 이것은 중요하다. 그러나 새로운 체계가 반드시 새로운 현실을 뜻하는 것은 아니다. 미국 내 사회주의가 인종주의, 성차별, 반유대주의, 동성애혐오증 근절에 앞장설 것이라고 보장할 수 없다. 오히려 미국의 사회주의는 독재정권으로 돌변해, 상황을 더욱 악화시킬 가능성도 있다. 체계를 바꾸는 것은 좋지만, 이것이 반드시 새롭고 더 나은 현실로 나아가는 것은 아니다. 참된 혁명은 사람들이 자신을, 서로를, 그들의 세계를 철저히 다른 방식에서 보고 이해할 때 일어난다. 혁명은 사람들이 수사적 변환을 겪은 후에 과거와 단절하고 다른 행동, 다른 생각, 다른 사회관계를 위해서 새 판을 짤 때 일어난다. 이 같은 혁명적 변환은 기초단위인 개인에서 발생하기도 하지만, 대중의 수준에서 발생할 때가 가장 강력하다. 100명, 1,000명, 희망차게 100만 명이 본인의 수사적 성향에서 혁명적 변환을 겪으면, 심대하고 오래가는 사회적 변화 가능성의 조건이 확립된다.

나는 그런 변환이 멕시코와 중남미 지역 곳곳에서 일어났다고 생각한다. 멕시코의 사파티스타, 브라질의 땅이 없는 농업노동자 운동 Movement of Landless Workers, 볼리비아의 물 사유화 항의운동, 에콰도르의 원주민연맹Confederation of Indigenous Nationalities, 아르헨티나의 실업자운동Argentina Piquetero Movement은 몇 개의 사례일 뿐이다. 이 운동에 속한 사람들은 신자유주의 경제 정책이 파괴적이고 억압적이고, 반민주적이라고 생각하게 되었고, 현재는 신자유주의 경제 정책을 공동체에 이로운 참여민주주의와 지역화 경제로 바꿔내고 있다. 이 사람들은 혁명이 가능할뿐더러 필연이라고 믿게 되었고, 자본주의 · 대의민주주의 · 정부체제 · 치안 · 감옥제도의 대안을 적극적으로 찾고 있다. 그들은 새로운 언어, 담론, 생활양식, 관계, 존재 · 활동 방식을 창조하기도 한다. 한마디로, 수사적 변환을 겪고 있는 것이다. 이 같은 변환을 주의 깊게 살펴보고 촉진하는 것이 급진주의자에게 필요한 수사학의 분야다.

이 수사적 행동의 요청과 어느 정도 중복되는 개념이, 현대의 네트워크와 정서에 관심을 기울인 이론가와 활동가가 제안한 대중적 언어popular language다. 즉 활동가는 일반지성general intellect을 갖춘 지식노동자와 비물질적 노동자로 탈바꿈해야 한다는 것이다. 다시 말하자면 급진적 수사가가 돼라, 그래서 현대 삶의 지각과 언어와 씨름하고 그것들을 바꿔내라는 얘기다. 요컨대 지식노동자는 인지노동자

cognitive worker와 프롤레타리아의 결합이다. 비물질적 노동자는 소통·감정·심리·정보·문화·지식기반 자원과 수단으로 노동하는 사람이다. 그리고 일반지성이란 어느 역사시대의 사회가 견지한 집단지성이나 사회적 지식을 가리킨다. 이 용어는 지난 20~30년에 걸쳐 이탈리아 이론가인 안토니오 네그리Antonio Negri, 파올로 비르노Paolo Virno, 마우리치오 라차라토Maurizio Lazzarato, 프랑코 베라르디Franco Berardi를 통해 알려지기 시작했다. 이 생각은 폭넓게 확산되어, 그들의 네트워크와 성서 담론은 세계 여러 곳의 말로 전파됐다. 내가 보기에 이 생각과 수사적 행동의 요청 사이에는 적어도 한 가지 중요한 관련이 있다. 즉 소통은 사회적 현실을 생산한다는 것이다. 이것이 사실이라면, 수사의 위기를 푸는 것은 절대적으로 중요하다.◆

나는 수사의 위기가 점점 성장한 반권위주의와 공존하며, 의도한 것은 아니지만 그 때문에 영향을 받는다고 생각한다. 활동가, 조직가, 급진주의자 모두가 자신을 반권위주의자라고 하는 것은 아니다. 물론 대다수는 반권위주의자이다. 아무래도 이것은 반권위주의가 매우 직접적이고 전투적으로 행동하며 억압을 모조리 철저하게 비판하는 것과 관련되기 때문에 발생하는 것 같다. 행동과 비판에 나서지 않는 사람들은 반권위주의자라는 딱지를 물리치는 경우가 잦다. 그러나 현대의 많은 활동가는 적어도 반권위주의 실천에 빚진 게 있다고 공감한다. 모두가 이해하는 것처럼, 세계를 바꾸는 방식은 창조할 세계의 유

◆ 이들이 걸어온 전력을 보려면, Paolo Virno and Micheal Hardt, eds., *Radical Thought in Italy: A Potential Politics*, University of Minnesota Press, 1966를 참조하면 된다. 여러 대륙에서 설명되고 사용되는 현상을 보려면, 다음의 웹사이트 세 곳이 도움이 되겠다. Eipcp.net; Transform.eipcp.net; Rekombinant.org/journal/7-1/7-1index.htm. 2008년 2월 1일 인용.

형을 좌우한다. 따라서 의제결정, 대변인회의, 동아리affinity group[**], 직접행동 및 다양한 생각, 토론과 같은 직접민주주의 과정은 상례로 실천된다. 사회포럼, 학술대회, 항의, 주민의회, 웹사이트 정보센터는 상향식 구조를 자주 사용하여, 개인·집단·조직이 작지 않되 중심 없는 네트워크를 창조하게 해준다. 급진주의자가 사회 변혁에 다가갈 때 보유한 것은, 지도자도 지배이데올로기도 아니라 사람들 스스로 조정하는 친화력이다. 반권위주의는 21세기 행동주의의 이정표다.

새로운 반권위주의에 대해서 많이 논의된 표현들 가운데 하나는 마이클 하트Micheal Hardt와 안토니오 네그리가 제시했다. 그들이 주장하는 것은 현재의 급진적 시대가 '공통the common'을 통해 서로 접속되어 중심 없이 자율로 행동하는 집단·민중·연합에 의존하는 동시에 그것들을 진작한다는 것이다. 공통에는 땅과 물과 공기, 정보기술과 인터넷, 탈포드주의 생산체계와 이주노동, 혼종적 정체성과 국제적 소통네트워크, 범지구적 담론과 공통의 꿈과 전 세계적 집회 등이 속한다. 공통의 반권위주의는 독특한 혁명계급의 가능조건을 마련했다. 하트와 네그리는 이 계급을 '다중multitude'으로 지칭한다.[***] 다중은 '민중', '대중', '노동계급'과 같은 이전의 전통적 개념을 새롭게 개념화한

◆◆ 동아리는 함께 직접 행동을 하는 소규모 활동가 집단이다. 보통 3명에서 20명 정도로 합의에 따라 행동을 결정하는 상하 없이 조직되며, 친한 친구로 구성될 때가 많다. 유연하고 중심 없는 조직방법을 제시하며 평화주의 같은 공통의 이데올로기, 반전 같은 공통의 관심사, 법률지원 같은 공통의 활동에 따라 구성된다. 동아리는 외부 회원을 받기도 하고 안 받기도 한다. 외부 회원을 안 받는 경우가 훨씬 많다. http://en.wikipedia.org/wiki/Affinity_group 참조. (옮긴이)
◆◆◆ Micheal Hartd and Antonio Negri, *Multitude: War and Democracy in the Age of Empire*, Penguin, 2004. 그들의 저작에 관련된 논쟁을 보려면, Gopal Balakrishnan and Stanley Aronowitz, eds., *Debating Empire*, Verso, 2003과 Jodi Dean and Paul Passavant, eds., *Empire's New Clothes: Reading Hardt and Negri*, Routledge, 2003를 참고하라.

〉하트와 네그리. 이들이 제시한 '다중'은 민중, 대중, 노동계급과 다르다. 다수의 차이를 인정하며 세계를 창조하는 활동으로 21세기 급진주의에 새물결을 일으킨다.

다. 하트와 네그리에 따르면, 민중은 사람들을 정체성이 하나밖에 없는 단일체로 총체화하고, 대중은 사람들을 차이가 배제된 획일체로 환원하며, 노동계급은 노동과 관련된 정체성만 있는 특정한 유형을 지칭할 뿐이다. 결국 권력관계와 사회현실을 창조하는 다수의 활동을 무시한다. 그러나 다중이 인정하는 것은 다수의 차이이며, 민주적 삶의 형식과 다양한 사회적 행위자를 위한 공통의 투쟁이며, 소통에 의해 창조된 세계를 창조하는 활동이다. 하트와 네그리가 보기에 다중은 21세기 급진주의의 새벽을 알린다.

다중의 반권위주의는 혁명적 정체성과 운동을 이해하는 방식뿐만 아니라 수사적 소통을 이해하는 방식까지 바꾼다. 예를 들어, 마틴 루터 킹 목사와 그가 지도력을 발휘한 민권운동을 생각해보자. 킹 목사의 연설과 인격은 20세기 중반 아프리카계 미국인을 응집하고 동원할 때 도움이 됐으며, 그 운동을 대표하는 수사적 얼굴이 되었다. 그가 혼자서 민권운동을 기동한 것은 아니나, 그 같은 상징적 힘을 발휘했다. 그러나 오늘날에는 킹 목사 같은 단 한 명의 상징적 인물은 존재하지 않는다. 이 때문에 사람들은 수사적 지도력이 부족하다고 느낀다. 그러나 이것은 오해다. 수사적 지도력은 지금도 존재하나 방식이 다를 뿐이다. 오늘날 급진주의 소통의 생명력은 다중의 모세혈관 곳곳에 네트워크로 연결되기 때문이다. 단 한 명, 아니면 단 한 집단이 행동과 사회 전체 사이를 매개하는 책임은 지지 못한다. 그 같은 수사적 책임은 이제 다수의 사람·생각·운동이 함께 지는 것이다. 21세기 행동주의는 수사적 지도력의 중심을 분산한다. 이제는 모두가 수사적 매개자의 책임을 지는 것이다.

나는 위에서 설명한 내용이 정확하다고 생각할뿐더러, 활동가가 그 같은 책임을 감당하지 못했다는 생각도 한다. 이것은 일상에서 하는 말뿐만 아니라 주류 대중매체에서 엿보이는 정서로 만천하에 입증된다. "세계화를 반대하는 사람들, 정작 그들이 지지하는 것은 무엇?" "하는 말은 난무, 푸는 법은 전무." "판박이 같은 활동가가 일으키는 것은 파멸이지, 개혁이 아니다." "지역의 조직가가 하는 말은 이치에 안 맞는다." "생각은 많지만, 속 빈 강정." 활동가의 행실 하나 때문에 많은 사람이 이렇게 생각하는 것은 아니다. 미디어기업, 보수적 논평가, 사회의 편견이 핵심 요인으로 작동하는 탓이다. 그러나 활동가들은 이러한 소통의 격차를 인정하고, 간격을 메우는 책임을 져야만 한다.

나는 급진주의자가 반권위주의적 공통anti-authoritarian common에 신경 쓰는 바람에 소통하는 방법의 세부사항을 주의하지 않게 됐다고 생각한다. 이것은 의식하지 못한 결과일 테지만, 결과는 변하지 않는다. 그리고 결국에는 소통의 세부사항에 주의하는 것을 오만하며, 엘리트적이고, 권력에 심취해 명예와 재산을 좇는 것이나 매한가지라고 생각하게 되었다. 이제는 탁월한 연설, 평론, 선언 그리고 위대한 지도자를 찾고자 애쓰지 않는다. 어떻게 보면 이것은 깔끔하다. 그러나 잠재적으로 공감하는 청중뿐만 아니라 적대적인 청중까지 공히 제기하는 질문에는 대답하지 않는다. 급진주의적 활동가 가운데 뛰어난 연설가, 평론가, 소설가는 누구인가? 과연 누가 대중의 마음을 흔들 수 있는가? 운동을 끌어가는 대표자는 누구인가? 지도자는 누구이며 어디에 있는가? 도대체 그들이 지지하는 것이 무엇인가? 제기하는 쟁점은 무엇인가? 주장하는 것이 무엇인가? 왜 그렇게 입장이 명확하지도 구체적이지도 않은가? 이러한 질문은 대중의 기대에서 나온다. 여느 사람은 일정한 유형의 급진주의를 기대한다. 예를 들면, 질서가 잡힌 입헌민주주의의 판 안에 있을 것이라고 예상하는 식이다. 입장이 명확한 지도자가 1인용 연단에 올라서 주의주장을 '분별 있게' 주창하는 식이다. 그러나 급진주의는 다르다. 여러 다른 사람이 서로 다른 무대를 사용하며, 얽히고설킨 주의주장을 매우 다양하게 하는 것이다. 급진주의자는 중심 없는 활동과 운동의 난장을 트기 위해서 목소리, 온몸, 복장, 가면, 종이, 연단, 가두, 각종 기술을 이용한다.

사람에 따라서는 대중적 기대의 문제를 무시하고, 소통의 격차에 대해서 괜찮다고 할지도 모른다. 틀린 말은 아니나 그것도 어느 정도다. 대중의 기대에 응답하지 않는다면, 사회적 변화를 위한 투쟁에 도움이 안 된다. 그렇게 하다가는 잠재적인 협력자와 참가자까지 급진주의자를 외면하게 만들 가능성이 높다. 바로 여기에 위기의 뿌리가 있다. 급진주의자가 하는 행동만이 세계를 바꾸리라고 믿었던 것이다. 그러나 잘못된 생각이다. 반권위주의의 공통을 통해 접속된 중심 없는 활동은 중요하나, 충분하지 못하다. 세계적 정의 네트워크를 창조하려면, 수사적 효과가 높은 소통이 반드시 따라야 한다.

국제적 전쟁, 미제국주의, 범지구적 매체 집중, 매체의 과잉상업주의, 강박적 소비주의, 자본의 제국 때문에 급진주의자는 영리하고, 지적이고, 효과 있는 수사를 개발해야 한다. 끊임없이 수사를 말하고 소리쳐 말하되, 공을 들여 솜씨 좋고, 감각 있게 말해야 한다. 운동의 조언자요, 정치적 전략가요, 대중의 매개자요, 균형감각을 갖춘 혁명적 정치평론가가 되어야 한다. 이렇게 특징을 설명하다보면 잠깐 멈춰서 묻지 않을 수 없다. 이것이 진짜 급진주의자의 사명일까? 세계가 물질적인 동시에 비물질적인 것이 사실이라면, 사명인 것은 틀림없다. 따라서 급진주의적 행동주의의 소통적 노동을 무시하는 것은 사회 변화에 반하는 것이다. 중심 없는 혁명, 범지구적 역량강화, 개혁된 사회적 현실의 예표prefigurement에 도움이 되도록 끊임없이 활동해야 한다. 그러나 수사적 작업은 렌즈를 끼고 해야 한다. 그리고 급진주의자의 방식대로 행해지고 이뤄져야 한다. 개방, 정직, 투명성에 반성, 토론, 비판적 논쟁과 직접민주주의 과정의 상향식 구조, 새로운 상황에 적응하는 능력이 기초해야 하는 것이다. 이렇게 하는 것은 공통의 포괄을 갉아먹지도 않고 그것과 모순되지도 않는다. 오히려 공통의 포괄을 강화한다. 결국 많은 사람이 공통의 요청을 이해하고, 지역적 지구적 평등을 위해 싸우고, 21세기의 행동주의에 참여하게 될 것이다.

:: 모든 것은 수사적이다! ::

활동가는 사회정치적 과업을 이루기 위해 항상 일하는 상근 소통자다.

따라서 수사는 활동가가 하는 일의 이차적 측면이 아니라 일차적 측면이다. 활동가가 하는 일의 생명줄인 것이다. 가두를 행진하고, 모임을 도와주고, 타인의 말을 경청하고, 전자우편으로 경계 정보를 전하고, 매체를 비판하고, 웹사이트에 글을 올리고, 사진을 찍고, 영화를 만들고, 관료의 생각을 움직이고, 경찰과 언쟁하고, 법정에서 자신을 옹호하고, 일대일로 대화하고, 혁명적 승리를 축하하는 등 이 모든 일에는 수사적 작업이 들어간다. 의식하지는 않더라도, 활동가가 수사가라는 것을 잊어서는 곤란하다. 따라서 수사적 소통의 개선이 요청된다. 간단히 말하면, 소통이 잘되면 행동주의도 잘되고, 소통이 잘 안 되면 행동주의도 잘 안 된다는 것이다.

급진주의자는 평소에 '수사적 작업'을 입에 올리지 않는다. 이것은 어느 정도 수사에 딸린 부정적 이미지 탓인 것 같다. 수사는 조작, 부정不正, 기만, 강요와 연결되기 쉽다. 이것은 새삼스러운 일이 아니다. 장장 2,500년 동안 지속된 상황이기 때문이다. 시대를 통틀어 가장 유명한 서양철학자인 플라톤은 철학의 편에 서서 수사를 헐뜯었다. 그는 참된 수사와 그릇된 수사를 구별했다. 전자는 참된 지식을 전달하는 반면에, 후자는 청중에게 인상만 제공하고 감각만 즐겁게 만들 뿐이라는 것이다. 참된 수사는 철학의 통찰을 표현하는 반면에 그릇된 수사는 사람의 눈을 가리고 속인다. 플라톤이 보기에 수사는, 그것이 참된 수사라도, 진지하게 고찰할 대상이 아니다. 수많은 서양의 사상가는 플라톤의 길을 따랐다. 르네 데카르트, 존 로크, (초기 저작에서) 루트비히 비트겐슈타인 외에도 많은 일류 지성들은 지식과 통찰과 이해는 철학과 과학과 수학과 논리학에서 나온다고 주장했다. 그들은 수사가 지식을 전달할 뿐이라고 주장했다. 이들은 수사를 생각의 전달로 환원하며 결코 수사가 생각을 실제로 만든다고 생각하지 않았다.

이와 똑같은 생각이 급진주의자의 행동주의에도 나타난다. 예를 들어, 구체적인 정치적 변화는 변화를 어떻게 전달하는가와 별 상관없다고 가정하는 식이다. 행동주의는 행동주의이고, 수사는 수사인 것이다. 그렇게 생각하는 까닭은 수사하면 부정, 곡해, 위조, 과장을 떠올리기 때문이다. 그렇게 생각하는 충분한 이유가 있다. 숱한 정치적 허풍에 질린 탓이다. 얄팍한 수사, 수사적 계교, 수사는 난무하나 행동은 전무한 사람에게 넌더리가 난 것이다. 결국 수사에 질린 것이며, 그 외의 다른 이유는 없다. 수사에 대해 이렇게 느끼는 것은 이해할 만하나, 여기에는 문제가 있는 것도 사실이다. 특정한 사람의 수사를 일반적인 수사와 뒤섞기 때문이다. 이것은 잘못된 일이다. 수사를 오용한다고 해서, 수사의 일반적 힘이 파괴되는 것은 아니다. 수사를 자신의 목적에 맞게 쓰는 것은 가능하며, 그래야 마땅하다. 부정하거나 타락할 필요는 없다. 급진주의자는 솔직하고, 정직하고, 급진적일 수 있기 때문이다.

서양 수사학의 형식적 연구는 고대 그리스 사회에서 처음으로 시작됐다. 소피스트는 최초의 수사학자로 자주 거론된다. 그들은 플라톤과 같은 시대에 살았고, 다른 도시와 나라에서 아테네로 이주했다. 그들은 플라톤의 생각을 하나씩 논박해가며, 당시 아테네의 정치적 균형 상태에 도전했다. 언어와 상징적 구조가 간섭하지 못하는 절대적 진리, 초월적 이데아, 하나의 세계를 반박했던 것이다. 소피스트는 여러 측면에서 유목민이었다. 이곳저곳을 여행했고, 청중과 학생을 찾아갔기 때문이다. 그들은 누구든 연설과 논쟁의 솜씨를 키워야 한다고 주장했다. 특수한 사람만이 공무public affairs에 적합하다는 속류 신화에 대항했던 셈이다. 그러나 소피스트는 학생에게 수업료를 받았고, 수사를 가르쳐 생활비를 벌었다. 수사의 힘을 계급에 따라 분배했던 것이다. 그들은 부자를 섬기고 빈자를 업신여겨 고대 아테네 귀족체제의 격차를 영속케 했다. 부유한 사람은 애초부터 공적 말하기, 기억술 memorization, 논쟁, 설득, 기예, 사회적 문화적 정치적 차림새grooming 훈련을 받았을 것이다. 이러한 격차는 현재와 비슷하다. 지금도 수사적 힘이 정치 명문가, 사회 지도층, 세계의 갑부 때문에 잘못 배분되어 있다. 그들은 여론매체 관리, 공적 가면public personae, 정치적 차림새 훈련을 일치감치 받기 때문이다. '사상의 시장'이라고 하는 것도 결국 돈의 문제로 귀결된다. 돈 있고 힘 있는 사람은 대중에게 노출되는 훈련을 받는 반면, 대다수 대중은 무시된다. 수사적 훈련이 부족하면 대중과 소통하는 능력은 제한된다.

소크라테스도 그리스의 철학자로 플라톤의 스승이었다. 그 역시 소피스트와 사이가 나빴다. 그는 지혜란 정신의 계몽과 비슷한 것으로, 고귀한 인간이 추구하고 바라는 것이라 믿었다. 지혜로운 자는 진리와 덕성과 정의를 이해하는 것은 물론 실행까지 하는 사람이다. 또한 현세의 지식을 이해하고 실천하는 것에 대해서 타인에게 가르칠 능력까지 갖추면서, 그것도 대가 없이 가르치는 것을 당연하게 생각하는 사람이다. 소크라테스는 다수의 문제를 놓고서 소피스트와 공공연하게 겨루었고, 그들이 돈을 쫓아가는 행태를 강력하게 비판했다. 그는 거리에서 아무나 붙잡고 자유롭게 대화를 시작했다. "바르게 살고 있습니까?"그가 바라는 것은 그도 상대방도 현세에서 더욱 고결한 현존의 상태에 다다르는 것이었다. 소크라테스는 대화가 자신을 향상하는 방법이라고 보았다. 대화를 통해 진리를 깨우치고 자신을 깨닫는 것이 가능하다고 믿었다. 소크라테스는 완벽과는 거리가 멀었지만, 그가 했던 말대로 살았다. 그는 비판적으로 반성하자고 완강하게 주장했으며, 아테네 사람의 자유로운 스승이 되는 것이야말로 의무라고 생각했다. 그러나 아테네 시의회는 다르게 받아들였다. 소크라테스가 아테네 젊은이를 타락시켰다는 죄목을 뒤집어씌워, 사형을 선고했다. 소크라테스의 법정변론은 2,000년이 넘도록 연구됐는데 이것은 그가 지혜와 옳음에 헌신했음을 증명한다. 그는 죽기 전에 이렇게 진술했다.

또한 나는 눈물을 흘리거나 울부짖지도 않으며, 그밖에 여러 가지 나답지 않다고 내가 주장하는 그런 일, 그리고 여러분이 다른 사람들에게서 흔히 들어오던 그런 일들을 행하지도 않고 말하지도 않기 때문입니다. 그러나 앞서도 나는 위험에 처했다고 해서 어떤 천한 짓을 해도 좋다고 생각하지는 않았고, 지금도 그렇게 변명한 것을 뉘우치지는 않으며, 오히려 나는 달리 변명하고서 살기보다는 이렇게 변명하고서 차라리 죽는 편이 훨씬 낫다고 생각됩니다. 그것은 법정에서나 싸움터에서나 무슨 짓을 해서든지 죽음을 면하려고 꾀를 부리는 것은 누구든지 해서는 안 될 일이라고 생각하기 때문입니다.◆

◆ 플라톤의 《소크라테스의 변명》에서 인용. James L. Golden, et al, *The Rhetoric of Western Thought*, Kendall/Hunt, 2003에서 재인용. 국내에서 번역된 플라톤, 《소크라테스의 변명》, 원창화 옮김, 홍신문화사, 2006, 44쪽에서 재인용.(옮긴이)

소크라테스와 소피스트는 서로 차이가 있기는 하나, 모두 급진주의자의 수사학에 기여했다. 그들은 아테네 사회의 다양한 측면을 논의했고, 다수의 논제와 문제를 연구했으며, 많은 사람의 가슴과 정신을 움직였고, 공무에 참여했으며, 논쟁술과 대화술을 완벽하게 가다듬었고, 소통의 중요성을 이해했다. 이 같은 특징은 오늘날 활동가의 필요와 요구를 반영한다.

내가 이해하는 수사학은 소피스트나 소크라테스의 지혜와 조금 차이가 있다. 나는 프리드리히 니체, 에드문트 후설, 안토니오 그람시, 장 폴 사르트르, 시몬느 드 보부아르, 케네스 버크, 루이 알튀세르, 미셸 푸코, 자크 데리다, 주디스 버틀러 등 20세기 사상가의 영향을 받았다. 이 가운데 많은 사람이 백인 남성이며, 대부분 죽은 사람이다. 의식해서 선택했다기보다 유럽과 북미의 성향에 따른 교육의 결과로 보는 게 맞겠다. 내 지식은 계속 확장될 것이며, 내가 영향을 받은 목록도 늘어날 것이다.

이 목록만 보면 내가 '실천하는 급진주의자'보다 '지성인'을 더 높게 치는 것 같다. 그러나 아니다. 엠마 골드만, 간디, 말콤 X, 마틴 루터 킹 목사, 애비 호프만, 체 게바라, 마르코스 부사령관, 우고 차베스, 크라임싱크 집단CrimethInc. Collective은 내가 급진적 수사를 이해하고 접근할 때 영향을 받은 사람들 가운데 일부일 뿐이다. 물론 여기에 노엄 촘스키, 하워드 진, 코넬 웨스트, 벨 훅스처럼 지식인인 동시에 활동가인 사람도 있다. 이 사람들은 강점도 있고 약점도 있으며, 각기 다른 방식으로 내게 영향을 끼친다. 중요한 것은 이 사람들 모두가 실천하는 수사가라는 것이다. 이것이 말해주는 것은 분명하다. 가장 사랑받는

> 차베스, 촘스키, 하워드 진, 벨 훅스. 이들은 지식인인 동시에 활동가들로 급진적 수사를 이해하고 접근할 때 도움을 받을 수 있다.

급진주의자가 가장 훌륭한 소통자라는 것.

나는 공부를 하고 여행을 다니면서 수사가 급진적 활동에 항상 존재하는 양상이라고 믿게 됐다. 수사는 단순히 설득력 있게 말하는 기술이 아니고, 잘못된 지도자의 허황된 약속으로 떨어지는 것도 아니다. 수사는 모든 것에 스며들어 있기에, 말하고 행하고 느끼고 생각하는 모든 것이 수사적이다. 수사는 서로가 서로를 끌어당긴다. 사람은 타인의 의식적이고 무의식적인 소통에 영향을 주기도 하고, 받기도 한다. 미처 깨닫지 못할 때에도, 사람은 말을 하며 듣는다. 사람은 계속해서 가르치는 동시에 배우기도 하며, 개인이 통제하지 못하는 방식으로 구성하며 구성된다. 사람은 모든 상황을 염두에 두고 끊임없이 스스로에 대해서 생각하고, 연습하고, 정리하고, 적응한다. 수사를 이렇게 간주하고 인간 실존을 이렇게 이해하는 것은, 정치와 대중의 마음과 급진주의를 이해하는 방식을 새롭게 바꿔낸다. 그렇게 하자, 사람의 삶이 사회적 변화를 추동하는 수사적 과정으로 돌변한다. 이런 식으로 수사에 접근하는 것을 정확히 이해하려면, 당연히 설명이 필요하다. 이제부터 나는 수사를 세 가지로 정의할 생각이다. 첫째, 수사는 설득하는 것이다. 둘째, 수사는 추론하고 분석하는 것이다. 셋째, 수사는 현실을 창조한다.

| 수사는 설득하는 것이다 |

수사학은 설득과 그 방식 및 수단에 대한 연구와 실천으로 정의할 수 있다. 수사학은 설득의 전술을 연구한다. 그리고 창조하기도 한다. 예를 들어, 건강보험 논쟁을 벌일 때 논리적 논증은 어떻게 도움을 줄 수 있을까? 반전운동을 조직할 때 감성적 이야기는 어떻게 도움이 되는가? 청중을 설득할 때 신뢰는 얼마만큼 도움이 되는가? 대형 집회에 참가한 군중의 투쟁심을 북돋는 기술은 무엇이 있을까? 대립하는 집단과 어떻게 공감대를 마련할 수 있을까? 어떻게 하면 사람들의 마음을 더욱 타오르게 하고 움직이게 할 수 있을까? 혁명의 열정을 만들기 위해서는 무엇을 말해야 하고, 무엇을 행해야 할까? 이러한 질문은 설득과 관련된 것이며, 설득은 수사학의 일부인 셈이다.

아리스토텔레스는 플라톤의 제자이자 수사학을 체계적으로 연구한 첫 번째 사람으로 간주되곤 한다. 그리고 그는 서양에서 수사학을

연구의 분야로 접근한 최초의 사람이기도
하다. 그는 수사학을 어떤 상황에 있든 쓸
모 있는 설득의 수단이 무엇인지 알아채는
능력으로 정의했다. 이 정의는 누구든 어
느 곳이든 어떤 주제든 설득할 수 있는 능
력이 있음을 강조한다. 이것은 시시하고
속임수 같아 보이지만, 그렇지 않다. 설득
과 속임은 같은 게 아니며, 그것들을 섞어

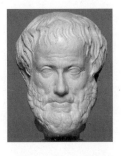

> 아리스토텔레스. 그는 최초로
수사학을 연구한 사람으로 수사
학에 설득하는 능력이 있음을 강
조했다.

버리면 정의의 요체를 놓치게 된다. 아리스토텔레스가 말하는 것은 최
대의 효과를 내기 위해서 청중의 요구와 필요에 알맞게 메시지를 고치
고 다듬는 능력이다. 활동가가 줄곧 하고 있는 일인 것이다.

예를 들어, 대표자회의에서 다음 행동 방향을 토론하고 있다고 생
각해보자. 모든 이가 제안하고, 논증하고, 주장하는 등 생각을 개진한
다. 사람들 모두가 귀를 기울이며, 다른 이의 말을 끝까지 경청하고, 대
화가 요구하는 수사적 사항에 발맞추기 위해 입장을 조정한다. 사람에
따라서는 논리와 현 정세에 대한 견실한 사실을 이용하기도 한다. 체
포되어 겪었던 감상적인 이야기를 사용하는 사람도 있다. 자기가 가장
경험이 많다며, 자기 말로 회의를 끝내야 한다고 주장하는 사람도 있
다. 격론이 오고 간 끝에 최종 결정이 어떤 식으로든 내려진다. 결국에
는 어떤 관점을 취할지 의견의 일치를 이룬다. 이처럼 전술적 논쟁에
는 속이는 것도 부정한 것도 없다. 여기서는 설득하는 과정과 아리스
토텔레스의 정의가 매일같이 사용되는 모습이 여실히 나타난다. 결국
사람들은 유리한 결과가 있기를 바라면서, 가장 좋은 생각을 내놓기

위해서 모든 상황을 끊임없이 분석한다. 상상해볼 만한 거의 모든 상황이 아리스토텔레스의 수사학 정의와 관련되는 셈이다. 설득은 활동가가 일상에서 하는 생활의 일부일 따름이다.

| 수사는 추론하고 분석하는 것이다 |

수사학을 담론의 과학으로 이해하는 것도 가능하다. 다른 말로 하면 수사학은 다음의 세 가지를 연구하는 것이다. 첫째 사람들은 무엇을 말하는가, 둘째 그것을 어떻게 말하는가, 셋째 거기에서 어떤 효과가 나오는가. 이 정의는 설득을 포함하되, 그것 이상이기도 하다. 예를 들어, '부수적 민간피해collateral damage'란 문구는 사람들의 마음에 어떤 효과를 주는가? 표현과 낱말에 따라 문화집단 사이에 호불호가 갈리는 이유는 무엇인가? 급진적 상상력은 무슨 이유 때문에 사파티스타의 언어와 은유에 매혹됐을까? 왜 그토록 많은 사람들은 직접행동이 폭력적이라고 생각하면서, 자본주의와 전쟁은 이타적이라고 생각하는가? 청중이 달라질 때마다 언어, 어조, 비언어 소통을 어떻게 조정하는게 좋을까? 특정한 집단, 운동, 혹은 경험을 기술한다면 그들에게 맞는 특정한 말을 쓰는 게 좋을까? 이러한 질문은 소통의 여러 다른 양상을 강조하며, 효과가 있는 게 무엇이고 없는 게 무엇인지 또 그 이유는 무엇인지 이해해보려는 시도다.

예를 들어, 말콤 X와 마틴 루터 킹 목사의 수사적 말씨rhetorical styles를 살펴보자. 말콤은 절제되고 정당한 분노를 재치 있고, 현명하고, 산전수전 다 겪은 사람처럼 표현했다. 반면에 킹 목사는 남부침례교식 화법으로 웅장하고 혼이 깃든 중저음을 사용했다. "투표인가 총탄인가"와 "나는 꿈이 있습니다"의 차이. 전자가 말콤의 방식이라면, 후자가 킹의 방식이다. 두 명 모두 20세기 흑인 민권운동 투쟁의 다르되 똑같이 중요한 양상들을 보여준다. 하워드 진과 노엄 촘스키의 다른 문체도 생각해보자. 진은 개인이 털어놓는 이야기처럼 글을 쓰는데, 이 방식은 마르크스주의의 소양에서 영향을 받은 것이다. 반면에 촘스키는 강고한 분석과 편견 없는 관찰을 이용하며, 아나키즘과 비슷한 방식의 정치경제 비판을 선호한다. 진과 촘스키에게는 각자 주목할 만하고 의심의 여지없이 급진적인 자신만의 독특한 방식이 있다.

이 같은 사례는 수사의 추론적이고 분석적인 핵심을 강조한다. 수사적 선택 하나하나는 마음과 감정과 반응에 영향을 끼친다는 것이다. 급진주의자는 이 같은 선택을 탐구할 수 있으며, 사람과 메시지와 접근이 다르면 영향이 달라지는 이유를 이해할 수 있다. 물론, 그런 식으로 탐구를 하다보면 언어, 말글의 표현, 수사적 전술의 활용에 집중할 때가 많지만, 언제나 그런 것은 아니다. 그리고 급진주의자는 자신의 수사를 분석할 수도 있다. 그렇게 하면, 급진주의자가 수사적 선택을 할 때 도움이 되며, 그것이 곧 사회를 바꾸는 능력을 키우는 길이 될 것이다.

| 수사는 현실을 창조한다 |

수사는 사람들이 자신의 현실을 만드는 방법에 대한 실천이자 연구라

고 이해되기도 한다. 이 정의는 모든 것이 수사라는 생각과 명백하게 관련이 있다. 수사학은 현실의 연구이고 현실이 모든 것을 아우른다면, 세상만사 모든 것이 수사적인 것이라고 이해할 수 있다. 이러한 접근법은 인간이 비물질적 수단을 통해 현실을 어떻게 물질화하는지 이해하고자 할 때 유용하다. 다른 말로 하면 사람들은 어떻게 언어, 생각, 기호, 상징, 서사, 지각, 행동을 현실로 물질화하는가? 이제부터 신경 쓸 것은 설득만이 아니다. 언어의 기본을 분석하는 것 이상으로 나아갈 필요가 있다. 즉 급진주의자는 수사를 비물질적 노동으로 접근하고 인간의 환경이 어떻게 창조·유지·변화·해소·개조되는지 이해하고자 애써야 한다.

사파티스타의 마르코스Marcos 부사령관은 수사가 현실의 창조임을 잘 아는 사람이다. 1994년 대중 봉기 이후, 사파티스타는 현재의 세계화된 세계에 적용 가능한 사파티스타적 현실을 창조하고 그 싹을 보급하고자 의식적으로 노력했다. 그들은 국제적 회의, 회합, 대표단을 조직했고, 홍보자료·공식성명·사진·이야기·시·책·웹사이트를 배포하고 개설했다. 또한 잘 가꾼 이미지를 배포하기도 했다. "모든 것은 모든 이를 위해서, 자신을 위해서는 아무것도all for everyone, nothing for ourselves", 검은 복면의 원주민 혁명군이 선언하는 모습을 담은 이미지다. 그러나 단지 이미지에 그치는 것이 아니다. 사파티스타는 자기가 보기에도 구경하는 사람이 보기에도 눈에 선한 사파티스타의 현실을 창조했던 것이다. 사실 놀랍지 않은 일이다. 내가 알기로 마르코스는 철학과 소통을 가르치는 교수이기 때문이다. 두 가지 모두 수사학의 근본적 양상이다.* 마르코스는 이렇게 말한다.

〉 멕시코의 혁명 단체 사파티스타의 마르코스 부사령관은 수사가 현실의 창조임을 잘 아는 사람이다. 그가 추구하는 '혁명'이야말로 성공적인 수사학의 대표적인 사례라 할 만하다.

사파타주의는 이데올로기도 아니며, 돈 받고 팔리는 교리도 아니다. 그것은 (…) 직관이다. 열려 있고 유연한 것이기에 어느 곳에나 정말로 있는 것이다. 사파타주의가 질문하는 것은 다음과 같다. "나를 배척했던 것은 무엇인가?" "나를 고립시켰던 것은 무엇인가?" (…) 서 있는 장소마다 응답은 다를 것이다. 사파타주의는 그렇게 질문할 뿐이며, 이렇게 명기한다. 복수의 대답이 가능하며, 거기에는 모든 것이 담겨 있다고.[♦♦]

♦ 이 정보는 네티 와일드Nettie Wild가 감독한 다큐멘터리영화 〈치아파스라 불리는 곳A Place Called Chiapas〉(1998)에서 얻은 것이다. 사파티스타를 두루 살펴보고 그들의 수사학을 통찰하고 싶으면, 이 영화를 강력히 추천한다.
♦♦ Ana Carrigan, "Afterword: Chiapas, the First Postmodern Revoloution," in *Our World is Our Weapon: Selected Writings*, Subcommandante Marcos, Seven Stories Press, 2001. 한국어판, 《우리의 말이 우리의 무기입니다》, 윤길순 옮김, 해냄.

그렇다면 사파티주의는 사람들이 체현體現해내는 무엇이다. 이것은 가치, 전망, 출발점의 집합이다. 또한 보는 방식이자 사는 방식이다. 사파티주의는 하나의 이데올로기로도 열 가지 프로그램으로도 환원될 수 없다. 그것은 사람들이 체화하는 동안에는 사람들 내부에 살아 숨쉬며, 언어·발화·행동을 통해 전수된다. 즉 소통을 통해 계승되는 것이다. 사파티주의는 21세기 혁명적 현실의 능동적이고 참여적인 창조다.

수사를 현실의 창조로 이해하기란 어렵다. 일반적으로 현실을 세계의 사물과 같다고 생각하며, 사물은 인간 실존과 무관하다고 가정하기 때문이다. 사람은 여기 있고 사물은 저기 있다고 보는 것이다. 이것은 일부분만 맞는 말이다. 세계는 자신만의 구체적 실존이 있다. 따라서 나는 몸을 굽히고 땅을 만지며, 세계가 나와는 구별되고 분리된 것을 확증할 수 있다. 세계는 자체로 존재하고, 나도 그렇게 존재한다. 세계에 존재하는 모든 것이 다 그렇다. 그러나 사람과 세계는 서로를 구성하기도 한다. 사람과 세계는 서로가 서로다. 사람은 서로를 창조한다. 사람과 세계는 서로 마주 서서, 인간의 실존을 생성시킨다. 더군다나, 내가 세계를 어떻게 보는가에 따라 내가 경험하는 세계가 달라진다. 매우 기본적인 예를 들어 질문할 수 있다. 돌은 도대체 무엇인가? 돌은 열, 압축, 중력이 광물을 응고시킨 혼합물인가? 돌은 내가 밟고 앉을 때 쓸모가 있는 죽은 물질로서, 나 자신의 자유의지에 따라 사용되는 사물인가? 돌은 어머니 지구의 일부로 간주되어, 그것만의 독특한 실존만큼 존중을 받는가? 돌은 신의 얼굴로 간주되어, 인정을 받고 다른 것들과 조화롭게 존속하는가? 이 모든 질문은 특수한 대답을 함축하며, 각각의 대답은 매우 정당한 돌에 대한 이해다. 다시 말해, 각 대답은 저마다 다른 방식으로 이야기하는 돌이란 '현실' 경험이다.

수사를 현실의 창조로 간주하는 것은 사회적이고 정치적인 문제에 더 적합하다. 예를 들어보자. 전쟁은 선한가 악한가? 미국의 이라크 침공은 정당했는가? 대중매체는 보도를 제대로 했는가? 자유무역은 가난한 사람에게 도움을 주는가, 고통을 주는가? 동성애 결혼은 합헌인가 위헌인가? 이주민 일용직 노동자는 불법 외국인인가, 미등록 노동자인가? 평화주의는 세계 문제를 해결하는 쓸 만한 방책인가? 직접행동은 급진주의적 주의주장에 이로운가, 해로운가? 사파타주의자는 테러리스트인가 21세기의 혁명가인가? 이 같은 질문들은 언제나 제기되는 것처럼 보이며, 해답도 이미 정해져 있다. 사람들이 내놓은 대답에는 그들이 겪은 현실의 요체가 담겨 있다. 바로 그렇기 때문에 사람들의 생각을 이렇게 저렇게 움직이기가 무척이나 어려운 것이다. 현실은 신속하고 부드럽게 변환되지도 변화되지도 않기 때문이다. 현실의 매우 작은 부분조차 그렇다. 변화는 길고도 까다로운 과정이다.

이러한 설명이 깨닫게 해주는 것은 분명하다. '객관적 사실'에 호소한다고 언제나 사람들의 마음이 바뀌는 것은 아니라는 것. 급진주의자는 견고한 사실을 제시한 다음, 사람들의 마음이 움직이지 않는다고 심란해한다. "어떻게 그 상황의 진실을 안 볼 수가 있지! 자신에게 거짓말을 하는 게 분명해! 사실을 외면하고 있다니까!" 사실은 언제나 중요하지만 삶이 사실에 기초하는 것은 아니다. 오히려 삶은 가치, 믿음, 지각, 생각, 관념에 근거한다. 객관적 사실은 우리네 현실을 이루는 날것의 질료일 따름이다. 현실 자체가 아닌 것이다. 사람들은 사실을 접하고 나서 그것을 해석하는 법이다. 이것은 수사적 노동이 왜 필요한

지 설명해준다. 세계를 바꾸고자 한다면, 세계에 대해서 사람들이 만드는 수사적 구성을 바꿔야 한다는 것이다.

1960년대 문화혁명가 애비 호프만*은 수사와 현실의 관계를 꿰뚫어보았다. 시카고의 7인 재판** 도중에 했던 그의 유명한 법정진술은 이 글에서 토론하는 많은 문제를 다루었다. 호프만은 법정에 선 채, 히피가 미국 사회에 볼모로 붙잡힌 독특한 문화를 만들었다고 증언했다. 또한 히피에게는 국가가 법적으로 확립하고 구속하는 물리적 혹은 지리적 실체가 반드시 필요한 것은 아니라고 주장했다. 반대로 히피는 자기네 정신과 가슴과 육체 내부에 존재하는 삶의 방식을 구성했다고 주장했다. 그들은 가는 곳이 어디든 하는 것이 무엇이든 이 삶의 방식으로 살았다. 히피의 현실은 잘못되고, 엉터리며, 꾸며진 것이 아니었다. 상상으로 지어낸 것도 아니었다. 반대로 구체적이고, 실행 가능하며, 손에 잡히는 현실이었다. 즉 수사로 구성된 세계였다.

애비는 재판 도중에 거주지가 어디냐는 질문을 받았다. 그는 '우드스톡 나라Woodstock Nation'라고 답했다. 그는 설명을 요청 받자 이렇게 말했다.

그곳은 소외된 젊은이의 나라입니다. 우리는 어디서든 그곳에서 살아갑

◆ 애보트 하워드 '애비' 호프만이 미국 전역에 이름을 알린 것은 1968년이었다. 그는 제리 루빈, 데이비드 델린저, 톰 헤이든, 레니 데이비스, 존 프로이니스, 리 와이너, 바비 실과 함께 1968년 민주당 전당대회 기간 동안 폭력사태를 주동한 혐의로 체포됐다. 이 집단은 원래 '시카고의 8인'으로 알려졌으나, 바비 실이 따로 기소되는 바람에 시카고 7인이 되었다. 피고인 7명은 애초에 폭력을 사주한 혐의로 유죄를 선고받았지만, 판결은 상고에서 뒤집어졌다. 이후에도 호프만은 꾸준히 자신의 생각을 실천했으며, 1960년대 청년반란과 급진적 행동주의의 상징으로 남았다. 지금도 그는 국제청년당Youth International Party(Yippies)을 창설하고, 열심히 활동하고 있다. http://en.wikipedia.org/wiki/Abbie_Hoffman 참고. (옮긴이)
◆◆ 1968년 시카고에서 열린 민주당 전당대회에서 반전 데모 중 체포된 7명의 시위자들을 다룬 재판. (옮긴이)

니다. 수족Sioux 인디언이 어디에 있든 수
의 나라에서 사는 것과 똑같은 마음인 거
죠. 그곳은 경쟁보다 협동에 전념하는 나
라이며 재산이나 금전보다 더 좋은 교환
수단이 있고 인간의 교류에 무엇인가 다
른 토대가 있다는 걸 믿는 나라입니다. 그
곳은 나라입니다.♦♦♦

》 문화혁명가 애비 호프만. 그는
일찍이 수사와 현실의 관계를 꿰
뚫어보았다. 히피가 만든 문화는
구체적이며 실행 가능한 현실이
라고 주장했고, 자신은 미국의 현
실과 반대되는 우드스톡 나라에
살고 있다고 했다. 현실을 위해
싸우고 방어할 권리가 있다고 주
장한 살아 있는 활동가였다.

애비가 그 나라를 실현하지 못했는
지 몰라도, 그의 증언은 사실, 해석, 현실
등 수사가 맺은 관계를 명료히 보여주었다. 그리고 일선에서 뛰는 활
동가처럼 말했지, 초연한 이론가처럼 말하지 않았다. 호프만의 진술
이 기본적으로 말하는 것은, 아메리카라고 불리는 나라가 있다는 것
이다. 그러나 이 나라는 모든 사람에게 아름답고, 관대하고, 호의가 있
는 곳이 아니다. 알지 않은가. 자본주의라는 체제가 존재하나, 사람들
의 필요와 요구와 욕망을 모조리 포용하는 것도 아니고, 그것들에 이
로운 것도 아니라는 것을. 그렇다. 미국 선생(Mr. United States of
America)은 급진주의자가 미국의 현실을 위해서 자신의 현실을 숨기
고, 억누르고, 포기하지 않으리란 것을 잘 아는 게 분명하다. 애비는 히
피가 어느 누구나처럼 자신의 현실을 위해서 싸우고 방어할 권리가 있
다고 주장했다. 이 점을 마음에 새기면, 시카고의 7인 재판이 단순히

♦♦♦Mark L. Levin, et al, eds., *The Tales of Hoffman*, Bantam, 1970년 법정 기록.

정치적 재판trial만이 아니라, 현실을 넘고자 하는 시도trial였다는 것을 이해할 수 있다.

| 현실 창조 과정 5단계 |

호프만의 증언은 재기가 번득이나, 중요한 특성을 놓친다. 애비는 '현실은 당신의 머릿속에 있다'고 말하며, 바라는 현실을 창조할 수 있다고 뜻하는 방식을 애용한다. 이것은 맞기도 하고 틀리기도 하다. 급진주의자는 자기가 바라는 현실을 창조하는 것이 가능하다. 그러나 이것은 한계 내에서만 가능하며 다른 인간 존재와 협력도 뒤따라야 한다. 현실을 창조하는 것은 무엇을 해도 괜찮은 과정이 아니다. 단순히 해석만 해서는 그것을 현실이라 부를 수 없다. 그렇게 하는 것은 다른 사람을 조롱하는 일일뿐더러, 집단공동체로부터 고립되는 지름길이다. 가장 먼저 구체적 사실이 있다는 것을 유념해야 한다. 또한 이것은 해석되고, 명료화되고, 상징적으로 이해돼야 한다. 즉 수사학이 필요한 것이다. 또 하나 깨달아야 하는 것은 사람들의 현실은 공동체 현상이라는 것이다. 어느 누구도 외딴 섬에 있는 것이 아니다. 다른 사람과 협력하며 현실을 창조하는 법이다. 어떻게 돌아가는지 좀 더 정확히 이해해보기 위해 교류, 시간과 유형, 사회규범, 입장, 망각의 5단계로 나눠봤다.

교류

모든 일은 인간의 교류와 함께 시작한다. 인간은 생물학적 부모에게서 태어난다. 부모는 어느 순간 어떻게든 교류해야 한다. 교류는 정자와 난자였을 때에도 일어난다. 정자와 난자가 만나면 배胚가 생긴다. 배는 태어날 때까지 모친의 육체와 교류한다. 아이가 태어난 다음에는 보살피고 돌봐줘야 한다. 적어도 몇 년간 그래야 한다. 그러지 않으면 생명을 유지하기가 힘들다. 아이는 보살핌을 받으며 사회와 문화의 방식에 적응하기 시작한다. 아이가 그 같은 방식을 배우지 않으면, 살아남지 못한다. 아이는 세면용품 사용법을 정확히 배우지 않아도 스스로 씻을 것이다. 그러나 아이는 자기가 사는 언어 공동체의 규칙을 습득하기 전까지 말을 하지 못한다. 인간은 모두 교류하는 세계에서 태어나며, 모든 사람은 교류하는 방법을 배워야 하고, 그렇지 않으면 죽게 된다. 교류는 실존의 토대인 것이다.

사람이 세상과 하는 교류는 명백히 주변 환경 전체가 좌우한다. 육아도우미, 친척, 선생, 친구, 이웃 등 타인과 더불어 살아간다. 태어날 때부터 걷는 법, 말하는 법, 웃는 법, 사랑하는 법, 신발끈 묶는 법, 이빨 닦는 법을 익힌다. 삶의 의미나 인간 실존의 목적, 우주의 계획 등도 배운다. 그러나 유념해야 할 사항이 있다. 사람은 서로를 가르치기도 한다는 것이다. 타인에게 영향을 받지만, 타인에게 영향을 주기도 한다. 그것은 언제나 진행되는 공생의 과정이다. 사회를 구석구석 배우기 시작하면, 사람들은 자신만의 버릇을 늘려가는 것이 가능하다. 사람들은 사회적이고 문화적인 현실에 능동적으로 참여하는 존재이지 수동적으로 수용하는 존재가 아니다. 이 모든 것이 일상에서 벌어지는 교류와 함께 시작하는 것이다.

시간과 유형

교류에는 시간과 유형pattern도 필요하다. 다시 말해, 교류는 어제, 오늘, 내일, 다음 주, 다음 해 등과 같은 시간의 선상에서 발생한다. 시간이 펼쳐지면, 유형이 출현한다. 예를 들어, 어떤 일을 한 차례 했다고 치자. 그런 다음 그것을 반복하고, 다시 반복한다. 그러고 나면 교류의 유형이 확보된다. 이 같은 유형은 사회의 수준뿐만 아니라 개인의 수준에서도 발생한다는 것을 확인할 수 있다.

우선, 아무개와 그의 절친한 친구를 생각해보라. 그들은 말하고 행하는 일정한 방식을 공유하는데, 그것은 오로지 그들만이 이해하는 것이다. 그 몸짓과 의미는 하늘에서 뚝 떨어진 것이 아니라 일정한 시간에 걸쳐서 출현한 것이다. 둘이 만나 친구가 되었고, 점차 친해졌으며, 그 후 교류의 유형을 발전시켰다. 이 유형은 두 사람이 충분히 인지할 수 있는 것으로, 절친한 친구라는 것을 인정하는 일이다. 유형을 없애면 '관계'는 더 이상 존속되지 않는다.

이제, 똑같은 과정이 넓은 사회적 규모에서 발생하는 상황을 그려보자. 사람들이 사회나 문화를 가로질러 교류하는 과정을 떠올려보자. 일정한 시간이 흐르면 이러한 교류는 활동, 행태, 생각, 언어, 진술, 믿음, 가치의 유형을 생성시킨다. 이것은 사회와 문화가 전이되는 과정이다. 처음에는 몇 사람이, 다음에는 더 많은 사람이, 그 다음에는 더 많은 사람이 교류하다가 이윽고 대규모로 사람이 교류하게 된다. 이런 과정이 전개되면서, 새로운 행위와 생각이 나타나고 이 중 몇 가지는 계속 반복된다. 반복은 교류의 유형을 제공한다. 유형 몇 가지는 한 세기 동안 지속되는 반면 나머지는 몇 년 만에 사라진다.

성차 관계도 사례로 들 만하다. 여자는 투표를 해서는 안 된다는 것이 미국인의 공통된 생각이었다. 이러한 문화적 믿음은 사유와 실천의 유형이었다. 그러나 이 유형은 도전을 받았고, 결국 다른 유형으로 대체됐다. 즉 지금은 여자에게 투표권이 있는 것을 당연하게 여긴다. 이것은 긍정적이고 진보적인 변화지만, 지금도 여전히 성차별적이고 여성 혐오적인 유형이 많다. 예를 들어, 여자는 여전히 애를 낳는 사람이고, 보살피는 존재이며, 까다롭고 연약한 성적 대상으로 간주되지 귀중한 노동자로 여겨지지 않는다. 이 유형은 자주 공격을 받지만, 차별적 유형은 여전히 많이 남아 있다. 활동가가 해야 할 일은 이러한 유형을 문제 삼고 새로운 유형을 만드는 것이다. 그러나 (불행히도) 시간이 걸리는 과정임을 명심해야 한다.

사회의 규범

교류의 유형은 결국 사회의 규범이 된다. 모든 규범은 유형에서 출발한다. 이후 유형은 사람들에게 제2의 자연이 될 정도로 자주 반복된다. 마치 언제나 있었던 것처럼 말이다. 그렇게 되면, 유형은 사회가 승인한 가정이 된다. 사람들 모두는 이러한 유형을 당연히 따라야 한다고 가정한다. 바로 여기서 사회의 규범이 정립된다. 사회의 규범은 본래 나쁜 것이 아니나 사람을 옥죄고 제약하는 것으로 바뀔 수도 있다. 그것은 사회의 규범이 '적당한' 행위와 활동과 사유가 무엇인지 제한하는 경우가 많고, 대부분의 사람들이 규범은 원래부터 있던 것이 아니라 사회가 구성한 것이란 사실을 깨닫지 못하기 때문이다. 앞서 살펴봤던 사례와 같이 이제는 여자가 교육을 받고 직업을 갖고 자신만의 정치적 삶을 살아가는 것이 정상이다. 잘된 일이지만, 지금도 사회는 여전히 케케묵은 생각에 젖어 있다. 여성이 자신의 삶을 사는 것은 좋지만, 아이를 낳고 가정을 꾸리는 '여성의 책임'을 저버리지 않는 한에서 그래야 한다고 가정한다. 여자가 자기만의 삶을 사는 것은 '정상'이지만, 아이를 돌보고 가정을 갖는 것은 '더욱 정상'이라는 것이다. 이러한 가정은 성을 차별하는 사회의 규범으로서, 여성이 삶을 선택하는 폭을 제한한다. 그 같은 규범은 반박되고 극복돼야 마땅하다. 물론, 모든 규범을 없애버리는 것은 불가능하다는 것을 명심해야 한다. 사회의 규범은 인간이 교류하면 자연히 나오는 결과다. 중요한 것은 온갖 규범을 없애는 것이 아니라 옳지 않다고 여겨지는 규범을 막는 것이다. 따라서 현재의 규범을 끊임없이 검토해야 한다. 그리고 차별적이고 억압적이고 해로우며 불공정한 규범을 모조리 혁파해야 한다. 그러는 한편 공정한 사회를 보장하고 역량 있는 개인을 기르는 규범을 위해서 노력해야 한다. 그렇게 한다면 진실로 공정한 사회를 창조해낼 수 있을 것이다.

입장

절대적인 사회의 규범이란 생각, 삶과 행동과 사유의 절대적으로 올바른 방식이라고 간주하는 관점은 의심해야 마땅한 신화다. 모든 이가 따를 만한 유일하고 절대적인 규범은 존재하지 않는다. 사람마다 입장이 다르기 때문이다. 입장이란 사람들이 서 있는 곳이다. 사람들 모두 개인 · 가족 · 교육 · 정신 · 인종 · 성차 · 계급 경험에서 나오는 입장이 있다. 입장이 관점과 성향을 결정하지는 않지만, 영향을 끼치기는 한다. 중요한 것은 사람들의 입장이 언제나 다채롭다는 것이다. 두 사람만 있어도 입장이 달라지는 법이다. 모두에게 입장이 있으며, 그것에 따라 세상을 본다.

입장이 다양한 탓에 사회의 규범은 복잡해진다. 입장이 모두 다른 탓에, 사회의 규범과 관련된 방식도 사람마다 다르다. 권력자라면 단

❭ 절대적인 사회적 규범은 존재하지 않는다. 사람들마다 경험한 것이 다르기에 입장 역시 다양하기 때문이다. 그 중에서 단 하나만이 우월하다고 할 수는 없다.

일하고 획일화된 사회 규범을 명할지 모르겠으나, 모든 이가 따를 만한 규범이란 결코 존재하지 않는다. 급진주의자가 사회 규범에 접근하고 사용하는 방법은 권력자와 다르다. 성차 관계와 성차별의 사례로 돌아가 보자. 여자가 직장이 있고 사회생활을 하더라도 아이를 보살피고 살림을 하는 것은 사회의 규범이다. 그러나 이런 규범 속에서도 여자마다 방식은 다르다. 가정을 엄격하고 모질게 사랑하는 사람이 있는가 하면, 아낌없이 떠받치는 사람도 있다. 살림을 전부 맡아서 하는 사람이 있는가 하면, 가족 모두가 도와줘야 한다고 요구하는 사람도 있다. 직장생활과 살림의 균형을 잡는 사람이 있는가 하면, 직장생활을 보류하는 사람도 있다. 물론 이 성차에 따른 기대를 강건하고 정당하게 저버리는 사람도 있다. 이러한 사례는 어떤 규범도 완전히 똑같이 실행되지 않는다는 것을 강조한다. 절대적인 사회 규범은 존재하지 않는다. 모두가 규범을 다르게 이행하기 때문이다.

이것을 깨닫는 것은 명백하게 중요하지만, 깨닫는다고 해서 사람들이 억압적인 사회 규범에서 벗어나는 것은 아니다. 획일적인 규범을

신봉하는 사람은 그것을 망치거나 의심하는 사람을 박해한다. 이때 규범을 정확하게 이행하지 않으면, 주변으로 밀려나고 질책을 받으며 심지어 습격과 학대를 받기도 한다. 따라서 급진주의자는 사람들에게 입장과 사회 규범의 본성을 가르쳐야 한다. 하지만 모든 입장을 받아들이고 받아 안아야 한다는 것도 가르쳐야 한다. 급진주의자는 다양성을 포괄하고 헤아리는 세계를 위해 싸워야 한다. 그래야만 바라는 세계의 유형을 얻을 수 있다. 급진적이고 다양하며 서로 인정하는 세계를.

망각

사회적 박해는 상당 부분 망각에서 유래한다. 사람들은 자신이 현실을 만든다는 것을 쉽게 잊는다. 따라서 망각은 사회의 탄압, 주변화, 순응의 압력으로 이어진다. 그러나 명확히 하자. 사람들이 규칙과 입장을 사회적으로 만든다는 사실을 알고 있다가 어느 순간 완전히 망각한 것은 아니라는 것을. 망각한 것이 아니라 대다수 사람들은 과정이 어떻게 돌아가는지 고민하지 않을 따름이다. 사람들은 이러한 사정을 철저하고 충분하게 생각하지 않는다. 대다수는 문화와 사회를 수용할 뿐 의심하지 않는다. 이런 현상은 정신이 태만하기 때문이다. 그러나 주된 이유는 창조적이고 수사적인 과정 자체가 대체로 감춰지기 때문이기도 하다. 사회의 규범은 일단 창조되면, 마치 언제나 있었던 것처럼 나타난다. 새로운 규범 하나가 현 세대가 사는 동안에 창조된다면, 다음 세대는 그것이 창조되는 과정을 알지 못한다. 규범의 창조를 목격하지 못하는 것이다. 결국 다음 세대는 사회의 규범이 자연스럽고 불변한다고 가정한다. 이때 급진적 수사가는 규범의 창조 과정을 드러내야 한다. 모든 규범은 사회적으로 창조된다는 것을 사람들에게 이해시켜야 한다.

이렇듯 수사가 사회적 현실을 구성한다고 설명하는 것은 까다롭고 흥분되긴 하지만, 적어도 세 가지 점에서 이롭다. 첫째, 이런 식으로 개념의 틀거리를 잡으면, 사회관계와 사회체계와 함께하는 현실our shared realities이 실제 어떻게 만들어지는지 촉각을 세우게 해준다. 이제 자신 있게 주장할 수 있을 것이다. 특수한 사회체계 어느 것도 본래부터 필연적은 아니란 것을. 물론 이 체계가 저 체계보다 더 좋을 수는 있겠으나, 어느 것도 본질적인 것은 아니다. 이것이 사실이라면, 현실은 해볼 만한 것이다. 급진주의자는 윤리적이고 사회적으로 공정한 현실을 자유롭게 창조할 수 있다고 느낄 것이다. 둘째, 급진주의자가 온몸으로 겪은 현실과 그보다 넓은 사회 현실이 근본적으로 어떻게 다른지 확인할 수 있다. 주류 사회의 현실이 있다면, 급진적 삶과 운동의 현실도 있다. 비결은 그 간극을 메운 다음 주류 사회를 급진 사회로 변모시키는 것이다. 이것이 혁명의 핵심이다. 급진적 변화를 대규모로 전개하는 것. 셋째, 수사의 틀거리는 급진주의자가 하고 있는 활동을 되돌아보게 한다. 급진주의자가 세상을 바꾸고 있다면, 자신의 현실을 명료하게 표현하는 방법을 배워야 한다. 급진주의자는 자신의 필요와 요구뿐만 아니라 미래와 꿈과 욕망과 경험과 현실까지 발언하는 방법을 찾아야 한다. 그렇게 하지 못하면, 전진하기가 무척이나 힘들 것이다. 다른 사람들은 사회 정의를 요청하는 급진주의자의 목소리를 무시하고 일축하기 쉽다. 따라서 대안 세계의 이점을 전달해야 한다. 힘이

들더라도 대안 세계가 무엇 때문에 가치 있는지 설명해야 한다. 이것
이야말로 급진주의자가 짊어져야 할 수사적 책임이자, 급진주의자에
게 필요한 수사학의 핵심이다.

수사적 책임을 지기 위해서 필요한 것은 앞에서 제안한 세 가지
수사의 정의를 이용하고 적용하는 것이다. 급진주의자는 설득의 가용
한 수단을 연구하고 그것의 사용 능력을 통달해야 한다. 사람들이 무
엇을 말하는지, 어떻게 말하는지, 거기서 어떠한 효과가 나오는지 분
석할 수 있어야 한다. 그리고 비물질적 수단을 통해서 급진주의자의
현실을 물질화하는 방법을 익혀야 한다. 이 과제를 이루기 위해서는
수사학과 관련된 몇 가지 신화를 극복하는 것이 필요하다. 이것이 다
음 글의 초점이다.

:: 열 가지 신화 벗기기 ::

급진주의자의 행동주의와 조직이 활동하는 모습을 보면, 지금 사회가
수사를 혐오하는 일반적 양상이 곧잘 드러난다. 예를 들어, 때로는 케
케묵은 구호, 단순한 전략, 재탕한 생각이 별 문제 안 된다고 가정한다.
'사실'에 호소하며 올바름의 증거로 삼는 경우도 많다. 때로는 정보가
알아서 퍼진다고 가정한다. 급진주의자 가운데 많은 사람이 수사적 실
천에 대한 급진주의적 신화의 제물로 떨어진다. 이 같은 신화는 행동
주의와 사회 변혁의 역량에 악영향을 끼친다. 숱하게 되풀이되는 열

가지 신화를 나열해보자.

- 마음이 넓어야 세상을 바꿀 수 있다.
- 말보다는 행동이다.
- 참된 급진주의자는 소통을 연습하거나 손질할 필요가 없다.
- 연습과 손질은 소통의 신뢰성을 떨어뜨린다.
- 메시지를 다듬는 것은 기만이다.
- 고함과 함성은 급진적 변화의 진실한 표현이다.
- 분노는 언제나 선하다.
- 과격과 급진은 동격이다.
- 구조와 조직은 원래부터 억압적이다.
- 지도력은 본래부터 다수의 목소리를 배제한다.

이 같은 신화에는 모든 신화가 그런 것처럼 티끌만큼의 진리가 담겨 있다. 예를 들어, 지도력은 억압적일 수 있다. 그러나 반드시 그렇지 않다는 것이 중요한 문제다. 억압적인 지도력은 지도력의 특수한 유형의 결과다. 지도력 자체는 억압인 것이 아니다. 그런 식으로 오도된 생각이 행동주의에 침투해 있다. 다음에 나오는 설명은 이 같은 신화를 해부하고 극복하려는 시도다.

1. 마음이 넓어야 세상을 바꿀 수 있다

마음이 넓으면 세상을 바꾸는 것이 가능하다. 그러나 마음은 말하지 않으며, 사람들도 그렇다. 마음이 타인에게 전해지려면, 구술되거나 최소한 상징으로 표현돼야 한다. 따라서 목소리, 표현법, 구술법, 서술법을 있는 힘껏 길러야 한다. 널리 읽힌 사파티스타의 책 제목은 간명하게 말한다. '우리의 말이 우리의 무기입니다.'◆ 사파티스타를 그토록 강력하고 유효하게 만든 것은 바로 그들의 언어, 낱말, 기호, 상징, 그리고 전반적 소통의 지성이다. 그들을 본받고 그들과 함께 가야 한다.

2. 말보다는 행동이다

말보다 행동인 것은 맞다. 행동은 실제로 충분하게 표현하기 때문이다. 연좌 행동, 드러눕기, 단식 투쟁, 유인물 투척, 시민불복종은 사회의 중심을 흔들 수 있다. 그러나 이 같은 행동은 다른 가능성 전부를 소진한 다음에 하는 것이 보통이다. 활동가는 말하고, 논하고, 주장한 다음에, 즉 모든 것이 실패하고 나서야 가두로 나선다. 그러나 말하기 역시 행하는 일이며, 대개 말은 맨 먼저 하는 행동이다. 말을 써서 지휘 체계를 확보하고 요구를 확정하며, 말을 통해 사회를 고양하고, 향상시키며, 사랑하며, 변화하며, 도전하며, 혁명하는 것이 가능하다. 말이라는 행동은 행동주의와 조직화의 버팀목이다. 따라서 구술 능력을 발전시키는 것은 지적인 전투를 학습하는 것과 비슷하다. 말하는 것은 모두 중요하며, 행보를 잘못하면 목적을 위태롭게 할 수 있다는 것을 유념하자. 말하기는 행동이라고 생각하며 접근할 필요가 있는 것이다.

◆Subcomandante Marcos, *Our Word is Our Weapon*.

3. 참된 급진주의자는 소통을 연습하거나 손질할 필요가 없다

참된 급진주의자는 소통의 연습도 손질도 필요 없다는 것이 어느 정도 맞다. 그러나 20세기에 활동한 사람이며, 무념의 상태에서 행동하고 말하는 것이 가능한 경우에만 그렇다는 단서가 붙어야 한다. 노엄 촘스키, 벨 훅스, 코넬 웨스트 같은 사람은 논전을 하기 전에 연습하지 않는다. 왜냐고? 그들은 일 년 열두 달 내내, 아니 거의 수십 년간 말하고 말했기 때문이다. 그들이 지금도 연습할 필요가 있다면, 지금까지 무엇인가 잘못하는 것이 있었던 것일 게다. 그리고 잊지 말자. 촘스키 같은 사람이 유명한 이유는 활기차게 말을 하기 때문이 아니란 것을. 물론 그의 분석은 경모하고 존경해 마지않아야 하겠지만 말이다. 촘스키가 급진주의에 기여했던 것은 탁월한 분석 덕분이지, 능통한 연설 때문이 아니다. 아무리 촘스키라도 조금이라도 연습하고 손질하면 더 좋아질 것은 분명하다.

4. 연습과 손질은 소통의 신뢰성을 떨어뜨린다

연습이 과하면 발표가 밋밋하며 기계적이고, 활기가 떨어질 공산이 있는 것은 사실이다. 그러나 이때의 실패는 연습이 과했거나 방법이 틀렸기 때문이다. 가수는 끊임없이 연습하면서, 노래를 숙달한다. 화가는 오랫동안 솜씨를 갈고 닦는다. 배우는 대사와 몸짓을 몇 천 번은 아니더라도 골 백 번은 반복한다. 그들은 그만큼 노력했기 때문에 특수한 예술적 기량의 세계로 진입하며, 놀라운 작품을 창조해낸다. 따라서 활동가가 이와 비슷한 결과를 내기 위해 노력하는 것은 가능하며 당연하다. 활동가는 배우이자 연설가이자 시인이자 평론가다. 또한 사회 변혁의 예술가요 혁명의 선구자다. 비결은 연습하고 연습하고 연습하는 것이다. 그런 다음 가야 할 곳이 어디든, 잠시 손을 떼고 시간을 갖는 것이 필요하다. 이와 같은 급진주의의 접근법은 연습에 근거한 것이지만, 기회·실험·발전의 여지를 남기는 것이기도 하다. 연습과 즉흥 실천 사이에서 균형을 잡는 것이 수사의 효과를 높이는 지름길이다.

5. 메시지를 다듬는 것은 기만이다

메시지를 청중에 알맞게 맞추는 것은 기만하는 행위로 비칠 수도 있으나, 활동가가 자신의 필요와 요구와 욕망을 잊어버린 경우에 한해야 겠다. 알맞게 맞춘다고 해서 진실성이 본질적으로 훼손되는 것은 아니다. 인간은 끊임없이 상황에 맞춰가는 존재다. 적응하는 생물인 것이다. 그렇지 않다면, 인간은 날씨가 바뀔 때마다 얼었다가 녹았다를 반복했을 것이다. 맞추기adaption는 규범이 되어야지, 예외로 하는 수사적 실천이 돼서는 곤란하다. 다음 장에서 더 자세히 논의할 생각이나, 맞추기는 보통 생각하는 것처럼 단순히 말하는 내용에 대한 것도 말하는 방법에 대한 것도 아니다. 말하는 방법은 청중에 따라 다르다. 이 같은 특성을 외면하면 '정직성'은 얻을지 모르나, 조직화의 성과는 기대하기 힘들 것이다. 급진주의자 가운데 많은 사람이 동의할 것이다. 목적을 이루는 것이 가장 중요한 것이라는 점을.

6. 고함과 함성은 급진적 수사의 진실한 표현이다

고함과 함성은 급진주의의 특징으로 거론될 때가 많다. 그러나 그런 표현 형식이 행동주의의 모든 것을 말하는 것은 아니다. 생각해볼수록, 고함과 함성은 기본 중의 기본이 되는 표현이라는 것을 알게 된다. 갓난아기가 울고불고 하는 것은 복잡하게 발음할 능력을 아직 키우지 못했기 때문이다. 고함과 함성은 전술의 하나로 사용될 수 있으며, 적절하게 쓰인다면 아름답고 감동적이며 오싹하게 하고 마음을 빼앗는 것도 가능하다. 그러나 말하고 듣는 것이 가능할 때는 고함을 칠 필요가 없다. 전체적인 목적은 생각과 감정을 명확하고 강렬하게 표현하는 것이다. 이것은 고함과 동급이지만 더 정교하고 매력적이다.

7. 분노는 언제나 선하다

분노가 선한 것은 속 깊은 걱정과 관심을 표현하기 때문이다. 분노는 억눌러서도 외면해서도 안 된다. 그러나 분노는 긍정적인 방식으로 표현되고, 절제되고, 전달돼야 한다. 그렇게 해서 사람들에게 활력과 탄력과 확신을 무한히 제공해줘야 한다. 분노가 엄청난 사건을 일으키기도 하지만 모임, 계획, 운동, 우호, 사회를 파괴하기도 한다. 이것은 사회 변혁에 반하는 일이다. 분노는 고함과 함성처럼 적절할 때만 사용이 가능하며 그래야 마땅하다. 그러나 여러 가지 감정의 집합체를 분노라는 감정 하나로 환원해서는 안 된다. 분노를 느끼고 이해한 다음에 긍정적 표현 방식을 찾아야 한다.

8. 급진과 과격은 동격이다

급진과 과격은 동일한 것으로 간주되기 쉽다. 이것은 맞는 말이다. 둘 다 사회에 도전하며, 일반에 수용되기에는 극단적이기 때문이다. 그러나 급진주의자는 다양하며, 때로는 급진적 생각이 일상에서 제일 잘

맞을 경우도 있다. 평범한 것은 지루하고 시시해 보일지 모른다. 그렇기 때문에 반대의 효과도 실제로 있을 수 있다. 평범한 까닭에 더 많은 청중이 호응을 보이며, 급진주의자의 주의주장에 관심을 갖게 되는 것이다. 비결은 급진적 과격과 일반적 의식 간에 균형을 잡는 것이다. 이렇게 접근하면, 구경꾼과 행인의 이목을 끌어놓고 그들의 관심과 행동을 유도할 기회가 더욱 많아진다. 급진주의자의 정체성을 포기하자는 것이 아니다. 과격하면, 근사해 보일 것이다. 말리지 않겠다. 그러나 영리하지 못한 일이다. 과격성 때문에 수사적 효과를 희생하지 말자. 급진과 과격은 같은 게 아니다.

9. 구조와 조직은 원래부터 억압적이다

구조와 조직의 형식 가운데 매우 억압적인 것이 있다. 단 한 사람이 모임을 주재하고 모든 사람에게 명령하는 체계는 억압적이다. 어쩔 수 없이 특정한 사회 기준에 따르는 것도 억압적이다. 언제 어떻게 말하든 엄격한 지침에 따르는 것 역시 억압적이다. 그러나 구조와 조직이 본래부터 억압적인 것은 아니다. 사람의 삶은 언제나 어느 정도 구조로 짜이고 조직에 묶인다. 구조로 짜이지도 않고 조직에 묶이지도 않은 삶은 혼돈스러우며 즐겁지도 않을 것이다. 사람이 하는 소통도 똑같다. 소통은 조직된 규격에 따르게 마련이다. 그런 구조를 따르지 않거나 무시하면 뭐가 뭔지 알 수 없게 된다. 누가 무슨 말을 하더라도 알 수가 없게 된다. 이것은 나쁜 수사이며, 나쁜 행동주의인 셈이다. 사람들은 타인이 자신을 이해해주기를 바란다. 따라서 타인과 효과적으로 소통하기 위해서는 생각을 조직할 필요가 있다. 구조와 조직을 한

꺼번에 배척하기보다는 목적에 알맞고 노력한 결과가 최대한 나타나는 형식을 고안해야 한다. 다음 장에서 조금 더 자세히 논의해보자. 그러나 지금은 구조와 조직이 나쁜 게 아니라 소통 과정의 일부라는 정도만 깨닫도록 하자. 중심 없는 참여민주주의의 이상에 적합한 구조와 조직을 만드는 것이 비결이다.

10. 지도력은 본래부터 다수의 목소리를 배제한다

다른 의견을 배제하는 지도자라면, 급진주의 역사에서 배운 것이 없는 사람일 것이다. 그런 지도자는 지금도 있으며, 이후에도 있으리라. 그렇다고 해서 활동가가 배타적인 태도를 취해야 하는 것도 아니고, 지도력이 본래부터 나쁜 것도 아니다. 활동가는 이미 모두가 지도자다. 활동가는 세상을 바꾸는 책임을 맡은 사람이다. 이 때문에 연설하고, 글을 쓰고, 전자우편을 보내고, 웹사이트를 개설하고, 사람들과 대화하며, 그들의 말을 경청하고, 사회를 의심하고, 가두에 드러눕고, 보고 싶은 세계를 위해서 몸소 나서는 것이다. 이런 것이 지도력이며 여기에 잘못된 것은 하나도 없다. 피해야 할 것은 오만이자 이기적 권력 과시이며 남보다 우월하다는 태도다. 오히려 이것이 나쁜 짓이며, 피해야 하는 것이다. 활동가에 따라서는 피하기 어려운 일이기도 한데, 대체로 사회의 조건 때문에 그렇다. 오늘날 사람들이 살아가는 사회는 부와 명예를 갈망하는 곳이다. 사람들은 조금이라도 부와 명예에 매력을 느끼는 쪽으로 쏠리기 쉽다. 민초들조차 그렇다. 그들은 그것이 중요하고 필요하다고 느끼며, 권력을 과시하는 쪽으로 선회한다. 이것은 흔한 일이기에 슬퍼할 일이지 당황할 일은 아니다. 활동가 개개인은 이에 저항할 필요가 있으며, 주변의 공동체는 나락으로 떨어진 그들과 맞설 방법을 찾아야 한다. 지도력은 여기서 통해야 한다. 그것은 행동주의와 좋은 소통을 구성하는 부분이기 때문이다. 지도력 전체를 포기해서는 안 된다. 필요한 것은 21세기에 적절한 지도력의 방식을 고안하는 것이다.

이 열 가지 신화는 행동주의에 달갑지 않은 점을 폭로한다. 활동가의 수사적 감각sensitivity이 부족할 때가 많다는 사실을 들춰내는 것이다. 행동주의를 다르게 구현하면서 상황에 따른 수사적 요구에 더욱 민감해지고, 효과적으로 반응하는 방법을 찾아야 한다. 급진적 사회변혁은 수사 선택에 기초한다. 올바르게 선택하면 전진하고, 그릇되게 선택하면 후진하는 법이다. 그러니 정교하며 의미 있는 메시지를 명료하게 표현하는 방법을 개발할 필요가 있다. 연설, 대화, 평론, 논문, 도서, 블로그, 웹사이트, 비디오, 유명인, 인격persona, 행동, 삶은 민심을 파고들어야 하고, 사람들에게 용기를 불어넣어 혁명적인 존재 방식은 아닐지라도 전보다 급진적인 태도 정도는 취하게 해야 한다. 가능한 한 혁명적 자세를 유지한 채로 다양한 청중의 심금을 울려야 한다. 이 양날의 칼은 급진주의의 생명줄이다.

:: 현 시대에 필요한 수사적 과제 ::

신화의 가면을 벗기는 것은 중요하나, 당면한 과제를 인식하는 것도 필요하다. 내가 과제라고 말한 것은 이것이 21세기의 변화를 만들기 위해서 반드시 넘어야 하는 장애물이기 때문이다. 그래서 이 상황을 분석하고, 어떠한 발전이 급진주의에 영향을 끼치는지 어림하고, 그렇게 얻은 지식을 새로운 형태의 행동주의를 만들 때 사용했으면 좋겠다. 1장의 끝은 현재 급진적 활동가와 조직가가 당면한 핵심 문제를 따져보겠다. '중심 없는 운동의 창조', '새로운 형태의 지도력 개발', '맥락을 횡단하는 소통의 학습', '초국가 연합의 건설', '괴물 같은 매체에 대처하는 방법'을 눈여겨보자. 다만, 이 목록이 모든 것을 망라한 것은 아니며, 이러한 과제의 수사적이고 소통적인 양상을 직중적으로 다뤘다는 점을 알았으면 좋겠다.

| 중심 없는 운동의 창조 |

중심 없는 운동이 출현한 지는 조금 됐다. 단 하나의 운동이 있는 게 아니라, 상호 접속된 다수의 운동이 있다는 것이다. 이와 같은 운동의 운동이 성공하기 위해서는 중심 없는 운동이 다른 운동보다 낫다는 것을 설명하고 정당화하는 능력을 키울 필요가 있다. 급진주의자 스스로 이것을 설명하지 못한다면 비판을 면치 못할 것이기 때문이다. 즉 지도력도 없으며, 정연한 정책의제도 부족하고, 사람들이 모여 있는 것도 지리멸렬하며, 목록만 잡다하게 길 뿐 명쾌한 메시지도 없으며, 심지어 자기네 운동들끼리 충돌까지 한다고 비판을 받는다. 마음으로는 이런 비판이 오도되고 오인된 것임을 알고 있다. 그러나 그것만으로는 부족하다. 이런 생각이 어찌해서 오도되고 오인된 것인지 잘 설명해야 한다. 다른 사람이 간단히 이해할 것이라고 가정해서는 곤란하다. 세상 일이 그렇게 쉬운 게 아니다. 즉 행동주의와 행동은 저절로 설명되지 않는다. 따라서 급진주의자는 다음과 같은 작업을 해야 한다. 왜 하는지, 무엇을 하는지, 어떻게 하는지 설명하고 정당화해야 한다. 이 책은 처음부터 끝까지 이 문제를 건드린다. 그러나 지금 당장은 하나의 제안만 하겠다. 새로운 어휘를 개발하라.

21세기 급진주의를 정확히 묘사하는 새로운 어휘를 개발해야 한다. 이 어휘에는 행동을 설명할 때 필요한 낱말, 용어, 문구, 정의, 의미가 있어야 하며 여러 다른 형태를 띨 수 있다. 즉 철학과 이론의 형태, 시와 노래의 형태, 도발적이고 충격적인 형태, 아니면 평범하고 세속적인 형태로 표현할 수 있다. 어느 형태든, 두 가지를 해야 한다. 첫째, 무엇을 왜 하는지 설명해야 한다. 그러면 사람들이 행동의 본성과 목적을 이해하기 좋다. 둘째, 사람들의 상상력을 포착해야 한다. 그러면 사람들이 운동에 주목하며 흥미와 흥분의 도가니가 만들어진다.

| 새로운 형태의 지도력 개발 |

중심 없는 운동에는 새로운 형태의 지도력이 있어야 한다. 특히 '지도

자 없는 지도력' 형태가 필요하다. 한 사람 한 사람이 지도자가 되어, 지도자와 추종자의 이원성을 끝내야 한다. 이것은 개개의 사람이 모든 이의 필요, 요구와 선택을 존중할 때만 가능하다. 그런 뒤 여럿이 함께 지도자 없는 지도자들로 구성된 상하 없는 집단을 꾸린다. 이런 식의 지도력은 20세기와 구별된다. 그때는 사회운동을 전위당이 지도했다. 전위당vanguard parties은 헌신적으로 활동하던 소규모 집단으로, 운동이나 혁명을 선도하고 지도했다. 이런 식의 조직화는 근 수십 년간 근거가 타당한 비판을 받았다. 전위당은 스스로를 지도자로 간주했다. 또한 공동체를 조직하고 훈련시킨 다음, 공동체가 그들의 지도에 따르기를 원했다. 이 구조는 명령하는 자와 명령받는 자의 상하를 영구히 분할한다. 현대의 많은 활동가는 이 같은 분할을 의심하며, 새로운 세계가 오래된 세계의 구조 때문에 얼룩질까봐 두려워한다.

전위주의는 수년에 걸쳐 수정됐고, 여러 다른 형식을 띠게 됐다. 예를 들어, 어떤 전위당은 초기에만 명령을 내리고 조직적 노력을 기울이고, 이후에는 각 세포 조직이 자신의 의지에 따라 전진하고 행동하기도 한다. 이런 유형의 구조는 해산하는 방식도 다르다. 최초의 전위당은 의사결정권을 보유하고 세포 조직에게 명령을 내릴 수도 있지만, 중앙이 통제하지 않은 채 각 세포 조직을 배양하고 일시에 해산할 수도 있다. 이 마지막 구조는 중심 없는 반권위주의 행동주의와 유사한 것으로, 현대 행동주의의 지배적 범형이다.

반권위주의의 성공은 개인의 책임감에 따라 좌우된다. 즉 활동가 저마다 책임지고 대중과 소통해야 한다. '수사적 지도자'는 있지도 않고, 그것을 바라지도 않는다. 활동가는 다른 사람이 대변해주기를 바라지 않는다. 원하는 것이 있다면 스스로 대변하는 게 좋다. 이것은 근사해 보이지만 각자가 수사적 지도자가 되어야 가능하다는 단서가 붙는다. 이 점은 마지막 장에서 자세히 논의하겠다. 지금은 다음의 사실만 알아두자. 지도자 없는 지도력은 모든 이가 공조해서 소통의 역량을 키우는 일이란 것을. 이렇게 하면 수사적 지도자가 필요 없어지고, 수사적 노동의 중심 없는 공동체가 생겨난다.

| 맥락을 횡단하는 소통 |

오늘날 활동가는 점차 사회적·문화적·경제적·정치적·개인적 차이를 횡단하며 조직하는 추세다. 배경과 이데올로기가 다른 사람들이 집단의 이익을 위해 함께 작업한다. 때문에 사람들, 공동체, 운동의 필요와 요구를 포착하는 감각의 날을 날카롭게 벼린 다음, 거기에 알맞은 소통의 방법을 찾아야 한다. 물론 모든 사람의 입맛에 맞출 방법은 없으며, 급진주의자는 각기 집단에 맞출 생각도 하지 않는다. 그러나 다른 사람들이 어떻게 살고, 말하고, 행하고, 소통하는지 아는 것은 가능하며, 알아야 할 필요가 있다. 이렇게 하면 다른 사람과 함께 작업하기 좋아지고, 작업하고 싶어지며, 작업하기 쉬워진다. 꾸미거나 속이자는 것이 아니며, 모든 공동체에 참여할 권리가 있다고 말하는 것도 아니다. 다른 경험대를 횡단하면서 인간관계를 수립하는 방법을 찾자는 것이다. 가장 유능한 활동가는 다양한 상황에 적응하고 횡단하며 소통할 줄 아는 사람이다. 이 책은 상당 부분 이 문제를 다룬다. 지금으로서는

〉 오늘날 활동가는 국가 간 경계를 넘나들며 조직하고 활동한다. 문화, 교육, 경제, 정치 등 다양한 분야를 이해하며 소통하는 방법을 찾아야 한다.

맥락을 횡단하며 소통할 때 도움이 될 만한 몇 가지를 나열하겠다.

- 주변의 맥락을 읽을 것.
- 사람들이 어떻게 소통을 하며 그런 방식으로 소통하는 이유가 무엇인지 밝혀낼 것.
- 사람들이 소통할 때의 특성과 규범에 적응할 것.
- 가능하면, 그리고 괜찮다면 그와 같은 특징 몇 가지를 채택할 것.
- 진심을 다할 것. (기만하는 기색이 보이면 의심을 사기 마련이다.)
- 여러 사람들을 연결하는 것이 목표임을 명심할 것. (이것은 다른 사람이 되려고 애쓰는 것과는 다르다.)

- 이 단계는 배경이 다른 사람과 소통하는 능력을 키워주며 더 나은 활동가로 성장하는 발판이 된다.

| 문화적 차이의 이해 |

현대는 초국가 연합의 시대다. 세계 각지의 사람들과 접속하며, 다른 지역 다른 나라 사람과 연대하여 활동한다. 이 초국가 연합은 문화 간 인식과 문화 간 감각의 문제를 제기한다. 다른 문화와 소통할 때는 감각의 날을 날카롭게 해야 한다. 많은 활동가가 이 사실을 잘 알고 있기에 감각을 벼리고자 의식적으로 노력한다. 지금도 잘하고 있으나, 그것만으로는 부족하다. 이 감각은 조직화의 으뜸가는 양상이 되어야 하기 때문이다. 문화 간 교환, 문화 간 소통, 특정 문화만의 수사, 번역의 문제, 초국가적 수사의 창조와 같은 주제로 연수회와 토론회를 많이 개최하면 해낼 수 있다.

- **문화 간 교환:** 문화의 배경이 다른 활동가를 초청하여 그들의 역사, 문화전통, 저항 형식을 공유할 것. 이렇게 하면 지평이 넓어지고 다른 사람이 어떻게 살아가고, 사랑하고, 투쟁하는지 이해할 수 있다.
- **문화 간 소통:** 문화의 차이를 횡단하는 소통에 대해서 연수회를 개최할 것. 말, 언어, 행동, 몸짓이 같아도 문화가 다르면 어떻게 의미가 달라지는지 알기 위해서다. 이렇게 하면 문화적 감각은

날카로워지며 문화적 긴장, 혼란, 장벽을 넘을 때 도움이 된다.

- **특정 문화만의 수사:** 다른 나라의 활동가에게 그들의 문화에 특정한 수사적 전술을 공유하고 설명해달라고 부탁할 것. 이렇게 하면 문화가 다른 활동가가 무엇을 하는지 이해할 때 도움이 되며, 자기 문화에 특정한 수사를 만들 때 몇 가지 방도를 제시해 준다.

- **번역의 문제:** 번역 시 고유한 예절을 서로에게 가르칠 것. 여기에는 적어도 두 가지 측면이 있다. 첫째, 다른 언어로 번역하는 방법을 서로에게 가르치자. 두 개의 언어를 말한다고, 두 언어를 자유롭게 옮길 수 있는 것은 아니다. 번역하는 법을 많이 훈련해야 한다. 둘째, 번역자를 앞에 두고 서로에게 말하는 법을 가르쳐야 한다. 일반적으로 사람들은 번역자가 따라가기에 벅찰 정도로 너무 빨리 말할 때가 많다. 그렇게 되면 상당 부분을 놓치게 된다. 번역자에게 신경을 쓰면, 문화 간 연합을 건설할 때 도움이 된다.

- **초국가적 수사의 창조:** 활동가는 초국가적 수사를 만들기 위해서 의식적으로 공조하여 작업할 수 있다. 이것은 이미 수많은 방식으로 이뤄지고 있다. 국제주의는 한 세기가 넘도록 지속된 주제였고, 최근 경제의 세계화를 타면서 수정되고 있다. 이 전통은 21세기의 과제를 충족시키기 위해서 계속해서 쇄신되는 것이 좋다. 특히 균형을 잡고 여러 다른 운동의 자율성을 보장하는 동시에 서로를 접속시키는 것이 중요하다. 각 운동의 유일성과 유사성을 동시에 강조하는 게 좋다는 뜻이다. 이것은 정

치적 문제일 뿐만 아니라, 수사적 문제이기도 하다. 자율과 접속의 균형을 표현하고 유지하고 창조하는 메시지 · 구호 · 언어를 만들어가는 것도 좋다. 중남미에서 비롯된 개념인 특정주의 specifismo를 사례로 삼을 만하다. 특정주의는 다양과 단일의 관계, 자율과 연대의 관계를 지칭한다. 각 운동은 자율적이되, 다른 운동과 함께 가는 게 기본이다. 이와 더불어 모든 운동은 집단의 이익을 위해 노력해야 한다. 이런 개념을 많이 만들수록, 운동과 행동과 정치의 판을 짜고 그것들을 설명할 때 도움이 많이 된다.

| 괴물 같은 매체에 대처하는 방법 |

대략 100개의 기업이 전 세계 매체의 대다수를 갖고 있다. 텔레비전, 영화, 라디오, 출판, 인터넷을 모두 소유한 상태다.♦ 매체기업은 활동가의 편이 아니기에 활동가는 그들과 맞서 싸울 수밖에 없다. 괴물 같은 매체가 운동과 행동을 잘못 재현하는 것은 새삼스러운 일이 아니다. 급진적 목소리는 늘 이 문제와 씨름했다. 그러나 오늘날 매체가 미치는 범위와 스미는 정도는 과거와 다르다. 매체가 둘러친 풍경에서 달아날 길이 없어진 것이다. 이제 매체는 언제 어디에나 있다. 광고판, 광고 노래, 아이팟, 텍스트, 팝업북, 로고, 자동차 라디오, 네온간판, 안내방송, 그리고 은밀하고 안 보이게 작동하는 메시지가 정신과 지각에

♦ Robert W. McChesney and John Nichols, *Our Media, Not Theirs: The Democratic Struggle Against Corporate Media*, Seven Stor Tes Press, 2002

영향을 남긴다. 이 괴물 같은 매체들에 어떻게 대처해 나갈까? 모든 것을 단칼에 해결하는 방법은 없다. 다양한 행보를 걸으며, 한 번에 하나씩 대처해 나가는 수밖에 없다.

우선, 예전부터 했던 일로 활동가가 직접 매체를 만드는 방법이 있다. 예를 들어, 독립매체를 생각해보라. 자율로 돌아가는 웹사이트는 세계 곳곳에 존재하며, 이를 통해 활동가는 기업이 구축한 환경 바깥에서 소통을 하게 된다. 그러나 활동가와 조직가는 인터넷 시대가 오기 전부터 여러 다른 대중소통 형식을 이용했다. 신문, 전단지, 붙임딱지, 소책자, 라디오 해적 방송국, 특별 텔레비전 방송, 심지어 그래피티까지 사용했다. 그러나 오늘날에는 인터넷이 버팀목이라는 것이 명백하다. 여기에는 기본적으로 전자우편, 웹사이트, 블로그가 들어가며, 위키, 유튜브, 페이스북, 마이스페이스 같은 참여형 사회인맥 사이트 SNS, Social Network Services도 포함된다. 다른 방식과 다른 통로도 조만간 출현할 것이다. 비결은 대중소통의 최신 형식을 이용하는 것이다. 직접 만드는 것도 바람직하다. 이렇게 하면 주류 대중매체에 의존하는 정도가 줄어들 것이다.

급진주의자가 자기 매체를 만드는 것은 중요하나, 언제나 이것이 최선의 선택은 아니다. 어떤 때는 주류 매체를 이용하고 싶을 때도 있다. 물론, 이것은 지난한 일이다. 주류 매체는 행동과 메시지를 손쉽게 비틀 수 있기 때문이다. 따라서 매체 풍경media landscape에 적응하는 것이 좋다. 잘못 재현하기 어려운 행동과 메시지를 만드는 것이다. 이것은 어려운 일이며 실망할 때도 잦기에 많은 활동가는 그런 여론매체 관리를 미심쩍어한다. 그러나 나는 매체의 권력을 무시하느니 차라리 대처하는 것이 낫다고 생각한다. 매체 때문에 신념을 팔자는 것이 아니다. 행동과 운동을 부정적으로 만드는 매체의 속성에 적응하자는 얘기다. 매체의 왜곡에 대처하는 세 단계를 나열해보자.

- 첫째, 정치와 매체가 구축한 풍경을 분석할 것. 무슨 일이 진행되고 있으며 문제의 판이 어떻게 짜이고 논의되는지 밝혀낼 것. 뉴스가 하는 통합수사에 주의하고 정치와 매체를 정확하게 분석할 것.

- 둘째, 매체의 잘못된 재현을 예상할 것. 활동가가 이렇게 했다면, 매체는 저렇게 했다고 보도할 것이다. 이런 식의 쫓고 쫓기는 경기를 예상하고, 매체의 잘못된 재현을 피하거나 직접 부딪치는 메시지와 행동을 만들 필요가 있다. 매체의 의도를 예상하고 의표를 찌르면 좋다. 이렇게 하면 우위를 확보하고 경기를 유리하게 할 수 있다.

- 셋째, 재난 관리에 힘쓸 것. 매체의 잘못된 재현에 반응하고 판을 새로 짤 능력을 갖춰야 한다. 이상적으로는 활동가도 주요 신문에 자신의 생각을 대변할 수 있다. 기회가 있다면, 최선을 다하라. 대신 매체의 왜곡에 대해서 새로 판을 짜는 방법을 마련하고 생각하라. 물론 그런 기회를 잡기란 매우 어렵다. 그러나 주류 매체에 대응하기 위해서 활동가 전용 방송국을 이용할 수 있다. 인디미디어Indymedia, 데모크라시 나우Democracy Now!, 패시피카 라디오Pacifica Radio, 인포숍Infoshops, 주간신문, 월간신문 등을 이용해 의미, 이미지, 설명, 정당성을 되찾아라. 이것이야말

〉대략 100개의 기업이 전 세계 매체의 대다수를 갖고 있다. 그 매체들은 늘 급진주의를 왜곡한다. 이런 주류 매체의 왜곡에 대응하기 위해 여러 대안 매체를 개발, 활용하는 것도 좋은 방법이다.

로 해방과 자결self-determination의 목적이다. 21세기의 본성을 생각하면, 해방과 자결에는 대중 매개mass mediation가 필수다.

소통의 솜씨를 키우는 것이 곧 괴물 같은 매체를 가장 잘 다루는 방법이다. 훌륭한 연설가와 작가라면 괴물 같은 매체라도 논의할 가능성이 크다. 따라서 신문, 잡지, 정기간행물, 라디오와 텔레비전 쇼는 말도 잘하고 글도 잘 쓰는 매력적인 활동가를 선호한다는 것을 알아둬야 한다. 소통을 잘하는 사람이 자신의 정치와 행동의 목적과 동기를 명쾌하게 설명할 수 있기 때문이다. 이러한 능력이 있으면, 매체에 노출될 기회도 많아지고, 매체가 행동과 메시지를 왜곡하기도 쉽지 않다. 훌륭한 소통자는 명확하고 명백한 메시지를 전달하므로 곡해하기가 쉽지 않다. 소통하는 능력을 키우면 그 자신이 직접 매체 기지로 기능한다. 자기가 직접 대변하는 사람이 되고, 자기가 직접 글 쓰는 사람이 되며, 자기가 직접 게시판이 되는 것이다. 이런 식으로 자신의 역량을 강화하면, 세상을 바꾸려 할 때 도움이 될 것이다.

2 급진주의자들이 갖춰야 할 수사학의 기본 원리

they Are Rich
Because we Are
Poor FIGHT TO WIN

우리의 가난은 그들의 부유함
때문이다. 승리를 위해 싸우자

2장은 수사의 기본이 되는 몇 가지 기술, 전략, 접근을 다룬다. 우선 대중연설과 글쓰기를 개관하는 일에서 시작할 생각이다. 여기서는 일반 청중을 위해서 어떻게 말하고 쓰는지 익히고, 이 작업의 몇 가지 비결을 배우며, 그런 비결이 활동가에게 얼마나 이로운 매개수단인지 이해를 높일 것이다. 다음 절은 통합수사의 창조에 집중할 계획이다. 통합수사에는 메시지, 청중, 전략, 목적, 상황이 포함된다. 이 모든 양상을 밝히고 나면, 운동·집회·토론회·연수회 같은 것을 조직할 때 도움이 될 것이다. 그런 다음 수사의 네 가지 접근법인 설득, 논쟁, 이야기하기, 권유를 다루겠다. 이것들은 생각보다 많이 사용되는데, 여기서는 네 가지 접근법이 언제 어떻게 활용되는지 배울 것이다. 2장의 마지막에 절은 현재의 사건, 역사, 자기인식을 논의한다. 그것들을 이용해서 지식, 신뢰, 수사적 효과 전체를 강화하는 것이 목적이다.

2장이 다루는 분야가 많다는 것을 알았으면 좋겠다. 한 번에 모든 지침을 기억하거나 숙달하려고 하면 매우 힘들 것이다. 2장을 한번 훑

어본 다음, 필요할 때 특정한 절을 읽는 것이 좋겠다. 연설, 논문, 논증, 토론회나 행동을 준비할 때, 2장을 편 후 유용하고 적절한 것이면 뭐든지 활용하라.

:: 대중연설 ::

대중 앞에서 연설할 때는 무엇보다 배짱이다. 연설자 앞에는 변덕쟁이 청중이 있으며, 그런 만큼 실패할 가능성이 높기 때문이다. 연설하는 사람은 더듬고, 멈칫하고, 할 말을 잊기도 한다. 야유와 조롱을 받거나 가혹한 평가를 받기도 한다. 내용이 지루하고 발음까지 나쁘면 연설자로는 낙제점을 받을 공산도 크다. 그는 이러한 불안한 마음을 안고서, 연단에 올라 (아니면 가두에서, 길모퉁이에서, 기타 등등에서) 연설을 시작한다. 이것은 한마디로, 이제 막 문턱을 넘었고, 중요한 순간이 왔다는 뜻이다. 연설자는 무방비 상태로 웃고 떠들고 악쓰고 다그치고, 여하간 뭐든 하고 있는 군중을 맞이한다. 그는 지금까지 단 한 번도 생각해본 적이 없는 방식으로 언어를 사용한다. 사회의 병폐를 부르짖고, 권력 구조를 비판하고, 압제자를 규탄하고, 사회의 무관심에 눈물을 훔친다. 그는 솔직하게 말한 셈이며, 이것은 나쁜 게 아니다. 그러나 이렇게 말한다고 해서 그대로 생각할 사람이 누가 있을까? 아무도 그렇게 생각하지 않는 것이야말로 핵심이다. 연설은 어느 한 사람의 것이 아니다. 그것은 모든 이에게 열린 것이며, 듣는 이 모두에게 영원히 남는다. 연

설은 급진주의 전통의 일부며
연설하는 사람은 그러한 전통
을 21세기로 전달하고 있는 셈
이다.

> 체 게바라와 피델 카스트로. 이들은 사람들의 생각을 뒤엎는 '혁명'을 일궜다.

연설에는 직접성도 있다.
연설자와 청중은 그곳에서 하
나가 되는 계기를 느낀다. 몸
말, 눈맞춤, 억양, 말 빠르기, 손
짓, 끄덕임, 잠깐 멈춤, 침묵은 물론 헛기침과 안달하는 손놀림까지 계
기를 창출한다. 이것은 양쪽 모두에게 일어난다. 연설자도 청중도 느
낄 수 있는 것이다. 연설자와 청중이 공유하는 집단 경험은 개인 대 개
인의 연결을 만든다. 체 게바라Che Guevara는 피델 카스트로Fidel Castro
를 언급하며 그 순간을 포착한다.

그 대형 연설 집회에서 사람들은 소리굽쇠 두 개가 하는 대화 같은 것을
관찰할 수 있었다. 거기서 나오는 공명은 끊임없이 새로운 공명을 끄집어
냈다. 피델과 대중은 그런 식으로 대화의 강도를 서서히 높여가며 공명하
기 시작했고, 대화는 우리가 승리한 전투를 연호하며 갑작스럽게 절정에
올랐다.◆

인용문은 상황의 핵심을 짚는다. 훌륭한 연설가, 정말 최고의 연설

◆Che Guevara, "The New Man," in *Philosophy for a New Generation*, A.K. Bierman and James A. Gould, eds., Macmillan, 1971.

급진주의자들이 갖춰야 할 수사의 기본 원리

가는 중력을 거슬러 청중을 부양시킨다. 전 지구적 억압도, 철의 새장도, 사회적 감옥도, 1차원성도 넘어서는 것이다. 이런 연설가는 열정을 일으키고 지각을 바꾸며, 함께하는 공동체의 분위기를 창조한다. 모든 사람이 위대한 연설가가 될 수는 없으나, 좋은 연설가가 될 수는 있다. 최선을 다하고 연설의 잠재력을 끌어내자는 것이다. 기꺼이 그렇게 한다면, 어떤 성과를 얻을지 아무도 모른다. 그러나 잠재력을 올리려면 연설의 기본을 닦는 게 순서다. 기본에는 내용, 조직, 태도, 연습, 암기, 전달방식, 연설 불안 대처법이 들어간다.

| 내용 |

말하기는 내용content에서 시작한다. 내용에는 정보, 교육, 제안, 생각, 느낌, 감정, 예지력이 포함된다. 말하기와 글쓰기는 다르다. 말할 내용과 글을 쓸 내용을 개발하는 것은 같지 않다. 예를 들어, 사실과 통계를 읽는 것은 매우 쉽다. 앉아서 이해할 때까지 숫자를 계속 읽어가면 된다. 그러나 사실과 통계를 듣는 것은 매우 어렵다. 숫자는 주의해도 한 귀로 듣고 한 귀로 흘린다. 통계는 들었더라도 까먹기 일쑤다. 따라서 말하기 좋은 내용은 숫자, 사실, 수치가 적다. 물론, 필요한 경우라면 숫자는 쓸 수 있고 쓰는 게 맞다. 예를 들어보자. 대략 30억 명이 하루에 2달러가 못되는 돈으로 살아간다. 수천억 달러가 이라크 전쟁에 들어갔다. 10억 명이 넘는 사람들에게 깨끗한 물이 부족하다. 이런 사례들이 따로따로 있다면 기억하기 쉽다. 그러나 목록이 쌓이면 연설에

는 적합하지 않다. 사람들은 관심을 끊고, 듣지 않을 것이다. 연설을 하다가 어쩔 수 없이 숫자나 목록을 많이 써야 한다면, 천천히 말하라. 다시 강조한다. 천천히 하라. 이렇게 하면 청중에게 충분한 시간이 제공되어 정보를 흡수하기가 용이해진다.

논점이 너무 많은 것도 피하는 게 좋다. 논점이 너무 많으면 청중이 연설의 갈피를 못 잡고 헤매게 된다. 주요 논점 하나만 전개한 다음 그것에 어떻게 살을 붙일지 고민하자. 논점의 제한은 시간의 문제이기도 하다. 연설은 1분에서 20분 사이가 보통이다. 1분은 매우 짧아서, 논평 하나 정도가 가능하다. 20분은 매우 길어서, 말할 기회가 충분하다. 그러나 20분이라고 20개의 논점을 듣고 싶어하는 청중은 없다. 마음속으로 시간을 정하고 내용을 전개하라. 그렇게 하면 청중의 주의를 최대한 끌어낼 수 있다. 분량과 시간의 관계는 대략 아래와 같다.

- 1분이면 짤막한 문단 하나가 적당하다. 150개에서 180개 단어 정도다.
- 5분이면 보통 줄 간격의 한 장 반 분량이 적당하다. 750개에서 900개 단어 정도다.
- 10분이면 보통 줄 간격의 석 장 분량이 적당하다. 1,550개에서 1,800개 단어 정도다.

연설 내용에 대해서는 할 말이 많지만, 글쓰기를 다루는 2절과 많은 부분이 겹치기에 거기서 다루겠다. 연설 내용은 눈보다 귀에 맞추는 게 핵심이다. 청중은 보는 게 아니라 듣는다는 것을 명심하라. 입으

급진주의자들이 갖춰야 할 수사의 기본 원리

로 전달할 때는 다음의 세 가지 제한 사항을 명심하자. 첫째 시간의 제한이 따르며, 둘째 청중이 발표를 멈추게 하고 해명을 요구하지 못하게 해야 하고, 셋째 발표를 듣는 청중에게 정보를 흡수하는 능력이 있어야 한다. 본질을 놓치지 않은 채 신속하고, 정확하고, 요점을 찌르는 게 좋다. 어려운 일이지만, 주요 논점을 공략하면 제한 사항은 누그러질 것이다.

| 구성 |

대중연설의 핵심은 화자와 청자가 서로 이해하는 것이다. 연설이 거칠게 구성되면 이해하기가 어렵다. 내용과 소통 전반을 구성하는 것은 연설자의 몫이다. 청중의 몫도 있는데, 연설을 경청하고 처리하는 것이다. 청중이 이해하고 따라오기 쉽게 연설을 구성하는 것은 연설자가 하는 일이다. 가장 기본적인 구성의 틀거리에는 여는 말, 주요 내용이 담긴 몸말, 닫는 말의 3단계가 필요하다. 이러한 틀거리는 나중에 메시지와 통합수사를 다루는 곳에서 더욱 상세하게 설명할 생각이다. 그러나 지금은 이 틀거리가 매우 논리적이란 점을 새겨두자. 즉 연설을 여는 출발점이 있고, 내용을 논의하는 구간이 있으며, 그것을 요약하는 종착점이 있다. 이 같은 구조는 장식 같은 것이 일체 없더라도, 생각과 느낌은 정확하고 짜임새 있게 전달한다. 또한 공동체와 문화가 다르면 틀거리도 다르다는 것도 알아두자. 물론, 모든 공동체와 문화에 맞는 구성틀에 익숙해지기란 쉽지 않다. 그것은 불가능한 일이다. 그러나 여는 글-

몸글-닫는 글의 틀거리가 출발점을 제공하는 것은 틀림없다.

　연설을 구성할 때 생각해볼 만한 기본적인 사항이 몇 가지 있다. 예를 들어, 논점들 사이를 건너뛰는 것은 피해야 한다. 원하는 논점을 잡고 나서, 살을 붙일 방도를 찾아라. 관련된 의견을 모아 주요 논점을 확실하게 뒷받침하자. 이렇게 하면 연설 전반에 짜임새가 붙게 된다. 연설을 어떻게 시작하고 끝낼지도 생각하라. 무슨 말로 시작할 것인가? 무슨 말로 끝낼 것인가? 연설 중간에는 무슨 말을 준비할 것인가? 이 모든 일은 연설하기 전에 마쳐야 한다. 시작한 다음에는, 이미 늦다. 이미 연설하는 중이고, 청중은 연설을 기다리고 있기 때문이다. 간혹 충분히 준비할 시간이 없을 때도 있다. 준비할 시간이 전혀 없는 경우도 있다. 즉석에서 논평을 하라고 요구받을 때가 그렇다. 어떤 이는 관심을 보이며 짧게 말해보라고 한다. 최선의 상황은 아니나, 적어도 말할 때만큼은 구성에 신경을 쓰자. 우선 잠시 멈췄다 시작하자. 평소보다 천천히 말하자. 결단을 내리고, 필요할 때에는 적응해내자. 다른 사람들이 경청하며 따라가고자 애쓴다는 것도 알아두자. 이것이 바로 열쇠다. 이 점을 알고 있으면, 대중과 소통할 때 자신이 뜻하는 대로 생각을 구성할 수 있을 것이다. 훌륭한 소통이란 그런 것이다.

| 태도 |

전달 태도delivery는 말하기의 시각적 요소다. 연설자는 자신의 몸을 드러내며 청중은 거기에 주시하고 반응한다. 훌륭한 연설자는 자기 몸을 통제하며, 무릎을 떨거나 손가락을 꺾는 등 신경질적인 습관 때문에 청중의 주의를 흩어놓지 않는다. 그러나 훌륭한 연설자는 그 이상으로 힘들이지 않고 말하는 것처럼 보인다. 그들은 편안하게 주변을 장악하며, 자연스럽게 몸을 드러낸다. 마치 100만 번은 해본 것 같다. 실제로 100만 번 연설한 사람이 몇 사람 있기는 하겠지만 대부분 몇 번 해보는 게 전부다. 경험의 차이는 있겠으나, 누구라도 자연스럽게 보이는 것은 가능하다. 그것이야말로 훌륭한 태도의 열쇠다. 편안하고 자연스럽게 보이기 위한 몇 가지 기본 지침은 아래와 같다.

- **음량:** 모든 사람이 들을 수 있도록 충분히 크게 말할 것. 맨 끝에 있는 사람이 들릴 정도로 목소리를 높이자. 어떤 사람은 쉽겠지만, 어떤 사람은 어려울 것이다. 목소리가 부드러운 사람이 있기 때문이다. 어느 경우에나 연설자는 목소리를 높이고 몸 밖으로 끄집어내려고 노력한다. 이때는 목이 아닌 가로막으로 말하는 게 좋다. 가로막은 위 바로 위에 있고 흉곽 바로 밑에 있는 근육이다. 가로막은 공기를 넣었다 뺐다 하는 식으로 소리를 크고 높게 울리게 한다. 이 과정을 마음에 그리고, 목이나 후두보다 '심장'으로 말하려고 노력하라.
- **발음:** 가능한 명료하게 말할 것. 중얼거리거나 속삭이듯 말하며, 문장 끝을 흐리고, 낮게 발음하면 청중이 듣고 따라가기 힘들다. 발음이 나쁘면 지성도 떨어져 보인다는 점을 유념하자. 물론 그릇된 생각이지만, 이런 인식은 여전해서 청중과 하는 교류를 막는다. 시간을 들여서 음절, 낱말, 문장을 또박또박 발음

하고자 노력하라. 이렇게 하면 정확하게 발음하고, 연설의 속도를 조절할 때 도움이 된다. 너무 빠르게 말하는 사람이 있는가 하면, 너무 느리게 말하는 사람이 있다. 둘 다 약점이 있으나 문화, 지역 배경에 따라 상대적이기는 하다. 어느 경우든 침착하고 따라가기 쉬운 속도를 찾아내라. 끊는 동작도 주의하자. 생각 사이를 잠시 끊는 것도 좋다. 극적인 효과를 일으키기 때문이다. 그러나 너무 자주 끊거나 의도하지 않게 끊으면, 전달하는 태도에 좋지 않은 영향을 준다. 명확하지 않고 준비도 부족해 보이는 것이다.

• **표정**: 얼굴은 가장 눈에 띄는 곳이다. 몸은 대부분 옷에 싸여 있고, 책상, 연단, 탁자, 군중 때문에 가려지기 일쑤다. 그러나 얼굴은 언제나 노출된다. 눈, 입, 뺨, 귀, 이마 모두 무엇인가를 표현한다. 기분은 얼굴의 근육을 통해 표현된다. 사람들은 얼굴로 미소 짓고, 찡그리고, 슬퍼하고, 분노하고, 질겁한다. 말할 때는 이 점을 마음에 새기고, 표정과 연설의 분위기를 일치하려 노력하자. 한마디로, 표정을 이용해 메시지를 강화하고 소통까지 하자는 것이다.

• **눈맞춤**: 서양 문화는 눈맞춤이 존중이며 예절이다. 그렇게 하면 자신감, 평정, 절제, 진심이 나타난다. 시선을 하늘로 높이는 것, 땅으로 내리는 것, 혹은 옆으로 돌리는 것은 하지 않는 게 좋다. 초보 연설자가 눈을 맞추는 것은 어려울 것이다. 준비가 안 되어 있으면, 나가라는 소리를 듣기 딱 좋다. 그러나 눈맞춤은 경험이 쌓이면 쉬워지고 일대일로 대화하는 것과 다를 게 전혀

없다. 실제로는 대화보다 쉽다. 연설자가 상황을 통제하기 때문이다. 그가 계속 눈을 맞추려 한다면, 청중도 그렇게 할 것이다. 그러나 눈맞춤이 문화적 습속이란 것을 유념해야 한다. 예를 들어, 많은 아시아 문화에서는 눈을 맞추는 것이 결례다. 대신 머리를 숙이는 것이 예절이고, 다른 이에게 존경을 표하는 것이다. 모든 문화의 규칙을 알 수는 없다. 주변 문화를 관찰하고 최선을 다하면 충분하다. 대체로 청중은 그 점을 높이 산다.

- **상체 동작:** 상체는 메시지를 전달할 때 사용해야 한다. 자세, 어깨, 손짓, 손가락, 몸통의 움직임 모두가 연설하는 태도의 부분을 이룬다. 이것에 사람들은 응시하고 반응한다. 상체를 이용해 연설을 강화하거나 보완하도록 노력하자. 예를 들어, 흥분할 때면 팔을 힘차게 움직여라. 실망할 때면 어깨를 축 늘어뜨려라. 권력에 대해서는 주먹을 흔들어라. 분노에 차면 어깨를 떨어라. 이런 동작과 움직임은 연설을 입체적이고 현실적으로 표현하여, 그것을 살아 숨 쉬게 한다. 그러나 생각 없이 이 동작을 해서는 안 된다. 억지로 하는 동작, 과장된 동작은 허위와 기만으로 해석되기 때문이다. 자연스럽게 하고 중요한 순간에 하자.

- **하체 동작:** 하체 동작도 동일하나, 정도가 덜하다. 하체는 상체만큼 전달되지 못한다. 그렇지만 자세, 다리 위치와 이동, 걸음걸이 등은 중요하다. 대다수의 초보 연설자는 자기 몸이 허리까지인 양 하체에 신경을 안 쓴다. 그러다보면 청중은 연설자가 다리를 떨거나 꼬거나 하는 것을 볼 수밖에 없다. 이런 신경질적인 습관은 주의를 흩트리고 자신 없어 보인다. 온몸이 무대에

있다는 것만 기억하라. 하는 동작 모두가 중요하다. 그렇지만, 느슨한 채로 있어도 괜찮다. 발의 위치나 무릎의 동작 하나하나에 지나치게 연연하지 말자. 그렇게까지 미세하게 관리하면 정작 연설이 시시해진다.

• **몸가짐:** 연설할 때는 청중을 대하는 태도와 성향을 의식하자. 자신, 평정, 절제, 기분, 개성, 활기, 자발, 참여, 전반적 기색은 연설 경험의 일부다. 이 모두 청중이 영향을 받는다. 자기가 발표하는 태도가 어떤지 명심하고, 필요하다면 조정하자. 연단에 섰는데 청중이 맥 빠진 상태라면 활기를 불어넣어야 한다. 청중이 분노한 상태라면 분위기를 밝게 해야 한다. 분위기가 소란스럽다면 가라앉혀야 한다. 분위기는 연설자가 발표하는 태도에 따라가는 법이다. 발표하는 태도가 훌륭하면 효과가 오래간다는 것도 명심하자. 목소리가 크지 않고 발음이 안 좋을 수도 있다. 그러나 사람들은 진심과 애정과 열정이 보이면 좋아하기 마련이다. 청중은 그 점을 높게 산다.

| 연습 |

많은 활동가들이 연습은 필요 없다고 생각한다. 단단히 잘못된 생각이다. 연습을 많이 하면 내용과 구성은 물론이요 태도까지 향상된다. 일어서서 연설을 해보면, 좋은 점과 나쁜 점을 직접 확인할 수 있다. 그러고 나서 좋은 점을 강조하고 나쁜 점을 피하면 되는 것이다. 그게 바로

연습하는 이유다. 개선하자는 것이다. 연습을 하다보면 어쩐지 어색할 때가 있다. 거울을 보고 있거나 텅 빈 방에 있다보면 기분이 이상해진다. 정상이다. 연설할 생각에 노심초사하느라, 그런 경험을 일절 피하고 싶어진다. 뛰어넘어라, 연습하면 된다. 누구나 연습이 필요한 법이다.

많은 시간을 들여 연습할 것인지 말 것인지는 전적으로 자신에게 달려 있다. 괴롭지만 개인만이 판단할 수 있는 영역이다. 연습을 반복해야 하는 사람도 있고, 한두 번만 해도 충분한 사람도 있다. 가만히 앉아 행사를 떠올리며, 마음속으로 연습하면 되는 사람도 있다. 이것은 상황에 따라 상대적이며 연설자의 경험 수준에 달린 일이다.

연습할 때는 여러 방식이 있다. 작은 연습 모임을 만드는 것이 가장 좋을 것이다. 친구 몇 명을 모아서 말하기 모임을 꾸리자. 분명히 도움이 된다. 집단에 속한 사람 모두가 서로의 면전에서 연습해야 하기 때문이다. 이렇게 하면 실제 청중의 평가를 받게 된다. 평가를 할 때는 어떻게 개선할지 구체적으로 제안하자. 소소한 것까지 전부 지적할 필요는 없다. 연설한 사람에게 약이 되는 한두 가지면 충분하다. 그리고 다음에 연습할 때 다른 사항 몇 개를 지적하자. 이렇게 하면 연설자는 조금씩 능력을 키울 수 있다. 친절하게 하는 것도 기억하자. 대부분의 사람들이 대중 앞에서 연설하는 것 때문에 전전긍긍한 상태다. 가혹한 비판은 상황을 악화시킨다. 연습 모임 초기에 목록을 작성하면 이 같은 문제를 미연에 방지할 수 있다. 사람들끼리 골고루 돌아가며, 무엇을 바라고 있으며 어떤 점이 개선되길 원하는지 설명하게 하자. 그러면 평가할 때, 각자가 바라는 목표에 주목할 수 있다.

연습 모임이 언제나 가능한 것은 아니다. 그럴 때는 연설이나 연

> 대중연설을 준비할 때는 작은 연습 모임을 만드는 것이 가장 좋다. 서로 평가를 해줄 때는 가장 약이 될 한두 가지를 구체적으로 제안한다.

습을 비디오로 기록하는 것도 방법이다. 이렇게 하면 바꿔야 할 것이 무엇인지 스스로 확인할 수 있다. 앉아서 비디오를 보며 연설을 두루두루 검토하라. 효과가 있는 게 무엇이고 없는 게 무엇인지 생각하라. 그런 다음 개선할 방법을 찾아라. 대부분 이 과정을 무시한다. 비디오로 자신을 보면 많이 부끄러울 것이다. 세상에서 제일 못한 연설자처럼 보일 것이다. 원래 그렇다. 그러나 이 단계를 뛰어넘도록 하자. 자기가 연설한 것을 보면 어떻게 움직일지 어떻게 소리 낼지 좋은 수가 생긴다. 결국에는 훌륭한 연설자가 될 것이다.

　모임을 갖거나 비디오로 녹화할 시간이 언제나 있는 것은 아니다. 보통은 행사하기 전날 밤까지 혼자서 연습하기 일쑤다. 그래 좋다. 자리에서 일어나, 빈 방으로 가서 괜찮다 싶을 때까지 연설을 반복해보자. 필요한 부분을 수정하고, 올바른 낱말을 찾아내고, 온몸으로 연설을 느껴보자. 그러다보면 괜찮다 싶어 끝내야 할 때가 언제인지 알게 된다. 만족스럽게 느껴지고, 대사를 괜찮게 치게 되고, 연설이 유창하고 맵시 있게 나오는 때가 오는 것이다. 그때가 되면, 힘을 비축하고, 긴장을 풀고서, 행사에 대비하자.

연설을 암기하는 것이 언제나 필요하지는 않으나, 생각해볼 만한 문제이기는 하다. 암기하고 싶다면, 시간과 노력이 얼마나 필요할지 어림해야 한다. 두 장 분량의 연설을 암기하려면 얼마나 걸릴까? 다섯 장 분량이면 얼마가 걸릴까? 하루 만에 암기할 수 있을까, 아니면 닷새나 걸릴까? 한 글자도 빼놓지 않고 연설을 통째로 암기할 필요가 있을까? 주요 내용만 암기하고 나머지는 즉석에서 하면 안 될까? 연설자는 이런 문제를 스스로 해결하는 동시에 연설할 때의 상황이 어떻고 무엇이 필요한지도 고려해야 한다.

　너무 많은 것을 암기하려 하지 말자. 연설하는 태도가 시시하고 지루해지기 십상이다. 연설하는 태도가 지루한 것은 암기 때문에 빚어지는 문제가 아니다. 오히려 연설하는 사람의 활력과 자발성에 달린 문제다. 나는 읽기만 했지만 연설을 매우 훌륭하게 하던 사람도 보았다. 그들은 연설문을 읽어내려 갔지만, 청중과는 내내 통했다. 연설을 통째로 암기한 사람도 봤는데 정말로 끔찍했다. 연설자와 청중 사이는 완전히 먹통이었다. 비결은 어느 경우든 청중과 통하는 것이다. 연설자는 청중과 통하며 그들의 호의를 얻는 편이 좋다. 암기를 하든 말든 막론하고 말이다.

　연설을 암기하면 보통 청중과 교감하기가 좋다. 원고를 안 봐도 되고 기회를 살리지 못할까 걱정하지 않아도 되기 때문이다. 암기해서 연설하면 군중 쪽에 시선을 두고 보는 것이 가능하다. 여유가 생기고 계속해서 청중과 눈을 맞출 수가 있다. 이 모든 것이 청중과의 교감을 높인다. 그러나 암기한 탓에 방해를 받는 사람도 존재한다. 완고해지면서 청중과 불통하는 것이다. 암기한 그대로 말하는 탓이다. 그렇게 연설하는 사람은 마치 투명한 자막을 읽는 것 같다. 그들의 눈은 멀뚱히 깜빡이며, 말은 너무 빠르고, 몸은 경직된 상태다. 원고를 그냥 읽는 것만 못하다. 활동가는 원고와 구성을 자유자재로 다룰 정도까지 암기하는 편이 좋다. 그러나 관심을 끌어내고 상황에 적응하고 청중과 교감할 여지도 있어야 한다.

활동가는 즉흥 연설의 효과도 얻고 싶어 한다. 되도록이면 준비와 연습을 많이 하고 싶은 마음도 있지만, 마치 진심에서 우러나오는 것처럼 보이고 싶은 마음도 있는 것이다. 훌륭한 연설이란 그런 것이다. 즉흥 연설의 효과는 다양한 방식으로 얻을 수 있다. 겸손하게 메모장을 쓰는 것도 방법이다. 자, 무엇인가 잊어버리는 경우를 대비해 메모장을 쓴다고 치자. 그러면 작은 글자를 하나씩 읽지 않아도 된다. 메모지는 안전지대 같은 곳이다. 무엇인가 잊었을 때 힐끔 시선을 내리고 그 자리만 기억해내면 된다. 원고를 읽는 것도 즉흥 연설의 효과를 기대할 수 있다. 물론 어려운 일이며, 즉흥적인 것으로 보기 어렵다. 그러나 관심을 끌 수는 있다. 명심할 것은 연설을 하는 것이지, 혼자서 낭독하는 게 아니란 것이다. 지금까지 논의했던 속도, 눈맞춤, 몸짓 등을 모두 주의해야 한다. 시간을 들여 원고를 검토하고, 낱말, 언어, 구두법을 고민하라. 강조하고 억양을 높일 핵심어에 밑줄을 쳐라. 목소리를 변화시킬 곳과 극적인 효과를 고려해 멈출 곳을 기록하라. 청중이 반응하도록 노력하라. 이 같은 비결을 잘 쓰면, 연설은 훌륭해진다. 접근하는 방식을 막론하고, 활동가는 신중하고 흥분되고 열정 있는 연설을 얻고자 애쓴다. 생생하게 전달하여 최대의 효과를 맛보고 싶은 것이다. 훌륭한 연설이란 그런 것이다.

| 연설 불안 |

연설 불안 때문에 많은 사람이 걱정한다. 신경이 곤두서는 바람에, 무릎이 꼬이고 입술이 마르고 손이 떨리며 목소리가 갈라지기도 한다. 연설 불안에는 생리적 이유와 심리적 이유가 있다. 생리학 측면에서 실제로 몸은 연설하는 상황을 압박이나 위협으로 감지하기에 투쟁-도피 징후가 시작된다. 몸 자체는 연설 경험을 준비한다. 혈액은 사지에서 흘러나와, 심장으로 폐로 후두로 흘러간다. 발이 차고 손이 끈적끈적해지는 것도 이 때문이다. 심장은 혈액을 필요 이상으로 내보내고 폐는 산소를 필요 이상으로 요구하는 것이다. 가슴이 쿵쾅이고 숨이 차는 이유다. 몸은 목소리를 크게 하기 위해 후두로 숨을 급히 보낸다. 목이 메고 갈라지는 이유다. 신경이 저절로 곤두서는 것이다.

이러한 생리적 반응에 대처하는 기본 방식이 몇 개 있다. 첫째, 몸이 하는 운동을 느끼고 있는 그대로 받아들여라. 즉 가만히 내버려두라는 것이다. 그런 상황에 처했을 때 몸이 대응하는 방식을 이해하자. 둘째, 이런 힘을 이점으로 삼아라. 불안을 질료로 삼아, 소리를 더욱 높이고 몸짓을 더욱 활기차게 만들자. 셋째, 호흡 기법을 이용해 몸 전체를 가라앉혀라. 일어나 말하기 전에 호흡에 집중하라. 이렇게 하면 폐에 산소가 공급되고, 들숨과 날숨을 쉽게 고를 수 있다. 명상과 비슷한 셈이다. 몸의 긴장을 풀고, 마음을 깨끗이 하고, 경험을 살려 평정을 유지하자. 넷째, 실제 연설할 때는 호흡을 고르게 하라. 평상시처럼 절제해 호흡하도록 노력하자. 이렇게 하면 생각과 말하는 속도가 차분해지고 음량이 올라간다.

연설 불안은 심리적 문제이기도 하다. 상황이 어떤지 파악한 것이 원인이다. 그러다보니 자신감이 떨어지고, 실패할까 두려워하고, 중압감을 느끼기 때문에 신경이 날카로워진다. 이 같은 심리적 불안은 육체적 불안으로 이어져 신경과민 상태에 빠지게 된다. 그렇더라도 정신을 가다듬어 자신을 가라앉힐 수 있다. 우선 긍정적으로 생각해보는 것이다. 잘하는 모습을 마음에 그려보자. 군중을 감동시키고 세계를 변혁하는 상황을 생각해보자. 그렇게 자기를 긍정하면 연설을 더욱 잘할 수 있다. 그리고 연설 하나는 (아무리 중요한 것으로 보여도) 순식간에 끝난다는 것을 유념하자. 낱말을 놓치거나 생각이 안 난다고 비난받지는 않는다. 최선을 다하면 된다. 개선을 끝냈다고 생각하지 말고, 끊임없이 개선해 나가는 것이 무엇보다 중요하다. 연설을 하고 난 후에는 좋은 점과 나쁜 점을 평가하자. 여기서 얻은 경험과 지식을 다음 연설에 적용하자. 연습과 준비를 잘하면 자신감을 높이기 좋다. 마지막으로, 사람들의 신경이 날카로워진다는 사실도 유념하자. 그것은 피할 수 없는 일이다. 행동주의와 대중 연설은 사람들을 자극하기 일쑤다. 원래 그런 것이다. 사람들을 자극하지 않는다면 별 가치가 없을 가능성이 높다. 방바닥에 누워서 텔레비전을 봐도 좋다. 그러나 활동가의 삶이란 그런 게 아니다. 불안에 떨지 말고 상황을 즐기자. 신경이 날카로워지는 것을 억지로 억누르지 말고, 연설을 추동하는 힘으로 삼아라.

:: 글쓰기 ::

도서관, 서점, 정보 가판대, 웹사이트에는 책, 평론, 논문, 소책자, 전단지, 잡지, 소설, 시, 이론, 자서전, 비평, 분석, 보고서로 가득하다. 요즘에는 전자우편과 블로그도 넣어야 하겠다. 명백한 것은 글쓰기가 종류에 따라 다른 규칙으로 구성된다는 것이다. 개인에게 보내는 전자우편과 대중에게 보내는 전자우편, 연구보고서와 신문논평, 선언과 자서전은 각각 다르다. 그러나 이러한 글쓰기는 사회의 정의라는 공통의 목적 때문에 하나로 묶인다. 비결은 급진적 표현을 대중에 알맞은 텍스트로 고치고 바꾸는 것이다. 다음의 글들은 그 비결을 일러준다. 논의할 사항은 네 가지다. 첫째 글쓰기의 기본 특징, 둘째 글쓰기 전개의 일곱 단계, 셋째 글쓰기 향상의 세 가지 방법, 넷째 훌륭한 글쓰기의 한 가지 사례.

| 글쓰기의 기본 특징 |

이제부터 논의할 것은 첫째 글쓰기와 말하기의 차이, 둘째 글쓰기의 특성인 거리, 고독, 내밀함, 셋째 품이 들어가는 읽기의 특성이다. 이런 특징을 이해하면 자신의 생각과 의견을 글로 옮길 때 도움이 된다.

글쓰기는 말하기와 다르다

우선, 글쓰기와 말하기는 다른 소통 형식이며, 그 점을 헤아려 접근해야 한다는 것을 알아두자. 대체로 훌륭한 글쓰기는 소리 내어 읽기가 좋다. 비트족은 이 측면에서 탁월했다. 앨런 긴즈버그Allen Ginsberg와 잭 케루악Jack Kerouac이 커피집에서 벌인 퍼포먼스는 글로 옮기기에 좋다. 그것은 글쓰기에 맞으며, 비트족은 그 점을 잘 알고 있었다. 그들은 작가로 알려진 것이지, 연설가로 알려진 것이 아니다. 반면에 슬램 slam poetry*은 다른 사례를 보여준다. 슬램은 낭독을 위해 쓰인 글이다. 도시적이고, 불쾌한 현실을 들추며, 속도가 빠른 양식으로, 실연 연희 live performance를 통해서 구현된다. 슬램에서 실연 연희를 빼버리면, 슬램이 아닌 것이다. 슬램의 목적은 듣는 것이지, 읽는 것이 아니란 얘기다. 물론 예외도 존재한다. 예를 들어, 흥겹게 읽는 슬램도 있다. 그러나 통상 슬램은 말로 하는 소통방식이다. 가장 훌륭한 글쓰기는 슬램과 반대다. 말없이 읽기 좋게 구성되지, 큰 소리로 타인에게 말하기 좋게 구성되는 게 아니다. 이 차이를 이해하면, 글쓰기의 효과를 높일 수 있다. 읽는 글이라면, 눈에 맞춰 다듬어야 한다. 듣는 글이라면, 귀에 맞춰 다듬어야 한다. 읽고 듣는 글이라면, 눈과 귀 모두 신경 써야 한다. 이 가운데 어떤 의도라도 좋지만, 글을 쓰는 사람, 듣는 사람, 혹은 읽는 사람 누구한테도 그 의도가 명확해야 한다.

◆슬램은 마크 스미스Marc Smith가 창안했다. 그는 1984년 시카고의 재즈 클럽 '겟 미 하이 라운지Get Me High Lounge'에서 처음으로 슬램을 시작했다. 슬램을 할 때는 사회자가 청중 가운데 보통 5명 정도를 심사위원으로 선출한다. 일반적인 슬램은 8명이 3회전 승자진출 방식을 따른다. 8강-4강-결승 구조인 셈이다. 슬램을 할 때 소품, 의상, 음악은 금지되는 게 보통이다. 그리고 대부분의 슬램은 3분 정도의 시간제한이 따르며, 그것을 어긴 만큼 점수가 깎인다. 슬램이 활용하는 자원은 다양하다. 힙합에서 발견되는 말투, 아메리카 원주민문화에 속하는 운문형식, 운韻이 없는 서사형식, 전통적 연극적 발성, 아니면 무미건조한 낭송 등. 슬램의 한 가지 목적은 문학에 절대적인 가치를 부여하는 권위에 도전하는 것이다. 어느 누구도 비판에서 면제되지 않는다. 가장 좋은 점수를 획득한 시인만이 결선에 올라가기 때문에, 청중이 조금 더 듣고자 하는 시인들만 간택되는 구조가 보장된다. 더욱이 청중은 시라는 존재의 구성요소가 되므로, 시인/연희자, 비평가, 청중의 사이를 가로막는 장벽이 무너질 수밖에 없다. http://en.wikipedia.org/wiki/Poetry_slam 참고. (옮긴이)

글쓰기는 거리를 두는 것이며, 고독하며, 내밀하다

글쓰기 과정은 거리를 두며, 고독하고, 내밀하다. 우선 글쓰기에는 거리가 있다. 직접 반응을 살필 청중이 없기 때문이다. 글쓴이와 독자는 시공간을 사이로 떨어져 있기 때문이다. 또한 글쓰기는 고독하다. 집에 은둔한 채로 혼자 글을 쓰는 것이 보통이기 때문이다. 집에서 홀로 독자를 상상하며 글을 쓴다. 이런 조건 때문에 외로워 보일지 몰라도, 그 덕분에 쉬기도 하고 반복도 하고 삭제도 하고 고쳐 쓰는 것도 가능하다. 독자는 공들여 다듬은 최종 원고를 보게 되는 것이다. 독자가 최종본을 봤을 때 눈만 고려해 쓴 것처럼 느끼기를 기대하자. 이런 식으로 독자는 글쓴이의 사적인 세계에 들어와 글쓴이의 낱말, 생각, 감정을 경험한다. 이런 점이 모든 글쓰기에 적용되는 것은 아니나 좋은 지침을 주는 것은 분명하다. 심지어 이론과 분석과 기사에도 말이다.

읽기는 품이 많이 들어간다

읽기에는 노력이 필요하다는 것도 유념하자. 읽기는 듣기보다 시간과 노력이 더 많이 들어간다. 청중에게 더 많은 노력을 주문하는 것이다. 노력할 필요성이 생긴 이유는 한 줄 요약sound-bite 문화 때문이다. 신문, 전자우편, 문자, 웹에 올라온 글은 간결한 전달을 목표로 하기 때문에 제약이 따른다. 충분한 이유가 있지 않고는 보통 지나간 글을 읽지 않는다. 여러 가지 이유가 있겠으나, 결국은 흥미로운 의견과 훌륭한 글쓰기가 관건이다. 사람들이 바라는 것은 내용과 형식의 매력이다. 새롭고 참신한 의견과 유쾌한 글을 원한다. 의견이 잘 정리되어 있으면 사람들은 따라오기 마련이다. 사람들은 생각한다. "우와, 흥미로운데. 정말 좋은 글이야. 도대체 누가 이 글을 썼을까?" 그러나 글이 좋지 않고 의견도 따분하면, 사람들이 의견에 동의한다고 해도 외면해버린다.

| 글쓰기의 전개 |

글을 잘 쓰는 사람은 기본부터 시작한다. 기본기는 문제 선택, 첫 글 찾기, 테제 창출, 초고 작성, 편집과 교정, 반응 보기, 마무리다.

문제 선택

글을 쓰려면 문제가 있어야 한다. 문제는 몹시 개인적이거나 매우 일반적이다. 어느 경우든 문제는 개인에게 영감을 줘야 한다. 낡아빠진 문제를 집어 들지 말자. 몇 시간, 몇 날 며칠, 심지어 몇 년 동안 생각하고 싶은 문제를 선택하라. 저기 저 바깥에는 세상이 펼쳐져 있다. 어느 것이 자신을 행동에 나서게 하는가?

내 작업을 예로 들면, 대략 3년을 이 책을 쓰는 데 투여했다. 긴 시간이었고, 소통과 행동주의의 관계는 내 삶의 일부를 이루었다. 내가 쓸 수 있는 문제였고 내가 쓰고 싶은 문제였던 것이다.

첫 글 찾기

'첫 글hook'은 문제를 보는 독창적 시각 혹은 전망이다. 세상에는 각기 생각을 달리하는 활동가가 수백만 명은 존재한다. 그러면 자신의 시각은 무엇인가? 이 책에서 나는 수사학과 급진주의를 합쳐서 첫 글을 만들었다. 놀라운 것은 이전까지 첫 글을 활용해 독특한 시각을 만들었던 활동가가 많지 않았다는 것이다. 그런 시각을 찾기란 어렵다. 게다가 이제 막 활동을 시작한 사람이면 특히 까다롭다. 새로운 시각을 개발하기 전에, 행동주의 세계는 물론이요 글쓰기 세계에도 시간을 투여해야 한다. 급진주의는 이전에도 존재했고 이후에도 존재할 장구한 역사적 대화라는 것을 유념하자. 시간을 들여서 이러한 대화에 참여할 방법을 찾아라. 세상은 언제나 변하기 때문에, 새로운 전망은 언제나 환영받는다. 문제를 고르고 나서 문제에 다가서는 독특한 시각을 생각하자. 영감이 넘치고 흥미가 있으며 노력할 가치가 있어야 하는 게 첫 글이다.

테제 창출

첫 글을 명확하게 표현된 테제로 다듬어라. 여기서 첫 글과 테제의 차이를 알아두자. 첫 글은 문제에 접근하는 일반적 전망인 반면, 테제는 하나로 정리한 진술이나 견해다. 예를 들어, '급진주의자의 수사학'이 첫 글이라면, '소통은 세상을 바꿀 때 도움이 된다'는 테제다. 첫 글이 사람들의 관심을 당기는 것이라면 테제는 사람들이 내용을 계속 읽게 하는 것이다. 우선 완벽한 문장으로 테제를 진술해보자. 이렇게 하면 테제를 확장하고 글을 전개할 때 길잡이로 기능할 것이다. 이 과정이 모든 사람에게 유효한 것은 아니다. 사실 나도 그렇게 하지 않는다. 오히려 반대다. 실낱같은 생각에서 시작해, 엄청나게 쓰고 지우고 다시 쓰고 난 후에야 테제가 마련된다. 어찌됐든 테제는 나온다. 테제를 찾고 난 다음에, 나는 살을 입혀서 평론과 논문을 쓰거나 책으로 만든다.

자기만의 글쓰기 과정을 발견할 필요가 있다. 그러나 거의 모든 작가는 테제를 개발한 다음에, 테제를 끝까지 관철한다. 테제는 원고를 끌어가는 요체다. 글을 쓰는 이유이자 글을 읽는 이유인 것이다.

초고 작성

생각을 정리하려면 초고가 필요하다. 초고라는 말에 주목하자. 이것은 중요하다. 너무나 많은 사람이 이 과정을 생략하며, 첫 글에서 최종 원고로 건너뛰고 싶어 한다. 어떤 이는 그럴 만한 능력이 있지만, 대부분은 그렇지 못하다. 한 번에 쓴 원고는 성급하게 쓴 탓에 노력도 부족하고 기교도 형편없어 보일 것이다. 읽기 좋게 다듬을 만한 시간이 언제나 있는 것은 아니다. 마감은 언제나 닥친다. 원고 마감이 다음 달이면 생각을 정리하고 원고를 가다듬을 만한 시간이 충분하다. 마감이 내일이면 그렇게 사치를 부릴 만한 여유가 없다. 그러나 글을 잘 쓰는 사람은 적어도 몇 번이라도 통독하며 여기저기 수정한다. 그런 게 초고다.

편집과 교정

편집과 교정은 본질이다. 모두가 실수를 범하며, 그 때문에 너무 마음 쓸 필요는 없다. 그러나 실수가 드러나서는 안 된다. 수사는 소통의 효과를 최대로 높이는 것이다. 실수는 효과적인 게 아니다. 사람들은 오자, 비문, 혹은 말도 안 되는 의견을 읽고서는 영감도 감동도 못 받고 외면해버린다. 그들은 글쓴이의 실수를 심판하기도 한다. 부당해 보이고 어찌 보면 부르주아적 성향처럼 보이기까지 하지만, 사람들이 퇴짜놓는 것을 막지는 못한다. 글쓴이의 정치적 관점까지도 말이다. 글을 쓰고 있다면, 반드시 편집하라. 글쓰기와 편집은 같이 가는 것이다. 실수를 전부 잡아내지는 못한다. 글을 정말로 잘 쓰는 사람조차 여기저기 쉼표를 건너뛸 때가 있다. 그러나 글쓰기는 대중과 직접 만나는 통로다. 그렇게 하려면 괜찮다 싶을 때까지 읽고 또 읽어야 한다. 편집과 교정을 할 때 필요한 기본적인 몇 가지를 나열해보겠다. 철자법, 문법, 문장 구조, 생각의 흐름, 독자의 접근성, 서사적 목소리, 전반적 문체, 감성적·지성적 매력, 마지막으로 수사적 힘과 관련된 사항이다. 즉, 글에 사람들을 당기는 힘이 있는가? 첫 글이 사람들의 마음을 사로잡는가? 글이 독자의 주의를 계속 끌어내는가? 수사적 힘은 글쓰기 목적의 전부는 아니나, 예외가 아니라 규범이 돼야 한다.

반응 보기

반응feedback은 대단히 유용하다. 그것은 편집하고 교정할 때도 도움이 되지만, 더욱 중요한 것은 대중에게 공개하기 이전에 평가를 받아보는 점이다. 반응 보기는 언제나 쉬운 것이 아니다. 대다수 사람들에게는 개인 편집자가 없다. 소수의 행운아를 제외하면 사치에 가깝다. 그러나 반응을 살펴볼 몇 가지 방법이 있다. 친구에게 의견을 부탁하자. 누군가와 짝을 맺고 각자의 글을 읽기로 하자. 글쓰기 모임에 참가하자. 아니면 인터넷에 글을 올리고 댓글을 부탁하자. 마지막 경우는 사람들이 사이트에 방문하고 원고를 읽고 댓글을 남기는 블로그를 이용하는 것이 괜찮다. 쓸데없는 댓글이 달리는 경우도 있으나, 그래도 유용하다. 대체로 가장 좋은 반응은 구체적이고 특정적이다. 그것은 글에 있는 문제를 집어내고 어떻게 하면 좋을지 제안을 하기 때문이다. 사람들에게 자신이 원하는 것을 구체적으로 설명해 반응을 끌어내는 방법도 있다. 글쓴이는 기본적인 문법을 검토하라는 것일까? 생각을 전개하는 방식일까? 수사적 힘일까? 첫 글일까? 구성일까? 반응을 보고 나서는 댓글에 대해서 진지하게 고민하라. 남들이 자기 글에 평가하게 만들기란 어렵다. 그러나 어떻게든 극복해내고 기꺼운 마음으로 원고를 다듬어라.

〉 원고를 쓰고 대중의 반응을 보기 전에 주변 사람에게 의견을 듣는 것이 좋다. 활동가들은 대부분 이 과정을 생략하는데, 글의 문제점을 고칠 수 있는 좋은 기회다. 요즘은 블로그나 카페를 이용하기도 한다. 평가는 구체적이고 특정적인 것이 좋다.

최종 원고

세상에 글을 발표하는 기다리던 순간이 왔다. 발표하는 방식은 사람마다 다르다. 공식 출판도 있고, 웹사이트도 있고, 잡지나 전단지도 있다. 어떤 방식이든, 대중과 교류한다는 것을 유념해야 한다. 품을 들여 이 글을 썼고, 이제 세상에 내놓았다. 세상을 바꿀 수도 있고 아닐 수도 있다. 어느 경우든 대중과 소통하려고 시도했던 셈이다. 이것이 중요하다. 위험을 무릅쓰고 세상에 선보인다는 것. 이제는 전 과정을 다시 시작해볼 때다. 지금 무슨 생각을 하고 있는가? 자, 첫 글을 찾아내서 글쓰기를 시작하자!

이제부터 글쓰기 향상에 필요한 세 가지 지침을 다루겠다. 첫째 되도록 많이 읽을 것, 둘째 되도록 자주 쓸 것, 셋째 글쓰기에 대해서 끊임없이 생각할 것.

되도록 많이 읽을 것

만날 하는 소리처럼 들릴지 모르나, 읽기는 글쓰기를 향상하는 가장 좋은 한 가지 방법이다. 읽기는 생각과 논증과 문체와 문법과 수사를 달리 하는 방법을 익히기에 좋다. 읽으면 읽을수록 선택의 폭도 넓어진다. 보통 읽기는 사회문제가 어떻게 돌아가는지 알려고 할 때 하는 일이다. 그러나 글쓰기를 준비하는 사람이 읽을 때는 글 자체를 하나씩 뜯어봐야 한다. 작가마다 어떤 선택을 하는지 주의 깊게 살펴보자. 읽고 있을 때 자신에게 들리는 목소리를 경청하자. 첫 글이 나오기를 고대하자. 그리고 자문해보자. 그 저자는 왜 그렇게 썼을까? 나도 똑같이 썼을까? 그게 내가 원하는 글일까? 내가 쓴 글과 비교하면 어떨까? 이런 식의 수사적 접근법은 좋을까, 나쁠까? 첫 글을 이렇게 하면 저렇게 하는 것과 어떤 차이가 있을까? 이렇게 쓰는 게 좋을까? 그렇다면 왜 그럴까, 아니라면 왜 아닐까? 이러한 질문들은 글쓰기에 익숙하게 해준다. 그런 다음 자기 글쓰기의 발전에 도움이 될 만한 작가들을 선별하는 게 좋다. 두려워하지 말고 좋아하는 작가를 공부해두자. 좋아하는 책이 있다면, 그것을 쓴 사람의 책을 전부 사와서 읽도록 하자. 그것이야말로 글쓰기를 발전시키는 최선의 방법이다. 좋아하는 작가의 영향을 자연스럽게 받기 때문이다. 초심자는 이런 충고를 무시하기 일쑤다. 자기만의 문체를 발전시키고 싶어 하기 때문이다. 목표는 훌륭하나, 모든 사람은 모든 사람에게 영향을 받는다는 것을 알아두자. 다른 작가의 장점을 집어내고 뽑아내는 것이 우선이다. 그렇게 하면서 자신만의 문체를 발전시킬 수 있다.

되도록 자주 쓸 것

모든 것에는 실천이 필요하다. 글쓰기도 마찬가지다. 잘 쓰기 위해서는 많이 써야 한다. 글의 구석구석을 주의 깊게 살펴보며 고쳐가자. 전에 썼던 논문이나 평론에 만족하지 말자. 더 잘하도록 자신을 채찍질하자. 그렇다고 무리해서 자신을 괴롭혀서는 안 된다. 그것은 잔인하고 부당한 짓이다. 그러나 잠재력은 최대한 끌어내도록 하자. 실험삼아 다른 장르의 글을 써보는 것도 좋다. 올곧은 정치적 분석은 창조적 논픽션과 다르고, 논픽션은 자서전과 다르고, 자서전은 시와 다르다. 각 장르는 자기만의 규칙이 있다. 다른 장르의 글을 써보면 글쓰기의 완성도를 높일 때 도움이 된다. 이것은 언제나 쉽지 않으며, 불가능할 때도 있다. 보통은 선호하고 꾸준히 할 장르 하나를 찾는다. 그게 좋다. 글쓰기 초보자나 성장을 원하는 사람이라면 다양한 장르의 글쓰기 실험을 해보자. 언젠가는 좋아하는 게 무엇이고 잘하는 게 무엇인지 찾게 될 것이다. 많이 써라, 좋아질 것이다.

글쓰기에 대해서 생각할 것

글쓰기에 대해서 생각하면 실제로 글을 쓰지 않을 때조차도 글 쓰는 자세가 유지된다. 기차에 있다가, 거리를 걷다가, 아니면 창문을 보다가 정말 좋은 생각이 떠오르는 경우도 있다. 때로는 글쓰기 자체에 대해서 좋은 수가 떠오르기도 한다. 근사한 글줄일 때도 있으며, 사회의 문제에 대한 통찰일 때도 있다. 생각이 조금이라도 떠오르면 가능한 한 기억해뒀다가 적어두자. 필기구와 메모장을 준비하면 유용할 것이다. 지금 생각이 났다고? 자, 그럼 지금 당장 적어두자. 메모장에 적어두면, 나중에도 볼 수 있다. 포스트잇이나 스크랩북에 적었다면, 서랍이나 서류철에 넣어두자. 조만간 이것들을 활용할 때가 있을 것이다. 생각과 통찰을 넓혀주는 것도 있을 것이다. 대부분의 사람들은 이렇게 하지 못하고 있다. 그러나 어느 경우든 글쓰기에 대해 생각하는 것은 틀림없다. 이렇게 하면 특정한 시간 특정한 장소에서 써야 한다는 부담이 덜어진다. 어떤 사람은 어쩔 수 없이 일하기 전 아침에 쓴다. 어떤 사람은 아이들이 잠든 후에나 글을 쓴다. 점심시간에 쓰는 사람도 있다. 시간을 지정해 쓰는 것은 영리한 방법일 수 있다. 왜냐하면 일정한 시간 동안 글쓰기에 전념할 수 있기 때문이다. 그러나 이 방법은 어떤 사람한테는 낭비일 수도 있다. 실제 일하는 것과 너무나 비슷해지기 때문이다. 항상 수사가의 태도를 견지하면, 글쓰기가 자연스럽게 바뀐다. 태도가 글 쓰는 사람이 세계에 접근할 때의 성향으로 자리 잡기 때문이다. 거기서부터 수사적 감성은 발전하기 시작한다. 그때부터 전 세계는 수사적 구성물이 되며, 글쓰기는 창조적 과정의 일부가 된다. 이야말로 호기로운 상황이다. 즉 수사적 노동이 일상적 노동과 구별되지 않는다는 뜻이다. 세계를 다시 쓰는 급진적 수사가는 그렇게 되는 것이다.

| 훌륭한 글쓰기의 사례 |

밑에는 내가 훌륭한 글이라고 생각하는 사례다. 소피아 딜레이니Sophia Delaney의 〈아나키스트는 하늘을 날 수 있다Anarchists Can Fly〉에서 발췌한 구절로, 가두 행동의 극적인 장면과 흥분을 잡아냈다. 이 글만이 훌륭한 것은 아닐 것이다. 좋은 글은 수백만 개는 되리라. 그러나 이 구절은 이 책의 성격에 미루어볼 때 적절해 보인다.

〈하늘을 나는 아나키스트The Flying Anarchist〉

그는 성난 경찰에 둘러싸여 금방이라도 곤봉에 맞고 최루총에 쏘일 것만 같았다. 여기서 주춤했다가는 마치 크게 패해 중죄를 저지른 것처럼 보일 것 같았기에, 그는 할 수 있는 단 한 가지 일을 했다. 깊게 숨을 들이마시고, 팔을 올린 다음, 자기 몸을 경찰과 군중에 내던졌다. 마치 무대 밖으로 몸을 던지는 가수 같았다. 군중 전체가 놀라움을 토해냈다. 너무 무모해 보였던 탓에 사람들은 충격을 받았다. 언뜻 보기에도 자살행위였다. (…) 나 역시 숨이 넘어가는 것 같았다. 순간이자 영원처럼 느껴졌고, 그 순간만큼은 공중에 뜬 아나키스트가 하늘을 떠다니는 것처럼 보였다. 이윽고 그는 동료의 어깨를 빌려 지상에 내려왔고, 경찰은 도망쳐버렸다. 그 순간 모든 것이 일변했다. 마치 역사의 한 자락에 서 있으며, 그 순간만큼은 과거와 미래가 수정같이 명징하게 묘사되는 것처럼 보였다. 정말로 특별한 순간이었다. (…) 그 전까지만 해도 세상에 존재하는 문제들은 해결할 수 없는 것처럼 보였다. (…) 그가 성난 경찰 머리 위로 거짓말처럼 대담하게 도약한 다음부터 파괴적이고 폭력적인 자본주의의 마수에서 세상을 구원할 방도가 어쩐지 있는 것처럼 보였다. 신속하고 대담하게 행동에 나선 것이다. 그렇게 했더니 그런 행동 말고도, 다른 식의 놀랍고도 대담무쌍한 행동을 해봐도 괜찮을 것 같았다. 하늘을 날았던 아나키스트는 절대로 불가능해 보일 때라도, 걱정하지 말라는 것을 내게 가르쳐주었다. 멈추지 말고 더욱 많은 것을 분석해가자. 용기를 내자. 그들이 예상하지 못한 일을 벌이자. 도약하자. 모든 것이 가능하다.◆

이 구절은 묘사적이며 간결하고 극적이고 다층적이고, 대담하고 용감하며, 가두 행동과 사회정의에서 보이는 긴장과 감정과 흥분을 포착한다. 신파를 배제하고 찬찬히 세부를 묘사해 서술과 간결함의 균형을 잡았다. 거기다가 급진주의적 상상력을 건드리는 묘사까지 사용한다. '집단', '하늘을 나는 아나키스트', '영원', '지상'과 같은 단어는 현대의 행동주의를 반영한다. "하늘을 나는 아나키스트가 미지의 세계에 도약한다", 머리에 쏙 들어오는 표현이다. 이렇게 글을 쓰면 다른 사람이 도대체 어떤 글인지 확인하고 생각하고 싶어지는 법이다. 그러나 가장 중요한 것은 정말로 어떤 것이든 가능하다는 신화적인 특징이다.

미심쩍어 하는 독자는 몇 가지 비판적 질문을 던지기도 하겠다. 너무 낭만적으로 쓴 게 아닐까? 저자가 과장한 것은 아닐까? 진짜인지 어떻게 아는가? 정당한 질문이지만, 번지수가 틀렸다. 이 글이 낭만적으로 쓰인 것은 맞지만, 그렇다고 경험이 낭만적인 것은 아니다. 승리했기 때문이다. 이야기는 승리를 강조하고 있다. 수사의 핵심을 파

◆Sophia Delaney, "Anarchists Can Fly," in *We Are Everywhere: The Irresistible Rise of Global Anti-Capitalism*, Notes from Nowhere, eds., Verso, 2003.

고드는 훌륭한 글은 그래서 나온 것이다. 상상력을 발동시키고 개인과 공동체의 경험세계를 창조하는 능력이 있는 것이다. 진실이 담겨 있는 한, 특별한 순간이 있었다고 믿지 못할 하등의 이유가 없다. 세부묘사가 완벽한 것은 아니겠으나, 의도한 것은 그게 아니다. 이 글이 포착하려는 것은 그 사람이 그 순간에 경험한 것이다. 글쓴이는 정확히 포착해냈고, 읽기 좋게 풀어냈다.

:: 통합수사 만들기 ::

3절은 통합수사를 만들 때 도움이 된다. 여기에는 메시지, 청중, 전략, 목표, 상황이 포함된다. 이러한 측면은 다음과 같은 질문으로 구성할 수 있으며, 통합수사를 만들 때 도움이 될 것이다.

- 전달하는 것이 무엇인가?
- 청중은 어떤 사람인가?
- 수사적 전략은 무엇인가?
- 목표가 무엇인가?
- 상황은 어떠한가?

아래는 통합수사가 어떻게 돌아가는지 보여주는 사례다.

- **메시지:** 월마트는 작은 마을의 지역공동체를 파괴한다.
- **청중:** 보통의 중간계층 미국인으로 도시의 근교 출신이다.
- **전략:** 청중의 심금을 울리기 위해서 지역마을 자영업자의 이야기를 이용할 것.
- **목표:** 청중에게 동기를 부여해 월마트에 반대하는 행동에 나서게 할 것.
- **상황:** 교외 지역의 도서관에서 토론회를 개최하라.

이렇게 통합수사를 만들면 접근 방법의 윤곽이 드러나고 행동 전략의 계획이 생긴다. 거꾸로 시작해, 토론회부터 여는 것도 생각해볼 수 있다. 토론회는 대체로 어디서든 한 시간에서 세 시간 정도다. 아무래도 활동가는 토론회에서 공통된 교류하는 분위기에 의존한다. 이 두 가지 사항은 실제 토론회를 하기 전에 상세히 해두는 게 좋다. 목표도 마찬가지다. 청중에게 동기를 부여해 행동에 나서게 하는 방식도 상세히 해야 한다. 이것은 단순히 청중에게 정보를 전달하는 것과는 다르다. 사람들이 실제로 행동에 나서게끔 노력하자. 그렇게 하려면 행동을 끌어내는 전략이 있어야 한다. 월마트 때문에 고초를 겪었던 사람들의 이야기를 전하면서 행동을 끌어내려고 노력하자. 이 같은 전략에는 다양한 방식이 있다. 비디오를 보여주는 방식도 있고, 그 지역 사람을 초청해 발언권을 주는 방식도 있고, 청중에게 역할극을 요청하는 방식도 있다. 이 역시 토론회를 하기 전에 상세히 해두자. 설득하는 방식이 어떤지도 유념해야 한다. 지금 하고 있는 것은 청중의 감정을 자아내는 것이다. 감정은 강력하기에 행동의 동기가 되는 때가 많다. 결국 청중은 월마트가 지역공동체를 파괴한다는 것, 행동에 나서야 한다는 것, 그것도 지금 당장 해야 한다는 것을 깨닫지 않을 수 없다. 최선의 방법은 지역 사람들이 할 만한 행동을 구체적으로 제공하는 것이다. 법원에 청원하고, 회사에 항의전화를 걸고, 의회에 서한을 보내고, 유명한 운동단체에 도움을 청하고, 직접 할 만한 행동을 고민하는 것이다.

위에서 제시한 다섯 가지 지침은 실행하기 쉬운 전략이므로 수사적 개입 전략을 구축할 때 도움이 된다. 이제부터 자세히 논의해보겠다. 상당수 내용은 말하기와 글쓰기를 다루었던 앞 절과 관련된다. 연관된 사항 가운데 자신에게 필요한 부분을 끌어내면, 말하기와 글쓰기는 더욱 향상될 것이다. 특히 메시지와 청중을 다룬 절이 그렇다.

| 전달하는 것은 무엇인가? |

통합수사의 시작은 타인에게 전달되는 메시지이다. 메시지를 이해하지 못하는데 감동할 수 있는 사람은 없다. 내가 깨달은 사항을 털어놓자면, 소통이 언제나 특정한 메시지를 전달하는 것도 아니고 사람을 감동시켜 행동에 나서게 하는 것도 아니라는 점이다. 그러나 두 가지모두 활동가와 조직가의 공통된 목표이다. 다음에 제시하는 명료, 구성, 개요, 길이, 개선의 다섯 단계를 이용해 메시지를 향상할 수 있다.

명료

메시지는 가능한 명료해야 한다. 이것은 생각을 깨끗이 하는 것이 우선이란 뜻이다. 자기가 혼란스러우면, 타인한테는 말할 것도 없다. 많은 이들이 그와 같은 혼란을 겪는다. 연설을 들을 때 친구에게 이렇게 묻곤 한다. "연설의 요지가 뭐야?" 또한 연설할 때는 이런 생각이 들기도 한다. "내 생각이 전달이 안 됐군." 책을 읽을 때는 "이 책을 내가 왜 읽는 거지?"라며 의아해하기도 한다. 모임을 꾸릴 때는 자리에 앉아 "저 사람이 말하고자 하는 게 뭐지?"라며 고민한다. 이러한 사례는 명쾌한 메시지를 구성할 때 생기는 난점을 보여준다. 다음의 질문은 타인의 이해와 반응을 끌어낼 수 있도록 문제를 좁혀준다.

* 말하고자 하는 것이 무엇인가?
* 메시지의 핵심은 무엇인가?
* 메시지는 본인에게 명확한가?
* 메시지가 청중에게 명료할 것이라고 생각하는가?
* 핵심을 견지한 후 연설하고 행동하고 글 쓰고 대화하고 있는가?

구성

'여는 말, 몸말, 닫는 말'의 삼단 형태는 메시지를 구성할 때 널리 쓰인다. 이 형태는 애초에 연설의 구성을 논의할 때 소개됐지만, 여기서 세세하게 구체화하겠다. 여는 말은 글쓴이와 청중이 내용에 대해 준비하는 단계다. 몸말은 주요 내용으로 논증·논점·이야기·행동 계획을 기술한다. 그리고 닫는 말은 모든 내용을 요약해 청중이 반성하고 영감을 얻을 마지막 기회를 제공한다.

여는 말에는 여러 가지 형태가 가능하다. 말로 하는 발표는 연설회, 토론회, 연수회, 기타 등 어느 자리가 됐든 인사로 시작하는 것이 보통이다. 여기에 계신 청중 여러분과 이 자리를 준비해주신 주최자에게 감사드립니다, 라고 말하는 것이다. 글로 하는 경우에는 몇 가지 유형의 도입 문장으로 시작하는 것이 보통이다. "이 논문이 다루는 것은 …이다." 아니면 글의 내용을 뒷받침하는 장면이나 행동을 묘사하며 시작하는 경우도 있다. 메시지가 말이든 글이든 상관없이, 주의를 신속하게 잡도록 하자. 즉 청중의 흥미를 끌어낸 다음 자리에 앉히란 얘기다. 이것은 묘사적 언어, 강력한 이미지, 놀랄 만한 사실, 개인의 이야기를 활용하면 가능하다. 자, 예를 들어 다음과 같이 말하거나 글을 쓸 수 있다. "일찍이 엠마 골드만이 말했다. '내가 춤출 수 없다면, 혁명이 아니다!'" 이 인용문은 흥미롭고, 즐거우며, 유명하다. 그것은 관심을 끌어내 읽지 않을 수 없게 한다. 수사적 질문을 던지는 것도 한 가지 방법이다. 예를 들어, 대답이 없어도 무방한 질문이 그렇다. "사회 변혁은 정말로 저절로 생기는가, 아니면 피와 땀으로 생기는가?" 발표자와 청중은 이미 답을 알고 있다. 질문의 의도는 실제로 그것을 토론하자는 게 아니다. 메시지를 전반적으로 준비하는 정도에 그친다. 어떤 전략을 선택하든 여는 말에 시간을 너무 많이 소모하지 말자. 몸말을 위해서 시간과 힘을 아끼자.

몸말은 메시지의 핵심 중의 핵심이다. 핵심 문제로 다가가 생각했던 것을 사람들에게 전달하라. 나는 무슨 생각을 하고 있는가? 사람들이 듣거나 읽는 이유가 무엇인가? 간결하게 핵심만 짚어라, 다만 한 줄

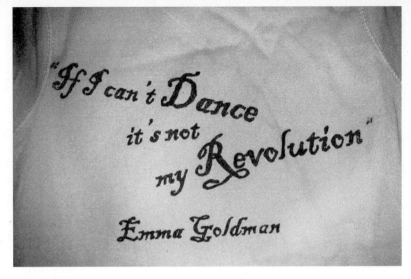

> 메시지는 주의를 신속하게 잡을 수 있도록 구성해야 한다. 유명한 엠마 골드만의 메시지 "내가 춤출 수 없다면, 혁명이 아니다!"는 관심을 끌어내기에 충분하다.

요약 행태는 피하자. 서두르지 말고 필요한 만큼 시간을 써라. 핵심 메시지를 여는 말, 닫는 말과는 명확히 구별하라. 글의 세 단위는 독립된 동시에 서로가 연결돼야 한다. 이렇게 해야 짜임새가 생기며 다른 사람이 따라갈 수 있다. 명료 부분에서 다루었던 내용은 몸말과 상당 부분 관련된다.

닫는 말은 여는 말과 비슷하다. 짧고 간결하게 생각할 거리를 줘야 한다. 글을 맺기 전에 핵심 메시지를 반복하고 싶은 사람도 있을 것이다. 그러나 과유불급過猶不及이다. 사람들의 이해력을 존중하자. 가장 좋은 결론에는 종결과 기대라는 이중적 의미가 들어 있다. 사람들은 이제 끝났다는 것을 잘 알고 있다. 그러나 그들이 좋게 느꼈다면, 그 이상을 바라게 된다. 그들이 그 이상의 지식, 의견, 제안을 원하게 됐으니 매우 좋은 일이다. 또 하나 알아둘 것은 닫는 말이 메시지의 마지막 의견인 탓에 사람들에게 장차 생각할 거리를 제공한다는 점이다. 마지막 말을 사용해 용기와 영감을 제공하자. 그리고 공식 연설을 끝낼 때는 "발표는 이게 답니다" 혹은 "이제 끝났습니다"와 같은 말로 마치면 안 된다. 토론회와 연수회라면 몰라도, 연설을 할 때는 좋지 않다. 어조, 몸말, 마지막 말은 단호해야 한다. 아니면 "시간을 내주셔서 감사합니다"라고 짤막히 하는 게 좋겠다.

개요

읽어봐도 혼란스럽기 짝이 없던 전자우편, 들어봐도 어지럽기 짝이 없던 연설, 참석해 집중해봐도 엉성하기 짝이 없던 연수회·토론자·토론회를 생각해보라. 모두 재미도 없고 효과도 없는 것들이다. 개요는 이 같은 문제를 피할 때 필요하다. 말하고, 글 쓰고, 가르칠 때 생각의 정리를 돕기 때문이다. 개요는 따분하지만, 생각보다 많이 하는 활동이다. 사람들은 자리에 앉아서 직접행동, 행진, 집회, 시위를 계획한다. 그렇다면 이것은 소통할 때도 필요한 게 아닐까?

개요를 작성할 때는 엄격한 틀에 따를 필요가 없다. 로마숫자, 대문자 소문자, '올바른' 들여쓰기는 하나도 필요가 없다. 기본만 추리면 충분하다. 종이에 짧게 적거나 컴퓨터에 입력해두는 것이다. 이렇게 하면 생각이 만개하기 전에 사유의 행로가 잡힌다. 개요는 고치고 되짚고 평할 때 품과 시간을 줄여주기도 한다. 여러 가지 방식으로 통합 수사의 다섯 가지 지침은 개요로 기능할 수 있다. 실제 소통하기 전에, 단계를 하나씩 밟아가며, 각 질문에 대답해보자.

다르게 접근하는 것도 가능하다. 기본적인 질문 한 가지에서 출발하는 것이다. 자신의 메시지는 무엇인가? 완벽한 문장 하나로 대답해보라. 그러고 나서 그 메시지를 뒷받침하고 입증하는 방식을 찾아보자. 좋은 인용, 놀라운 통계 아니면 끌리는 이야기를 생각해보자. 메모장에 적거나 컴퓨터에 입력하자. 이제 인용과 통계를 넣을 곳을 고민하자. 처음에 넣을까, 마지막에 넣을까, 아니면 중간에 넣을까? 그런 다음 어떻게 시작하고 끝을 낼지 결정하자. 한마디로, 여는 말과 닫는 말을 만드는 것이다. 처음과 끝을 확실하게 하는 것이 효과도 있고 주목도 끌고 영감도 준다. 이러한 기본 단계가 메시지의 개요를 정확하게 잡아준다.

길이

말이든 글이든 발표의 길이를 언제나 고려하자. 1분인가, 5분인가, 10분인가? 한 문장인가, 한 문단인가, 한 장인가? 간결하게 핵심만 짚어라. 새겨두자, 과유불급. 시간이 얼마나 있는지도 생각하자. 한 장 분량의 글이나 한 시간 정도의 토론회로 급진주의 역사를 다루지는 못한다. 그렇게 하려면 800쪽 분량의 책이 필요하고, 3일 동안 토론해야 하리라. 그런 목표는 너무나 광대하다. 이제, 자신이 계획한 통합수사로 돌아가 관리하기 좋은 메시지나 목표를 생각해보자. 길이를 알맞게 잡는 것이 비결이다. 즉 관리 능력이 필요하다. 말하는 사람과 듣는 사람이 조절할 수 있는 것이 무엇이겠는가? 세 시간짜리 강연은 하는 사람도 듣는 사람도 지루하다. 말을 조리 있게 하는 사람이면 해낼 수 있겠지만, 초보자는 그렇게 하기가 어렵다. 비슷한 문제는 글에도 적용된다. 좋은 글을 쓰는 사람은 거침없이 글을 써내려간다. 그러나 경험이 일천한 사람은 짧게 쓰는 게 좋다. 이렇게 하는 것이 수사적 효과가 더 좋다. 경험이 쌓이면, 수사적 효과를 유지하면서 글을 길게 쓸 수 있을 것이다.

길이는 배려의 문제이기도 하다. 소통에는 언제나 청중이 필요하다. 청중은 시간을 들여 주의를 기울인다. 너무 길게 말하면 청중이 안달하게 되므로, 예의가 아니다. 독자 역시 길고 지루한 글이나 책이라면 읽다가 중간에 그만둘지 모른다. 비결은 균형을 잡는 것이다. 말하고 싶은 게 무엇인가? 시간은 어느 정도가 적당한가? 균형을 잡으면, 청중과 독자의 관심이 유지되는 통합수사를 만들 수 있다.

개선

마지막 단계는 메시지의 개선을 다룬다. 군살을 빼고, 정밀하게 다듬고, 역량을 최대로 끌어내는 단계다. 4단계 과정은 다음과 같다.

- 첫째, 메시지를 명료한 문장으로 표현할 것.
- 둘째, 메시지를 견고한 문단으로 설명할 것.
- 셋째, 대화가 길어질 것을 대비할 것.
- 넷째, 메시지를 한 줄로 요약할 것.

이 단계는 다양한 시간을 대비시켜준다. 한 줄밖에 말할 시간이 없을 때도 있다. 조금 길게 말해야 할 때도 있고, 설명을 완벽히 해야 할 때도 있다. 한 줄 요약은 거의 언제나 도움이 되지만, 반드시 맨 마지막에 해야 한다. 이렇게 해야 몇 개의 낱말로 요약하기 전에 자기가 구성한 메시지를 확실하게 이해할 수 있다. 한 줄 요약을 제일 먼저 하면 명료한 맛을 떨어뜨리기도 한다. 이 단계는 메시지를 공식처럼 만들어, 다양한 상황과 청중에 대비시켜준다.

| 청중은 어떤 사람인가? |

메시지는 언제나 특정한 청중을 겨냥해 구성돼야 한다. 다양한 청중과 상황에 적합한 일반적인 메시지도 있을 것이다. 그러나 반드시 청중에 대해서 생각하자. 청중 없는 메시지는 주소 없는 편지와 같다. 무정형의 군중과 소통하는 것과 다를 게 없다. 반대로 청중을 특정하는 편이 좋다. 여기에는 세 가지가 필요하다. 첫째 청중의 정체를 확인할 것, 둘째 청중을 분석할 것, 셋째 한 명 한 명에 맞출 것.

청중의 정체를 확인할 것

청중이 어떤 사람인지 확인하면, 소통의 방식을 구성하기 좋다. 청중이 다르면 메시지도 달라야 한다는 것을 알아두자. 초등학교 아이는 십대와 다르고, 십대는 대학생과 다르고, 대학생은 어르신과 다르다. 중도주의자는 자유주의자와 다르고, 자유주의자는 급진주의자와 다르다. 청중은 저마다 독특하기에 청중을 확인하는 것이 수사의 첫 걸음이다. 청중이 없다면 통합수사도 의미가 없다. 무용한 짓이다. 자문하자. 누구와 소통하고 있는가?

청중을 분석할 것

청중의 인구학적 통계에서 시작하라. 당적, 성차, 인종, 지역, 성정체성, 경제 형편, 교육 수준, 문화적 배경 등과 같은 기본 사항을 검토하자. 당황하지 말고, 해당되는 세부사항을 알아두자. 인구학적 통계를 확인하면 청중과 소통할 때 도움이 된다. 세부사항을 모르면 진행이 안 된다. 소통이 먹통이 되는 것이다. 그러나 세부사항을 알아두면 특정 부류의 사람들과 소통하기가 쉬워진다.

청중에 적응할 것

청중을 확인하고 분석한 다음에는 청중에 알맞은 메시지를 만들어야 한다. 고려할 사항은 아래와 같다.

- 청중을 특정할 것. 메시지는 모든 사람에게 닿지는 못하므로, 영향을 제일 잘 받겠다 싶은 청중을 특정하라.
- 청중의 견문 수준에 따를 것. 청중이 아는 게 많다면, 그들의 견문을 더욱 넓히는 것이 좋다. 그들이 아는 게 적다면, 기본에서 시작하는 것이 낫다. 청중이 섞여 있다면, 두 집단 모두 상대해야 한다.
- 문제를 청중 개인에게 맞출 것. 청중이 메시지를 듣고 내 이야기라고 느끼게 만들자. 청중의 요구와 필요를 헤아리고, 메시지를 그들의 일상에, 개인의 삶에 적용하자. 이렇게 하면 그들의 마음을 사로잡아, 행동하고 헌신할 생각이 들게 한다.
- 급진주의의 수준을 조절할 것. 너무 급진적이면 사람들이 도망

133
급진주의자들이 갖춰야 할 수사의 기본 원리

간다. 조금만 급진적이면 관심을 받지 못한다. 이 사이에서 줄다리기를 잘해야 하며, 급진주의 관점에서 문제를 효과적으로 전달하는 방법을 찾아야 한다.

- 언제나 청중과 공감대를 만들 것. 공감대는 발표자와 청중이 서로를 확인하고, 발표자가 자신과 청중의 경험을 서로 연결시킬 수 있을 때 형성된다. '공감대'는 발표자와 청중이 공유하는 성격, 특징, 관점, 가치의 모음이다. 청중과 소통하려면 그들이 발표자의 정체를 확인해야 하는 법이다. 공감대를 마련하는 것은 효과적으로 소통하기 위한 첫걸음이다.

시카고의 저명한 노동운동 조직가 사울 알린스크는 공감대의 중요성을 이해했다. 그는 자신의 저서 《급진주의자를 위한 규칙》에서 '타인의 경험에 젖어들기'에 대해 논의한다. 그는 이렇게 말한다.

소통은 타인의 마음에 닿고자 애쓰는 모습을 그들이 알아챌 때 이루어진다. 타인이 이해하지 못한다면, 말을 하든 그림을 보여주든 무슨 일을 해도 소통하는 것이 아니다. 사람들은 경험을 통해서만 이해한다. 그 얘기는 그들의 경험 속으로 들어가봐야 한다는 뜻이다. 더욱이 소통은 두 가지 방식의 과정이다. 사람들이 말하고 싶은 게 무엇인지 신경 쓰지 않고서 자신의 생각을 그들에게 전하고자 한다면 전부 다 놓치는 수가 있다.◆

◆Saul Alinsky, *Rules for Radicals: A Primer for Realistic Radicals*, Vintage, 1989.

알린스키가 옳다. 사람들을 행동에 나서게 하려면 먼저 공감대가 필요하다. 발표자와 청중이 다른 점이 무엇이든, 맞는 말이다. 그렇다, 모두가 다르고, 누구는 지극히 다르다. 그러나 공통된 무엇을 찾을 수 있다. 공통점을 찾아서 서로를 잇는 다리로 이용할 필요가 있다. 이렇게 하면 청중이 발표자의 정체를 확인할 때 도움이 되며, 그들이 메시지를 듣고 반응하기가 좋다.

| 전략적 목표는 무엇인가? |

얻고자 하는 목표에 대해서 생각하자. 이루고자 하는 게 정확히 무엇인가? 행동, 연설, 토론회, 모임, 집회, 항의의 목적은 무엇인가? 메시지, 전략, 청중, 상황을 고려해 목표를 상세히 하라. 한마디로, 자신의 목표를 통합수사의 다른 요소와 맞춰야 한다. 예를 들어, 군비 문제에 대해서 대중교육을 할 때는 지역 도서관에서 연수회나 토론회를 여는 게 좋을 것이다. 그러나 미국인을 설득해 정권을 뒤집어엎고자 한다면, 요소들을 다시 생각해야 한다. 마찬가지로 탄원서에 서명하게 하는 것은 어느 단체에 가입하게 하는 것과 같은 게 아니다. 백악관 근처를 행진하게 하는 것은 수도 워싱턴의 기능을 정지시키게 하는 것과 다르다. 목표가 다르면 통합수사도 달라야 한다. 시간이 걸리는 목표도 있으나, 그것은 나쁜 게 아니다. 길게 오래하는 운동의 경우가 그렇다. 전쟁을 끝내고 싶어 운동을 시작했지만, 몇 년이 지나도 대통령을 고발하는 상태에 그치는 경우도 있다. 새로운 목표에 맞춰 수사를 조

정하는 한 그것도 괜찮다. 목표 지향적 수사의 네 가지 지침은 아래와
같다.

- 목표를 한 문장으로 명확하게 서술할 것.
- 메시지, 청중, 전략, 상황을 염두에 두고 목표를 생각할 것.
- 다른 요소를 확실히 준비해서 목표를 이루어낼 때 도움이 되도
  록 할 것.
- 일을 마친 후 수사가 목표 달성에 도움이 됐는지 여부를 평가
  할 것. 그렇게 얻은 평가는 다음번에 활용할 것.

| 수사적 전술은 무엇인가? |

소통의 효과를 높일 때 유용한 전술을 선택해야 한다. 선택할 만한 전
술은 수백만은 되리라. 밑에 제시한 것은 그 가운데 몇 가지다. 그 외의
다른 수사적 전술은 이 책의 다른 절에서 다룰 것이다. 지금은 몇 가지
기본 전술만 다루겠다.

- 솔직하고 논리적인 논증을 전개할 것.
- 감성적인 이야기를 할 것.
- 논점을 입증하기 위해 과학적 사실을 이용할 것.
- 개인이 찍은 실화사건 비디오를 보여줄 것.
- 충격적인 이미지를 나란히 놓을 것.

- 시를 읊을 것.

- 생각하게 만드는 비유와 은유를 사용할 것.

- 정부의 공식문서를 사용할 것.

- 위선, 편견, 모순을 폭로할 것.

- 공동체, 하나 됨, 집단적 감수성을 자극하는 언어를 쓸 것.

- 계급, 인종, 성정체성, 성차, 종교와 같은 집단 정체성에 의지할 것.

- 급진주의적 신념을 언론의 자유, 평등, 자결과 같이 전통적으로 인정된 생각에 연결할 것.

- 부패와 남용을 기록한 길고도 상세한 목록을 제공할 것.

- 청중을 참여로 이끌 것, 최소한 역할극 정도는 하게 만들 것.

- 다른 사람이 무슨 말을 하든 혹은 무슨 짓을 하든, 메시지를 끊임없이 반복할 것.

- 열정을 담되 절박한 목소리로 전달할 것.

- 사람들의 욕망과 상상력을 건드릴 것.

- 사람들이 더 나은 세상을 상상하게 할 것.

이러한 전술은 별 생각 없이 쓸 때가 많다. 그러나 청중과 상황에 적응을 잘하고 싶다면, 가만히 생각한 다음 주의 깊게 전술을 고르는 것이 좋다. 예를 들어, 사람들에게 서민주택의 이점에 대해서 설득할 생각으로 어느 자리에 들어간다고 치자. 5분이 지나서, 생각대로 안 됐다는 것을 알아챈다. 이제 어떻게 해야 할까? 자신의 수사적 전략을 깨닫지 못하면 무슨 말을 할지 절절맬 가능성이 크다. 자신의 수사적 전략을 잘 알고 있으면, 잘못된 점을 깨닫고 필요한 전술을 마련할 수 있다. 이처럼 전략과 전술을 알아야 작전과 조정에 도움이 된다.

다음의 단계를 밟아가며 체계적인 접근법을 개발하는 것이 좋겠다. 이러한 단계는 자신의 의도를 파악하게 하고, 예측하지 못한 상황을 대비할 때 도움이 된다.

- 전략을 선택할 것.
- 메시지, 청중, 목표, 상황을 염두에 두면서 전략을 철저하게 따지고 비판적으로 생각할 것.
- 약점과 맹점을 예상할 것.
- 자신의 전략을 사용하고 응용할 것.
- 순간의 분위기에 흔쾌히 적응할 것.
- 성공과 실패를 성찰하고 그때 얻은 지식을 다음에 사용할 것.

| 상황은 어떠한가? |

수사를 선택할 때는 주변 상황도 중요하다. 상황마다 각기 다른 제약이 따르기 때문이다. 예를 들어 토론회는 집단 참여와 집단 학습의 분위기를 자아내는 것이 보통이다. 그러나 토론회는 대담한 혁명의 열정을 주지는 못한다. 그 같은 수사는 대형 집회 때 훨씬 자주 보인다. 대신에 대형 집회 때는 집단 토론과 같은 친밀한 분위기가 나타나지 않는다. 상황에 따라 대처하는 능력을 키워놓으면 알맞은 통합수사를 만

들 때 도움이 된다. 예를 들어, 상황에 따라 어떤 점이 필요한지 생각해보자. 길모퉁이에서 기부를 청하는 것, 시청 광장 계단에서 항의하는 것, 500명의 군중 앞에서 연설하는 것, 작은 강의실에서 다중매체를 이용해 발표하는 것, 가두에서 극장을 열고 교류연수회를 개최하는 것, 사람들이 꽉 들어차 열기가 후끈한 곳에서 연수회를 여는 것, 15명을 뽑아 대표자회의를 조직하는 것, 석 장짜리 신문기사를 작성하는 것, 300쪽 분량의 자서전을 쓰는 것, 폭발력 강한 전자우편을 보내는 것, 세 시간 안에 긴급히 항의 방문을 조직하는 것. 이 모든 상황이 다르기 때문에, 그때마다 통합수사도 달라야 한다. 여러 가지 방식이 있지만, 청중에 접근할 때처럼 상황에 접근할 때도 동일한 단계가 필요하다. 첫째 상황을 확인할 것, 둘째 상황을 분석할 것, 셋째 상황에 적응할 것.

- 상황을 확인하고 구체적 변수를 추려낼 것. 토론회인지, 집회인지, 대표자회의인지, 공식 연설인지, 집단 발표인지 상세히 할 것. 이것이 첫걸음이며, 모든 것이 여기서부터 풀려나간다.
- 상황을 분석하고 청중의 기대를 확인하고 대비할 것. 청중은 무엇인가 특정한 것을 기대하며, 발표자는 그 기대에 부응하고 싶어 한다. 그와 같은 기대는 어긋날 수도 있기에 대비할 필요가 있으며 기대가 어긋난 이유를 설명할 수 있어야 한다.
- 수사를 상황에 따라 수정할 것. 메시지, 전략, 목표를 각 상황에 맞추는 것이다. 청중에 맞게 수정할 때처럼, 반드시 상황에 맞게 하라. 그것도 통합수사의 일부다.

:: 네 가지 수사적 접근법 ::

이제부터는 수사의 접근법을 다룬다. 설득, 논쟁, 이야기하기, 권유, 네 가지다. 때때로 수사는 솔직하게 설득한다. 그럴 때면 논리, 감정, 가치, 혹은 신뢰에 근거할 것이다. 때로는 누군가와 논쟁할 때도 있다. 그때는 증거를 갖추고 논리를 대면서 주장을 하는 게 필요하다. 메시지를 전달하기 위해서 이야기를 할 때도 있다. 인물, 장면, 갈등과 해소, 음모를 소재로 정치적 활동을 얘기하는 것이다. 어떤 때는 수사적 권유를 쓰기도 한다. 자신의 세계관을 전파하고 자기가 겪었던 경험에서 배워보라고 권유하는 것이다.

| 설득 |

활동가는 설득하는 것이 일이다. 인정하고 싶지 않은 사람도 있으나, 그게 맞는 말이다. 활동가는 언제나 여러 가지 사항에 대해서 사람들을 설득하고자 애쓴다. 그러나 속된 믿음과는 반대로 설득은 사람들의 관점을 바꾸는 것이 아니다. 설득에는 적어도 세 가지가 들어간다.

- 설득은 사람들의 관점을 바꿀 수 있다.
- 설득은 사람들의 관점을 만들 수 있다.
- 설득은 사람들의 관점을 지킬 수 있다.

관점을 만들고 지킨다고 하면, 설득한다는 원뜻에 알맞지 않는 것 같지만, 이것은 늘 하고 있는 일이다. 반전집회에서 연설하는 사람은 참가한 사람의 반전 입장을 지키고자 한다. 여기서는 관점을 바꾸려고 애쓸 필요가 없다. 그러나 전쟁에 대해 미온적인 태도를 보이는 사람들 앞에서 연설할 때도 있다. 그때는 마음을 결정하지 않은 사람들을 반전 입장 쪽으로 돌리려 애쓰면서 그들의 관점을 만들려고 한다. 당연히 전쟁을 찬성하는 사람들의 관점을 바꾸려 할 때도 있다. 어느 경우든 연설자는 여러 형태로 설득을 할 것이다. 세부사항은 아래와 같다.

- 청중과 의견이 다른 경우, 그들의 관점을 바꿀 것.
- 청중과 의견이 같은 경우, 그들의 입장을 지킬 것.
- 청중이 의견이 없는 경우, 그들의 입장을 만들 것.

'설득'은 조작이며 윤리에 어긋난다고 생각하는 활동가도 있을지 모른다. 그러나 틀린 말이다. 설득은 여러 가지 방법으로 언제나 하는 일이다. 조작이나 비윤리는 하는 일에 따라 상대적이다. 설득하기 위해 거짓말을 하는 것은 잘못된 일이다. 사실을 빼놓거나 왜곡하는 것도 마찬가지다. 그러나 열린 마음으로 정직하게 사람들의 관점을 바꾸고 지키고 만드는 소통에는 잘못된 것이 없다. 게다가 누구에게나 꿈꾸는 세상을 위해서 싸울 권리가 있으며, 설득은 싸움의 중요한 수단이다.

설득하는 기술은 네 가지 접근법인 논리, 감정, 가치, 신뢰를 이해하면 향상될 수 있다.

논리

논리적 설득에는 짜임새 있게 논점에서 논점으로 넘어가는 합리적 사유가 필요하다. 그렇게 하면, 결국 다른 사람이 고개를 끄덕일 만한 정당한 결론이 나온다. 논리적 설득은 여러 가지 형태가 가능하다. 논증일 수도, 이야기일 수도, 기본적 묘사일 수도 있다. 그러나 생각은 반드시 짜임새 있게 진행되어 주장과 결론으로 나아가야 한다. 논리적 설득은 사람들의 합리적 정신에 호소하게 해준다. 논리에 의거하면 사람들이 이렇게 말한다. "무슨 말인지 알겠어요. 맞는 말이죠!"

논리에는 설득력이 있다. 사람들이 논리를 참이라고 생각하기 때문이다. 그러나 언제나 그렇지는 않다는 것을 유념해야 한다. 다음의 진술을 생각해보자.

모든 활동가는 인간이다.
나는 활동가다.
따라서 나는 인간이다.

이 진술은 전제가 두 개, 결론이 한 개인 삼단논법이다. 이 삼단논법이 흥미로운 것은 절대적으로 참이기 때문이다. 첫 번째 두 번째 전제에 동의하면, 결론에 동의하지 않을 수 없다. 외계인 활동가라는 엉뚱한 가능성만 배제하면, 이 논증은 절대적으로 참이다. 결코 틀릴 수 없는 논증이다. 그러나 조금만 바꾸면 삼단논법의 진실성은 흔들린다.

모든 활동가는 폭력적이다.

그는 활동가다.

따라서 그는 폭력적이다.

이 진술은 논리적 (삼단논법) 구조를 따르지만, 경험적 증거가 이 진술을 논박한다. 폭력적이지 않은 활동가가 많기 때문이다. 그러나 그 같은 사실이 사람들의 생각에 언제나 중요한 것은 아니다. 많은 사람이 이 진술을 듣고 고개를 끄덕인다. '그래, 활동가는 폭력적이라니까!' 그들이 동의하는 '증거'는 활동가를 경험해보지도 않고 얻은 지식에서 비롯된다. 활동가와 경찰이 거리에서 격렬한 언쟁을 벌이는 장면을 맥락 없이 보고 나서 속된 생각을 하는 것이다.

이러한 사례는 논리의 약점을 보여준다. 사람들이 논리적 진술을 파악할 때는 그들의 개인적이고 문화적인 경험이 좌우한다는 것이다. 사람들은 진술이 자신의 경험과 일치하면 논리적이라고 파악한다. 따라서 어떤 경우 논리적 진술은 절대적으로 참이다. 그걸로 끝인 것이다. 그러나 그런 진술은 드물다. 대부분의 논리적 진술은 믿음직스럽지 못하며 논란이 가득하다. 이것을 보면 설득이 얼마나 어려운지 알 수 있다. 사람들을 설득하는 데 왕도는 없다. 거의 모든 논리와 이유는 상황, 문제, 청중 등에 따라 상대적인 법이다. 보통 성공한 논리는 세부사항에 의존한다. 단어 하나하나가 중요한 것이다. 진술을 조금만 바꿔도 청중은 다르게 파악할 가능성이 있다. 자신과 타인의 진술을 샅샅이 뒤져서, 틀린 곳, 숨겨진 의미, 혼동된 언어, 맥락 이탈, 불충분한 증거, 비논리적 도약, 논리의 구멍, 성급한 일반화, 총체화하는 주장 등을 잡아내자. 함정에 빠지지 않는 논리를 구사하자. 그리고 다른 이의 논리에서도 이 같은 함정을 칼같이 지적하자.

감정

감정은 무서울 정도로 설득력이 있으며, 사람들이 자신의 의식에 따라 판단하지 못하도록 조작될 수 있다. 당연히 윤리에 어긋나며 해서는 안 되는 일이다. 그러나 감정은 사회적으로 정당한 목적을 위해 쓰일 수 있다. 보통 감정을 자극할 때는 이미지를 보여주고, 이야기를 전달하고, 시를 읊고, 자전 이야기를 하거나 개인이 겪었던 일화를 짤막하게 전하는 방식이 쓰인다. 몇 가지 공통된 사례는 아래와 같다.

- 착취 받는 젊은 공장 노동자의 야만적인 조건을 서술할 것.
- 부당한 대량 폭격을 소름끼치도록 자세하게 묘사할 것.
- 미군의 고문 기술을 직접 목격한 사람의 설명을 인용할 것.
- 기아에 고통 받는 주민의 이미지를 보여줄 것.
- 극심한 경제적 불평등 때문에 빚어지는 개인적이고 사회적인 결과를 강조할 것.
- 충분히 예방할 수 있는 질병 때문에 죽어가는 아이들을 문서로 기록할 것.

이렇게 설명하면 감정의 울림이 무척 크기 때문에, 사람들이 벌떡 일어나 행동하지 않을 수 없다. 그것이 바로 감정으로 설득하는 힘이다. 인간의 무자비한 짓거리를 폭로하는 것과 감정을 조작하는 것은 엄격하게 구별된다. 그러나 둘 사이는 손쉽게 뒤엉킬 수 있으며, 명백한 조작은 잘못이며 윤리에 어긋난다고 생각한다. 자기가 옳다고 생각하는 급진적 정치를 한다고 해도 말이다. 그러나 여러 가지 측면에서 마음 아픈 이미지와 이야기를 폭로할 수밖에 없다. 그렇게 하지 않으면, 누가 일어나서 행동하겠는가? 대중매체는 그런 일을 하지 않으며, 대중은 참혹한 세계의 실상을 충분히 알지 못한다. 이러한 이미지와 이야기가 '충격'을 주는 이유는 사람들이 익숙하지 않기 때문이다. 그러나 충격의 가치에 대해서는 주의해야 한다. 감정을 자극하는 충격적 이미지와 이야기를 쓸 때는 언제나 정중한 태도로 임하라. 그런 고생을 이겨낸 사람을 대할 때도 마찬가지다. 그리고 청중에게 과도한 충격을 주지 않도록 하자. 그것이 예의다. 청중에게 심한 충격을 주는 것은 그들을 소외시키는 일이며, 결국 설득하지도 못할 것이다.

지금까지 감정으로 하는 설득의 어두운 측면을 논했다. 그러나 여기에는 희망과 영감을 주는 측면도 존재한다. 감정은 사랑, 명예, 용기, 흥분, 해학, 존경을 위해서 쓰일 수도 있기 때문이다. 아래는 이것에 대한 몇 가지 기본 사례다.

- 사람들이 우익 불법 무장단체를 훌륭하게 쫓아내는 장면이 담긴 비디오를 웹사이트에 올릴 것.
- 활동가가 폭력 경찰의 마수에서 벗어나는 이미지를 이용할 것.
- 사회의 정의에 일생을 헌신한 사람의 전기를 쓸 것.
- 오랜 기간 부당하게 정치적 감금을 당했던 인사의 이야기를 전할 것.
- 역사적으로 탄압받은 민중의 승리를 기록할 것.

- 거리에서 정치 지도자를 골려먹는 풍자극을 연출할 것.
- 혁명의 영웅을 소재로 영화를 찍을 것.
- 혁명 이후 사회의 사랑에 대한 이야기를 창조할 것.

이러한 설명을 통해서 사람들은 긍정적이고 희망적인 감정을 느낀다. 그 와중에 영감을 받아, 비슷한 행동에 나서게 된다. 한마디로 어떤 이가 느꼈던 감정 덕분에 사람들은 운동에 나서고, 활동가로 변신하고, 세상을 바꾸는 것이다.

가치

가치는 일상의 결정과 활동을 끌어가는 믿음이다. 또한 설득의 수단으로 자주 사용되며, 일반적으로 가치를 이용해 사람들을 묶거나 가르기도 한다. 예를 들어, 사람들은 자신과 가치를 공유한 사람의 말은 경청하고 신뢰하며, 그와 협력하는 경향을 보인다. 마찬가지로 자신과 가치가 다른 사람이라면 무시하고 믿지 않고 절연하기 일쑤다. 가치 때문에 청중의 신뢰를 받을 수도 있고 잃을 수도 있는 것이다. 이제부터 조금 더 자세하게 신뢰를 논의하겠으나, 유념할 것이 있다. 청중은 가치의 존중 여부에 따라 믿을지 말지를 생각한다는 것. 또한 가치는 공감대의 문제기도 하다. 공유하는 가치를 강조하면 사람들과 공감대를 형성하기 좋다. 공유하는 가치가 전무하면, 공감대를 만들기가 거의 불가능하다.

가치를 설명하고 정당화할 능력도 의지도 없다면 무수한 문제가 터져 나올 것이다. 사람들은 무엇을 하는지, 무엇 때문에 하는지 알고 싶어 한다. 보통 그것은 가치의 문제로 귀결된다. 경쟁보다 협동을 높게 치면 반자본주의 정서를 유도할 수 있다. 세속적 성공보다 개인의 청렴을 높게 치면 비영리 활동을 장려할 수 있다. 생물의 종간 평등을 중요하게 생각하면 절충 채식주의vegetarianism와 완전 채식주의 veganism를 끌어낼 수 있다. 활동가들에게는 이러한 상관관계가 타당하기에 설명할 것이 별로 없는 것처럼 보인다. 그러나 틀렸다. 설명이 많이 필요하다. 사람들이 가치를 이해하지 못하면, 받아들이고 적응하지 못하면, 급진적 관점 쪽으로 생각이 기울 수가 없다. 가치를 설명하고 정당화하는 것은 매우 어렵겠지만, 다음의 세 가지 기본 단계가 도움을 줄 수 있다. 첫째 일인칭 대명사를 이용해 긴장을 이완할 것, 둘째 가치에서 생기는 개인적 사회적 이점을 강조할 것, 셋째 가치가 어떻게 적용 가능한지 구체적 사례를 제시할 것.

- 시작할 때는 일인칭 진술을 이용할 것. 예를 들면, "내가 믿는 것은 전쟁이 아니라 평화다." '내가 믿는 것'을 사용하는 것은 관점을 표현하는 것이지, 다른 사람과 논전을 벌이자는 것이 아니다. 이렇게 하면 긴장이 완화되고, 대담과 토론에 알맞은 열린 분위기가 마련된다.

- 활동가는 가치에서 생기는 개인적, 사회적 이점을 강조하는 것이 좋다. 가치가 없는 이점은 없다. 따라서 다음과 같이 말하는 게 좋다. "평화로운 개인은 심리도 감정도 평온하다. 평화로운 사회는 전쟁을 피하고, 시민을 돌보며, 창조성과 자기표현을 장려한다."

- 구체적인 사례를 제시해 가치가 어떻게 적용되는지 보여줘야 한다. 따라서 이렇게 말하는 게 좋다. "평화는 자선, 친절, 관용 같은 작은 활동을 통해 실행될 수 있다. 이러한 활동은 세계를 바꾸지는 못하나, 살인과 전쟁과 학살보다 백배는 낫다."

설명과 정당화가 언제나 사람의 생각을 바꾸지는 않지만, 존중은 받을 것이다. 그것은 수사적으로 도움이 되며, 길게 봤을 때 설득으로 이어질 공산이 크다. 청중은 결국 가치의 이로움을 깨닫고 자신의 신념으로 수용할 것이다.

신뢰

신뢰 하나로는 설득되지 않는다. 대신에 신뢰는 설득하는 과정을 거든다. 사람들은 신뢰가 있다고 생각하면 경청하고 믿어줄 가능성이 크다. 그리고 청중의 눈에서 신뢰의 빛이 보일 것이다. 실제 신뢰가 있는지의 여부는 중요한 것이 아니다. 청중이 보기에 신뢰가 있다고 보는가 하는 게 문제다. 신뢰는 일종의 게임이며 게임하는 방법을 익힐 필요가 있다. 설득을 잘하는 사람이 되고 싶다면 말이다. 마음에 내키지 않을지 모르나, 신뢰를 쌓는 것은 설득하는 과정의 본질이다.

신뢰는 신념을 파는 것도 거짓말을 하는 것도 아니다. 활동가는 저울 한 쪽에는 자신의 개성을, 다른 쪽에는 청중의 필요·요구·기대를 놓도록 하자. 나는 대중에게 잘 알려진 지식인 코넬 웨스트Cornel West가 훌륭한 사례라고 생각한다. 그는 대담하고 도전적인 아이비리그 교수로서, 자신이 물려받은 아프리카계 유산을 강조하는 동시에 최상의 미국계 유산까지 받아들인다. 또한 아프로Afro 머리모양에 보헤미안식 두꺼운 뿔테 안경을 끼고 정장과 넥타이를 착용한다. 그는 인종, 계급, 종교, 미제국주의 문제를 냉정하고 능란하게 설파한다. 그 결과 성공한 동시에 악명도 떨쳤는데, 이 때문에 대중에게 막대한 영향력을 행사할 수 있었다. 코넬 웨스트의 의견에 언제나 동의하지는 않겠지만, 그는 존경을 받아야 한다. 그는 신뢰를 얻

〉 대중 지식인 코넬 웨스트. 아프로 머리모양에 보헤미안식 두꺼운 뿔테를 끼고 정장과 넥타이를 착용한 채로 미국의 사회문제를 냉정하게 설파한다. 그의 이러한 모습은 자신의 개성을 각 상황에 어떻게 맞출 수 있는지 보여준다.

는 동시에 자신의 청렴도 유지했다. 코넬 웨스트가 명백하게 독특한 사례인 이유는 급진주의자 가운데 매우 소수의 사람만이 아이비리그의 신임장을 얻어냈기 때문이다. 그는 자신의 개성을 각 상황에 어떻게 맞출 수 있는지 사례를 보여준다. 자신을 속이지 말되, 신뢰는 쌓도록 하자.

활동가, 조직가, 급진주의자 역시 신뢰에 부응해야 한다는 것도 알아두자. 예를 들어, 급진주의자는 노엄 촘스키가 매체기업을 분석한 내용에 수긍할 가능성이 높다. 왜냐고? 매체기업은 이권이 큰 사업을 선호하기 때문에 정확한 정보가 담긴 보도는 희생된다고 분석한 촘스키의 작업이 매우 근거가 있으며 독자적 연구를 통해 확증될 수 있다고 믿기 때문이다. 급진주의자는 매체기업이 그런 짓을 하지 않아도 촘스키를 신뢰한다. 그러나 이것은 위험한 일이다. 독단적인 이데올로기의 희생양이 되는 순간이기 때문이다. 그럼에도 촘스키는 끊임없이

신임장을 받을 것이다. 누군가 그를 반증할 때까지 말이다. 이러한 사실은 모든 사람이 어느 정도 신뢰를 평가하고 그것에 부응한다는 것을 입증한다. 신뢰는 수사와 소통에 내재하는 것이다.

보통 신뢰는 세 가지 핵심적 특성인 호감likeability, 신의trustworthi-ness, 박학knowledgeableness에 의존한다. 청중의 눈높이에 맞춰 세 가지 특성을 확립하면 신뢰는 거의 확보된다. 그렇다고 청중의 동의까지 얻는 것은 아니다. 그것은 다른 문제다. 청중은 신뢰한다고 생각할지 모르나, 여전히 동의하고 있는 것은 아니다. 어쩔 수 없다. 그러나 세 가지 특성을 확립하면 적어도 청중이 활동가가 제안한 생각을 고민할 가능성은 높아진다. 정말 필요한 것은 이것이 전부다.

이 세 가지 특성을 확립하는 지름길은 없다. 본인이 직접 청중과 상황에 맞추는 수밖에 없다. 자신이 좋아하는 활동가, 조직가, 급진주의자에서 시작하는 게 좋겠다. 그들이 어떻게 신뢰를 쌓는지 분석하자. 호감을 얻고, 신의를 쌓고, 박학하기 위해서 그들은 무엇을 했는가? 특징을 찾아서 자신에게 적용하도록 하자. 다른 사람을 흉내 내고 싶지는 않겠지만, 자신의 목적을 위해 그들의 전략을 익히고 활용하는 편이 낫다. 이것을 위한 몇 가지 지침은 아래와 같다.

- 어떤 상황에서 어떤 청중을 만나더라도 솔직하고 여유 있게 수용하는 태도를 취할 것.
- 어떤 경우라도 자신감을 가질 것.
- 자신과 타인을 잇는 고리를 찾을 것.
- 가능하면 언제나 정직할 것.

- 방어적인 태도를 버릴 것. 사람들이 더 이상 귀를 기울이지 않는다.
- 겸손한 척하지 말 것. 아무도 좋아하지 않는다.
- 분노를 멋지게 표현하는 것은 좋으나, 오만한 태도는 버릴 것.
- 성심성의는 오래간다.
- 되도록 논의의 핵심에 밝을 것, 사실을 알고 있을 것, 생각이 뚜렷할 것.
- 해답을 모른다면, 더 세련되게 말하는 방법을 찾을 것. 예를 들면 이렇다. "잘 몰라요"보다는 "지적한 문제는 제가 정통한 분야가 아닙니다" 하는 것이 세련되게 말하는 방식이다.
- 언제나 청중을 분석할 것. 그러면 신뢰를 쌓는 능력이 형성된다.
- 마지막으로 말하고 행하고 글을 쓰고 표현하는 모든 것이 타인에게 분석된다는 것을 알아두자.

| 논쟁 |

쟁점이 있으면 태도를 정하고 의견을 밝히는 것이 논쟁의 기본이다. 이것은 언제나 하는 일이며, 행동주의의 버팀목이다. 예를 들어, 사회 문제를 비판하고 대안을 제시하는 것이 논쟁이다. 압제에 맞서고 권력에 진실을 말하는 것도 마찬가지다. 이제부터 논쟁의 기술을 높일 때 도움이 되는 세 가지 사항을 논의한다. 첫째 논증을 구성하는 방법, 둘째 논증을 연습하는 방법, 셋째 논증을 향상하는 방법이다.

논증을 구성하는 방법

논증은 기본적으로 세 가지로 구성된다. 첫째 주장을 하는 것, 둘째 증거를 대는 것, 셋째 짜임새 있게 추론을 하는 것.

주장은 의견이고 생각이며, 단언이다. 다음의 세 가지 주장을 보자. "모든 사람이 건강보험 혜택을 받아야 한다고 생각한다." "이 정부는 부패한 것이 틀림없다." "혁명이 필요하다." 이 주장은 이치에 맞지만, 증거와 추론을 통해 정리되고 지지돼야 한다.

증거는 사실, 조건, 진술, 믿음, 혹은 관점이 필요하다. 이것들은 타인이 관찰할 수 있으며 잠재적으로 확증할 수 있다. 증거는 보통 통계, 경험적 사실, 도표, 도식, 사진, 비디오, 개인의 경험, 증언, 목격자 이야기, 짤막한 일화, 서사, 이야기 등과 같은 형식이다. 증거는 반드시 관찰 가능하고 확증 가능해야 한다. 이 두 가지 사항으로 사람들은 설득이 되며 확신을 할 것이다.

추론은 주장과 증거를 잇는 합리적 고리다. 추론은 접착제로 작용하며 모든 것을 응집해낸다. 추론은 주장과 증거의 부분일 때도 있다. 때로는 주장과 증거를 설명한다. 이때의 설명이 논증의 '추론'인 것이다.

아래의 사례를 보자.

주장: 이라크는 미국을 위협할 만한 대량살상무기가 있다.
증거: 2003년 2월 5일 국제연합에서 이라크의 위협을 개괄한 콜린 파웰의 연설.
추론: 미국 정보기관의 보고서에 따르면, 사담 후세인은 1991년

이라크 전쟁 이후 완벽하게 무장해제하지 않았다. 또한 후세인의 기록물을 보면 그는 대량살상무기를 쓸 생각이 있었으며/거나, 미국의 적에게 그것들을 제공할 의향이 있었다. 따라서 이라크는 위험하다.

이 논증의 골자에는 이런 유의 논증에서 보이는 설득력 그리고 오류 가능성이 잘 나타난다. 말이 되기 때문에 설득력이 있어 보인다. 필요한 요소들이 모두 이라크 침공의 정당성을 주장하는 쪽으로 제시된 것이다. 많은 사람이 이 논증을 읽고 고개를 끄덕인다. "그래 맞아, 이라크는 미국을 위협하는 게 분명해!" 그러나 이 논증은 그릇되거나 부정확한 정보 때문에 오류의 가능성도 있다. 2003년 미국이 침공했을 당시 이라크는 위협을 주지 않았다. 사담 후세인은 대량살상무기를 갖고 있지 않았기 때문이다. 다른 사례를 보자.

주장: 조지 부시는 미국을 부당한 전쟁에 빠뜨렸다.

증거: 사담 후세인이 대량살상무기를 보유하지 않았고 오사마 빈 라덴이나 알 카에다와 아무런 관련도 없었다는 것은 명백하다.

추론: 부시가 애초에 전쟁을 감행했던 이유는 거짓으로 밝혀졌고, 이라크가 미국을 전혀 위협하지 않았다는 것도 명백하다. 미군은 장장 5년 동안 이라크에 주둔했지만, 대량살상무기도 빈 라덴과의 연관성도 찾아내지 못했다. 부시가 전쟁을 감행하기 위해서 위협을 조작했다고 결론지어도 무방하다.

대부분의 급진주의자는 이 논증에 동의하겠지만, 이러한 증거와 추론이 완벽하게 뒷받침된 것은 아님을 명심해야 한다. 증거는 참이다. 이라크는 대량살상무기가 조금도 없었기 때문이다. 그러나 여기서 입증된 것은 아무것도 없다. 부시 정부는 이 사실을 정말로 알았을까? 그것이 핵심이다. 예를 들어, 사담 후세인이 어느 때인가 대량살상무기를 보유했던 것은 사실이다. 이것은 잘 알려진 사항으로, 공식문서와 미국 정보기관이 보증한다. 그러나 사담 후세인이 무장해제한 시점과 부시 대통령이 그 사실을 언제 알았느냐 하는 것을 반드시 밝혀내야 한다. 그러한 시점들이야말로 위 논증을 입증하는 핵심 증거다.

　　증거가 중요한 것은 맞지만, 그것이 끝은 아니다. 왜냐하면 증거만으로는 사람들의 생각이 움직이지 않기 때문이다. 수사를 이용해 증거를 다듬어야 한다. 대통령에게 제출된 백악관 공식문서를 입수했다고 치자. 문서에는 사담 후세인이 언제 무장해제를 했으며, 부시 정부가 사전에 그 사실을 알고도 침략을 했다는 것이 명확히 기재되어 있다. 이 절대 틀릴 수 없는 증거는 부시 정부를 완벽하게 옭아맨다. 그러나 반대만 일삼는 사람들은 부시가 몰랐다고 주장할 것이다. "대통령이 백악관에 올라오는 문서를 모두 읽어야 할 의무는 없다." "부시 대통령과 수석보좌관이 그 문서에 은밀히 관여한 것은 아니다." 이 같은 대답은 헛소리지만, 모든 사람이 헛소리로 생각하는 것은 아니다. 앞의 논증은 작은 틈새 때문에 깨져버린다. 합당한 의심이 생겨났던 것이다. 그래서 수사를 알아야 한다. 아무리 증거가 완벽해도 통합적 수사가 필요하다는 것이다. 활동가는 신뢰, 감정, 언어, 글 잘 쓰고 말 잘하는 능력을 반드시 고민해야 한다. 훌륭한 논증에는 훌륭한 수사가 따르기 마련이다. 두 가지는 한 몸인 것이다.

논증을 연습하는 방법

논증 기술은 여러 다른 문제를 주장해보고, 증거를 대보고, 추론해보면서 연습할 수 있다. 밑에 세 가지 사례가 있다. 각 사례는 주장하는 유형이 다르고 사용하는 증거도 추론도 다르다. 그와 같은 차이를 각 논증 밑에 설명해놓았다.

> **주장:** 필요한 것은 직접민주주의이지 대의민주주의가 아니다.
>
> **증거:** 대의민주주의에서 대부분의 사람들은 투표를 하지 않으며, 국회의원은 책임을 지지 않는다. 또한 체제는 돈 있고 힘 있는 사람을 편애한다.
>
> **추론:** 대의민주주의는 민중과 그들이 선출한 국회의원 사이에 본질적인 간극을 만들면서, 민중의 필요와 요구를 대부분 저버린다. 반대로 직접민주주의는 민중에게 직접 지배할 권리를 부여한다. 이것은 참된 민주주의의 목적을 표현한다.

이 논증은 여러 다른 유형의 민주주의를 정의하는 능력에 기초해, 직접민주주의가 참된 민주주의라는 사실을 증명한다. 이 논증이 직접민주주의를 요청하는 이유는 현재의 미국 사회에서 공히 느끼는 것이 있기 때문이다. 사람들이 투표를 안 하고, 국회의원은 책임을 안 진다는 것. 이러한 증거는 모든 사람에게 자명하기 때문에, 논증을 설득력 있게 해준다. 전체적인 추론은 주장과 증거를 뒤섞고, 그것들을 조금 확장한다. 그것은 문화적으로 공인된 미국 헌법 정신을 함축하기도 한다. "국민의, 국민을 위한, 국민에 의한." 때문에 이 논증은 자기정당화가 되는 것처럼 보인다.

주장: 과학자 공동체는 지구온난화의 원인이 인간의 활동이라는 점에 동의한다.

증거: 과학발전사 전문가인 나오미 오레스케스Naomi Oreskes 교수는 1993년에서 2003년까지 상호 검토된 과학학회지 초록 928편을 조사했다. 중요한 과학 기관들 전부는, 특히 기후변화 전문연구소는 지구온난화가 인간이 일으킨 문제라는 사실에 동의했다.

추론: 이 같은 합의에 비춰보면, 지구온난화가 인간이 일으킨 문제가 아니라고 보기 어렵다. 모든 가설이 그렇듯, 이 가설도 잘못된 것일 수 있다. 그러나 지금도 주요한 과학 기관들 모두가 이 가설에 동의한다.

이 논증이 설득력이 있는 이유는 과학을 다루며 경험적 조사를 이용하기 때문이다. 이 같은 연구는 급진주의자도 할 수 있으며, 참인지 아닌지 스스로 확인해볼 수 있다. 이 논증에서 언급된 저자도 신뢰할 만한 사람이다. 그녀는 해당 분야에서 활동하는 전문가이기 때문이다. 그리고 이 추론이 잘못될 가능성도 있으나 증거와 논증이 여전히 버팀목 노릇을 한다.

주장: 미국은 국민건강보험을 채택해야 한다.

증거: 4,600만 명이 미보험자다.

다른 나라는 국민보험을 잘 실행하고 있다.

개인보험은 너무 비싸다.

개인의 주머니에서 돈을 더 많이 거둬드리면 전체 경제가 개선된다.

추론: 국민건강보험은 보통 미국인의 육체적 행복과 경제적 행복을 모두 증진시키며, 다른 산업 민주주의국가의 인정과 신망을 받게 한다. 미국 사회가 인도주의를 지향할수록, 존경과 인정을 더 많이 받게 될 것이다.

이 논증은 활동가나 급진주의자보다 보통의 미국 시민을 겨냥해 쓴 글이다. 증거는 읽기 좋게 요점만 정리해 썼으며 자기정당화를 하고 있다. 즉 사람들이 자기만의 경험과 지식으로 확증하게 해준다. 증거와 추론에서 둘 다 개인과 집단의 이익을 강조한다. 사회에게 이익이 되면, 개인에게도 이익이 되고, 그 역도 마찬가지라는 것이다.

이런 유형의 연습은 논증의 기술을 연마할 때 도움이 된다. 내가 위에서 했던 것처럼 세부사항 전체를 설명할 의사가 없는 사람도 있을지 모르나, 요점만 추려서 연습하는 것이 유용한 것은 틀림없다. 그렇게 하면 평론과 연설의 개요를 잡을 때, 대담을 준비할 때, 한 줄 요약 문장을 만들 때, 메시지와 구호와 강령을 구체화할 때 좋다. 그리고 소집단이 토론회와 연수회에서 연습할 때도 좋다. 어떤 식으로 사용하든, 생각을 명확히 할 때 굳건한 발판을 제공하는 것이다.

논증을 향상하는 방법

첫째, 사람들에게 본인이 구성한 논증을 설명해보라고 하자. 논증의 주장, 증거, 추론을 해독하는 방법을 익히고, 사람들이 무엇인가 실수를 할 때는 지적하자. 물론 쉽지 않은 일이다. 대화, 토론, 논설, 거리 논쟁은 이러한 3단계 모형을 좀처럼 따르지 않기 때문이다. 그러나 3단계 모형 해독법을 익히면, 논쟁을 이기고 비판할 때 도움이 된다.

둘째, 그날 그날 회자되는 논증과 반박 논증에 익숙해지자. 대중적인 논쟁에 항상 귀를 기울이고, 그것들을 쓰거나 논증할 채비를 마치자. 그렇게 하면 민심을 따라잡고 대화하고 토론할 준비를 갖출 수 있다.

셋째, 새롭고 독특한 논증을 하고자 애쓰자. 오래된 논증을 반복하는 것이 필요할 때도 있으며, 그 가운데 오랜 세월을 견뎌낸 논증이 있기도 하다. 그러나 지나치면 효과가 없다. 새로운 논증은 흥미를 자아내며 확신을 제공한다.

넷째, 전달 태도는 논증 그 자체만큼이나 중요하다. 사람들은 오만하고 건방지면 눈길을 돌려버린다. 대체로 겸손하고 성실하고 정직하게 전달할 때 효과가 좋다. 그렇게 하면 신뢰가 쌓이고 최소한 사람들이 논증을 생각하게 한다.

다섯째, 논증을 철저하게 생각하고 끊임없이 손질하자. 보고 듣고 겪는 모든 것을 논쟁하고 반박해보라. 반대만 일삼는 태도를 취하라는 것이 아니다. 자신의 일상에서 벌어지는 논증에 개입해보라는 것이다. 이렇게 하면 논증 기술을 연마할 때 좋다.

이야기를 하는 것은 사건, 문제, 투쟁, 경험의 의미와 중요성을 환기하기 위해서다. 좋은 이야기는 인간의 동일시identification에 근거한다. 인간은 이야기에 동일시하며, 거기에 담긴 서사의 틀거리로 세상을 바라본다. 그리고 자기가 이야기 속에서 살아가는 주인공이라고 상상한다. 이 같은 인간의 동일시는 사람들이 세계를 파악하고 이해하는 방식을 바꾼다. 타인의 눈으로 세계를 보는 것이다.

세상에는 여러 가지 이야기가 존재한다. 장편과 단편, 신화와 세속, 허구와 사실, 단순과 복잡, 인물 위주와 서사 위주 등. 여기서 모든 장르를 다루지는 못한다. 활동가가 일상에서 마주치는 이야기, 즉 활동가가 하는 일 또는 정치적인 문제를 강조하는 짤막한 것들만 다룰 생각이다. 우선 인물, 행동, 장면, 갈등과 해결, 구성과 같은 이야기의 기본적 부분을 개관할 것이다. 그런 다음 이야기하기storytelling의 몇 가지 지침을 다루고, 마지막으로 구체적 사례를 살펴보겠다.

이야기의 기본적 부분

- **인물:** 인물은 이야기에 등장하는 사람이다. 내가 될 수도 있고, 네가 될 수도 있고, 우리가 될 수도 있다. 한 번도 본 적이 없는 사람일 수도 있다. 심지어 인간이 아닌 경우도 있다. 기업이나 정당도 가능하다. 인물이 누구든, 반드시 신상을 명확히 하라. 이름, 개인사, 좋아하는 것, 싫어하는 것, 욕망, 정치적 목표 등

을 생각해야 한다. 배경의 특징은 실제 이야기에 반영되지 않기도 하지만, 인물을 구체화할 때 도움이 된다. 인간은 다차원적인 존재이기에 인물도 그렇게 만들어야 한다. 잘된 인물은 감정도 풍부하고, 다양한 도전과 시련도 경험하고, 자신을 의심하는 순간도 맞이하고, 개인적 정치적 선택 때문에 씨름하기도 한다. 이 같은 특징 때문에 인물은 매력이 넘치고 균형을 잡게 된다.

- **행동:** 인물이 실제 하는 일을 말한다. 정부와 싸우고, 혁명을 이끌고, 실연 때문에 슬퍼하고, 부당하고 부주의한 체제 때문에 피해를 입고, 체제와 싸우는 것 모두 행동이다. 인물이 무슨 일을 하고 있든, 행동을 말하지 말고 보여라. 다른 말로 하면, 이렇게 했고 저렇게 했고 다시 한 번 했고 하는 식으로 행동을 일일이 늘어놓지 말라는 것이다. 지루하고 밋밋하다. 또한 갈등과 해소가 있는 구성을 이용해 행동을 엮어라. 이렇게 해야 행동이 살아난다.

- **장면:** 행동이 펼쳐지는 장소를 말한다. 장면은 다소 자세하게 묘사될 수도 있다. 시간이 얼마나 있는지, 장면이 얼마나 중요한지 좌우되기 때문이다. 지역에서 생산된 식품을 구매하는 이야기를 쓴다면 장면이 많이 필요하다. 사람들은 지역마을과 그곳의 문화를 이해하고 싶을 테니까. 예를 들면, 지역 농부는 영양 만점에 사기도 편한 식품을 제공해 오랫동안 마을 환경을 지켜냈다. 사람들은 오일장 같은 곳에서 장을 보면서, 대화하고 한담하고 서로에게 관심을 기울이며 자연스럽게 공동체의 친밀감을 쌓았다. 그러나 기업의 세계화는 이 같은 전통을 없애버

린다. 그러면서 사람들에게 반대편 세계에서 수출된 값비싼 가격의 유전자 처리된 식품을 떠넘긴다. 이 식품은 맛도 없고, 영양도 적고, 생태학적으로 지속가능하지도 않고, 지역의 끈끈함까지 파괴한다. 이웃과의 관계는 이제 시내 상가, 편의점, 기업이 주도한 문화 때문에 황폐화된다. 한마디로, 장면이 달라진 셈이다.

- **갈등과 해소:** 이야기의 흥미를 유지해주는 것을 말한다. 인물은 중대한 문제에 봉착하며, 극복할 방법을 찾아야 한다. 인물은 넘기 힘든 장애에 어떻게 대처할까? 인물은 곤경에서 벗어날까? 인물은 그 문제를 어떻게 헤쳐 나갈까? 대체로 활동가의 이야기에는 본래 갈등이 있으므로, 그것을 강조하는 게 좋다. 즉 이야기로 만들어 살아 숨 쉬게 한다. 갈등을 해소하는 것도 필요하다. 즉 투쟁을 승리로 서술할 필요가 있는 것이다. 투쟁은 삶의 일부이지만, 그것만으로는 단조롭다. 이야기에는 투쟁 외에도 해소가 있어야 한다. 그것은 이야기에 의미와 목적과 가장 중요한 희망을 준다. 청중은 희망을 좋아한다. 희망이 있기에 행동하고, 살아가고, 미래를 꿈꾸기 때문이다. 예를 들어, 반전에 대한 이야기를 한다고 치자. "우리는 가두를 점령해 전쟁을 멈추게 했습니다! 몇 년 동안이나, 정말 오래 걸린 일이었죠. 그러나 지도자라는 작자들은 민중의 목소리를 듣지 않을 수 없었습니다. '전쟁 종식, 지금 당장!'을 민중이 해냈던 것이죠. 민중의 힘이 제국주의자의 탐욕을 이겼습니다. 그들은 알았던 것이죠. 세상을 움직이는 것은 민중이지, 권력자가 아니란 것을."

여기서 갈등과 해소는 몇 줄로 끝난다. 갈등, 전쟁을 어떻게 끝낼까? 해소, 가두에 나선 민중이 정부를 압박해 전쟁을 끝냈다. 물론, 모든 이야기가 간단하게 해소되지 않는다는 것을 유념하자. 승리하고 간단히 해소되는 정치 투쟁도 있지만, 패배해 용두사미로 끝나는 정치 투쟁도 있다. 결과가 어떠하든 이야기는 균형 있게 끝낼 필요가 있다. 전쟁의 종식이나 운동의 성공과 같은 구체적인 해소가 없을 때도 있겠지만, 도덕적 승리, 개인적 통찰, 경험에서 나오는 지식 같은 것은 언제나 사용할 수 있다. 이 역시 해소이긴 마찬가지며, 의미·목적·희망에 대한 청중의 욕망을 만족시킨다.

- **구성:** 사건 및 행동의 연쇄와 구조를 말한다. 인물은 특정한 행동에 나서며 구성은 이 행동을 한데 묶어 이야기에 짜임새를 부여한다. 이야기를 하는 사람은 결정을 내려야 한다. 이야기에 어떤 사건을 집어넣고 어떤 사건을 제외시킬 것인가? 이야기에서 어떤 행동을 처음, 중간, 말미에 넣을까? 어떻게 행동을 서술해야 긴장과 흥미를 끌어낼 수 있을까? 이 질문에 답을 하면 구성을 짤 때 유용하다. 구성이 없다면 행동은 조각난 채 느슨하게 관련될 뿐이다. 그러나 구성이 있다면 의미 있고 합목적적 이야기가 나온다. 이렇게 하면 청중이 이야기를 따라가 알아듣기 쉬워진다. 즉 청중이 이야기의 메시지를 이해하기 좋다. 메시지는 인물의 부침에 따라, 행동의 성패를 통해, 구성의 극적 긴장에 의해 구축된다. 훌륭한 구성은 메시지가 완전히 드러날 때까지 이야기를 구석구석 구성한다. 청중은 안심한 듯 한숨을

쉬며 말한다. "그래, 무슨 말인지 알겠어!"

훌륭한 이야기하기의 지침

각 요소들에 대해서 논의할 것은 많다. 그러나 요점만 추리면, 이야기하기의 문제는 대부분 말하기, 글쓰기, 메시지 구축, 구성의 문제로 되돌아간다는 것이다. 예를 들면 이렇다. 여는 말, 몸말, 닫는 말, 세 가지가 반드시 있을 것. 이야기의 요점(주제)을 명확히 할 것. 이야기하기 기술을 연습할 것. 이야기가 진행될 때 청중이 어떤 반응을 할지 고려할 것. 필요할 때는 수정하고 조정할 것. 이밖에도 활동가가 이야기를 진행할 때 몇 가지 유념할 점은 아래와 같다.

- 극적이고 미적으로 지을 것. 이야기를 할 때는 연출과 연기가 필요하다. 초심자에게는 힘겹고 두렵기도 하겠다. 그러나 중요한 것은 청중이 평가한다는 점이다.
- 이야기는 평소에 쓰는 글이나 하는 말보다 더욱 공들여 다듬을 것. 메시지가 지리멸렬하면 따라가기 벅찬 정도지만, 구성이 그러면 억장이 무너진다. 다듬을 생각이 없으면, 요점 정리식 발표도 괜찮다.
- 감정과 열정에 사로잡힐까 걱정하지 말 것. 이야기를 솔직하게 털어놓고, 사람들이 가만히 느끼게 하자. 올곧은 분석은 냉정하고 무심하나 이야기는 온화하고 열렬하다.
- 생생하게 묘사하는 언어를 쓸 것. 시인까지는 아니더라도 시적인 묘사를 하도록 애쓰자. 이렇게 하면 청중의 마음을 사로잡아

살아 있는 이야기의 경험을 환기시킨다.

- 마찬가지로, 시각, 청각, 후각, 미각, 촉각 등 감각을 겨냥해 글을 쓸 것. 이렇게 쓰면 청중이 이야기를 경험하기 좋다. 혁명을 설명하지 말고, 보여주라는 것이다. 혁명의 형태와 느낌과 냄새와 소리는 어떤 것일까?

- 이야기 이곳저곳에 작지만 '특별한 순간'을 만들 것. 그것을 이용해 청중의 숨이 막히고 목이 막히고 신경이 날 서게 하자. 이렇게 하면 청중은 감정과 열정에 휩싸인다.

- 늘 그렇듯, 시간과 길이를 생각할 것. 훌륭한 이야기를 하려면 풀 만한 시간이 필요한 법이나, 언제나 시간이 충분한 것은 아니다. 집회나 시위 때 연설을 한다면, 2~3분 안에 끝내야 할 때도 있다. 이것을 글로 옮기면 한 장 반 정도다. 발표를 할 때 시간의 제약이 있다면, 이야기를 되도록 짧게 해야 한다. 활동가의 목적을 위해서는 인물의 성장을 줄이고 갈등과 해소를 늘리는 게 보통이다. 이러한 사항은 정치적 이야기에서 가장 중요하다. 무엇 때문에 싸우고, 어떻게 승리할 것인가?

- 마지막으로 주목하자. 필요 없고 관계없는 세부사항은 제외시킬 것. 청중은 세부사항 전부를 알 필요가 없다. 필요한 것은 가장 핵심일 뿐이다. 이야기를 끌어가는 가장 흥미로운 사항만 있으면 된다. 언제나 자문하자. 이 사항은 이야기의 전개에 필요한가? 그렇다면, 갖고 가자. 아니라면, 제쳐두자. 이렇게 하면 한결 정제되고 중심 잡힌 이야기가 나온다.

> 모든 시민을 위한 건강보험을 실시하자고 거리에 나선 미국 시민들.

사례 하나: 건강한 건강보험 이야기

마지막으로 집회나 시위 때 공표할 만한 가설 사례를 다루겠다. 그것은 짤막하고, 간략하고, 명랑하다. 웹사이트, 전단지, 라디오방송, 혹은 신문광고에도 쓸 만하다. 짧은 정치선전 글을 이야기하기 형태로 옮긴 것이다. 죽 훑어보면, 인물, 행동, 장면, 갈등과 해소, 구성, 전반적인 수사적 효과를 발견할 수 있다.

〈다음 주 토요일 백악관 앞에서 건강한 건강보험 집회를 합니다!〉
현재 세계를 엄습한 것은 사악한 기업과 돈에 눈먼 그들의 정치적 앞잡이다. 의료비에 관심을 갖자고 투쟁하고…투쟁하는 보통의 시민은 중간에 낀 채 옴짝달싹 못하는 실정이다! 그러나 두려워 말자, 모든 것을 잃은 것은 아니다. 정의로운 건강보험 활동가가 한 집 한 집 찾아다니며 방

급진주의자들이 갖춰야 할 수사의 기본 원리

문 투쟁을 벌이고 있다. 건강한 건강보험연맹Healthy Healthcare Coalition
은 지난 5년 동안 이면에서 묵묵히 활동을 하면서, 전국을 누비고 밑바닥
부터 연합을 꾸려내지 않았던가. 이제 우리는 자신을 드러내놓고, 정부에
건강보험을 요구하고 있다. 우리는 국민건강보험을 원한다, 그것도 바로
당장! 건강보험에 대한 연구는 가득 쌓여 있다. 의사, 간호사, 환자와 나
눈 대담도 기록했다. 캐나다, 쿠바, 영국을 포함해 국민건강보험을 완전
히 실시한 국가를 분석했다. 우리가 발견한 것이 무엇인지 아는가? 바로
상식이다! 세상에서 가장 부유하고 가장 힘 있는 나라인 미국이라면, 모
든 시민에게 돌아가는 건강보험을 실시할 능력도 있고 당위도 있지 않을
까! 우리는 이것을 제안한다. 요구한다. 현재 이 문제는 검토 중에 있다.
우리가 할 일은 다했고, 이제는 기업이 흔들고 정치가 움직일 차례다. 그
리고 기억하자. '안 된다'는 말도 안 되고, 타협한다는 말도 안 된다는 것
을. 완전한 건강보험 이외에 다른 것은 필요 없다! 무슨 일이 일어날지
기대하라. 다음 주 토요일 우리와 함께하자. 건강한 건강보험연맹은 언
제나 전진 전진한다. (더 많은 정보를 원하면, 다음의 사이트를 방문할 것. www.
healthyhealthcare.org)

| 권유 |

지금까지 수사는 설득을 바탕으로 논의했다. 설득을 논의할 때는 물론
이요, 논쟁과 이야기를 설명할 때도 설득이 중심인 것은 맞다. 그러나
수사가 설득만은 아니다. 대변인회의와 조직 모임을 할 때 쓰는 합의모

형consensus models을 생각해보라. 이 모형에서 설득이 언제나 주된 것은 아니다. 합의모형은 사람들 모두가 동의할 만한 최선의 생각과 계획을 내놓기 위해서 쓰일 때가 많다. 물론 설득도 어느 정도 사용된다. 사람들은 자기 의견을 주장하기 위해 논쟁을 벌이고 이야기를 한다. 그러나 그때의 과정은 설득보다 합의를 주축으로 진행된다. 설득하지 않고 합의하는 모형이 수사적 소통의 한 가지 형식인 것은 분명하다. 그러나 이것은 존중, 믿음, 개방, 공통의 의제, 개인보다 공동체의 성과를 우선하는 욕망이다. 이 모형은 '권유적 수사invitational rhetoric'로 알려졌으며, 페미니즘 수사학자 두 명이 발전시켰다.

소냐 포스Sonja K. Foss와 신디 그리핀Cindy L. Griffin은 〈설득을 넘어서: 권유적 수사의 제안〉◆에서 서양의 수사학이 남성적 패러다임의 지배를 받았다고 주장한다. 이 패러다임은 설득, 경쟁, 개인주의, 승부근성을 우선한다. 수사와 정치적 효과는 모두 지배와 종속의 이분법으로 환원된다. 잘못된 것이다. 한 사람이 이기면 한 사람은 패한다. 한 사람이 맞으면 한 사람은 틀린다. 패자는 실패고 승자는 성공이다. 이 남성적 패러다임은 싸워 마땅한 수많은 사회의 병폐를 지속시킨다. 따라서 반성이 요청된다. 수사적 소통의 또 다른 방식이 있을까? 그렇다, 바로 권유적 수사다.

권유적 수사는 페미니즘에 근거해 수사를 접근하자고 제안한다. 자기 관점이 맞다고 주장하는 것이 아니라 타인에게 자기가 목격한 세계를 같이 보자고 권유해보는 것이다. 다른 사람이 권유를 받아들이

◆Sonja K. Foss and Cindy L. Griffin, "Beyond Persuasion: A Proposal for Invitational Rhetoric," *Communication Monographs*, 62, 1995.

면, 그들이 바라는 대로 관점을 소개하면 된다. 이때부터 수사는 너와 나의 문제가 아니다. 세계를 이해하는 여러 다른 방식을 함께 찾는 '우리'의 문제다. 이 접근법은 주장이 아니라 제시이고, 공격이 아니라 부탁이고, 요구가 아니라 권유이며, 고함이 아니라 제안이다.

권유적 수사가 애초부터 논증이나 요구를 배제하는 것은 아니다. 남성적으로 수사를 접근하는 것이 최선일 때도 있고, 여성적으로 접근하는 것이 최선일 때도 있다. 예를 들어, 제약회사는 약값을 낮춰야 한다고 요구할 때는 남성적인 접근법이 좋다. 활동가라면 당연히 그렇게 할 테고, 사력을 다해 이 사악한 기업을 설득해 그들의 방침을 바꾸려 할 것이다. 그러나 조직 모임을 할 때는 그렇게 해봐야 효과가 있을 리 없고 있어서도 안 된다. 한 사람 한 사람 모두의 제안이 필요하기 때문이다. 어떻게 해야만 제약회사의 콧대가 꺾이는가? 무엇을 해야 하는가? 각자 무엇을 생각하고 있는가? 이 설명에 모두 만족하는가? 기타 안건이 있는가? 이것은 청중을 중심에 세우고 명료하게 소통하기 위해 애쓰는 것이지만 누구도 설득하려는 것이 아니다. 오히려 여러 다른 생각을 제시하고 탐색하고 있는 것이다. 이것은 집단 전체가 하는 노력이다. 여기에는 내부인도 외부인도 없고, 승자도 패자도 없다.

설득적 수사와 권유적 수사는 완전히 상반된 것이 아니다. 상황이 다르면 방법도 달라야 한다. 기업의 권력에 맞설 때에도 권유적 수사가 필요할 때가 있고, 조직 모임을 할 때라도 설득이 필요할 수 있다. 모든 것은 상황에 달린 문제다. 실제로 권유적 수사는 다양한 방법을 용인하며 권장한다. 설득이 최선일 때도 있고 권유가 최선일 때도 있고 아예 다른 방법이 필요할 때도 있다.

권유적 수사를 수동적인 것으로 간주해서는 곤란하다. 간디와 킹 목사를 생각해보자. 그들은 역사를 통틀어 가장 유명한 권유적 수사가로서, 이런 식으로 어법을 구사한 선구자일 것이다. 그들은 동의를 얻기 위해 우격다짐으로 밀어붙이고 감언이설로 속여 넘기는 대신에, 같이 탐구하고 토론하자고 권유한다. 여기에 동참한 사람은 한 발짝 나아가기 위해 또한 다른 사람의 입장을 더 많이 이해하기 위해 대화하고 소통한다. 여기에 종착역이란 없으며, 한 발짝 한 발짝 나아갈 뿐이다. 그러한 대화는 실천적 목적pragmatic purposes을 언

〉간디와 킹 목사. 이들은 권유적 수사를 실천한 선구자들이다. 강하게 밀어붙이거나 싸우는 대신 같이 탐구하고 토론하자고 권유했던 것이다.

급하며 끝낼 때가 많다. 즉 영원히 계속해 나갈 수는 없다. 그러나 침묵하는 사람, 고립되거나 배제되는 사람은 단 한 명도 없다. 모든 사람이 자신의 달라진 관점을 생각하며 떠난다. 집단이나 정당도 마찬가지다.

권유적 수사를 구사하는 획일적인 방식은 없다. 가장 기본적인 수준에서 마음을 열고 정직하게 하는 소통이 고작이다. 그러나 이 책이 교범인 점을 고려해, 몇 가지 유용한 지침을 제시한다.

- 권유적 수사는 모든 형식의 소통에 쓰일 수 있다. 대화, 소모임 토론, 연설, 평론과 책까지 가능하다. 상황마다 다르며, 각기 많든 적든 대화가 허용된다. 예를 들어, 글은 실제 대화가 아니다.

급진주의자들이 갖춰야 할 수사의 기본 원리

그러나 저자는 대화체로 권유하는 방식으로 글을 쓸 수 있다.

- 정직하게 쓸 것. 누군가를 설득할 목적으로 권유를 쓰지 말자. 목적을 잃는 실패의 지름길이다. 대화를 하자고 권유할 때는 성심성의껏 해야지, 얕은 수를 써서는 안 된다.

- 의도는 소통을 시작할 때 밝힐 것. 무엇을 할지 사전에 일러두자. "저는 설득할 생각이 없습니다. 그 대신 이 문제를 어떻게 생각하는지 말해보겠습니다." 판을 이렇게 짜면 청중이 소통의 변수를 이해할 때 좋다.

- 진술을 구성한 다음, 타인에게 평가를 요청할 것. 전자우편과 블로그라면 평가를 받기 쉽지만, 손으로 쓴 원고라면 애당초 불가능하다. 그러나 잠정적 평가는 기대할 수 있다. 수사가 좋다면 당연히 기대해봐야 한다. 있음직한 반응을 모아 몸글에 반영할 수도 있고, '평가에 대해서'와 같은 식으로 따로 절을 마련해 쓸 수도 있다.

- 성실하게 평가를 들을 것. 가로막지도 말고, 이전에 진술한 입장을 옹호하지도 말자. 순수하게 경청하라.

- 지금 당장 평가에 응답할 것. 현재 관련된 사람들 전체의 이해를 어떻게 하면 더 많이 구할 수 있을까 고심하자. 입장을 방어하라는 것이 아니라, 입장 하나하나를 탐색해보라는 것이다. 내심 명쾌히 하고 싶은 곳이나 손보고 싶은 곳이 있을 것이다. 다른 사람도 똑같이 생각할 것이다.

- 시간이 충분히 경과한 후에는 모든 사람의 의견을 물을 것. 사람들 눈에 띄는 것은 무엇인가? 가장 인상적인 것 혹은 가장 흥

미로운 것은 무엇인가? 초기에 견지한 입장은 바뀌었는가? 그렇다면, 어떻게 왜 바뀌었는가? 이런 질문은 토론과 대화를 진전시킨다.

- 사람들에게 그들이 새롭게 이해한 것을 표현해보라고 주문할 것. 무엇을 배웠는가? 새롭게 든 생각이나 평가가 있을까? 그렇다면 왜 그런가? 아니라면 왜 아닌가?

- 초기에 생각한 진술·제안·제의를 다시 표현해보려고 할 것. 지금까지 들었던 평가를 모두 참고하자. 이런 일은 발언권을 얻고 전통적인 연단에 설 때 곧잘 생긴다. 연단에 서서 자신의 입장을 진지하게 생각해보자. 그리고 자신의 입장이 달라졌는지 확인해보자. 바뀌었다면, 바뀐 점을 말해보자. 바뀌지 않았다면, 바뀌지 않은 점을 말해보자. 어느 쪽이든 이해를 더 깊게 하는 쪽으로 정리하고 전진한다.

- 마지막으로 권유적 수사라고 해서 언제나 부드럽게 진행되는 것은 아니라는 것을 유념해야 한다. 서로 너무 다르거나 너무 적대적일 때도 있다. 사람들 모두가 너무 방어적일 때도 있다. 그리고 단지 시간이 충분하지 않아서 끝까지 못할 때도 있다. 이러한 난관이 있어도, 권유적 수사가 생각과 느낌을 탐색할 때 훌륭한 길잡이라는 것은 변하지 않는다. 그것은 수사를 달리 접근하는 방법으로서, 설득과 논쟁이 자극하는 경쟁심 너머에서 마당을 열어준다.

:: 수사적 지식 쌓기 ::

수사적 지식은 수사적 실천을 향상시킬 때 필요하다. 예를 들어, 어느 활동가가 지역마을 모임에서 연설을 마친 후에 사람들이 문제에 흥미를 느껴 질문을 한다고 치자. 그러면 활동가는 발표한 내용에 맞춰 대답을 할 것이다. 그런데 어떤 사람이 발표 내용과 마을의 정치 역사가 어떤 관계가 있는지 질문한다고 치자. 이때 활동가는 할 말이 없을 것이다. 청중 가운데는 지식이 부족한 점에 대해서 대수롭지 않게 생각하고 넘어가는 사람도 있다. 그러나 아는 게 없다고 생각하는 사람도 있으며, 심지어 자기네 공동체를 무시한다고 생각하는 사람도 있다. 그렇게 되면 활동가의 신뢰는 떨어지게 되고, 발표 내용을 다시 한 번 더 생각하게 된다. 지역신문 기자는 심지어 그 점을 콕 짚어 다음날 신문에 내기까지 한다. "지역의 역사를 몰라서 절절매는 지역의 활동가." 이런 것이 바로 수사적 지식의 사례다. 지역 문제에 파고드는 활동가라면 지역의 투쟁 역사를 알아야 한다. 물론 모든 문제와 모든 지방의 역사를 알 필요는 없다. 누구도 그렇게 하기는 힘들다. 그러나 현재 임하고 있는 문제에 대해서는 어느 정도 알아야 한다.

수사적 지식에는 여러 가지 유형이 있다. 이제부터 세 가지 유형을 다루겠다. 첫째 현재의 사건, 둘째 역사, 셋째 자기인식self-knowledge이다.

활동가는 현재의 사건을 당연히 알고 있어야 한다는데, 맞는 말인가? 그렇기도 하고 아니기도 하다. 그날의 중요 행사, 현 정치인의 정책, 국내외 사건의 주요 인물은 명백히 알아둬야 한다. 여기에 중요한 속보와 최근의 논쟁이 포함되는 것은 물론이다. 이 모든 것이 중요하다. 그러나 현재의 사건은 수사적 전망에 따라 접근할 수도 있다. 어느 사건이 현재 하고 있는 사회운동에 영향을 끼칠까? 사건과 문제를 어떻게 관련시킬까? 사건을 연설이나 평론에 어떻게 집어넣는가? 사건과 문제는 어떤 관련을 맺고 있는가? 청중은 이 관련을 어떻게 생각하는가? 과연 관계가 있다고 생각할까, 아니면 그들의 생각을 정리해줘야 하는가? 근본적으로 말해서, 현재의 사건은 활동가가 문제나 논제에 대해서 수사를 통합할 때 어떠한 영향을 끼치는가?

자, 당신은 국민건강보험 활동가인데, 미국의 건강보험을 다룬 마이클 무어Micheal Moore의 〈식코Sicko〉가 개봉됐다고 치자. 이 영화를 계기로 국민건강보험이 국가의 화두가 되었기 때문에, 토론에 대비할 필요가 있다. 마이클 무어의 의견에 동의하는가? 그는 모든 사실을 명확히 해두는가? 그 영화의 내용에 동의하지 않는 사람들은 이유가 무엇인가? 그들은 잘못된 것일까? 무어가 묘사한 내용이 맞다고 생각하는가? 이 외에도 영화를 자신의 주의주장을 확립하는 발판으로 활용하는 것도 필요하다. 마이클 무어의 입장에 동조를 하든가 거리를 두든가 선택하는 것이다. 어느 경우가 됐든 마이클 무어의 영화를 기점으로 삼아 주의주장과 수사를 통합할 필요가 있다. 그렇게 하는 것이 현재의 사건을 잘 이용하는 것이다.

호전好戰과 반전反戰을 주제로 토론회를 준비하는 경우도 생각해보자. 양쪽 입장이 드러나는 구체적인 사례가 필요할 것이다. 이스라엘-팔레스타인 사태를 사례로 쓰기로 하고, 팔레스타인 저항의 다른 형태를 검토해보는 것이다. 팔레스타인의 호전성은 논의가 많이 됐던 반면에, 반전성은 그렇지 못했다. 말콤 X와 킹 목사 시대의 시민권 운동보다 주제상 적절하고 시기도 최근이기 때문에 선택을 잘했다고 볼 수 있다. 시민권 논쟁은 중고등학교 교과서에서 다뤄질 만한 것으로 너무 오래된 일이고 너무 많이 논의됐다. 말콤 X의 호전성과 자살폭탄테러, 킹 목사의 반전성과 불도저 저지 투쟁은 같지 않다. 오늘의 일, 21세기의 현실을 사례로 쓰는 것이 토론회를 흥미롭고도 적절하게 만들어줄 것이다.

그리고 사태가 사태인 만큼 이스라엘-팔레스타인 문제는 자신의 지식을 복습하며 조심스럽게 접근해야 한다. 모든 사항을 알아야 할 필요는 없지만, 좌담을 해보고 몇 가지 기본 질문에 대답해보는 게 좋다. 즉 알아야 할 것은 사태의 복잡한 면면이지, 전체 역사는 아니다. 이스라엘-팔레스타인을 특집 주제로 토론회를 할 때면 할 일이 달라질 것이다. 그때는 중요한 사실, 논쟁, 문제, 역사, 통계 등 진행자의 심층적 지식에 따라 좌우된다. 어느 경우든 이스라엘-팔레스타인 분쟁의 현 정세와 역사를 가능한 많이 아는 게 필수다.

얼마만큼 지식이 필요할지는 세우는 계획에 달려 있다. 그렇게 하는 것이 과부하도 줄이고 소모전도 안 하는 견실한 지침이다. 매일매일 모든 이야기를 따라잡으려 하는 것은 피곤한 일이다. 취사선택하는 게 좋다. 그러나 선택한 것은 빈틈없이 알아둬야 한다. 자문해보자.

- 현재 자기가 착수한 문제는 어디까지 진행된 상태인가?
- 현재 자기가 하는 활동에 영향을 끼치는 다른 이야기와 사건이 있다면 무엇이고, 이것을 자신의 수사적 이점으로 어떻게 활용할 수 있는가?

사람들이 현재의 사건을 어떻게 받아들이는지 생각해보는 것도 유용하다.

- 일반 대중은 그날그날의 중요한 사건을 어떻게 이해하고, 거기에 어떠한 성향을 보이는가?
- 사람들은 기사를 어떻게 해석하고 주요 보도를 어떻게 독해하는가?
- 사람들은 어떻게 말하고 생각하는가?
- 문제와 논제 혹은 메시지에 대한 수사적 접근법은 민심의 영향을 받는가?

위의 네 가지 질문에 대답하는 것은 세 가지 일을 하는 것과 같다. 첫째, 사람들이 현재의 사건을 어떻게 다루고 어떻게 보는지 이해하기 좋다. 즉 한층 효과적인 메시지를 만들 때 유용하다. 둘째, 자신만의 급진적 전망을 내기에 좋다. 제한 없고 편향 없는 전망과 입장은 존재하지 않으며, 이것은 누구라도 다를 게 없다. 민심의 향방을 자신의

급진주의자들이 갖춰야 할 수사의 기본 원리

성향에 비추어 추적해가면, 자신의 입장을 꾸준히 의식하게 되므로 청중 위주의 수사를 창조할 때 도움이 된다. 셋째, 지난해에 있었던 사건, 지난해의 선거, 지난해에 벌어졌던 논쟁, 지난 10년부터 지금까지 주류의 반응이 어떻게 흘러갔는지 등을 추적하기에 좋다. 현재와 과거의 반응을 기록해두면 사회적·정치적 유형이 파악된다. 그렇게 하면 어떤 논쟁, 생각, 그림, 연설이 제기되어도 사람들이 어떻게 반응할지 예측할 수 있다. 물론 이것은 불완전한 과학이지만 없는 것보다는 낫다. 활동가라면 다른 사람이 어떻게 생각하는지, 자신은 어떻게 생각하는지, 주류의 반응은 어떻게 바뀌는지 알아둬야 한다. 이렇게 하면 논제, 내용, 관점, 접근, 첫 글, 구호, 행동을 더욱 잘 골라낼 수 있다.

| 역사 |

역사를 알면 자신이 누구이며, 어디서 왔고, 어떻게 왔으며, 어떻게 나아갈지 이해할 때 도움이 된다. 속담이 이르는 것처럼, 역사를 모르면 과거를 반복할 수밖에 없다. 그러나 과거를 반복한다고 나쁜 것만은 아니다. 사람들은 불행한 과거를 망각하고 싶은 마음도 있지만, 과거의 성공을 반복하고 싶은 마음도 있기 때문이다. 예전의 운동, 옛날 활동가와 조직가의 삶과 시대를 연구하면 과거의 성공을 답습할 수 있다. 노동운동의 역사는 노동 착취형 공장을 폐지하는 운동을 벌일 때 정보를 일러줄 수 있다. 로마제국, 프랑스제국, 대영제국의 역사는 미제국과 싸울 때 정보를 알려줄 수 있다. 이런 역사는 죽은 게 아니라

살아 있는 것이다. 당대의 목적을 위해 과거의 역사는 얼마든지 쓸 수 있다. 역사 지식을 활용하는 다섯 가지 방법을 제시해보겠다.

첫째, 역사는 조직화와 행동주의에 필요한 질료로 사용될 수 있다. 훌륭한 활동가라면 현재 착수한 문제의 역사를 얼마간 알고 있게 마련이다. 예를 들어, 자유무역협정과 관련해 조직화를 한다면, 북미자유무역협정the North American Free Trade Agreement, 관세 및 무역에 관한 일반협정the General Agreement on Tariffs and Trade, 대통령의 신속처리권한fast track authority 같은 것을 알아야 한다. 그리고 이 협정과 정책 때문에 사람들과 공동체가 어떠한 영향을 받았으며, 자유무역이 경제적 불평등과 노동자 학대와 기업 지배를 영속화한다는 것도 알아야 한다. 물론 처음 조직화를 할 무렵에는 역사를 모를 수도 있다. 그와 같은 지식은 모임, 토론회, 집회 같은 곳에서 사람들과 교류하는 과정에서 얻을 때가 많다. 그러나 지식을 알아두고 나면, 행동주의를 진전시킬 때 사용할 수 있다. 감정을 유발하고, 감탄할 만한 논증을 구성하고, 이야기를 만들고, 구호를 짜고, 관리를 압박하고, 사람을 모아 집회를 하고, 정의롭지 않은 경찰과 싸울 때 이용할 수 있는 것이다. 그런 다음 지식을 공유하면, 다른 사람도 그 문제를 이해하고 자신을 위해 조직화 작업에 착수하게 된다.

둘째, 역사는 활동가의 신뢰를 높일 때 사용될 수 있다. 사실, 숫자, 유명인, 날짜, 판례를 알고 있으면 준비한 내용을 사람들에게 전달하기 좋다. 사람들은 거기서 얻은 역사적 지식을 지식일반과 관련시킨다. 그런 뒤에 더 깊게 경청하게 되고, 더 많이 알고 싶어 한다. 역사 지식은 활동가에게 정당성과 존경심을 부여해 더 많은 사람 더 다양한

공동체와 소통할 때 도움을 준다.

셋째, 역사는 논증에 필요한 증거와 정당화로 사용될 수 있다. 예를 들어, 현재의 자유무역협정이 가난한 사람을 고통에 빠뜨린다고 주장하는 것은 북미자유무역협정의 역사를 통해 쉽게 정당화된다. 캐나다, 미국, 멕시코의 노동자는 고통을 겪었으며, 이 사실은 임금과 생활수준의 몇 년간 통계를 통해 입증할 수 있다. 그 같은 통계는 다음의 구호를 정당화한다. "공정무역 찬성, 자유무역 반대!" 이 외에도 수많은 사례가 있다. 흑인 배상 문제는 노예제도 때문에 비롯된 역사적 불평등을 통해 정당화되며, 반자본주의운동은 엄청난 경제적 불평등의 역사를 통해서 정당화되고, 자유언론운동free speech movement은 침묵과 억압의 역사를 통해서 정당화되며, 성소수자LGBT(Lesbian, Gay, Bisexual, Transgender) 해방운동은 동성 관계의 역사와 그 때문에 빚어진 탄압의 역사를 통해 정당화되며 원주민 저항운동은 제국주의의 역사를 통해서 정당화되고, 혁명의 희망은 혁명적 승리의 역사를 통해서 정당화된다. 문제·운동·공동체 전부 다 자기만의 역사가 있으므로, 그런 역사를 알게 되면 논증·행동·수사는 용이하게 정당화될 수 있다.

넷째, 역사는 활동가 자신의 문화적 정체성을 형성할 때 사용될 수 있다. 과거의 투쟁, 운동, 활동가가 있었기에 오늘날의 활동가 행로가 마련된 것이다. 한마디로 오늘의 활동가는 해방의 실천, 문제, 성격의 혈통을 잇고 있다. 이러한 역사는 희망 있음, 귀속의식, 공동체 감각을 제공한다. 하워드 진의 《미국민중사A People's History of the United States》는 위대한 사례다. 그 책은 미국 역사의 어두운 면을 지적하면서, 미국에서 벌어진 수많은 투쟁을 강조한다. 이러한 역사를 배우면, 자기보다 커다란 무엇과 연결된 것 같은 느낌이 들고, 훨씬 더 충만하며, 전보다 자각한 삶을 열망하게 된다. 이 순간 자신이 하고 있는 행동이 무엇인가 특별한 것처럼 느껴지고, 혼자가 아니란 것을 깨닫게 된다. 그 활동이 인간해방 투쟁을 열었던 것도 마감한 것도 아니지만, 그 투쟁에 중요하게 기여한 것만은 분명하다.

다섯째, 역사는 위 네 가지 방법의 전략적 목적을 위해서 사용될 수 있다. 즉 조직화 목적, 신뢰의 강화, 논쟁, 문화적 정체성을 위해서 역사 지식을 사용할 수 있다. 역사는 거짓된 목적 때문에 가로막혀서는 안 된다. 얼마나 올바르든 얼마나 자비롭든 관계없다. 사실 그럴 필요도 없다. 역사는 언제나 그 자리에서, 탐구되기를 기다리고 있다. 사람들마다 역사를 다르게 말할 것이다. 그것은 잘못된 일이 아니다. 스스로 해석해보자, 자신이 이해한 것 그대로 정당화해보자, 왜 그렇게 보며, 어떻게 그렇게 생각하게 됐는지 설명해보자, 그리고 미래에 대해서 사람들과 논쟁해보자. 이 과정을 전략적 수준으로 끌어올리면 수사가 깊어지고, 풍부해지며, 효과적이게 된다. 역사는 수사적인 것이며, 당대의 급진주의 목적에 맞게 사용될 수 있다.

| 자기인식 |

자기인식은 자기의 정체성을 이해하고 자신의 강점과 약점을 깨닫는 일이다. 누구도 모든 것을 잘하지는 못하지만, 누구나 어떤 것은 잘해 낸다. 사람들은 자신의 강점을 확인하고, 본인의 잠재력이 만개할 때까지 발전시키고 싶어 한다. 그러나 자기인식은 종착지가 아니며 지속적인 성장이라는 것을 알아두자. 자기인식은 경험을 많이 할수록 확장된다. 수사와 행동주의는 실제로 이 과정을 돕는다. 활동가는 도전적인 상황에 투신하며, 자신을 채찍질해 다양한 공동체와 청중을 분석하고 거기에 맞게 대응한다. 활동가는 마감을 맞추고 목표를 이루고, 민심을 읽고 생각할 거리를 주는 구호를 만들고, 패배와 승리에 대처하지 않고는 못 배긴다. 이런 일들을 하는 동안 언제나 최전선에 서서, 사회의 권력과 탄압에 온몸으로 맞섰을 것이다. 여기서 했던 경험들은 자기인식을 드러내기만 하는 게 아니라 실제로 생산해낸다. 자신이 해냈던 수사와 행동주의를 통해서 자기 자신을 창조하는 것이다. 자신이 누구이며, 어디서 왔고, 어디로 가고 싶은지 이해하는 것이 비결이다. 그러고나면 자기인식은 수사적 작업을 선택하고, 집단이 노력할 때 공조하고, 자신이 연마한 기술을 타인과 공유할 때 활용할 수 있다.

자신만의 수사적 작업 선택

자기인식에 바탕해 수사적 작업을 선택하자. 자신이 누구이며, 무엇을 잘하는지 알아내서 그것을 발판으로 삼아야 한다. 현장에서 사람들과 논쟁을 굉장히 잘하는 사람도 있다. 어떤 사람은 청중과 만날 때 활력을 느낀다. 그러면 직접 도전해보는 것이 맞는 것이다. 그러나 모든 사람이 그런 것은 아니다. 이런 상황을 극도로 싫어하는 사람도 있기 때문이다. 이런 사람들은 사람들과 직접 만나지 않는 일이 적합하다. 이론적 반성, 분석 글 쓰기, 웹과 벽보 디자인 같은 것을 하면 좋을 것이다. 나쁠 게 전혀 없다. 모두 다 필요한 일이다. 일마다 알맞은 사람이 있는 것이다.

집단이 노력할 때 참여하기

자기인식을 활용해 집단이 노력할 때 같이하자. 자신의 일을 선택할 때와 마찬가지로 타인과 함께하는 일도 선택해야 한다. 연설을 잘하는 사람은 자진해서 연설을 하고, 글을 잘 쓰는 사람은 자진해서 전단지용 글을 쓰고, 타인의 말을 잘 듣는 사람은 자진해서 대표자회의에 참여하고, 회의를 잘하는 사람은 자진해서 집단토론을 끌어가는 것이 당연하다. 자신의 강점과 약점을 알면 이 같은 작업이 효과적으로 이루어지므로, 공동체의 성공에 한몫하게 된다. 그러나 자기인식을 이런 식으로 쓸 때는 성찰할 줄도 알고 자기를 비판할 줄도 알아야 한다. 누구든 같은 일을 계속 반복하고 싶지는 않을 테고, 누구도 사람들이 새로운 일을 해보는 것을 막고 싶지 않을 것이다. 그것은 모든 사람을 불행하게 만드는 길이다. 같은 일을 끊임없이 반복하는 것은 소모적인 일이며, 고된 직장 생활과 다를 게 없다. 매일같이 출근했다 퇴근했다를 영원히 반복하는 것은 정신을 병들게 한다. 연수회를 주재하거나, 매일매일 연설을 하거나, 새로운 계획이 있을 때마다 연구하는 일도 마찬가지다. 일은 규칙적인 원리에 따라 순환돼야 한다. 그렇다고 매

급진주의자들이 갖춰야 할 수사의 기본 원리

일, 매주, 매회 순환할 필요는 없다. 시기적절하게 순환돼야 한다. 이렇게 하면 사람들이 여러 다른 기술을 경험하고 실천할 때 도움이 된다. 물론, 순환 과정은 모든 이가 기꺼이 지식을 공유할 때만 가능하다.

기술의 공유

자기인식을 활용해 다른 사람이 새로운 기술을 습득하게 하자. 대중에게 연설하는 방법, 회보에 글 쓰는 방법, 토론을 이끄는 방법, 기부와 서명을 권하는 방법, 분노한 청중과 논쟁하는 방법 등을 서로에게 가르치자. 집단의 동료끼리 정보를 교환하고, 모임의 질의응답 시간을 이용하고, 짜임새 있게 기술을 공유하면 될 것이다. 마지막으로 특별 모임을 열고 기술도 직무도 재능도 달랐던 사람들이 자기가 겪었던 경험을 나누는 방식도 있다. 이렇게 짜임새 있게 논의를 하면, 모든 사람의 지식은 증진되고, 새로운 직책을 맡을 때 오는 불안감이 덜어진다.

:: 결론 ::

2장은 많은 내용을 다루었다. 각 절은 장으로 확장해도 무방하며, 2장은 한 권의 책으로 만들어도 될 정도로 풍부한 내용을 담고 있다. 그러나 내가 처음에 말했던 것처럼, 2장 전체를 암기할 필요는 없다. 이제 다 읽어봤으면, 필요한 내용을 선택한 다음 특정한 절로 돌아가자. 그리고 세상이 순조롭게 돌아가지 않는다는 것도 유념하자. 실재의 상황은 불확실한 일투성이이며, 누구도 자신의 수사가 어떻게 끝이 날지 결코 알 수가 없다. 그래도 2장에서 내놓은 몇 가지 원리가 실제 상황에 적용됐으면 좋겠다.

3 언어로
세상 바꾸기

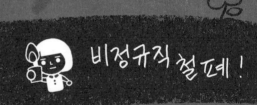

비정규직 철폐 !

언어는 혁명의 무기로 활용 가능한 사회적 힘이다. 이렇게 말하면 과장이 심한 것처럼 보인다. 언어는 정말 무기로 쓰일 수 있을까? 언어로 세상을 바꿀 수 있을까? 그렇기도 하고 아니기도 하다. 언어만 갖고는 할 수 있는 게 별로 없다. 그러나 대중의 의식을 바꾸기 위해서 정치 전술로 활용됐던 언어는 순식간에 급진적 사회변혁의 도구로 바뀐다. 인간은 언어로 생각하므로, 언어가 바뀐다면 사람들이 생각하는 방법이 바뀌기 마련이다. 그것이 바로 언어의 힘이다. P. M. 버그만Bergman은 1970년《아나키스트 요리책The Anarchist Cookbook》의 서문에서 언어의 혁명적 힘을 거론한다.

경찰을 '짭새'라고 욕하는 것은 멍청한 짓처럼 보인다. 그 낱말을 쓰면 혁명가들이 설득하고 싶은 사람들 아니면 최소한 중립적 입장에 두고 싶은 사람들까지 적으로 돌아설 게 뻔하다. 그러나 권력의 현실적 관계는 너무나 강고한 탓에 욕하는 것밖에 쓸 만한 무기가 없을 때가 있다. 게다가 욕하기는 감정의 출구이기도 한데, 혁명도 감정이 있기는 매한가지다. '짭새'를 쓰는 것은 의심의 여지없이 권력구조 전체에 맞서는 공격이다. '짭새'는 공격이다. 법의 처벌을 받을 만한 범죄다. 자, 중무장한 덩치 큰 경찰이 앞에 있다고 치자. 국가의 물리적이고 이데올로기적 권력을 등에 업은 사람을, 말로서 공격하는 것이다. 말로만 하는 것이지만, 공격임에는 틀림없다.◆

이 구절이 지적하는 대로, 욕설은 몇 가지 이유 때문에 효과가 있다. 첫째, 그것은 자기방어 양식이다. 활동가가 공격을 받고 무기, 언어, 소소해 보이는 것까지 몽땅 빼앗길 때면, 야만에 맞서는 감정적 심리적 방어체제가 작동한다. 공격한 사람은 금세 알아챈다. 활동가가 수동적 대상이기는커녕 수갑과 곤봉에 저항하는 인간 존재라는 것을. 그들이 얼마나 거칠게 공격하든, 활동가의 혁명적 기백과 심성은 꺾이지 않는다. 둘째, 그것은 공세의 양식이다. 욕설이 창이나 건물을 부수지는 않지만, 이데올로기와 추론과 권력 격차를 분쇄한다. 예를 들어, '짭새'란 낱말은 사회가 승인한 경찰의 권위를 더럽히고 뒤엎는다. 욕을 하는 순간만큼은, 급진주의자들이 순식간에 우세를 점하고, 경찰은 더럽혀진 존재로 전락한다. 이것은 특히 흑인 급진주의자들이 잘 이용했다. 물론 그렇게 한다고 해서 권력 관계가 완전히 전도되지는 않았지만, 중요한 역할을 했던 것은 분명하다. 셋째, 욕하기는 자유의 행위로서, 억압에 아랑곳하지 않고 독립성을 주장할 때 도움이 된다. 1969년

◆ P. M. Bergman, "A Prefatory Note on Anarchism Today," in *The Anarchist Cookbook*, William Powell, Barricade Books, 1971.

시카고 7인의 재판이 진행되는 동안 흑표범당Black Panther Party의 지도자 바비 실Bobby Seale은 두들겨 맞았고, 재갈에 물렸고, 의자에 묶였다. 법원은 사슬과 수갑과 재갈을 써서 그의 몸을 속박했다. 그래도 그는 굴하지 않고 크게 소리쳤고, 목소리를 외쳤으며, 확신을 드러냈다. 바비 실이 내뱉은 말에는 욕설이 조금 들어갔지만 그의 자유가 드러났다. 그리고 이러한 언어적 행동 때문에, 그는 재판에서 제외됐다. 원래는 시카고 8인 재판이었던 것이 시카고 7인 재판으로 바뀐 것이다. 이것이 바로 언어의 힘이다. 넷째, 욕하기는 공동체를 건설한다. 같은 말이나 문구를 쓰는 사람은 일정한 상징적 이해를 공유하며, 공동체 관계를 일궈낸다. 말이나 문구의 활용·의도·의미를 공유하여 서로의 관계를 끈끈하게 이어준다. 이제 그들은 서로를 집단과 공동체의 일원으로 간주한다. 1960년대 사람들이 급진주의 세계로 넘어오는 방식이 그랬다. 그때 그들은 '짭새'라는 말을 공유했던 것이다.

'짭새'는 언어의 힘과 위험 둘 다를 보여준다. 대부분의 활동가는 이 욕설에 공감할 것이다. 그러나 공감에 대해서는 자기반성이 따라야 한다. 경찰관 전부가 사람도 못되는 '짭새' 취급을 받아야 하는가? 경찰 전부가 그런 것은 아니지만, 특정한 상황과 특정한 시기에 어느 정도는 짭새처럼 행동했을 것이다. 상황이 그럴 때는, '짭새'와 같은 언어적 공격이 정당하며 필요하기도 하다. 그러나 경찰이 언제 어느 때나 욕을 먹어야 한다고 믿기는 힘들다. 그러나 그래야 했던 것이 1960년대와 1970년대의 칼 같은 논리였다. 21세기는 그렇게 간단하지가 않다.

활동가라면 급진주의는 지속해가되 이 배타적 논리는 비판하는 것이 좋다. 이 때문에 '짭새'보다 '견찰犬察, RoboCop'이 많이 쓰인다. 짭새는 경찰이 어떤 행동을 하든 짭새의 특징을 경찰의 본질로 구성한다. 그러나 '견찰'에는 경찰의 복잡한 사회적 역할이 드러난다. 사람들이 경찰의 제복을 입고서 시위 진압에 나설 때는 견찰이 되는 것이고, 그 역할을 벗으면 다른 정체성을 되찾을 여지가 생기는 것이다.

모든 사람이 이러한 분석에 동의하는 것은 아니다. 그러나 시대가 바뀌었고 급진주의자는 중심 없는 다채로운 시각으로 세상을 본다는 것은 분명하다. 이러한 상황은 난관이 아니라 해결하고 극복해내야 할 수사석 과제다. 현대의 급신주의자는 21세기에 알맞은 언어를 고안해야 한다. 언어의 문제를 이해하고, 현재의 급진주의에서 언어가 어떤 식으로 문제가 되는지 깨달으면, 이 같은 과제를 처리할 때 충분히 도움이 될 것이다.

3장은 언어의 여섯 가지 양상을 논의한다. 첫째, 언어의 본성을 논의한 다음, 언어가 의식을 어떻게 구성하는지 분석할 것이다. 둘째, 언어의 정치적 함축을 분석할 때 필요한 기본 단계를 논의할 것이다. 셋째, 언어가 문화적 전통의 자기정체성, 인종, 성차, 성정체성과 맺는 관계를 집중적으로 다룰 것이다. 넷째, 언어와 선전선동의 관계를 분석할 것이다. 다섯째, 정치적 올바름의 찬반양론을 논의한 다음, 이 손대기 어려운 문제를 처리하는 몇 가지 방법을 이야기해볼 것이다. 여섯째, 새로운 급진적 언어를 만드는 방식을 탐색할 것이다. 바람이 있다면, 이 책을 읽는 사람이 언어의 힘을 완전히 파악하고, 이를 바탕으로 사회적으로 공정한 목적을 위해 썼으면 하는 것이다.

:: 언어의 본성 ::

언어는 말이나 대화의 도구로 축소될 때가 많다. 대상, 장소, 사람, 경험 등을 말할 때 언어를 쓰기 때문이다. 대상이 있고 나서야 그것을 가리키는 말이 있는 법이다. 말이 있기에 대상에 대해서 말할 수 있다. 물론, 언어에는 지칭하는 기능 이상의 것이 존재한다. 언어는 실제로 생각, 지각, 경험, 현실을 창조한다. 이 창조성이야말로 언어의 힘이다.

언어가 현실을 창조한다는 생각은 매우 새로운 의견이다. 수백 년 동안 사람들은 언어가 대상에 대응할 뿐이라고 이해했다. 그러다 대략 150년 전부터 생각이 바뀌기 시작하여, 언어가 세상에 대한 이해를 실제로 구성한다고 주장하기 시작했다. 이러한 생각은 결국 20세기 사유의 주축으로 자리 잡았다. 이제는 언어가 현실을 실제로 창조한다고 당당히 말할 수 있다.♦ 이제부터 내가 설명할 내용은 활동가가 언어를 현실 창조의 도구로 접근하는 방법이다. 여섯 개의 절로 나누어 설명한다. 첫째 언어란 무엇인가, 둘째 언어는 의식을 어떻게 구성하는가, 셋째 언어는 문제의 판을 어떻게 짜는가, 넷째 언어는 어떻게 맥락에 따르는가, 다섯째 언어와 사유와 행동주의는 서로 어떠한 관계를 맺는가, 여섯째 소통에 알맞은 언어를 어떻게 사용하는가이다.

♦ 예를 들어, 빌헬름 폰 훔볼트Wilhelm von Humboldt, 루트비히 비트겐슈타인Lutwig Wittgenstein, 케네스 버크 Kenneth Burke, 에드워드 사피어Edward Sapir와 그의 제자인 벤자민 워프Benjamin Whorf, J. L. 오스틴Austin, 존 설John Searle, 자크 데리다Jacques Derrida, 유진 젠들린Eugene T. Gendlin 등과 같은 학자들이 있다.

A B C D E F G H I J K L M N O P Q R S T U V W X Y Z

| 언어란 무엇인가 |

언어는 기호와 상징의 조직화된 체계로 정의된다. 이 체계에서 기호와 상징은 모두 서로에게 연결되어 꽉 짜인 전체를 구성한다. 따라서 모든 언어는 저마다 격자, 세계관, 전망을 구성한다. 언어를 통해 세계를 보는 것은 프리즘으로 보는 것과 비슷하므로, 언어의 체계를 바꾼다면 전망을 바꾸는 셈이다. 여기서 (영어, 독일어, 한국어 등) 언어가 다르면 세계관이 다른 이유가 설명된다. 그러나 언어 체계는 결코 닫혀 있지 않다. 오히려 열린 체계다. 언어는 시간에 따라 변화한다. 유행에 따라 새말이 추가되기도 하고 옛말이 다른 뜻을 얻기도 한다. 스물여섯 개의 자음과 모음으로 구성된 영어를 생각해보라. 스물여섯 개의 문자는 수십만 개의 단어를 생산해낸다. 이것은 사람이 문자를 배치하고 의미를 창조할 능력이 있기 때문에 가능하다. 활동가의 입장에서 보면, 새롭게 지각하고 이해하기 위해서 새로운 말과 언어를 만들 수 있다는 뜻이다. 가능성에는 끝이 없는 법이다.

다 른   세 상 은   가 능 하 다

| 언어는 의식을 구성한다 |

언어는 세계를 이해하고 지각하는 방식을 짜내므로, 세계에 대한 성향까지 좌우한다. 즉 언어는 의식을 구성한다. 다른 언어를 사용하면, 세계를 달리 지각하고 혹은 구상하는 것이 가능하다. 더 극적으로 말하자면, 언어가 달라지면 현실도 달라진다. 예를 들어보자. 아프가니스탄의 아동 사망자들은 군사작전 가운데 우연히 발생한 피해자인가 군사작전 때문에 살해된 희생자인가? 자유무역협정은 노동자를 해방하는가 착취하는가? 이러한 질문은 언어가 다르면 이해도 다르다는 것을 보여준다. 이것은 단순한 '말장난'이 아니다. 언어 이면에 서 있는 절대적인 현실은 존재하지 않는다. 구체적인 것만 존재할 따름이다. 사람은 언어 바깥으로 나가지 못하며, 언어 없이는 이해도 토론도 논쟁도 못한다. 본질적으로 언어를 쓴다는 것은 논의하는 것이 무엇이든 지각과 이해를 구성하는 것이다. 언어 바깥으로 나가는 출구는 없다. 언어를 쓸 때마다 특정한 전망이 따라 나오며, 그것에 따라 정치적 선택, 감정의 반응, 사회적 행위가 생겨난다.

이 같은 이해를 가볍게 생각해서는 안 된다. 요컨대, 언어는 사람의 정신에 개입한다. 그렇기 때문에 언어를 전략적으로 활용할 때는 몇 가지 윤리에 따라야 한다. 첫째, 정직해야 한다. 둘째, 거짓, 왜곡, 혼란, 날조가 들어간 언어를 피해야 한다. 셋째, 정확하고 공정하고 균형잡힌 언어를 써야 한다. 절대적으로 올바른 언어는 없지만, 다른 것보다 정확한 언어는 있다. 아래의 다섯 가지 질문은 활동가가 언어를 전략적이되 윤리적으로 활용할 때 필요한 지침이다.

- 자신의 언어가 만들어낸 지각과 이해는 무엇인가?
- 그런 지각이나 이해는 정확하고 공정한가?
- 이러한 언어를 쓰는 이유는 무엇인가? 그리고 의도는 무엇인 가?
- 다른 사람이더라도 같은 유형의 언어를 썼을까? 아니라면 이유 는 무엇인가?
- 자신이 선택한 언어가 정당하다고 설명할 수 있는가?

| 언어는 문제의 틀을 짠다 |

틀짜기framing는 언어와 의식의 관계를 이해하는 또 다른 방법이다. 모든 문제는 언어에 의해 틀이 짜이고, 그렇게 형성된 언어는 의식의 틀을 짠다. 언어의 틀은 이해의 특정한 창문을 짜는 것이다. 즉 문제를 보고 이해하는 렌즈를 만든다고 할까. 안경을 생각해보자. 안경을 쓰면 세계의 특정한 양상에 초점이 맞춰진다. 특정한 사물이 들어오고 나머지는 사라진다. 안경에 따라서는 오히려 시각을 실로 침침하게 하는 경우도 있다. 눈이 안경에 익지 않기 때문이다. 한마디로 그런 언어를 통해서 보는 것이 익숙하지 않은 것이다. 안경을 쓰면 보통 때처럼 세상을 볼 수가 없다. 이 때문에 언어적 렌즈를 거부하고, 알맞고 이로운 것을, 아니면 쓰던 것을 선택한다. 언어와 틀짜기가 돌아가는 방식이 그렇다. 언어의 쓰임새 하나하나가 문제를 지각하는 방식을 바꾼다. 그런 식의 틀짜기가 이 책의 핵심 주제다. 훌륭한 수사가는 자신만의 관점과 신념에 따라 세상의 틀을 짜는 데 성공한다.

틀짜기에는 두 가지 측면이 존재한다. 첫째, 다른 사람이 사용하는 언어의 틀을 언제나 분석할 것. 둘째, 자신의 정치적 의제에 이로운 언어의 틀을 사용할 것. 이 두 가지 모두 언어의 틀짜기 양상에 익숙해지면 해낼 수 있다. 실상 논증과 토론과 대화는 많은 경우 틀짜기가 핵심 중의 핵심이다. 예를 들어, 활동가가 '미등록 노동자'라고 말할 때 다른 사람은 '불법이주민'이라고 말하고, 활동가가 '동성결혼'이라고 말할 때 다른 사람은 '호모결혼'이라고 말하며, 활동가가 '정권'이라고 말할 때 다른 사람은 '정부'라고 말하는 식이다. 이 사례는 언어의 틀짜기를 보여주며, 사람에 따라 틀을 어떻게 다르게 짜는지 확인할 수 있게 한다. 늘 틀을 분석하라, 그런 다음 자신이 욕망하는 사회적 변혁을 일으키기 좋은 틀을 사용하라.

| 언어는 맥락을 따른다 |

모든 언어는 맥락을 따른다. 언어가 일정한 맥락 안에 있다는 뜻이다. '맥락'은 소통이 일어나는 장소나 공간을 지칭한다. 맥락은 친한 친구끼리 일대일로 하는 대화에서도 나타난다. 집단토론, 대중연설, 혹은 논문에서 그리고 대표자회의나 연수회에서도 나타난다. 시청 계단에서 하는 소규모 집회나 국제적 항의 집회를 하는 날에도 있다. 맥락은 클 수도 작을 수도 있고, 개인적일 수도 비개인적일 수도 있고, 공식적일 수도 비공식적일 수도 있다. 맥락은 언제나 존재한다. 그리고 가장 중요한 점은 언어적 효과란 소통의 맥락을 잘 알고 거기에 적응하는 것에 좌우된다는 것이다. 앞 장에서 논의한 청중 분석, 수사적 상황 등에 대해서 논의한 내용에서도 비슷한 통찰을 담고 있다. 청중과 상황과 맥락은 매우 유사하기 때문이다. 즉 청중과 장소를 읽고 대응한 것처럼, 주변의 맥락을 읽고서 대응해야 한다. 이 점을 깨달으면 가장 적절한 언어를 쓸 수 있다.

맥락은 다른 사람의 언어를 해석하게 해주기도 한다. 다른 사람이 활동가의 언어를 이해하려고 애쓰는 것처럼, 활동가도 다른 사람의 언어를 이해하고자 애쓴다. 물론 언제나 쉬운 것은 아니다. 활동가 모두 다음과 같이 물었을 게 뻔하다. "그녀는 도대체 무슨 말을 하는 거야?" "난 잘 모르겠어." "그 사람은 그 이야기를 왜 했을까?" "상황이 어떻게 돌아가는 거지?" "난 정말 모르겠다니까." 맥락을 알면 이 같은 혼란을 피할 수 있다. 무엇인가 미심쩍을 때는 다음과 같이 자문하라. 어디에 있는가? 누구와 있는가? 무슨 일이 있으며, 방금 무슨 말을 했는가? 이러한 질문에 답하면, 언어를 명료하게 쓸 수 있고, 잘못된 소통을 피할 수 있다.

| 언어, 사유, 행동주의 |

언어는 사유를 창조한다. 언어가 없다면 인간의 사유도 없다. 물론 앎의 다른 형식이 있을 수는 있겠다. 체험으로 아는 것이나 영혼으로 아는 것처럼 말이다. 그러나 언어가 없다면 생각도 없다. 잠시 멈춰, 언어

〉 언어는 사유를 창조한다. 생각한다는 것은 곧 언어를 통해 가능한 것이다. 따라서 언어를 바꾸면 생각, 세계를 대하는 방식, 가치관, 사회의 방향까지 바꿀 수 있다.

를 쓰지 않고 생각해보도록 하자. 이미지, 감정 혹은 경험을 불러낼 수는 있다. 그러나 언어가 없이는 그 이상의 것들을 생각할 수 없다. 정체를 확인하고 파악하거나 이해할 수가 없는 것이다. 마음을 깨끗이 하고 직관적인 앎이나 이해의 유형에 다가가는 것은 가능하리라. 그러나 그렇게 알아봤자 언어가 없다면 사유를 하지 못한다. 결국 생각한다는 것은 언어로 생각하는 것이다. 이것이 맞다면, 언어를 바꾸는 것은 생각을 바꾸는 것이라고 할 수 있다. 행동주의로서는 중요한 통찰이 아닐 수 없다. 사람들의 생각을 바꾸기 위해서는 그들이 쓰는 언어를 바꾸는 것이 좋다는 얘기다. 이렇게 하면 인간의 사유 수준에서 사회 변혁을 일으킬 수 있다. 사람들이 세상을 생각하는 방식을 바꿔 세상을 변혁하자는 것이다. 다음의 네 단계는 이 점을 분석한다.

- 사람들의 언어를 바꿔라, 그러면 사람들의 생각하는 방식이 바뀐다.
- 사람들의 생각을 바꿔라, 그러면 사람들이 세계를 대하는 방식이 바뀐다.
- 사람들의 방식을 바꿔라, 그러면 사람들의 믿음, 가치, 태도, 행동이 바뀐다.
- 이 모든 것을 바꿔라, 그러면 사회의 방향이 바뀐다.

이 같은 단계는 일치감치 행동주의에 공통의 지침으로 자리 잡았다. 페미니스트는 사람들이 성차 관계를 생각하는 방식을 바꾸고자 애쓴다. 반자본주의자는 사람들이 노동과 이윤체계를 생각하는 방식을 바꾸고자 애쓴다. 환경주의자는 사람들이 자연과 인간의 관계를 생각하는 방식을 바꾸고자 애쓴다. 이 같은 목표를 이루기 위해서는 사람들이 말하고 생각할 때 사용하는 언어를 바꾸는 것이 필요하다. 활동가 모두 이 점을 어느 정도는 알고 있다. 그러나 최우선 사항으로 해둬야 한다.

언어를 사회 변혁의 도구로 활용할 것, 자기가 찾는 세계를 존재하게 하는 언어를 활용할 것, 자신이 바라는 현실을 불러내는 언어를 활용할 것. 이 세 가지가 요점이다.

| 언어와 소통 |

언어는 언제 어느 때나 쓰고 있기 때문에 당연한 것으로 여긴다. 그러나 서로가 서로를 이해하지 못할 때 상황은 급변한다. 대화를 하다가, 해석을 잘못하고 맥락에서 벗어나고 아니면 의도를 헤아리지 못하는 것은 흔한 일이다. 그러면 이렇게 말한다. "아니야, 내 말은 그게 아니라니까." 그런 뒤 의미와 의도를 더욱 정확히 표현할 다른 말을 급하게 찾아 나선다. 이 공통된 경험이 알려주는 사실은 언어가 제대로 돌아가는 것은 아니란 점이다. 선택한 말과 해석된 뜻이 상충되어 소통이 엇나갈 때가 많다. 활동가와 조직가는 이 난관을 피하는 것이 좋다. 물론 가능

하다. 이해를 막는 게 아니라 이해가 가는 언어를 쓰면 된다. 언제나 소통에 알맞은 언어를 찾고자 애써라. 다섯 가지 지침을 적어놓았다.

- **알기 쉽게 할 것.** 되도록이면 여러 계층의 사람들에게 알기 쉬운 언어를 활용하라. 언제나 흥미진진하고 세련되지는 않겠지만, 적어도 사람들이 무슨 말인지 이해는 하리라.
- **명확하게 할 것.** 의미와 목적을 명쾌히 하는 언어를 활용하라. 이해를 돕는 것이 목적이지, 사실을 왜곡하기 위함이 아니다. 사람들이 이해하지 못한다면, 감동도 영감도 얻지 못할 것이다.
- **존중할 것.** 공격적 언사를 피하라. 이것은 언제나 개인이 판단할 사항이다. 왜냐하면 이 사람에게 공격인 것이 저 사람에게는 아닐 수 있기 때문이다. 그러나 관건은 청중의 분석이다. 청중을 읽어라, 그리고 청중을 존중하는 언어를 활용하라. 무슨 말을 하려는데 조금이라도 미심쩍은 생각이 들면, 다른 사람에게 물어보거나 아예 쓰지 않는 게 좋다.
- **자극적일 것.** 기분과 감정이 격동하는 언어를 활용하라. 육체의 감각을 건드리고, 인간의 경험에 호소하고, 가슴을 울리고, 사람들의 욕망과 상상과 미래를 불러내라. 활동가는 과도한 행동도 신파극도 피하는 것이 좋다. 그러나 활동가의 언어에는 열정과 자극이 넘쳐야 한다. 그렇게 하면 사람들이 활동가의 (언어적) 현실을 경험하기 좋다.
- **흥미로울 것.** 흥미를 돋우고 주의를 이끄는 언어를 활용하라. 물론 언제나 가능한 것은 아니다. 문제에 따라서는 핵심만 찔러

도 충분한 것이 있다. 그러나 사람들은 재치 있게 생각할 거리를 주는 은유와 비유와 기술을 좋아한다. 다시 한 번 말하지만, 이렇게 하는 것이 활동가가 바라는 현실을 불러내기에 좋다.

:: 언어 분석하기 ::

언어를 통제하는 사람이 정신을 통제하며, 언어를 창조하는 사람이 현실을 창조한다. 조지 오웰George Orwell의 고전인 《1984》를 읽어본 사람이라면, 이 문장을 잘 이해할 것이다. 오웰의 소설에서 전체주의 정부는 세 가지 구호를 선전한다.

전쟁은 평화며, 자유는 노예고, 무지는 힘이다.

이 구절은 보통 사람의 생각을 뒤집는다. 실제로 소설에 나오는 전체주의정부를 무한한 확장과 항구적 존속을 위해서 끊임없는 전쟁으로 내몰기까지 한다. 이 체제의 시민은 언어의 올가미에 포박된 탓에, 그들의 사회정치적 현실이 비틀려 있다고 생각하지 못한다. 정부의 언어에 마음을 빼앗겨, 정부가 자기 멋대로 하는 상황에서 벗어날 생각조차 못하는 것이다.

오웰의 소설은 섬뜩할 정도로 현대와 공명되는 부분이 있지만, 중요한 사실을 간과하기도 한다. 즉 인간은 모두 타고난 능력이 있어서,

어떤 상황에 있든 그것을 넘어설 생각을 한다는 것이다. 상황이 얼마나 억압적이든 상관없이 말이다. 물론 언제나 쉽지는 않지만, 언제나 가능한 일이기도 하다. 인간의 정신은 언어를 통해서 구성되나, 언어는 정지한 것도 폐쇄된 것도 아니다. 언어는 다른 말과 다른 뜻이 끊임없이 출현하여 영구히 변화해간다. 이 때문에 금이 가고 틈이 생기며, 대안적인 생각, 통찰, 사유, 행동이 나타난다. 그리고 어떤 언어라도 의표를 찌르고 이겨낼 수 있게 된다. 얼마나 깊숙이 뿌리 박혀 있든 얼마나 억압적이든 상관없다. 그러나 그렇게 하려면 동기가 있어야 한다. 할 만한 능력이 있다고 하고자 할 의지가 있는 것은 아니기 때문이다. 하나의 언어를 문제로 삼는 것은 하나의 권력, 특권, 억압, 해방을 문제로 삼는 것이다. 당연히 즐겁지 않은 일이기에 사람들은 이 과정에 반발할 것이다. 그러나 활동가는 설득적·논쟁적·권유적 수사를 구사해 사람들이 자신의 언어를 문제 삼게 만들 수 있다. 이 일은 현재의 권력 구조에 한방먹이는 일이다. 선전선동, 거짓말, 거짓된 이데올로기, 위계구조, 불평등은 비판적 사상가가 활약하는 문화에서 존재할 수 없다. 그렇다. 중요한 것은 사람들이 스스로 그들의 언어를 자율적으로 탐구하고 분석하며, 세계를 일구어내는 것이다.

활동가는 밑에 제시한 다섯 단계를 이용해 언어 분석에 착수할 수 있다. 다섯 단계가 제공하는 것은 일반적인 지침이지 엄격한 방법이 아니다. 모든 분석에는 그만의 조건이 필요하며, 그만의 과정이 따르기 때문이다. 단번에 끝내는 만능열쇠 같은 방법은 없다. 언어에 대해 철저하게 생각하라. 가장 효과적인 분석을 하기 위해서는 시기적절하게 융통성을 발휘할 줄도 알아야 한다. 분석을 할 때 가장 중요한 요소는 짜임새도 있으면서 세부사항까지 챙기는 사유다. 서두르지 말자, 끊기 있게 하자, 정당하게 하자, 빈틈없이 하자. 활동가의 목표는 언어의 사회적 · 정치적 · 윤리적 양상을 비판하고, 사회적으로 더욱 공정한 언어를 제공하는 것이다. 이제부터 문화적 유산, 인종, 성차와 성정체성을 주시하며 언어의 정체를 분석해보자. 이런 분석은 보통 다음 다섯 단계를 사용한다.

언어의 정체 확인: 분석할 언어를 지정할 것. 특정한 말과 언어에 밑줄을 칠 것. 이것은 분석할 때의 기초자료다. 즉 분석을 시작할 때 구체적인 기초를 제공해 준다.

맥락의 분석: 언어가 쓰였던 시간, 장소, 행사를 표시할 것. 사회적 · 문화적 · 역사적 · 정치적 맥락도 표시할 것. 그 언어가 왜 쓰였고 어떻게 쓰였는지 이해하도록 하자. 활동가는 그 맥락에서 그 언어를 써야 했던 이유를 이해하는 것이 좋다. 맥락이 그랬기 때문에 그런 언어를 쓰는 것이 정당화될 수도 있는 법이다. 그리고 맥락이 그렇기 때문에 그런 언어를 쓰는 것이 용납될 수 없기도 하다.

사회적 · 정치적 함축의 찾기: 그 언어가 생각과 행동에 어떻게 영향을 끼치는지 설명할 것. 언어가 사회의 특정한 양상을 어떻게 반영하고/거나 영속시키는지 설명할 것. 또한 무엇 때문에 비윤리적이고, 도덕적으로 잘못됐으며 왜곡된 것인지 설명할 것. 그리고 자신의 설명을 정당화할 것. 언어와 그것의 사회적 · 정치적 효과 사이의 구체적인 관계를 끄집어낼 것. 정당화하지 못한 분석은 단순한 의견일 뿐이지 실질적 비판이 아니다.

대안 언어의 제시: 다른 언어, 문구, 기술 혹은 맞춤법을 제안할 것. 오래된 언어를 새로운 언어로 교체할 것. 대안을 제시할 것. 언어를 해체하는 것은 좋지만, 그것만으로는 사람들이 달리 행동할 조건이 마련되지 않는다. 대안을 제안해야 한다. 그래야 사람들이 자신의 행로를 바꾸는 기회를 잡을 수 있다.

분석의 회람: 자신의 분석을 다른 사람과 공유하고 토론하고 논쟁하고 소통하면 생각과 대안이 더 많이 나온다. 이렇게 하면 한층 훌륭한 분석을 내놓기도 좋고, 사람들이 스스로 못 보는 언어적 맹점을 확인하기도 좋다.

:: 언어와 정체성 ::

언어와 정체성은 본래부터 관계가 있다. 사람들이 자신이 누구이며 스스로를 어떻게 정의하는지 생각할 때는 언어로 생각한다. 언어는 친구, 가족, 동료처럼 다른 사람과 얽혀 있다. 사회, 문화, 역사처럼 커다란 체계와 얽히기도 한다. 심지어 미래 세대와 얽히기도 한다. 현재의 언어에 영향을 받을 테니까 말이다. 이 같은 관계 때문에 언어와 정체성에는 권력, 지배, 굴종, 자기결정, 사회이동, 저항, 억압, 해방의 문제가 따른다. 따라서 언어를 탐구하는 것은 사회 변혁의 도구가 되는 셈이다. 이제부터 언어가 문화적 유산, 인종, 성차, 성정체성의 각 정체성과 맺는 관계를 주시하며 언어를 탐구해보겠다. 이러한 분석이 모든 사람의 필요, 요구와 정체성을 대변하는 것은 아니지만, 탐구를 계속해갈 때 필요한 기초는 제공해준다.

| 언어와 문화적 유산 |

언어와 문화적 유산은 서로 얽혀 있다. 서로가 서로를 창조하는 것이다. 한 사람의 언어는 그 사람의 유산을 표현하며, 한 사람의 유산은 그 사람의 언어를 표현한다. 이러한 관계는 제국주의 역사에서 빼놓을 수 없다. 이 나라는 저 나라를 침략하며 식민지 주민의 언어를 빼앗는다. 이후 그들의 언어와 문화는 제국주의 강대국의 언어와 문화로 대체된다. 식민지 나라의 언어와 문화의 기억은 나중에 되살릴 수 있을지 모르나, 그것들의 살아 숨 쉬는 현재는 영원히 사라져버린다. 이 문제는 말콤 X의 유명한 구절에서 나온다.

너의 이름은 뭐였나? 스미스? 존스? 번치? 파웰일 수도 있겠지. 그건 네 이름이 아니야. 너와 내가 어디서 왔는지 일러주는 이름이 아니라고. 결단코. 너의 이름은 뭐였나? 이름이 뭐였는지 왜 모르는 거야? 어디로 사라졌지? 어디서 잃어버렸지? 누가 가져갔지? 그리고 어떻게 빼앗아갔지?

어떻게 발음을 했나? 그 녀석은 발음을 어떻게 빼앗았나? 그 녀석이 너의 역사를 어떻게 지웠냐고? (…) 그 녀석이 너한테 무슨 짓을 했기에 지금 아무런 문제가 없다고 생각할 만큼 멍청이가 된 거지?◆

말콤이 언급한 것은 사회문화적 본명birth name의 상실이다. 그가 특히 언급하는 것은 아프리카 노예의 곤궁한 처지다. 왜냐하면 자신의 이름을 빼앗겼거나 다음 세대로 넘겨줄 이름을 잃어버렸기 때문이다. 노예는 자기가 누구인지 자기가 어디서 왔는지 알지 못한다. 강요되고 뿌리 없는 이름이 그들의 전통을 갈음하고, 결국 백인 주인의 눈으로 자신을 바라보게 된다. 이 같은 억압적 언어는 자기인식을 지워내고, 아프리카 노예의 정신, 육체와 의지를 소외시킨다. 말콤 리틀Malcolm Little이 말콤 X가 된 것은 놀랍지 않다. 실제로 많은 사람들이 뒤를 따랐다. 캐시어스 클레이Cassius Clay는 무하마드 알리Muhammad Ali가 되었고, 르로이 존스LeRoi Jones는 아미리 바라카Amiri Baraka가 되었다.

비슷한 문제는 영어의 국제화에도 적용된다. 현대 세계는 영어가 특권을 누린다. 여행의 행선지, 민간항공사, 사업계약, 기업의 연락소에서는 점차 영어와 자국어 두 개를 쓰는 추세다. 여러 언어로 대화하는 것은 경하해 마지않을 일이다. 그러나 영어가 본래부터 특출난 것은 아니란 사실을 유념하자. 사실 영어는 다른 언어보다 배우기 어려우며, 스페인어, 이태리어, 혹은 프랑스어보다 낭만적인 맛도 떨어진다. 그런데 영어가 왜 그렇게 널리 보급되고 중요해진 것일까? 미제국주의 때

◆ The Speeches of Malcolm X, VHS, MPI Home Video, 1997. "민주주의는 위선이다Democracy is Hypocrisy"는 온라인에서 볼 수 있다. Malcolmxonline.com/malcolm-x-videos. 2008년 2월 1일 인용.

〉 영어는 현 세계에서 특권을 누리고
있다. 영어권이 아닌 나라에서도 영어
쓰기가 강요되고 있다. 그러면서 교유
한 정체성이 서구화, 미국화되고 있다.
이것이 바로 언어 제국주의이다.

문이다. 미국이 경제와 군사와 매체를 지배하고 있는 탓에 어쩔 수 없
이 영어를 제2 외국어로 배워야 하는 것이다. 이 같은 과정은 이후, 토
착적 정체성을 서구화되고 미국화되고 영어화된 정체성으로 바꾼다.
언어를 바꾸는 것은 정체성을 바꾸는 것이다. 이 두 가지는 같이 간다.
수많은 토착 언어와 문화가 이러한 과정을 거치며 완전히 사라져갔다.
일부러 제거한 것은 아니겠으나 지금도 여전히 지워지고 있으며, 이 모
든 일이 언어 제국주의 때문이란 것을 정확하게 이해해야 한다.◆

| 언어와 인종 |

언어는 인종, 인종 관계, 인종차별을 구성할 때 핵심 역할을 한다. 예를

◆ 언어 제국주의를 지적하는 자료로는 다음 책을 참고할 것. Marlis Hellinger and Anne Pauwels,
eds., *Handbook of Language and Communication: Diversity and Change*, Mouton de Gruyter,
2007; Fredric Jameson and Masao Miyoshi, eds., *The Cultures of Globalization*, Duke
University Press, 1998; Jerry Mander and Edward Goldsmith, eds., *The Case Against the
Global Economy and for a Turn Towards Localization*, Sierra Club Books, 1996.

들어, 북미 지역에서 '검은색'과 '하얀색'은 어느 정도 언어적 굴종을 통해 정의된다. '하얀색'은 보통 선하고, 신성하고, 순수하고, 깨끗하고, 바람직함을 뜻한다. 반면 '검은색'은 악하고, 불길하고, 얼룩지고, 더러우며, 달갑지 않음을 나타낸다. 두 낱말만으로는 의미하는 것이 많지 않다. 그러나 이 두 낱말이 미국의 인종 관계 역사와 결합되고 그 역사를 통해 읽히게 되면, 인종차별적 사유와 행동이 조장된다.

할리우드의 서부영화를 생각해보자. 착한 카우보이는 언제나 하얀색 옷을 입는 반면 나쁜 카우보이는 언제나 검은색 옷을 입는다. 〈스타워즈〉에서도 선한 역할의 루크 스카이워커는 하얀색 옷을 입지만, 악한 역할의 다스 베이더는 검은색 옷을 입는다. 유럽에서 성서의 이야기가 묘사되는 방식도 생각해보자. 여기서 하느님은 회색 수염에 백발을 휘날리는 백인 노인으로 묘사된다. 예수는 푸른 눈의 백인 구세주로 묘사된다. 예수를 이렇게 설정한 것은 이해할 수 없는 일이다. 왜냐하면 예수는 베들레헴에서 태어났는데, 내가 아는 한 그곳은 토착민 가운데 푸른 눈의 백인 남성은 없기 때문이다. 유럽과 미국의 백인 문화는 이런 식으로 인종차별적 구조를 만들어냈다. 이 같은 인종차별 구조와 '하얀색' 대 '검은색'의 언어적 굴종은 서로가 서로를 뒷받침한다. 백인우월주의를 부추기고, 인종적 열등감과 자기혐오를 내면화시킨다.

'N 단어$_{word}$'**도 언어와 인종의 문제를 제기한다. 이러한 사실은 사람들이 원래의 말인 'nigger'를 자제하고 'N 단어'를 말하는 점에서

◆◆Nigger, 아프리카계 미국인을 비하하는 단어. (옮긴이)

드러난다. 원래의 낱말에는 부정성이 난무하는 까닭에 입에 올리기만 해도 증오, 욕설, 공격, 분노, 죄책감, 역사적 과오의 감정이 샘솟는다. 게다가 공평하게 백인종의 감정을 해치는 낱말은 존재하지 않는다는 것도 알아야겠다. 아무리 고민을 해봐도 미합중국 백인 주민을 모욕하는 낱말은 없다. 'cracker', 'whitey', 'honky' 등과 같은 모욕적 언사가 많기는 하다. 그러나 어느 것도 'N 단어'만한 사회적 · 역사적 · 감정적 효과는 없다. 이 사례는 백인과 흑인의 비대칭적 권력 관계를 보여준다. 백인종은 심하게 모욕할 능력이 있지만 흑인종은 공평하게 모욕할 낱말조차 없다. 이 같은 비대칭적 관계는 미국의 인종차별의 역사에서 비롯된다. 노예제도, 불법적 집단폭력, KKK, 흑인차별정책, 인종분리정책, 사회경제적 불평등 등에서 나온 것이다. 힘 있는 사람은 모욕하고 억압할 능력이 있지만, 힘없는 사람은 그런 것이 없다.

인종과 언어는 흑백 관계로 환원될 수 없다. 모든 인종 사이에는 언제나 긴장이 잠복해 있으며, 여기에는 언어가 관련될 때가 많다. 긴장의 정도에 따라서 상대방에게 쓰는 언어를 비판적으로 검토하면 예방될 수도 있다. 물론 어려운 일이다. 사람들이 어떤 표현을 선호하는지 알지 못하기 때문이다. 그러나 공통된 기준을 사용하면 도움이 된다. 예를 들면, '아메리카 인디언American Indian'보다 '아메리카 원주민Native American'을 쓰고, '동양인Oriental'보다 '아시아인Asian'을 쓰는 것이다. 물론 이러한 기준은 상대적이고 낱말, 표현, 언어의 정치적 함축은 시간이 흐르면 변한다. 이후 사람들은 다른 낱말로 자신을 기술하며, 보통은 한결 긍정적이고 자신 있고 최근에 등장한 표현을 선택한다. 이 같은 사회적 규범을 비판할 뿐만 아니라 잘 알아두기도 하자. 그러면 상대방이 선택한 언어를 존중할 때 도움이 될 것이다.

:: 언어, 성차, 성정체성 ::

성차와 성정체성sexuality은 역사적 이유 때문에 보통 함께 묶인다. 예
를 들어, 2차 페미니즘운동second feminism wave과 동성애자 해방gay
liberation은 모두가 1960년대와 1970년대에 출현했다. 페미니즘은 동
성 관계 가운데 특히 여성동성애lesbianism 문제를 거론했고, 동성애
자 해방운동은 성차 불평등을 언급했다. 특히 남성의 편협한 여성관이
목표로 설정됐다. 시작이 그랬던 탓인지 오늘날에도 성차와 성정체성
은 손쉽게 연대 관계가 마련된다. 그러나 성차와 성정체성은 다른 이
유 때문에 함께 묶인다. 오늘날 사회는 사람들을 생물학적 성, 성차, 성
정체성에 대해서 이분법적 범주로 구분하기 때문이다. 예를 들어, 많
은 사람들은 세상에 생물학적 성이 두 개밖에 없다고 가정한다. 또한
각 생물학적 성은 남성의 특성이나 여성의 특성을 보인다고 가정한다.
더 나아가 대립되는 생물학적 성 사이의 성적 관계는 자연스럽고 정상
이라고 가정한다. 즉 남성과 여성은 종족번식의 목적을 위해서 서로를
'자연스럽게' 유혹한다는 것이다.

　이러한 범주는 문제가 있다. 환원적이고 억압적이기 때문이다. 세
상에는 두 개의 생물학적 성, 두 개의 성차, 두 개의 성정체성 이상의
것들이 존재한다. 어떤 사람은 간성間性이어서, 염색체와 생식기가 남

성과 여성 한 쪽으로 결정되지 않는다. 인간의 남성적 특성과 여성적 특성은 결코 생물학에 따라 결정되는 것이 아니라 오히려 사회적으로 결정되고 엄격히 범주화된다. 결국 세상에 존재하는 사람 수만큼이나 다양한 성적 성향이 존재한다. 이성애자인 사람도 있고, 동성애자인 사람도 있고, 양성애자인 사람도 있고, 범성애자인 사람도 있고, 비성애자인 사람도 있다. 성적인 매력이 종족번식의 생득적 필요성 때문에 결정된다고 생각하는 것은 근거가 없다. 성교의 종류는 가지각색이며, 그 가운데 아주 일부만 출산으로 이어진다.

이 같은 범주는 이분법적일 뿐만 아니라 비대칭적이기도 하다. 예를 들어, 남성적 여성은 여성적 남성보다 사회에서 인정받기 좋다. 이것은 남성성이 여성성보다 가치가 높기 때문이다. 오늘날 사회는 남성성을 여성성 위에 둔다. 이런 이유 때문에 여자들은 여성적 기대에 부응하는 삶을 살아도 남자보다 낮게 평가받는다. 비대칭적 관계는 다른 방식으로도 발생한다. 여자는 남자들의 관심을 끌기 위해서 경쟁하는 게 당연한 반면에, 남자는 적극적으로 성관계를 추구하는 게 당연하다. 따라서 남자는 능동적으로 성교를 추구할 자유가 있지만, 여자는 수동적으로 성교를 기다리는 존재로 여겨진다. 이 두 개의 기준 때문에, 적극적인 여자는 문란하며, 소극적인 남자는 성적으로 유약하다는 생각이 나온다. 이러한 성적 관계는 현 사회의 이성애규범성heteronormativity을 영속화한다. 이성애는 자연적이고 정상적일뿐더러 강제적이라는 것이다. 즉 남성과 여성은 이 같은 비대칭적 규범을 따르지 않을 수 없다는 것. 이러한 규범에 저항했다가는 차별과 경멸을 받기 일쑤다. 심지어 증오범죄의 대상이 되는 경우도 있다. 따라서 이

208
다른 세상은 가능하다

성애규범성은 동성애혐오homophobia와 성전환혐오transphobia를 고착시킨다. 동성애와 성전환에 대한 공포를 뿌리박는 것이다.

현재의 언어는 이러한 상황을 부추긴다. 오늘날의 성차와 성정체성이 이분법적이고 비대칭적 언어를 통해서 구성됐기 때문이다. 언어를 바꾸면 범주가 변할 것이고, 범주를 바꾸면 성차와 성정체성이 변할 것이다. 그러나 이것은 매우 힘든 일이다. 언어는 사람들의 머릿속에 깊게 박혀 있기에 대부분 이러한 범주를 넘어서는 생각을 하지 못하며, 바로 이 때문에 그들은 스스로 성차와 성적인 규범을 주입시킨다. 대부분의 사람들이 출구를 찾기 힘든 악순환이 벌어지는 것이다.

이 과정은 일상에서 쓰는 몇 가지 낱말을 관찰해보면 쉽게 알 수 있다. 예를 들어, '남자man'는 인류human race를 대표할 때가 많다. 서양 사회의 정전인 성경에서 '남자'는 변함없이 인간human, 인류humanity, 사람들people, 사람person을 가리킨다. 그러면 여자는 어디에 있을까? 여자는 남자-이야기his-story에 기록되지 않는다. 성차별적 언어의 혈통은 암묵적으로 여자보다 남자에게 특권을 보장하여, 남자의 삶 때문에 여자의 삶이 은폐되는 사회적-심리적-행태적 환경을 구축한다. 남자는 잘 보이고 권력을 보유한 존재인 반면에, 여자는 안 보이고 권력이 박탈된 존재다. 다음의 목록을 보자.

S/he

Wo/man

Wo/men

Fe/male

Hu/man

Hu/man/ity

His/tory

각 낱말에는 남성을 뜻하는 낱말이 들어가 있다. 마치 여성은 남성과 함께 있어야 존재 가능한 것만 같다. 반대로 남성은 혼자서도 존재 가능하다. '남자'가 인류 전체를 지칭하는 이유인 것이다. 남자는 독립적이고 우수하며 인류의 근원적 존재로 구성된다. 반대로 여자는 의존적이고 열등하며 부차적 존재로 구성된다. 이런 식의 구성은 여자를 배제하며, 개인의 정신 내부에, 개인 간 관계 내부에, 사회 내부에 성차의 위계를 심어놓는다. 이후 수많은 여자는 이러한 언어적 구성을 내면에 수용하고, 저임금 직종, 만족감 없는 직업, 의존적 관계에 알아서 기게 된다. 한 세대 한 세대가 지나갈수록, 여자들이 돈을 덜 벌고, 책을 덜 쓰고, 말을 덜 하고, 혁명을 이끌기보다 따라가는 것이 더 '자연스러워' 보이게 된다. 이것이 성차별이 아니고 무엇일까. 간단명료한 것이다.

동성애를 혐오하는 말에도 비슷한 문제가 나타난다. 언뜻 보기에, '병신(호모) 같다fag'나 '어처구니가 없구만that's so gay'은 당황했을 때나 바보 같거나 어리석은 짓을 했을 때를 지칭하는 포괄적인 문구처럼 보인다. 체육관의 탈의실, 경기장, 골목길 같은 곳에서 별 생각 없이 그런 표현을 내뱉곤 한다. 그러나 이 같은 표현은 사회의 용인 하에 동성애혐오를 오래도록 계속되게 한다. 남성 동성애자, 성소수자, 성정체의심자를 싫어해도 괜찮다는 것이다. 또한 사람들의 삶에 깊게 영향을 끼쳐 여성 동성애자, 남성 동성애자, 양성애자, 성소수자, 성전환자가

**I think I just heard you say...
"That's so gay!"**

here are some other things you could say

ludicrous. naïve. frivolous.
irrational. interesting. curious.
eccentric. bogus. weak. foolish.
goofy. insipid. absurd. ridiculous.
annoying. asinine. pathetic.
yesterday. surreal. wack(y).

G·S·A
for Safe Schools
gay straight alliance for safe schools

inspired by the GSA students of Velma Hamilton Middle School - Madison, WI
www.gsaforsafeschools.org

❯ 바보 같거나 어리석은 짓을 했을 때 쓰는 "어처구니가 없구만that's so gay" 속에는 동성애자를 혐오하는 의미가 담겨 있다.

자신의 정체성을 인정하기 힘들게 만든다. 다시 한 번 말한다. 이것은 말할 필요도 없이 억압이다.

　이런저런 억압이 있어도, 사회는 긍정적으로 변화 가능하다. 예를 들어, 많은 LGBT 공동체는 '성소수자queer'를 자기도 긍정하고 마음도 여는 성정체성을 뜻하는 낱말로 전용했다. 페미니스트는 'woman'과 'women'을 'womin', 'womyn', 'wimmin'으로 바꾸었다. 아프리카계 미국인은 "검은 것이 아름답다Black is Beautiful"와 "자랑스러운 흑인이 되자Be Black, Be Proud"와 같은 문구를 사용해 인종차별에 대항했다. 이러한 활동은 사람, 집단, 공동체에 역량을 제공해 자신만의 정체성을 결정짓게 만든다. 언어를 탐구하여, 더욱 확신에 차고, 더욱 독립적이며, 더욱 자기를 긍정하는 정체성을 만들어야 한다.

:: 선전선동 분석하기 ::

선전선동은 사회적 · 정치적 · 경제적 권력을 위해서 사람들의 이해를 곡해하거나 혼동시키는 소통이다. 한 사람이 한 사람을 속이는 것은 선전선동이 아니다. 그러나 기만 때문에 사람들과 제도가 대중 권력을 획득하고 발산하게 될 때는 선전선동인 것이다. 선전선동은 의도가 있기도 하고 없기도 하다. 한마디로 사람들은 그것이 선전선동인지 알지도 못한 채 선전선동에 동참하기도 한다. 즉 사람들의 지식이 짧다고 해서, 그들의 메시지나 소통까지 막히는 것은 아니기에 선전선동의 효과는 영속해서 작동한다. 물론 모든 사람이 선전선동의 책임을 똑같이 져야 하는 것은 아니다. 선전선동을 의식하고 창조한 사람과 의식 없이 영속시킨 사람은 상당히 다르다. 애국 시민은 보통 전쟁을 지지한다. 전쟁이 정당하고 공정한지 아닌지 별다른 고민 없이 자신의 나라가 올바르다고 믿기 때문이다. 그러나 맹목적인 애국자 유형은 전쟁 찬성 분위기를 만들기 위해서 거짓말을 일삼는 정부와는 다르다. 물론 이런 차이가 있기는 하지만, 저열한 주의주장에 애국적으로 헌신하는 행위가 선전선동임에는 변함이 없다. 잘못된 생각을 영속시키며, 권력 구조의 전개와 증식을 용인하기 때문이다. 이 천진한 사람들은 자기가 무슨 잘못을 하는지도 모른 채 일생 동안 모종의 책임감을 갖고 선전선동을 유포하는 것이 분명하다. 각 개인이 비판적으로 생각하고 자신을 반성하면서, 정확한 정보를 획득하는 것은 어느 정도 본인이 책임질 몫이다. 그러나 권력 지향적 언어와 무책임한 정신이 만나면, 정세가 나빠질 공산이 크다. 즉, 전쟁이 무르익고, 제국주의가 창궐하고, 무지와 공포와 증오가 일어나고, 맹목적 애국주의가 판치며, 다양한 억압과 불평등이 영속될 조건이 싹튼다. 이럴 때 급진주의자가 해야 할 일은 그런 흐름과 싸우고 선전선동의 정체를 밝히는 것이다. 우선, 선전선동의 몇 가지 기본 기법을 이해해보자. 여기에는 반복, 연상, 생략, 인신공격, 가짜 영웅, 허위 증언, 과장, 카드 섞기card-stacking가 있다.◆

| 선전선동의 기본 기법 |

- **반복:** 아무리 믿기 힘든 생각이더라도 사람들이 수용할 때까지 반복하고 반복한다. 예를 들면 이렇다. 테러와의 전쟁은 민주주의 문제다. 테러와의 전쟁은 민주주의 문제다. 테러와의 전쟁은 민주주의 문제다. 테러와의 전쟁은 민주주의 문제다. 테러와의 전쟁은 민주주의 문제다……

- **연상:** 둘 이상의 생각, 사람, 장소, 이름, 행동을 묶어 심리적 혹은 감정적 연상을 꾸며낸다. 예를 들면 이렇다. 부시 행정은 줄기차게 사담 후세인 및 오사마 빈 라덴과 나란히 늘어세우는 것이다. 여기에다 후세인은 빈 라덴처럼 테러리스트며, 9·11 사태의 핵심 역할을 했다고 암시하는 것은 물론이다.

- **생략:** 중요한 정보를 주도면밀하게 생략한다. 보통은 중요한

◆ 기본적으로 참고한 자료는 두 가지다. Charles U. Larson, *Persuasion: Reception and Responsibility*, Wadsworth Publishing, 2006. Hugh Rank, "Persuasion Analysis," webserve. govst.edu/pa. 2008년 2월 1일 인용.

사실, 날짜 혹은 세부사항을 빼놓는다. 예를 들면, 민간과 관련된 사항을 보고하기 거부하는 군부, 노동 착취를 부인하는 기업, 자유무역협정의 부정적 영향에 대해 논의하기 거부하는 정치인, 특정한 이야기와 사건을 보도하지 않는 매체, 군사분석가처럼 보이는 사람이 CNN, 폭스뉴스, MSNBC에 출연해 미국 방부로부터 화젯거리를 얻어내는 장면 같은 것이 그렇다.

- **모략:** 개인, 집단, 조직, 운동을 공공연히 중상하고 더럽히고 깎아내린다. 예를 들면 반전운동을 비방하는 정부, 노동조합 간부를 중상하는 월마트, 내부고발자를 모함하는 기업이 그렇다.

- **가짜 영웅:** 영웅을 꾸며낸다. 아니면 나중에 대중의 지지와 후원을 얻을 목적으로 그들의 업적을 과장한다. 예를 들면 이렇다. 조지 부시는 9·11 사태 이후 구세주로 등극했다. 그러나 사실 그때 부시는 이 사건을 이용해 시대에 역행하는 정책을 통과시켰다. 제시카 린치Jessica Lynch 일병은 이라크 폭도와 맞서 싸운 전쟁영웅이 되었다. 그러나 사실 그녀는 이라크의 병원에 입원해 이라크인 의사의 치료를 받았다. 특공대원 팻 틸먼Pat Tillman은 아프가니스탄에서 적과 전투를 벌이다가 사망해 용감한 군인으로 등극했다. 그러나 그는 동료의 오인사격으로 죽었다.

- **허위 증언:** 전문가, 권위자, 유명인 혹은 일반인의 잘못되고 그릇된 진술을 이용한다. 예를 들면 AIDS가 '호모의 질병'이라 주장하는 의료보고서를 이용하는 보수 종교인, 신원불명의 '정보부요원'의 보고서를 이용해 국가의 안보가 절박한 상황에 처했다고 주장하는 정치인.

- **과장:** 진술, 보고, 연구, 쟁점의 중
요성을 부풀리고 과장한다. 예를 들
면 이렇다. 이라크는 이제 한 달만
있으면 핵무기 개발을 완료할 것이
다! 오사마 빈 라덴의 다른 비디오
가 유포됐다! 국민건강보험은 사회
주의로 가는 길이다! 시장을 규제
하면 경제가 망할 것이다!

> 에이즈 붉은 리본. 에이즈는 호
모의 질병이며 전염성이 강하다
는 주장에 반기를 들며, 에이즈
감염인들의 인권을 보호하고 지
지한다는 의미를 담고 있다.

- **카드 섞기:** 중요한 것은 자기 쪽이
라고 과장하고, 하찮은 것은 너희 쪽이라고 무시한다. 예를 들
면 반전운동, 반기업운동, 반자본주의적 단체 · 시위 · 정서를 아
무렇지도 않게 묵살해버리는 정치평론가를 들 수 있다. 그는 마
치 그런 활동을 하는 사람들과 그들의 생각은 알 수도 없고 논
리도 없고 토론할 가치도 없다는 듯이 잘라낸다.

| 선전선동 모형 |

에드워드 허먼Edward S. Herman과 노엄 촘스키의 선전선동 모형도 쓸
모가 많다. 이 모형은 그들의 유명한 책인《여론조작: 매스미디어의 정
치경제학Manufacturing Consent: The Political Economy of the Mass Media》에서
처음으로 개발됐다.* 이 책은 매체기업의 구조를 탐구하고, 그것이 보
도와 정보를 어떻게 왜곡하는지 탐색한다. 또한 특정한 제도, 정보통

제자와 이데올로기가 어떻게 보도를 만들고 꾸미고 뿌려서, 어떠한 관점과 세계관을 이롭게 하는지 입증한다. 그들의 모형은 냉전시대에 개발됐기 때문에, 자본주의에 대한 매체의 편향에 집중한다. 즉 자본주의는 선하고 공산주의는 악하며, 이러한 이중적 이데올로기의 기준에 도전하는 관점은 어떤 것이든 신속하게 묵살하고 무시하고 아니면 공격한다는 것이다. 이러한 편향은 다음의 다섯 가지 필터를 통해서 영속화되고 뿌리박힌다.

- **이윤:** 매체는 기업이며 이윤을 좇아서 움직인다. 이윤이나 회사를 위협하는 보도는 무엇이든 묵살하거나 무시한다.
- **광고:** 다른 기업은 언론사media outlet에 돈을 주고 독자를 끌어오며 자본주의 이데올로기를 지지하는 광고를 싣는다.
- **의심 받지 않는 권위:** 매체는 미국 정부와 미국 기업의 신뢰를 결코 의심하는 법이 없다. 이러한 제도는 믿음직한 정보의 원천으로 간주된다. 의심이 든다 하더라도 이 같은 기관은 언제나 부동의 신뢰를 받는다. 결코 의심을 받지 않는다.
- **직접적 통제:** 매체는 사회적 · 정치적 · 경제적 토론의 범위를 직접 통제한다. 어떤 기사를 정당한 것처럼 보이기 위해서 수많은 토론을 벌이지만, 토론의 범위는 지극히 편협하다. 가장 좋은 사례는 양당체제다. 매체는 공화당과 민주당 내부에서 벌어지는 반목과 소소한 논란을 정기적으로 논의한다. 그러나 매체

◆ Noam Chomsky and Edward S. Herman, *Manufacturing Consent*, Pantheon Books, 1988. 국내에는 정경옥이 옮겨 에코리브로에서 2006년에 출간됐다.

가 자본주의가 추동한 양당체계의 본질적 문제, 한계, 타락을 논의하는 법은 거의 없다.

• **이데올로기적 편향:** 자본주의가 현존하는 체제 가운데 가장 훌륭한 체제라는 것은 말하지 않아도 되는 진리다. 딱히 검토하지 않아도 된다. 이러한 태도는 냉전이 끝난 후에도, 피델 카스트로의 사회주의와 우고 차베스의 볼리비아혁명을 끊임없이 깎아내리며 지속된다. 또 하나 깨달을 점은 예전에 사회주의가 맡았던 역할을 오늘날 테러리즘이 똑같은 방식으로 분하고 있다는 것이다. 테러리스트 딱지가 붙으면 누구라도 자동으로 악마가 된다. 예를 들어, 급진적 환경주의자에게 환경테러리스트라는 딱지를 붙이고, 법적인 책임을 부과하는 일이 다반사가 되는 것이다. 정말 어처구니없는 일이다. 과소비, 화석연료, 공해기업이야말로 실제로 환경에 테러를 가하는 존재이기 때문이다.

| 선전선동의 언어 |

앞에서 설명한 기법과 모형을 이용하면, 권력자와 권력기관의 거짓말, 속임수, 정치적 의제를 해독할 때 도움이 된다. 이제 3장의 초점인 언어와 선전선동의 관계로 돌아갈 때가 되었다. 이 글의 주요한 목적은 선전선동의 언어가 어떻게 의식을 짜는지, 그래서 사유와 행동의 일치를 어떻게 이루어내는지 입증하는 것이다. 언어와 선전선동의 네 가지 양상에 주목할 계획이다. 첫째 허위만족의 언어, 둘째 연상과 짝짓기

의 언어, 셋째 떼짓기의 언어, 넷째 언어의 의도치 않은 효과이다.

허위만족의 언어

선전선동의 언어는 사람들에게 듣고 싶어 하는 말을 들려줘 허위 만족
감을 선사한다. 모든 사람은 자신을 긍정하며 자신이 하는 일을 인정
받고, 자신의 나라, 문화, 정부를 자랑스럽게 느끼고 싶어 한다. 선전선
동가는 이 점을 파고들어, 사람들의 채워지지 않은 욕망을 만족시키는
언어를 활용한다. 논리는 다음과 같이 작동한다. 사람들이 욕망하는
것에 대해 선전선동가가 그 욕망의 충족을 약속하면, 선전선동은 보
통 사람에게 참말처럼 들린다. 물론 선전선동은 자신의 정체를 드러내
지 않는다. 대신 교육적, 정보적, 사실적, 혹은 일상적 소통을 가장한다.
결국 사람들은 자신의 욕망이 마치 충족된 것처럼 느끼고, 선전선동
을 참된 사실로 받아들인다. 이것은 구태의연한 수사처럼 보일지 모르
나, 전혀 그렇지 않다. 모든 선전선동은 수사적이나, 모든 수사가 선전
선동인 것은 아니다. 둘 다 최대의 효과를 내기 위해서 주도면밀하게
언어를 구성하지만, 선전선동은 조작하고, 왜곡하고, 권력이 주도한다.
선전선동이 사람들의 욕망의 착취를 추구하는 반면에, 수사는 욕망의
해방을 추구한다.

　사람들이 9·11 사태의 충격에 빠져 있을 때 부시 행정부가 사용
했던 것이 바로 허위만족의 언어다. 미국 사람들은 혼란한 상태였고
출구를 찾고 있었다. 부시 행정부는 단순하고 감정 섞인 흑백논리의
언어를 써서 이 사태에 개입해, 미국이 필요로 하는 것을 이루어낼 것
이라 약속했다.

- "우리가 이 비극적인 사건을 선택한 것은 아니었습니다. 그러나 신은 우리가 응답하기를 요청하셨습니다."
- "우리가 잃은 것은 헛되지 않을 겁니다. 왜냐하면 우리는 선택받은 나라이기 때문입니다."
- "이 싸움은 자유를 위한 것이며, 우리는 이겨낼 것입니다."
- "우리를 따를 것인가, 테러리스트를 따를 것인가!"

이것들이야말로 대다수 미국인이 듣고 싶어 하는 말이었다. 부시 행정부는 이후 아프가니스탄 침략과 이라크 침략 및 점령에 나섰고, 애국법PATRIOT Act처럼 시대에 역행하는 정책, 국토안전부Department of Homeland Security, 관타나모수용소Guantanamo Bay, 인종적 용모파기racial profiling, 국내도청domestic wire tapping을 통해서 이 국면을 밀고 나갔다. 부시 행정부는 이 같은 언어 유형을 통치하는 내내 꾸준히 사용했다. 사실, 이런 사례는 너무 많아서 부시 행정부의 선전선동 목록을 기록하고 분석하려면 책 한 권 분량이 나올 것이다. 여기서는 부시 행정부가 허위만족의 언어를 사용하여, 대중의 필요와 요구를 착취했다는 것만 말해두겠다.

허위만족의 언어를 분석하는 것이 언제나 쉬운 일은 아니다. 다른 사람에게 설명하기는 더욱 어렵다. 그 이유는 사람들이 선전선동을 선전선동으로 보려고 하지 않기 때문이다. 자신의 욕망이 이미 만족된 상태인데, 무엇 때문에 만족을 분석하고 거부한다는 말인가? 맹목을 깨려면 시간과 인내, 그리고 무엇보다 증거가 필요하다. 빈틈없는 증거를 제시하여 착취하는 언어임을 입증해야 한다.

- 허위만족의 언어를 지정하고, 만족되지 않은 언어의 필요와 요구를 지정할 것. 이 두 가지를 나란히 세우고, 둘의 관계를 직접적으로 지적할 것.
- 허위만족의 언어가 필요와 요구의 만족을 어떻게 약속하고, 그러한 목표를 어떻게 이루어내는지 입증할 것.
- 허위만족의 언어를 만든 사람이 그러한 만족의 결과에 어떻게 투여됐는지 증명할 것. 한마디로 그들이 사람들의 욕망을 만족시켜 얻는 것이 무엇인지 설명할 것.

이런 유형의 분석은 시간과 노동과 기회가 필요한 것이 보통이다. 사람들에게 자신의 분석이 맞다고 설득하기 위해서는 대체로 평론을 길게 쓰거나 대화를 길게 할 필요가 있다. 분석을 문장 몇 개로 혹은 한 줄 문장으로 요약하기는 어렵기 때문이다. 그러나 연습을 많이 하고 경험이 축적되면 어렵지 않다. 예를 들어 다음과 같이 말할 수도 있다. "부시 행정부는 대중이 듣고 싶은 말을 들려줌으로써 9·11 사태 사건을 착취했다. 행정부는 특정한 언어를 사용해 대중의 공허한 가슴을 달래줬다. 이렇게 대중의 신뢰와 지지를 확보한 다음, 부시 행정부는 부당한 전쟁 계획을 통과시켰다. 이 모든 사항은 행정부가 9·11 사태를 묘사하는 언어를 분석하면 간단히 입증된다. 그때로 돌아가 그때의 연설을 분석하라. 증거는 차고 넘친다."

연상과 짝짓기의 언어

선전선동은 둘 간의 심리적 연합을 만들기 위해서 짝 있는 말을 묶을 때가 많다. 이것은 '짝짓기coupling'로 알려져 있으며, 두서너 개의 용어를 함께 엮을 때 나타난다. 낱말을 엮으면, 사람들의 마음에는 연상의 고리가 만들어진다. 이 낱말의 의미는 저 낱말의 의미로 전이된다. 이런 유형의 선전선동은 심리적 연상에 기초한다. 즉 이 낱말이 나쁘면 저 낱말도 나쁘고, 첫 번째가 나쁘면 두 번째도 나쁘다는 식이다. 이 기법이 간단하지만 강력한 이유는 합선적 사유short circuit thinking이기 때문이다. 즉 사람들이 성찰하지 않고 정보를 처리하고 반응하게 만든다는 것이다.

이 기법은 부시 행정부가 자주 사용했다. 2002년 연두교서에서 부시는 '악의 축axis of evil'을 언급했다.◆

악의 축에는 이란, 이라크, 북한이 들어간다. 이 축은 집단의 조직, 네트워킹, 혹은 상호관계를 함축한다. 이 경우에도 진실과는 한참 떨어져 있다. 이란과 이라크는 동맹국이 아니라 철천지원수이며, 북한은 두 나라 어느 곳과도 결코 아무 관계가 없기 때문이다. 그러나 획일화된 청중은 이런 문제를 인식하지 못한다. 대중에게 세 나라는 일치감치 부정적으로 인식된 곳이기 때문이다. 부시 행정부는 세 나라를 묶어놓아 이 같은 인식을 간단히 강화시켜버렸다.

이러한 짝짓기는 적어도 세 가지 목적에 이바지했다. 첫째, 세 나라가 미국의 공식 감시 대상 국가라는 것을 전 세계에 공표했다. 세 나라는 미국의 명령에 굴복하거나 스스로 붕괴의 위험을 져야 한다. 둘째, 세 나라 가운데 한두 곳을 침략할 공산이 있다는 것을 은근히 내비

◆ George W. Bush, "President Delivers State of the Union Address," January 29, 2002, Whitehouse.gov/news/releases/2002/01/20020129-11.html. 2008년 2월 1일 인용.

> 부시는 2002년 이란, 이라크, 북한을 짝지어 '악의 축'이라고 언급했다. 대중들에게 부정적으로 알려진 이 나라들을 묶어 미국과 적대적이라는 인식을 강화시켰던 것이다.

쳤다. 이 때문에 사람들은 전쟁이 일어날지도 모른다는 마음의 준비를 했다. 셋째, 미국이 테러리즘에 맞서 싸우는 것을 제2차 세계대전 및 냉전의 언어와 역사를 잇는 일로 둔갑시켰다. 부시 행정부가 내걸은 문구는 눈에도 잘 들어오고 설득력도 강했다. 왜냐하면 '악의 축'은 문화적으로 다음의 두 가지 전거를 따르기 때문이다. 첫째, 이 문구는 '강국의 축(추축국)axis of powers'에서 유래했다. 이것은 제2차 세계대전 때 독일의 나치, 이탈리아의 파시스트, 일본 제국의 동맹을 지칭하는 용어였다. 둘째, 이 문구는 로널드 레이건이 소련을 '악의 제국evil empire'으로 지칭했던 것에서 유래했다. 결국 부시가 내건 문구는 9·11 사태 이후 테러와의 전쟁을 '20세기의 중대한 이데올로기적 전투'와 엮은 것이다. 이에 따라 테러와의 전쟁은 미국이 자비롭고 평화를 사랑한다는 것을 선언하는 또 다른 방식이 된다. 옛날에 미국이 전쟁을 할 때 정의롭고 승리를 거뒀던 것처럼, 오늘날 테러와 전쟁을 할 때도 정의롭고 승리를 거두리라는 것이다. 즉 미국인이 냉전을 지지했던 것처럼, 테러와의 전쟁 역시 지지할 것이란 얘기인 셈이다.

짝짓기는 부시 행정부가 이라크전쟁을 위한 예비 공작 과정에서도 활용됐다. 부시 행정부는 사담 후세인을 언제나 오사마 빈 라덴 및 테러리즘과 짝지었다. 사실 부시 행정부가 사담은 테러리스였으며, 빈 라덴과 동맹을 맺었다고 진술한 적은 거의 없었다. 그렇게 명시해서 말한 적은 결코 없었다. 그러나 담화를 발표할 때마다, 논의할 때마다 사담 후세인을 테러리즘이나 빈 라덴과 암시적으로 엮어냈다. 두 개의 이름은 같은 문장, 같은 문단이나 같은 쪽에 등장하곤 했다. 대중은 이와 같은 병치를 보고, 사담을 본래가 악마 같은 놈이라고 여기고, 마침내 그를 테러리스트나 테러리즘의 선도자라고 생각한다. 사담이 9·11 사태와 모종의 관계가 있었다고 생각하는 것이 이치에 맞아 보이는 것이다. 그리고 이것이 맞다면 이라크를 침략하는 것도 이치에 맞는 일이된다. 자, 처음으로 되돌아가 부시 행정부가 테러리즘을 의도적으로 연결시키기 위해서 이 책략을 어떻게 사용했는지 확인해보자. 그래서 이라크를 침략한 것은 테러와의 전쟁을 확장한 것이라고 사람들이 사전에 결정된 그대로 결론짓는 과정을 살펴보자. 여기에 문제는 하나밖에 없었다. 모든 것이 엄청난 거짓말이라는 것이다. 사담은 빈 라덴과 동료도 아니었고, 테러리스트에게 은신처를 제공하지도 않았다. 사실, 빈 라덴의 근본주의는 사담의 세속주의와 정면으로 충돌한다. 사담과 빈 라덴의 접선은 연상과 짝짓기의 언어를 통해서 선전선동된 결과다.

이 기법은 안목만 있으면 정체를 파악하기가 쉽다. 우선 짝짓기는 반복이라는 것을 알아두자. 짝짓기는 계속해서 일어나는 법이다. 한두 번 정도로는 효과가 없다. 그 정도로는 주의를 끌지 못하며, 드문드문 하는 것은 선전선동이 아닐 가능성이 높다. 끊임없이 발생할 때라야 선전선동이 된다. 반복은 선전선동의 핵심 양상이나, 무엇보다 짝짓기 와 결합돼야 효과가 높다. 우선은 연상과 짝짓기의 언어를 분석하는 몇 가지 지침을 보도록 하자.

- 짝짓기를 찾아낼 것. 특히 서로의 관계가 자연스럽지 않아 보이는 짝짓기를 찾는 게 목표다.
- 반복에 주목할 것. 반복이 과하다 싶으면 어떤 의미가 있는 것이다. 짝짓기가 얼마나 많이 나타나는지 추적하라.
- 낱말, 이름 혹은 용어 사이에 진짜 어떤 관계가 있는지 조사하고 확인할 것.
- 짝짓기의 연상 목적을 밝히려 애쓸 것. 이러한 용어들, 이 같은 이름들 혹은 이러한 사람들을 병치한 것은 어떠한 목적을 이롭게 하는가? 사람들은 이러한 짝짓기를 대략 어떤 식으로 해석할 것인가? 이렇게 짝짓기를 한 결과는 대체로 무엇인가?
- 짝짓기의 정체가 선전선동이라는 것을 폭로할 것. 자신의 생각을 입증하고, 자신의 논점을 논증하라. 언제나 연설, 평론, 논문 등에서 구체적 사례를 뽑아내어 인용하라. 사례를 목록에 기록하고 그것들이 어느 정도의 빈도로 나오는지 증명하라.

떼짓기의 언어

떼짓기clustering는 드문드문 관련된 말들이 함께 묶일 때 나타난다. 떼짓기는 짝짓기와 비슷해 보이나 다르다. 짝짓기는 몇 개의 말이 직접적으로 묶이는 경우다. 반면 떼짓기는 여러 개의 말이 간접적으로 무리를 이루는 경우다. 다른 말들이 간접적으로 관련을 맺으면서, 이해의 그물을 짜는 것이다. 여기서 낱말 몇 개를 보고, 저기서 몇 개를 더 보는 것이다. 낱말들이 따로따로 있다면 영향력이 별로 없을 것이다. 그러나 낱말들이 하나로 묶이고 매체계mediasphere를 통해서 반복해서 순환될 때 영향력은 상승한다. 말떼cluster는 대중에게 특정한 사회문제를 판별하고 이해하는 어휘를 제공한다. 이런 말들은 너무 많고 너무 자주 나타나서, 결국에는 전체적인 문화적 이해의 일부로 굳어진다. 따라서 이러한 말떼는 대중의 세계에 대한 의식을 구성하는 셈이다.

다음에 나오는 말과 문구가 훌륭한 사례다. 이러한 말과 문구는 매체가 미국의 전쟁을 논의하고 보도할 때 정기적으로 등장한다.

- 부수적 민간피해
- 정밀공중타격Surgical air strikes
- 정밀유도폭탄Smart bombs
- 정밀무기
- 목표물 무력화
- 군사적 교전
- 민주주의 확산
- 민주주의 계몽운동
- 평화유지
- 개축

- 재-교육
- 재건

　이 용어들 가운데 많은 것이 1991년 걸프전쟁 동안 출현했고, 지금까지 계속 사용되고 있다. 이 같은 말들은 오늘날 정치적 풍경에 스며들어, 대중이 이해하는 방식을 엄격하게 바꾼 것까지는 아니더라도 최소한 영향은 끼치고 있다. 특정한 유형의 이해방식은 이러한 말들의 떼에서 출현한다. 미국의 전쟁은 인간적이다, 미국은 평화를 위해서 싸운다, 미국은 무고한 사람을 죽일 의도가 없다, 사람들은 정말 죽지 않고 다만 무력화될 따름이다, 정교한 기술은 과거의 추잡한 전쟁을 필요 없게 만든다, 이제 전쟁이 일어나도 혼란스럽지 않고 명확하고 정밀하게 급소만 찌른다, 미군은 평화를 지키는 사람이며 민주주의를 전도하는 사람이지 야만스런 제국의 졸병이 아니다 등과 같은 사례다.

　이 같은 언어의 유형화는 전쟁의 참혹한 사실과 모순된다. 정밀유도폭탄(똑똑한 폭탄)이 쓰였고 정밀공중타격(목표만 제거하는 공중타격)을 했던 것은 사실이다. 그러나 그런 폭탄은 '정밀유도적인(똑똑한)' 것일까? 그러한 공중타격은 '정밀한(목표만 제거한)' 것일까? 정말로 그런가? 2003년 이라크침략 작전인 충격과 공포Shock and Awe가 전달한 것은 절멸이지, 정밀이 아니다. 미육군은 목표물을 '무력화'한 것이 아니라, 국가를 정복했으며, 당연히 사람들이 죽었다. 그리고 미국이 '민주주의를 확산시킨다'는 생각은 죽음, 파괴와 살인을 생각해보면 꽤 이상해 보인다. 아무리 봐도 민주주의보다는 제국주의처럼 보인다.

　떼짓기의 목적은 민심을 특정한 방향에 따르게 하는 것이다. 떼는 짝보다 폭넓고 담는 것도 많다. 또한 떼는 연상의 고리가 하나인 동시에, 보는 방식과 이해방식의 전체이기도 하다. 한마디로, 떼는 특수한 사람과 기관에 이익이 되도록 이해방식의 판과 형을 짜는 것이다. 떼를 깨는 것은 어려운 일이다. 너무나 포괄적인 탓에, 사람들은 그렇게 짜인 판이나 유형을 넘어서 생각하지 않기 때문이다. 그러나 떼를 깨는 것은 해방적이다. 갑작스레 사람들이 새로운 방식으로 세상을 볼 수 있기 때문이다.

떼의 분석에는 세 가지 단계가 있다. 첫째, 공통으로 쓰이는 말들을 표시하고 묶어낼 것. 자기가 쓰는 떼를 모으는 것은 기본이다. 그 말들은 아무렇게나 모은 것이 아니다. 여기서는 이 낱말을, 저기서는 저 낱말을 집어낸 것이 아니다. 활동가는 짜임새 있게 하는 게 좋다. 매체에 공통적으로 나오거나 특수한 사람이나 기관이 사용하는 특정한 말들을 찾아야 한다. 이러한 말들은 서로 결합되어 사용되는 것이 보통이다. 둘째, 떼가 불러낸 사유의 유형을 분석할 것. 지금 하고 있는 것은 말들의 결합된 의미를 분석하는 것이며, 이해의 유형을 해독하는 것이다. 떼는 모두 특정한 유형의 의식을 창조한다. 즉 떼가 불러낸 의식을 이해하고 그 정체를 밝혀내도록 하자. 셋째, 대안적 이해를 제공하라. 다르게 이해시켜 지배적인 떼를 문제 삼아라. 즉 더 정확하고, 더 정직하고, 더 진실하게 이해시켜라. 여기서는 견고한 사실, 통계, 증언, 철저한 분석을 활용하는 편이 좋다. 자신이 내놓은 대안이 지배적인 떼보다 더 정확하다고 사람들을 납득시키자. 밑에는 세 가지 단계를 요약한 것이다.

- 공통으로 사용되는 말들을 표시하고 묶어낼 것.
- 떼가 불러낸 사유의 유형을 분석할 것.
- 다르게 이해시키고, 자신의 대안이 더 정확한 이유를 증명할 것.

언어의 의도치 않은 효과

선전선동은 개인의 의도로 환원되지 않는다. 때로는 언어의 의도치 않은 결과가 선전선동으로 흘러가기도 한다. 예를 들어, 어느 대통령이 앞으로 나와 대중에게 성명을 발표한다고 가정해보자. 그 성명은 대중을 속이거나 혼동시킬 생각도 없었고, 권력의 이해를 도모할 생각도 없었으며, 대중적 권력을 획득하거나 전개시킬 생각도 없었다. 그러나 의도가 겸손했어도, 대통령의 성명은 의도와 다른 결과를 초래했다. 대중은 혼란해 빠졌고, 권력의 이해는 도모됐고, 대중적 권력은 획득됐다. 이게 사실이라면, 대통령의 성명은 선전선동이었던 것이다.

이 사례는 언어의 의도치 않은 효과를 보여준다. 이런 효과를 분석하면, 임의의 진술과 낱말 혹은 문구가 의도하지 않게 선전선동의 목적에 이바지하는 방식을 이해할 수 있다. 또한 이러한 접근방법은 권력자와 권력기관이 무지했다고 주장하지 못하게 한다. 권력자는 대중을 기만할 의도가 없었다고, 선전선동을 전개할 의도가 없었다고 너무 자주 주장한다. 그러고는 곤경에서 빠져나간다. 대중은 그들의 의도를 평가할 능력이 없는 탓에, 선전선동의 책임을 지울 수도 없다. 이런 상황은 결국 권력자를 도와주는 꼴이다. 노회한 권력자가 뭐든지 자기 뜻대로 하는 것을 용인하기 때문이다. 활동가는 일이 이렇게 돌아가게 해서는 안 된다. 권력자의 언어가 보여주는 효과를 분석해 활

> 미국의 이라크 점령 공식 명칭은 원래 '이라크해방작전Operation Ilaqi Liberation' 즉 약자로는 'OIL' 이었다. 이것이 부시 행정부의 의도였든 아니든 석유 때문에 전쟁을 했을 것이라는 효과를 낳았고, 결국 수백만 활동가들은 거리에서 '석유 때문에 흘리는 피는 그만'을 외쳤다.

동가 자신에게 유리한 쪽으로 만들어야 한다. 권력자의 언어에 선전선동의 효과가 있는가? 그렇다면, 더 이상 이야기할 필요가 없다. 그것은 선전선동이기 때문이다.

부시 행정부도 언어의 의도치 않은 효과를 행사한 사례가 있었다. 미국의 이라크 점령의 공식 명칭은 이라크자유작전Operation Iraqi Freedom이다. 그러나 최초의 명칭은 이라크해방작전Operation Iraqi Liberation이었다.[◆] 이 명칭의 약자는 매우 흥미롭다. OIL, 즉 '석유'이기 때문이다. 더욱 놀라운 것은 부시 행정부가 이러한 언어적 사항을 간과했다는 점이다. 수백만의 활동가는 "석유 때문에 흘리는 피는 그만! No Blood for Oil"을 외쳤으며, 국제사회는 미국의 의도를 미심쩍어했다. 이런 상황에서 공교롭게도 부시 행정부는 이라크 침략을 석유라고 칭했던 것이다.

어느 누가 분석하더라도, 그런 명칭을 선택했던 실제 의도를 결코 밝혀내지는 못할 것이다. 순수한 실수였을지도 모른다. 수습 직원이나

◆ Ari Fleischer, "Press Briefing by Ari Fleischer," March 24, 2003. Whitehouse.gov/news/release/2003/03/20030324-4.html. 2008년 2월 1일 인용.

비상근 직원이 경미한 실수를 저지르는 경우가 그렇다. 평론가를 웃길 생각으로 해본 소소한 농담이었을 가능성도 크다. "자 보세요, 다 웃자고 한 얘기예요, 별다른 피해는 없잖습니까." 또한 그 낱말에 대해서 냉소적인 표현을 살짝 해본 것일 수도 있다. "맞아요, 석유가 문제랍니다. 사람들이 무슨 일을 하든 상황은 달라지지 않아요." 아니면 석유전쟁이라는 비난war-for-oil charge을 방해하기 위해서 매우 정교하게 고안한 선전선동 기법이었을 가능성도 있다. 논리는 다음과 비슷할 것이다. 부시 행정부가 정말 석유 때문에 침략을 했다면, 작전명을 석유OIL라고 할 만큼 멍청한 짓은 하지 않았을 것이다. 따라서 최초의 작전명을 그렇게 지었던 것은 전쟁의 목적이 석유 때문이 아니라 자유나 민주주의 같은 것 때문이라는 것을 입증한다. 이 이론은 음모가 조금 가미된 것처럼 보이며, 솔직히 나도 동의하는 것은 아니다. 하지만 내가 명확하게 판단하지 못한 부분은 그것의 의도지, 효과가 아니다. 부시 행정부가 분명한 의도를 갖고 이 약자를 선전선동 기법으로 사용했는지 여부는 결코 알 수가 없다. 그러나 정말 문제가 되는 이유는 그 효과가 똑같았다는 점이다. 한마디로 석유 때문에 전쟁을 했을 것이라는 생각을 차단할 때 유용했다는 것. 언어를 이렇게 배치하자, 대중적 토론이 줄어들었고, 대중의 정신 상태는 회유됐으며, 적법한 비판은 얼빠진 음모론으로 탈바꿈됐다. OIL이라는 약자는 선전선동을 의도한 것은 아니었을지 모르나, 선전선동과 똑같은 효과를 발휘했다. 결국, 문제가 되는 것은 효과지 의도가 아닌 것이다.

OIL이라는 약자에 선전선동이라는 딱지를 붙이는 것은 여러 사람들에게 제법 파문을 던지는 것 같다. 그러나 현재의 사회를 돌아보라.

마케팅회사, 광고회사, 홍보회사는 내용이 무엇이 됐든 사람들을 유혹하기 위해서 대단히 교활한 기법을 이용한다. 사람들은 누가 무엇을 의도하는지 더 이상 알 수가 없다. 행동과 효과라는 거대한 바다에서 익사하는 꼴이다. 따라서 '의도'라는 생각은 오늘날 쓸모가 없다. 오늘날 사람들이 살아가는 세상에는 더 이상 적용되지 않는다. 이제 의도는 믿음직한 분석 단위가 아니다. 그것의 효과를 분석해야 한다. 만약 그런 효과가 선전선동으로 드러난다면, 그것에는 선전선동이라는 딱지가 붙을 것이다. 이렇게 되면, 권력자과 권력기관은 잘 몰랐다고 발뺌하지 못할 것이며, 분석의 힘도 민중의 손으로 넘겨받을 수 있다. 밑에는 언어의 의도치 않은 효과를 분석할 때 필요한 몇 가지 사항이다.

- 분석할 언어를 지정할 것.
- 선택한 언어의 효과를 추적할 것. 그렇게 하기 위해서는 언어와 뒤이어 일어난 행동이나 행태 사이의 고리를 설명해야 한다.
- 반드시 구체적인 사례를 사용할 것. 말 그대로 그 언어 때문에 무슨 일이 일어났는지 보여주어야 한다.
- 그 효과가 의도한 것인지 아닌지 결정할 것. 의도였다는 것을 증명할 수 있으면, 잘된 일이다. 증명할 수 없다면, 그 효과가 무엇 때문에 중요한지 설명해야 한다. 즉 그것이 무엇 때문에 선전선동적인지 설명하라는 것이다.
- 해당 문제를 어떻게 제시할지 언제나 고심할 것. 의도치 않은 효과를 강조할 때는 음모론처럼 비칠 수 있기에, 의심을 살 가능성이 높다. 공정하게 분석하려고 애쓰자. 부정확할 공산이 있다는

점을 유념하라는 것이다. 사례를 과장하는 것도, 입증되기 어려운 사항을 말하는 것도 피하자. 그리고 사람에 따라서는 얼빠진 소리라고 생각할 수도 있다는 점도 유념하자. 이러한 사항을 알고 있으면, 자신의 언어, 논증, 분석을 청중에게 맞출 때 도움이 된다.

:: 정치적 올바름과 수사 ::

윤리적이며 사회적으로 공정한 언어를 만들다보면 정치적 올바름 political correctness의 문제로 넘어가게 마련이다. 보통 PC로 지칭되는 정치적 올바름은 활동가를 곤혹스러운 상황에 빠뜨린다. 활동가는 정치적 올바름이 사회적으로 더욱 필요하다고 주장하지만, 보수주의자는 정치적 올바름 때문에 사유가 억눌리고, 논의가 검열되고, 대화가 단절된다고 주장한다. 이렇게 정치적 올바름에 반대하는 논증은 사회적으로 중요한 사항이다. 왜냐하면 언론의 자유, 민주주의, 헌법상의 권리 등 미국의 기치를 대표하는 것 같기 때문이다. 보수주의자의 말대로, 만약 정치적 올바름이 언론의 자유를 막는다면, 정치적 올바름을 지지하는 사람은 갑작스럽게 '자유주의적 파시스트liberal fascist'처럼 보이게 된다. 이 논리는 완전하게 허위지만, 보수주의자에게는 수사적 효과가 있는 것이 분명하다. 보통 사람의 마음을 정치적 올바름에 반하는 쪽으로 몰아가기 때문이다.

그러나 정치적 올바름의 문제는 여기서 끝나지 않는다. 간혹 활동가는 정치적으로 올바르지 않은 언어로 여겨지는 것을 선택할 때가 있다. 활동가는 있는 그대로 소리를 지르고, 구호를 외치고, 저주를 퍼붓고, 진심을 다해서 말한다. 이 경우에 자유주의적 파시스트라는 비판은 벗어나지만, 또 다른 문제가 생긴다. 활동가의 정치적으로 올바르지 않은 언어는 성난 반미주의자의 언어라는 비난을 받는 것이다. 이러한 딜레마의 양 뿔double-spin move은 딱 두 개의 선택지를 내놓고 강요한다. 활동가는 자유주의적 파시스트 아니면 반미주의자 둘 중 하나라는 것이다. 결국 급진적 수사는 소통이 가로막히며, 활동가는 진퇴양난의 상황에 빠진다. 이렇게 놓아둬서는 안 된다. 활동가는 이 같은 수사적 난관에서 벗어날 방법을 찾을 수 있다. 이번 절이 문제로 삼는 내용도 바로 그것이다. 즉 정치적 올바름의 딜레마에 대처하는 것이다. 우선 정치적 올바름의 역사를 살펴보고, 이것이 어떻게 해서 지금처럼 자유주의적 파시스트라는 비판을 받게 됐는지 따져보겠다. 그 다음 정치적으로 올바른 언어를 다루고 적절하게 사용하는 수사적 기법을 살펴보겠다.

| 정치적 올바름의 역사 |

정치적 올바름이라는 생각이 움튼 시기는 1980년대 후반과 1990년대 초반이다. 그때는 다양성의 인정과 다문화주의가 두각을 나타냈다. 이 의제에는 문화적 재현, 자문화중심주의, 개인 및 집단 정체성의 구

233
언 어 로 세 상 바 꾸 기

성을 비판하는 내용이 있었다. 여기에는 언어의 문제가 깔려 있었다. 중도좌파left-of-center 지지자는 언어의 정치적 본성에 집중했고, 특수한 이름, 용어, 문구의 효과를 고민했다. 중도우파right-of-center 지지자는 이것을 위협으로 생각하고 곧장 반격에 나섰다. 수많은 책들이 '자유주의적 사유를 감시하는 경찰liberal thought-police'을 비판하기 시작했다. 앨런 블룸Alan Bloom의《미국 정신의 종말Closing of the American Mind》(1987), 찰스 사익스Charles Syke의《교수 사기사건Profscam》(1988), 로저 킴볼Roger Kimball의《종신교수 급진주의자Tenured Radicals》(1990), 디네시 드소자Dinesh D'Souza의《반자유주의 교육Illiberal Education》(1991)은 소수의 사례일 따름이다.

제목이 암시하는 것처럼, 이 싸움은 학문의 전장에서 벌어졌다. 그 이유는 적어도 다음 네 가지였다. 첫째, 교수와 학자 가운데 다수는 급진주의가 활동하던 무렵인 1960년대와 1970년대에 성장했다. 둘째, 언어의 탐구는 20세기 중반 이후 지적인 버팀목으로 자리를 잡았다. 즉 언어학, 기호학, 언어철학은 지적인 문화의 일부가 되었다. 셋째, 학자, 교수, 선생, 지식인은 많은 관심을 갖고 언어 문제에 접근했다. 넷째, 많은 학교와 학부는 흑인연구, 여성연구, 남성동성애/여성동성애/성소수자 연구, 페미니즘을 끌어들여 교과과정의 확장을 꾀했다. 이런 학과는 권력과 언어의 체계를 주의 깊게 탐구했다.

이 같은 학교 분위기는 1980년대와 1990년대에 일어난 다양한 사건과 공존했다. 후천성면역결핍증AIDS이 발생했고, 코카인이 확산되어 유색인종 도시빈민에게 심각한 영향을 끼쳤으며, 로널드 레이건과 조지 부시는 연방정부 예산 삭감 정책을 펼쳤다. 또 힙합과 갱스

터랩이 부흥했고, 힙합그룹 퍼블릭 에너미Public Enemy가 대중의 인기를 끌었으며, 말콤 X에 대한 관심이 되살아났다. 게다가 보이 조지, 조지 마이클, 프린스 같은 중성적 가수가 대중의 사랑을 받았고, 전문직업인 가운데 성소수자가 급격히 나타나기 시작했다. 그리고 냉전이 종식됐다. 특히 냉전의 종식은 사람들이 생각하는 것보다 영향력이 컸다. 그것은 '사회주의 대 자본주의'의 전통 경계선을 없애버렸다. 그때부터 급진주의자는 마르크스주의적 경제구조에 기초한 비판에 관심을 줄이고, 사회적·문화적·정치적 정체성의 위계와 억압에 관심을 가졌다. 다문화주의, 다양성의 인정, 정체성의 정치와 언어는 거기서 비롯된 문제다.

보수주의 지지자는 이러한 흐름에 맞서 싸웠고, 정치적 올바름 반대운동에 착수했다. 내가 알기로는 하나로 통합된 운동을 하지는 않았다. 그러나 각개 각층의 사람들은 정치적 올바름을 멸시하는 용어를 만들기 위해서 적지 않은 문화적 소동을 일으켰다. 오늘날, 정치적 올바름은 중도우파가 언어의 정치적 본성을 비판하고 연구하는 것을 일괄해서 가리키는 문구다. 그러나 정치적 올바름의 역사적 형태학을 한번이라도 들춰 본다면, 오늘날 정치적 올바름이 뒤집어쓴 형태는 상당히 놀랍기 그지없다.◆

◆ 이 용어의 계보는 다음을 참고할 것. Teresa Brennam, "Forward," in *Political Correctness: A Response from the Cultural Left*, Richard Feldstein, University of Minnesota Press, 1997.

정치적 올바름 연대표

- 1940년대에 정치적 올바름은 엄혹한 공산당 교리와 싸웠던 사회주의자가 쓰던 용어였다. 정치적으로 올바르다는 의미는 당의 노선에 이의를 제기하지 않고 따르는 것이었다. 그러나 개방적인 사회주의자는 독단적 공산주의자를 비판하기 위해서 정치적 올바름을 사용했다.

- 몇 년이 지난 후, 정치적 올바름은 급진주의자의 흉내를 내지만 실제로는 자유주의자 혹은 중도주의자인 사람을 모욕할 때 사용됐다. 진정한 급진주의자라면 이렇게 말하지 않았을까. "당장 가면을 벗으라고! 당신은 급진주의자를 연기할 따름이지, 그래야 정치적 올바름을 견지할 수 있을 테니까!"

- 1970년대 중후반, 정치적 올바름은 급진주의자가 다른 사람의 이상주의를 익살스럽게 놀려먹을 때 사용됐다. 혁명을 꿈꾸는 것이란 그렇게 정치적 올바름을 지켜내는 것이었다. 이러한 용법은 풍자와 애정이 함께 녹아들어 있다. 급진적인 이상주의를 인정했고 높게 쳤던 것이다.

- 1980년대 후반, 보수주의자는 다문화주의자와 다양성 지지자를 깎아내리는 비방용 용어로 정치적 올바름을 이용했다. 또한 자유주의와 좌파의 입장에서 언어를 비판하는 내용을 모두 헐뜯기 위해서 이 용어를 사용했다. 언어의 정치적 본성을 문제로 삼는 것은 사람들에게 죄의식을 심어주고 생각과 토론을 가로막는 것과 똑같았다. 다른 말로 하면 보수주의자는 다문화주의

자와 다양성 지지자에게 '정치적 올바름이란 명목 하에 사유를 감시하는 경찰'이란 딱지를 붙이는 일에 성공했다.

정치적 올바름의 최신 용례를 찾는 것은 꽤 까다롭다. 왜냐하면 이 것이 다문화주의의 의도, 다양성의 옹호, 언어의 비판, 이 세 가지 사항의 핵심을 짚어내지 못하거나 왜곡하기 때문이다. 실제로 보수주의자는 '정치적 올바름'을 대인간 존중과 문화 간 존중을 언급할 때 쓰는 정도다. 정치적으로 올바른 언어는 이 사람의 경험이 저 사람의 경험을 대변하지도 않고 대변할 수도 없다는 사실을 인정한다. 이 사람이 공격받는다고 해서, 반드시 저 사람이 공격받는 것은 아니다. 이 사람의 세계관은 저 사람의 세계관과 같은 게 아니다. 이 때문에 심사숙고해서 언어를 써야 한다. 이러한 사항은 매우 논리적인 것처럼 보이며 인권의 기본 교리로 확장되기까지 한다. 즉 한 사람 한 사람이 세상에 존재하는 인간으로 존중과 인정을 받아야 한다는 것이다. 이렇게 존중하고 인정하려면 언어를 고민할 필요가 있다. 즉 다른 사람을 공격하지 않도록 애쓰자, 다른 사람을 지칭할 때 쓰는 용어를 생각해보자, 다른 사람의 전통과 유산을 이해하고자 애쓰자. 요컨대, 정치적 올바름은 언어의 정치적 함축을 인지하고 되도록이면 가장 윤리적인 언어를 사용하자는 것을 요청한다. 정치적 올바름을 이런 식으로 이해하면, 이 용어를 급진주의자의 쓰임새에 알맞게 재전유하고, 보수주의자가 정치적 올바름의 언어에 대한 요구를 공격할 때 대응하는 것이 가능하다.

정치적 올바름이라는 비난에 대응하는 방법

이제부터 정치적 올바름의 이중구속에 대처하는 몇 가지 지침을 살펴
보자. 이 설명은 면대면 교류를 할 때 활용하는 게 목적이다. 여기에는
대화, 논쟁, 대담, 강연 후 질의응답, 혹은 온라인 메신저가 들어간다.
이렇게 초점을 맞췄지만, 대부분은 전자적 문자언어 소통을 할 때도
도움이 될 것이다. 전체적인 접근법은 여느 수사적 상황에도 얼추 적
용될 수 있다. 이 지침을 따른다고 해서, 정치적 올바름 때문에 발생하
는 진퇴양난에서 완벽하게 헤어 나오지는 못한다. 절대적인 교의는 아
닌 것이다. 다만 정치적 올바름이라는 경기장을 헤쳐 나갈 때 필요한
몇 가지 기본 생각일 따름이다.

경기를 알고, 규칙을 알자

정치적 올바름은 일종의 경기라는 것을 유념하고, 규칙이 어떻게 돌아
가는지를 이해하자. 언어를 비판한다면, 자유주의적 파시스트로 불릴
것이다. 진심을 다해서 있는 그대로 말한다면, 성난 반미주의자라 할
것이다. 이러한 딜레마 때문에, 활동가는 말하기 직전까지 침묵할 가
능성이 크다. 그러나 규칙을 알면 규칙을 깰 때 도움이 된다. 정치적 올
바름이 너무 과하다고 비난을 받으면, 정치적 올바름이란 것이 결국은
보수주의자가 다문화주의, 다양성, 진보적 이상을 깎아내릴 생각으로
구성한 것이라고 맞받아쳐라. 이 용어의 역사를 개괄한 계보도를 인용
하자. 현재의 용법은 보수주의자가 날조한 것이며, 인간 존중과 문화
간 존중이라는 정치적 올바름의 참된 역량을 반영하지 못한다고 알려

내자. 이렇게 대응하면, 사람들은 놀란다. 사람들이 활동가에게 기대하는 것은 정치적 올바름의 역사에 박식한 모습도 아니고, 정치적 올바름에 따르는 비난을 정면으로 마주하는 태도도 아니다. 사람들은 활동가가 움츠러드는 모습을 기대한다. 그런 모습이 보이지 않을 때, 그들은 놀라워한다. 이렇게 되면 활동가가 토론의 판을 장악할 수 있다. 그 후에는 사람들의 언어를 문제로 삼고, 그들에게 그것의 함축을 성찰해 보라고 손쉽게 요청할 수 있다.

맥락을 읽고, 예상을 깨뜨려라

상황을 분석한 다음에는 예상되는 대응을 이해하고 깨뜨리자. 활동가가 비난할 것을 뻔히 알면서도 공격적인 언어를 사용하는 사람도 있다. 그런 다음 활동가에게 정치적 올바름을 주장하는 파시스트라는 딱지를 붙이며, 활동가에게 안 좋은 인상을 뒤집어씌운다. 만약에 상황이 그렇게 된다면, 상대방을 비난하지 말자. 그냥 내버려두고, 대화의 핵심 문제에 집중하자. 쉽지는 않겠지만, 그렇게 하면 정치적 올바름의 덫에서 빠져나올 수 있다. 그러나 상대방이 활동가가 성난 반미주의자라고 예상하는 경우에는 상황이 달라질 수 있다. 그 사람은 활동가를 성나게 할 만한 말을 하면서, 다시 한 번 미끼를 던질 수도 있다. 예상에 어긋나는 태도를 취해서 덫에서 빠져나가자. 정치적으로 올바른 방식으로 말할 때처럼 침착하고 절제된 태도를 보이라는 것이다. 이렇게 하면 상대방은 혼란에 빠지고, 활동가는 상황을 주도할 수 있다.

두 개의 덫을 동시에 준비하는 경우도 있다. 상대방은 활동가가 자유주의적 파시스트이자 성난 반미주의자라고 비난하며 몰아붙일 수도 있다. 그럴 때는 잠시 멈춰서 숨을 고른 다음, 이렇게 외치자. "실제로, 정치적 토론을 억누르는 것은 정치적 올바름도 아니고 분노도 아니죠. 대화와 소통을 가로막는 것은 오히려 편협한 생각입니다. 상대방에게 미끼를 던지는 것은 그만두고 일대일로 소통해봅시다." 그렇게 대응하면, 문제는 개인이 아닌 편협한 정신 상태로 옮겨진다. 이제 활동가는 상대방을 공격하지 않고도 현재 진행 중인 문제를 강조할 수 있다. 즉 상대방이 방어태세를 취하지 않게 하면서 비판할 수 있는 것이다. 한층 생산적인 이야기와 토론에 적합한 마당이 마련되는 것이다.

공정하고, 균형 잡고, 신뢰를 얻자

악한 것 내부에 있는 선한 것을 인식하고 인정해보도록 애쓰자. 예를 들어, 활동가는 주류 사회의 언어가 성차별, 인종차별, 계급차별, 동성애혐오로 얼룩져 있다고 말할 가능성이 있다. 그러나 이러한 문제가 있었음에도, 미국문화는 몇 년 동안 진일보했다. 현재 사람들은 존중과 배려를 더 많이 하며, 대부분의 사람들이 명백하게 공격적인 언어를 피하고자 한다. 이것은 모든 사람이 전보다 발전한 진보이다. 이렇게 설명하면, 설령 비판적인 설명이 들어가더라도 활동가의 신뢰는 올라간다. 이후 사람들은 활동가의 생각을 주의 깊게 경청할 가능성이 전보다 높아지고, 활동가에게 정치적 올바름이란 딱지를 붙일 가능성은 전보다 낮아질 것이다.

청중과 붙임성 있게 소통하자

사람들의 언어를 비판할 때면, 설교하고 거드름 피우고 오만하고 겸손한 척하는 것 같아 보일 때가 많다. 이것을 좋아할 사람은 아무도 없다. 그렇게 한다면 활동가가 서 있을 곳은 한 군데도 없을 것이다. 서두르지 말자, 상황을 철저히 생각하자, 붙임성 있는 태도로 끊기 있게 문제를 제기하자. 대놓고 비판하면 사람들이 소외될 때가 많다. 상황이 그럴 때는 신중하고 힘이 되는 소통을 하는 게 필요하다. 이렇게 할 때 필요한 네 가지 사항을 제시한다.

- 단언하지 말고 제안하라. 대안적 낱말과 문구를 제시하고, 제의하고, 제안하면, 분위기가 밝아져 사람들은 방어태세를 취하지 않고 자신을 성찰하게 된다.
- 말하지 말고 물어라. 사람들에게 어떤 유형의 언어를 어떻게 생각하는지 물어보자. 그런 언어로 어떤 문제를 보는지 물어보자. 다른 언어로 했다면 더 적당했을지도 물어보자. 이런 식으로 유도하는 질문은 토론에 불을 당긴다.
- 타인을 비판하지 말고 자신을 비판하라. 다른 사람을 비판하지 말고, 대화로 돌아와 자기가 쓰는 언어를 비판하자. 사례를 들거나, 자신이 어떻게 해서 언어의 본성을 깨닫게 됐는지 짧막하게 얘기하자. 자신을 끌어들여 얘기하면, 다른 사람이 자신의 얘기를 털어놓을 무대가 마련된다. 실수를 지적하는 것은 다른 사람이 하는 것보다 본인 스스로 하는 게 좋다.
- 최악이 아니라 최선을 다한 것이라고 가정하라. 일단은 사람들을 믿고, 그들이 주어진 순간에 가능한 최선을 다한 것이라고 생각하자. 그들의 언어를 살필 필요는 없지만, 이해해보려고 해

야 한다. 그러면 방어적인 분위기가 사라져, 사람들이 자기가 쓰는 언어를 생각하고 반성하고 토론하기가 쉬워진다.

중요한 것은 유효성이지 올바름이 아니다. 활동가의 소통은 수사적 유효성에 따라야지 정치적 올바름에 따라서는 안 된다. 이해하고 지지하는 편이 낫다는 것은 확실하다. 다른 사람을 공격하는 것은 피하는 것이 좋다. 심지어 의견이 다르거나 싫어하는 사람일지라도 그렇다. 그러나 때에 따라서는 사람들을 지명해가며 명백한 사항을 과감하게 말해야 할 때도 있다. 바로 지금, 인종을 차별하는 사람이 누구이며, 동성애를 혐오하는 사람이 누구고, 영혼 없는 권력 지향적 제국주의자일 뿐인 인간이 누구인가 하고 지적해야 한다. 물론, 이런 진술을 하기 전에는 생각할 필요가 있다. 그러나 그래봐야 자기 입장에 따른 개인적인 판단일 뿐이다. 자기가 하는 결정이 정치적 올바름 쪽인지 아닌지 명확하게 판단하는 규칙은 존재하지 않는다. 그러나 일반적인 목적은 언제나 똑같다. 긍정적으로 사회를 변화시키는 수사적 선택을 하라는 것이다. 미심쩍은 것이 계속 남아 있다면, 중요한 것은 유효성이지 올바름이 아니라는 것을 다시 기억하자. 상황을 분석하자, 그리고 결정을 내리자.

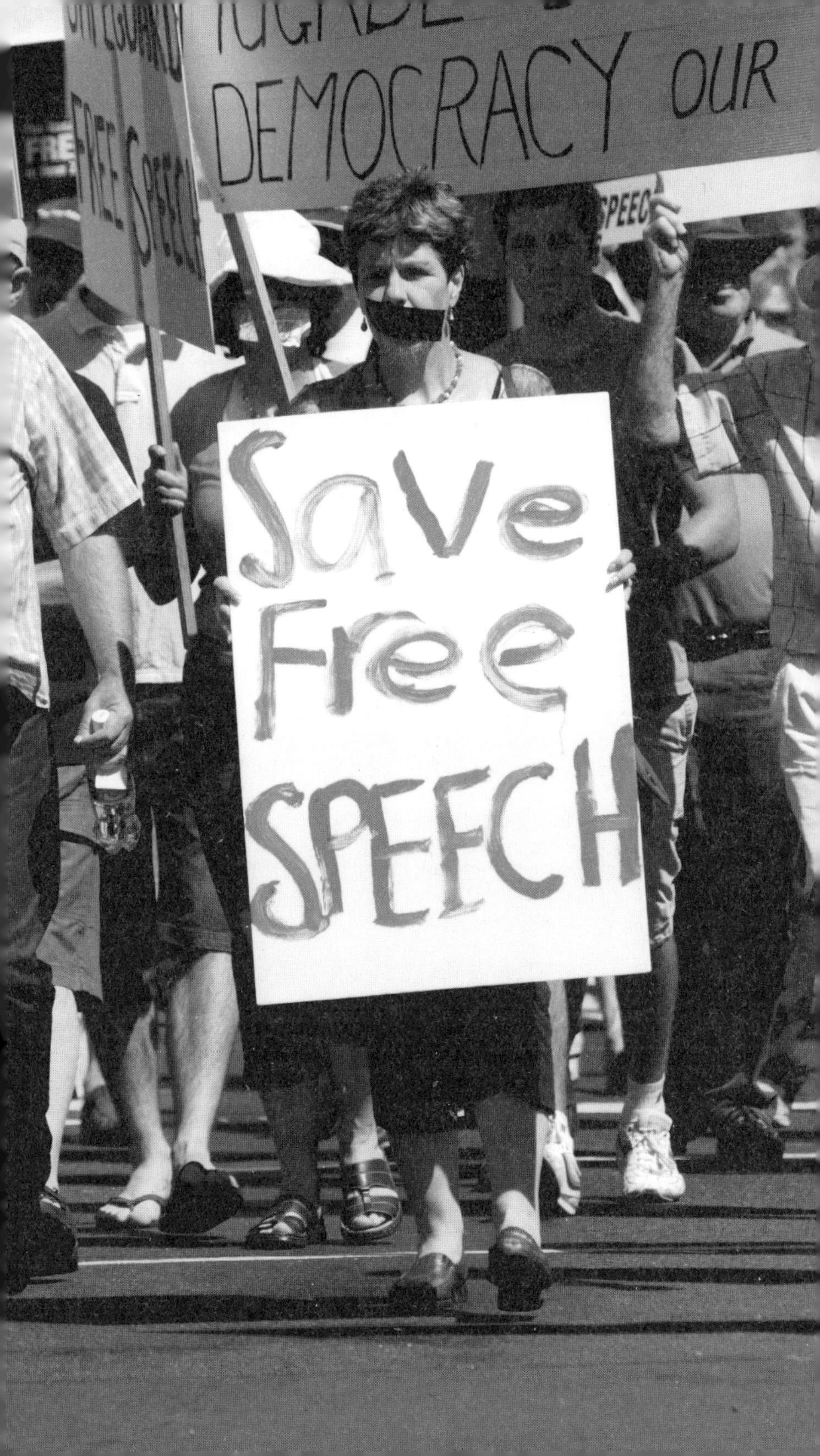
DEMOCRACY OUR
FREE SPEECH
Save Free SPEECH

:: 변혁의 말 만들기 ::

마지막 절은 급진적 변혁에 대해서 새로운 말을 만들 때 유용하다. 단순히 말하면, '말the word'에 초점을 맞추고자 한다. 이것을 나는 이데올로기적 선견vision과 정치적 정체성을 표현하며 사람들을 행동으로 끌어내는 하나의 낱말, 용어, 문구 혹은 발화로 정의한다.◆ 몇 가지 사례를 들어보면 공산주의, 사회주의, 볼리바르주의, 범아프리카주의Pan-Africanism, 아나키즘, 환경주의, 페미니즘, 사파티스타주의가 있다. 이런 말은 정치적 세계관을 요약해 표현하며, 사람들의 급진주의를 단단히 동여맨다. 사람들은 이러한 말들의 의미와 정치적 의제를 곱씹어보면서 자신을 관찰할 때가 많다. 이런 말들은 사회·문화·정치·역사·경제가 어떻게 돌아가는지 이해할 때 관여한다. 말 그대로 사람들의 정치적 현실을 개괄한다.

변혁의 말은 다음 다섯 가지로 논의될 것이다. 첫째, 말의 기본적 본성을 논의하겠다. 둘째, 말의 생명주기를 논의하고, 한층 새롭고 수사적 효과도 높은 말을 창조해야 한다고 얘기해보겠다. 셋째, 오래된 말들인 '공산주의'와 '아나키즘'의 수사적 유효성을 분석해보겠다. 넷째, 몇 가지 새로운 말을 분석하고, 21세기 말의 달라진 성격을 논의하겠다. 마지막으로 급진주의적 사회 변혁에서 새로운 말을 창조할 때 필요한 다섯 단계를 논의하겠다.

◆ 내가 '말the word'을 쓰는 방식은 마이클 맥기Michael McGee의 '표어ideograph', 도리스 그래버Doris Graber의 '응축상징condensation symbol', '문화유전자meme'의 일반적 용례에서 적잖이 영향을 받았다.

| 변혁의 말의 이해 |

변혁의 말들은, 여기서 정의한 대로 단순한 구호 같은 게 아니다. 구호 가운데 어떤 것은 결국 말이 되기도 하나, 말은 구호로 환원되지 않는다. 정말 힘이 있는 말은 사람들의 상상력을 포착하며, 시간의 시험을 버텨낸다. 단순한 구호보다 역사적으로 의미 있고 정치적으로 힘이 있다. 말은 선전선동과도 다르다. 말이 의식의 조작과 진리의 왜곡에 쓰일 때면 선전선동이 될지도 모른다. 그러나 그런 위험은 언어, 수사, 소통 모두가 겪는 일이다. 말을 적절하게 사용하면 사람들의 의식을 조작할 때보다 강력하다.

변혁의 말은 세 가지 핵심 요소로 구성된다. 첫째 이데올로기적 선견, 둘째 정치적 정체성, 셋째 동원mobilization이다.

이데올로기적 선견

이 말은 이데올로기적 선견과 정치적 틀거리를 요약한다. 그것은 사유, 행동, 노선의 체계다. 레닌주의적 공산주의처럼 엄격한 이데올로기일 수도 있고, 페미니즘처럼 여러 방침을 얼기설기 모은 것일 수도 있다. 어느 경우든, 이 말은 한 사람의 행동을 인도하고 정의하는 정치적 의제다.

정치적 정체성

이 말은 정치적 정체성을 표현한다. 정체성은 이 말의 정치적 틀거리를 수행함으로써 구성된다. 공산주의자가 공산주의자가 되는 것은 자본주의를 거부하고 경제체제를 더 좋게 만들기 위한 투쟁에 의해서다. 아나키스트가 아나키스트가 되는 것은 권위주의를 거부하고 자발적 관계를 위한 투쟁에 의해서다. 페미니스트가 페미니스트가 되는 것 역시 가부장제를 거부하고 성평등을 위한 투쟁에 의해서다. 정치적 정체성은 사람들이 특정한 말의 정치적 행동에 따라나설 때 나타난다. 급진주의자는 여러 다른 말을 구현할 수 있으므로, 중심 없는 정치적 정체성을 개발할 수 있다. 예를 들면, 자율주의적-마르크스주의자-페미니스트autonomous-Marxist-feminist 같은 것이다.

동원

이 말은 사람들을 정치적 행동에 나서게 만들고 사회운동의 조건을 창출하는 동원력이기도 하다. 이러한 조건은 이 말의 수사성에 의해서 생산된다. '동원'이란 말은 사람들을 행동에 끌어내는 외적인 흥분을 발산시킨다. 사람들이 점점 더 이 말에 끌릴수록, 흥분은 증대되며 행동의 규모와 빈도는 커지고 높아진다. 이윽고 운동이 생기고 그 말은 투쟁과 행동을 포괄하는 표현으로 변모한다. 사회주의, 볼셰비키주의, 여성해방, 노동, 히피, 신좌파, 범지구적 정의 등 역사적으로 강력했던 말들은 그렇게 얻어낸 것이다.

| 말의 생명주기 |

말의 수사적 유효성은 영원히 지속되지 않는다. 지금 있는 말이 내

일이면 사라진다. 말은 유행을 타고 대중을 동원했다가 이윽고 자취를 감춘다. 많은 말들이 간신히 연명하고는 있지만, 별무소용이다. 이런 말들은 과거에 영향력이 강력했던 탓에, 많은 사람이 과거의 권력을 되살릴 수 없을까 희망의 끈을 놓지 않고 있다. 그러나 실패한 주의 주장인 경우가 많다. 말은 인간이란 피조물과 똑같이 오래가지 못하기 때문이다.

페미니스트인 리사 저비스Lisa Jervis는 페미니즘운동의 전문용어를 문제 삼으며 이 문제를 제기한다. 그녀는 이렇게 말한다. "애당초 페미니즘의 과거와 현재와 미래의 잠재력을 단 하나의 은유로 지칭하던 제비뽑기 방식handy-dandy way은 지적인 태만을 유도하는 속기가 되어버렸다. 그것은 핵심적 믿음과 문화적 계기를 구별해내는 힘든 작업에서 도망치는 탈출구였던 것이다."◆

그녀는 기본적으로 페미니즘운동의 전문용어가 대립적 범주를 영속시킨다고 주장한다. 1차 운동은 2차 운동과 다르고, 그것들은 3차 운동과 다르다는 것이다. 저비스가 보기에 이런 식의 구별은 적어도 세 가지 이유 때문에 문제가 있다. 첫째 그것은 운동들을 가로지르는 유사점을 인식해내지 못하며, 둘째 페미니스트를 갈라놓고, 셋째 성차별·가부장제·위계구조를 영속시키는 동시에 그것들에 의해서 영속된다. 저비스는 그 문제를 푸는 해결책이 없다고 인정하면서, 맥락에 기초해 사용하자고 주장한다. 특정한 운동을 언급하며 그것과 동일시

◆ Lisa Jervis, "Forward: Goodbye to Feminism's Generational Divide," in *We Don't Need Another Wave: Dispatches from the Next Generation of Feminists*, Melody Berger, ed., Seal Press, 2006.

해야 할 때도 있고, 그렇게 해서는 안 될 때도 있다는 것이다. 결국, 모든 것은 맥락에 달려 있는 것이다.

나는 저비스의 모범을 따라서 현재 쓰는 모든 말에 어떤 효과가 있는지 재검토해야 한다고 생각한다. 이것은 개인 한 명이 노력해봤자 소용이 없다. 왜냐하면 급진주의자의 말은 그들의 말과 다름없기에, 그 말을 문제 삼는 것은 급진주의자 자신을 문제 삼는 것과 같기 때문이다. 급진주의자라면 당당히 비판을 받아야 하며, 그 말의 수사적 힘을 반성할 필요가 있다. 말에 힘이 있다면, 괜찮다. 계속 이어가면 된다. 그러나 힘이 없거나 미미한 것이라면, 새로운 말을 창조해야 한다. 내가 생각하기에 급진주의자의 상당수 말은 후자에 속한다. 제법 강하다고 느낄 수 있지만, 근거 있는 건설적인 비판이라고 생각한다. 나의 주장을 입증하기 위해서 두 가지 지배적인 말인 공산주의와 아나키즘을 분석해보겠다.

| 과거 말의 사례 |

공산주의의 수사적 유효성은 소멸해버렸고, 그것이 부활할 가능성은 없지는 않겠지만, 솔직히 기약 없어 보인다. 냉전은 끝났고, 당연히 '공산주의'라는 말의 동원력도 끝났다. '사회주의'도 비슷하다. 두 용어 모두 지난 150년 동안 수많은 잔학무도한 권위주의 체제에 의해 쓰였고 또 잘못 쓰였다. 이 같은 오용은 의심의 여지없이 '사회주의'와 '공산주의'의 수사적 유효성을 망가뜨린다. 물론 다른 방식도 있어서, 이 용어

를 한층 긍정적이고 정확하게 사용하기도 했다. 활동가는 거기서 배우며, 그런 사용방식이 무엇 때문에 성공했고 실패했는지 끊임없이 탐구해야 한다. 그리고 활동가는 마르크스와 엥겔스도 신뢰해야 한다. 그들의 작업은 룩셈부르크, 그람시, 루카치 등의 작업과 마찬가지로 지금 봐도 내용이 훌륭하므로 계속해서 읽히고 논의되고 적용돼야 한다. 가장 중요한 것은 공산주의의 소명이 여전히 타당하다는 것이다. 지금보다 윤리적이고 평등하며 사회적으로 공정한 경제체계는 여전히 필요하다. 이 점은 변하지 않았다. 그러나 '공산주의'라는 말은 수사적 유효성을 잃었다. 너무 많이 쓰였고 너무 잘못 쓰였기 때문에 이제는 혁명적인 흥분을 유발하지 못한다.

나는 '아나키즘'이라는 말도 똑같은 운명이라고 생각한다. 이 말에 대해 너무 많은 사람이 너무 많은 선입견을 갖고 있다. 이 말은 꽤 과잉결정된 것이다. '아나키즘'하면 보통 사람은 혼돈, 무질서, 폭력, 무법상태를 연상한다. 이런 유형의 말은 사람들을 끌어당기지 않고 소외시킨다. 그런 말이 주는 소외는 '아나키즘'이 주는 소외보다 깊다. 많은 사람들은 정부 없이 자율로 조직되는 삶의 체계를 두려워한다. 대부분은 아니지만 많은 사람은 권위적인 규칙, 구조, 정부가 본질적으로 필요하다고 믿는다. 이 같은 편견 때문에 아나키즘을 이해하기가 어려운 것이다. 아나키즘은 그런 게 아니라고 사람들을 확신시키려면, 오랜 시간을 들여서 세세하게 설명하는 것 이상이 필요하다. 이 말의 정확한 의미를 설명하는 것은 당연히 도움이 되지만, 그렇다고 사람들의 뿌리 깊은 편향을 바꿔내기는 쉽지 않을 것이다. 아나키즘이 현실에 영향을 주기 위해서는 언어가 급격히 바뀌어야 한다. 아나키즘이 사회적 힘이 되기 위해서는 아나키즘의 헌옷을 벗고, 새 출발을 해야 한다.

이런 말들을 변형하기 위해서는 말을 바꾸는 것 이상이 필요하다. 단순히 이름을 바꿔봐야 아무 소용이 없다. 사람들은 너무 영악하다. 그들은 활동가가 무슨 짓을 하는지 알아채고 거부할 것이다. 언어를 정말 바꾸기 위해서는 사유와 관념과 적용을 철두철미하게 검토해야 한다. 말의 내적인 의미는 물론이요, 외적인 포장까지 모조리 바꿔야 한다. 기억하자, 언어는 사람들이 경험의 세계를 창조할 때 쓰는 도구라는 것을. '아나키즘', '공산주의' 같은 말들을 재평가하기 위해서는 패러다임 변환이 필요하다. 경험의 새로운 영역, 새로운 정치적 의제, 새로운 행동의 형식을 상세히 기술하는 체계를 창조해야 한다. 새로운 이데올로기적 선견과 정치적 정체성을 표현하는 새로운 말을 창조해야 한다. 이런 말은 21세기에 정신과 육체에 힘을 불어넣을 것이다. 이일은 쉽지 않지만, 가능한 일이다. 실상 현재 진행되는 일이기도 하다. 활동가는 주의를 기울여 더욱 강력하고 효과적인 말을 창조해야 한다.

| 새로운 말의 잠재력 |

현재 활동가에게 올바른 방향을 일러주는 몇 가지 말이 있다. 이 말은 공산주의나 아나키즘만큼 강력한 것은 아니지만, 확정된 것만은 분명하다. 시간이 흐르면, 실제 몇 개의 말은 예전 말이 누렸던 힘을 넘어설 가능성도 있다. 그러나 다른 유형의 어법이 등장하지 않을까 싶다. 하나의 말이 여러 사람에게 일방통행하는 것이 아니라, 다수의 사람과

의제에서 비롯된 다수의 말이 쌍방통행할 것이다. 말들마다 자신만의 강력한 지지자가 있을 것이다. 그런 뒤에 서로의 말을 논의하고 논쟁하면서, 경쟁과 지지가 동시에 되는 집단을 생성해내리라. 단일한 말의 시대는 종말을 고하고, 변화무쌍한 어법의 시대가 오리라. 나는 이 과정이 이미 시작됐다고 생각한다. 밑에 적어놓은 목록은 철저하지는 않지만 검토해보면, 내 생각이 뒷받침될 것이다. 곧 확인할 테지만, 모든 것을 지배하는 말은 없다. 반대로 많은 말이 서로 접속하면서, 현대의 급진주의적 말을 조합해 중심 없는 어휘를 만들고 있다.

- **수평주의**horizontalism: 비위계적 관계의 활용과 구축, 특히 활동가 및 조직화 사업을 벌일 때 사용되고 조직된다. 수평적인 조직화 형태는 지도자나 추종자 없는 수평 사회를 창조할 때 활용된다. 즉 모든 사람이 사회를 창조할 때 동등하게 참여하는 것이다.
- **탈중심화**decentralization: 중심 없는 조직화 형식으로 사람과 집단이 중앙의 명령이나 통제를 받지 않고 자기 활동을 하는 것이다. 이것은 추구해야 할 사회적 이상일 뿐만 아니라 행동주의의 형식으로 나타난다.
- **네트워크**: 중심 없는 상호 접속. 사람과 집단은 자기 활동을 하지만 그것보다 규모가 큰 운동과/이나 공동체와 접속된 상태기도 하다. 이 같은 운동과 공동체는 사람과 집단의 네트워크다.
- **무리**swarm: 중심 없는 대중행동의 형식. 집단행동은 개인행동보다 더 강력하고 영리하다. 사람들은 힘을 모아 거리를 점령하

는 동시에 권력구조를 분쇄하는 것이 가능하다.

- **불안정**precarity : 불확실하고 불안정한 상태는 특히 노동과 직업과 관련해 언급된다. 보통 이것은 월급과 일당으로 살아가는 전 세계의 대다수 노동자의 가변적 상황을 지칭한다. 불안정은 존재론적 토대기도 하다. 즉 삶의 거점을 흔들어놓는 것이다.

- **비물질적 노동**immaterial labor : 비물질적인 현상을 활용하고 생산하는 노동 형식. 비물질적 노동자는 정보와 소통을 활용해 느낌, 감정, 상징, 언어, 지식 형식을 창조한다. 마케팅회사와 광고회사가 일반적인 사례지만, 이 책이 주장하는 것처럼, 행동주의도 비물질적 노동의 형식이다.

- **합의**consensus : 집단의 결정 절차 유형. 보통은 집단의 성원이 각자 의견을 내놓은 후에 가장 좋은 선택을 하기 위해 모든 사람이 토론에 들어간다. 모든 사람이 승인하기 전까지는 결정이 끝난 것이 아니다.

- **참여민주주의**participatory democracy : 합의와 거의 같은 뜻이지만 참여민주주의에는 함축의 의미가 더 많다. 많은 활동가는 관료적인 정부와 투표 체계를 작고 중심 없는 주민의회neighborhood assemblies로 바꾸려고 한다. 이러한 구조에는 모든 사람이 정치적 결정 절차에 직접 참여할 수 있다. 따라서 참여민주주의는 그 같은 사회를 획득하는 도구인 동시에 다른 사회를 몽상하는 선견이다.

- **프리거니즘**freeganism : 반자본주의적이고 반소비주의적인 생활 양식으로서, 대안적인 생존 수단을 활용한다. 예를 들면, 쓰레기

> 가상적인 시민불복종 형식을 뜻하는 '해킹행동주의'와 사람들은 모두 자기결정권이 있다고 보는 '범지구적 정의'. 이 용어들은 21세기 급진주의의 새로운 말이다.

통을 뒤져서 먹고살며, 거리에서 채집 활동을 하고 무단으로 빈 건물을 점유하고, 도심에서 원예를 하며, 공동체 공용 자전거를 사용하고, 참된 의미의 자유시장free market을 만든다. 여기서는 모든 것을 나눠 갖고, 아니면 물물교환을 한다. 이 말은 '자유free'와 '채식주의자vagan'를 이용해, 자본주의적 교환과 야만 행위를 하지 않겠다는 것을 표현한다.

- **해킹행동주의**hacktivism : 대단히 논란이 되는 용어로, 대체로는 가상적인 시민불복종 형식을 지칭한다. 일상의 정치적 정보는 물론이요, 가상적 참여virtual sit-ins, 웹사이트 변조, 소프트웨어 방해활동software sabotage, 소프트웨어 코드 해방liberation of software code이 들어간다.

- **다중**multitude : 각양각색의 사람, 입장, 세계관, 정치적 의제로 구성된 자기구성적 혁명계급. 이 혁명계급이 근거로 삼는 생각은 다음과 같다. 인간은 모두 지역적 지구적 현실을 창조할 때 참여한다는 것이다. 이것이 사실이라면, 모든 사람은 잠재적 혁명가다.

- **범지구적 정의**global justice**:** 사람들 모두 자기결정권이 있다는 생각. 여기에는 위계적 관계와 억압적 체계의 전면적 철폐가 수반된다. 대의代議정부를 반대하고, 기업지배를 반대하고, 자본주의를 반대한다. 그리고 인종차별, 성차별, 동성애 혐오를 반대한다.

- **볼리바르주의:** 중심 없는 사회주의의 유사형태. 19세기 중남미 혁명가인 시몬 볼리바르Simón Bolívar가 발전시켰으며, 나중에는 베네수엘라의 우고 차베스 대통령이 새롭게 수정해 시행했다. 볼리바르주의는 중심 없는 지도자 모형, 실제적인 공동체 조직화, 자아의 역량을 강화하는 사회 계획을 활용해 계급 없는 통일사회를 창조한다.

- **사파티스타주의:** 비이데올로기적인 정치적 삶의 방식으로, 멕시코의 사파티스타가 발전시켰다. 사파티스타주의는 마르크스주의, 자율주의, 해방이론, 원주민문화, 반전론, 주전론, 현대의 인터넷 기술의 양상을 결합해, 자기가 결정하되 집단이 지지하는 삶의 방식을 창조한다.

| 21세기 말의 창조 |

앞 절의 목록은 자극과 활력이 넘치긴 하지만, 충분하지는 않다. 결코 충분할 수가 없다. 어떤 말도, 어떤 말의 모음도 단번에 모든 것을 말하지는 못할 것이다. 새로운 문제, 사건, 경험은 새로운 선견으로 나아가

고, 그것은 다시 새로운 표현을 요구한다. 이 때문에 새로울 뿐만 아니라 더 나은 현실을 불러내는 말과 언어를 창조할 수밖에 없다. 밖으로 나가자, 주위를 둘러보자, 그리고 무슨 일이 있는지 살펴보자. 세상을 구석구석 만져보고, 그날그날 느꼈던 감각을 잡아내자. 그런 뒤에 말과 언어를 골라 그때의 경험을 표현하자. 세상을 활기차게 하는 말을 생각하자. 즉 지금까지 지나쳤던 구석구석에 생기를 불어넣는 말을 고민하자. 만약 그렇게 해낼 수 있다면, 놓치기 쉬운 경험을 타인에게 구체적이고 생생하게 전달할 것이다. 한마디로 사람들이 경험하고 토론하고 논쟁하는 것이 가능한 현실을 창조해냈다는 얘기다. 이것이 바로 말의 힘이며, 이런 말을 창조할 때 필요한 단계를 기술하며 이 절을 끝내겠다.

매일의 상황을 분석할 것

널따란 세상의 사건과 사고를 분석하고, 사람들이 어떻게 생각하고 어떻게 느끼는지 밝혀내자. 대중의 뇌리에 틀어박힌 말과 언어를 생각해보자. 세계의 현 상태를 기술할 때 쓰는 언어를 생각해보자. 지배적인 은유, 비유, 기술의 뜻을 포착하자.

급진주의의 현 상태를 분석할 것

주변의 활동가, 조직가, 급진주의자, 혁명가, 사회운동 단체가 겪은 사건과 사고를 검토하자. 사람들이 바로 지금 집중하고 있는 게 무엇인지 밝혀내도록 하자. 오늘날 급진주의자의 동기와 목적을 평가해보자. 최첨단 급진주의와 접촉해보자. 보통 그렇게 하기 위해서는 사람들과 얘기하고, 연구조사 작업을 하고, 행동주의의 세계를 겪어보고, 주변을 둘러보는 것이 필요하다.

난상 토론을 할 것

급진주의의 현 상태를 정확하게 기술하는 몇 가지 말을 생각해보자. 너무 깊게 생각할 필요는 없다. 생각나는 대로 목록에 기록하면 충분하다.

상상력을 활용할 것

목록을 이리저리 섞은 다음, 오늘날 급진주의의 핵심을 짚어내는 말 몇 개를 골라내자. 그리고 창조적인 태도로 그 일을 해보자. 그런 다음 말들을 상상력의 시험대에 올리자. 그런 말을 개조하고 개선하여, 한층 강력하고 매력 있게 만들 수 있는지 확인하자. 가장 강력한 말은 두 가지 일을 해낸다. 첫째, 세상을 구석구석 밝혀내어, 무시되거나 지나치기 쉬운 것들을 잡아낸다. 둘째, 사람들이 자신의 정치적 선견, 정체성, 욕망, 행동하는 이유를 이해할 때 도움을 준다. 그런 말은 사람들이 생각은 했지만 지금까지 말로 나오지 않은 것을 표현한다. 집단의 꿈을 생생하게 드러내며, 사람들을 한데 묶고, 행동으로 가는 길에 불을 밝힌다. 또한 실험적인 효과가 있을 때가 많다. 사람들은 즉각 생각한다. "바로 그거야, 이제 알았어!" 물론, 언제나 그럴 리는 없지만, 괜찮은 수사적 지침인 것은 맞다.

서로의 말을 공유할 것

자신의 말을 다른 사람과 공유하자. 그리고 사람들이 무슨 말을 하는지 살펴보자. 자신이 하는 말 중에는 핵심을 찌르는 것도 있지만, 아닌 것도 있으리라. 유념하자, 모든 것을 단번에 끝내는 말은 없다는 것을. 누군가의 말은 수백만 가운데 한 명의 말일 뿐이므로, 어느 말이 어느 말의 모음이 급진적 상상력의 깊이를 완벽하게 잡아내는지 가릴 방도가 없다. 그러나 중요한 것은 그게 아니다. 급진적인 사회의 변혁을 위해서 집단이 노력할 때 모든 사람이 한몫하고 있다는 것이다. 활동가는 다른 사람이 자기와 관련시키며 자신의 이야기라고 생각할 수 있는 말을 창조하도록 노력하자. 이렇게 하면, 사람들이 자신의 정치적 목적과 행동을 이해하고 표현할 때 유용할 것이며, 그렇게 하면 거의 언제나 좋은 평가를 받는다.

4 몸으로 하는 혁명

GIVE PEACE
A CHANCE

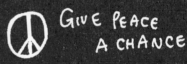

평화에 기회를 주자

지금까지의 논의는 언어, 연설, 글쓰기 등 언어적 소통에 집중했다. 4
장은 논의를 몸의 수사로 확대한다. 사람의 몸은 수사적 메시지를 전
달한다는 것이 기본적인 생각이다. 이것은 무엇을 선택하고 행동할 때
자주 드러난다. 예를 들면, 활동가 가운데 많은 사람이 특정한 가게, 회
사, 기업, 상표, 의장을 외면한다. 급진주의자는 자전거와 환경에 좋은
교통수단을 이용하지, 차나 기름 먹는 하마를 타지 않는다. 급진주의
자는 유기농에 공정하게 거래된 음식을 고르지, 유전자를 조작한 음식
을 고르지는 않는다. 급진주의자는 물물교환을 하지, 돈 때문에 가격
을 물리지는 않는다. 급진주의자는 그날그날 했던 일을 고민하며, 권
력 및 특권 의식을 피해서 작업한다. 급진주의자가 모임을 할 때는 의
견을 충분하게 개진하지 못한 집단을 앞에 세우고, 너무 과하게 개진
한 집단은 뒤에 둔다. 급진주의자가 온갖 종류의 항의, 집회, 가두 행
동에 참여하는 것은 말할 것도 없다. 이 같은 정치적 결정은 몸이 하는
행동을 통해서 구현되고 소통된다.

4장은 네 가지 몸의 수사를 살펴볼 계획이다. 첫째 몸으로 논증하기, 둘째 거리극, 셋째 수사적 맵시rhetorical style, 넷째 몸의 발산인 분위기이다. 몸으로 논증하기는 몸의 행동이 실제 어떻게 논증하는지를 기술한다. 거리극은 항의하고, 집회하고, 행진할 때 자주 보이는 정치적 연희를 기술한다. 수사적 맵시는 소통하는 몸짓의 전반적인 모습과 느낌을 기술한다. 그리고 몸의 발산으로 간주되는 분위기는 몸에서 나오는 활기를 기술한다. 각 경우에서 몸은 정치적 의제를 진전시킬 때나 의문시할 때 수사적 역할을 한다.

:: 몸으로 논증하기 ::

몸은 논증한다. 그 논증이 언제나 명쾌한 것은 아니나, 몸이 하는 행동에 새겨진 채로 분명히 존재한다. 예를 들어, 어느 사람이 중요한 집회를 하는 와중에 체포되어 저항한다고 생각해보자. 그때 하는 저항은 (그 상황에서 무슨 말을 하든) 경찰의 권위와 국가의 통제에 반대하는 것이다. 또 어떤 사람은 전쟁에 항의하는 취지로 노동을 거부할 수도 있다. 이렇게 결근하는 것은 다양한 체계에서 몸을 빼는 것으로 노동과 자본주의와 전쟁이 만나는 교차점을 강조한다. 임금 상승을 위해서 단식투쟁을 하는 경우도 있다. 이 행동은 임금을 높여달라고 주장하는 것이지만, 노동 연대의 물리적 형식이기도 하다. 단식 투쟁을 하는 사람은 집단의 장기적 이익을 위해서 개인의 단기적 안락을 희생하

(Since 6/30)
Hunger
Striker
to stop another
Genocide
in
Africa

는 것이다. 몸으로 하는 논증이란 이런 것이다.♦ 몸으로 논증하기는 수사의 영역을 최소한 네 가지 방식에서 확장한다. 첫째, 몸으로 논증하기는 행동을 요청한다. 자신이 말하는 것을 그대로 행해야 한다는 것이다. 글을 쓰거나 연설을 하는 것과 개인의 익명성을 포기하고 대중 앞에 나가서 권력의 앞잡이와 물리적으로 싸우는 것은 별개의 일이다. 둘째, 몸으로 논증하기는 수사적 선택지가 더 많다. 사람에 따라서는 대화하고 연설하고 글 쓰는 것을 힘겨워하기도 한다. 그런 사람은 비언어적 수사를 하는 것이 알맞지 않을까. 몸으로 논증하기는 그런 선택지를 이해하는 틀거리를 제공한다. 셋째, 몸으로 논증하기는 자신의 역량을 강화시킨다. 이제는 강당, 무대, 탁자 혹은 출판사를 기다릴 필요가 없다. 어디서든 어느 때든 자신의 몸을 사용해 자신의 관점과 생각과 당적에 대해서 논증하고 논쟁하고 표현하고 저항하고 풀어놓으면 되는 것이다. 물론 위험은 따른다. 이때는 위험을 최소화하면서 자기역량을 최대화하는 것이 비결이다. 마지막으로 몸으로 논증하기는 일상생활의 가공craft을 강조한다. 자신의 몸이 끊임없이 소통한다고 해도, 그런 소통을 짤 짜인 논증으로 손질하는 편이 좋다. 이 과정은 시간과 인내와 연습과 손질과 적용과 교정이 필요하다. 결국, 몸은 급진적 수사가 항상 진행되는 터전이 되어야 한다.

몸으로 논증하기는 다음의 절에서 자세히 설명한다. 우선, 몸으로 논증하기의 기본적인 세 가지를 논의하겠다. 다음, 개인의 몸이 하는

♦ 4장의 제목과 주제는 케빈 마이클 델루카의 논문에서 크게 영향을 받았다. Kevin Michael DeLuca, "Unruly Arguments: The Body Rhetoric of Earth First!, Act Up, and Queer Nation," *Argumentation and Advocacy*, Summer, 1999.

논증과 그것을 향상하는 방법을 논의하겠다. 마지막으로 집단의 몸이 하는 논증과 그것을 향상하는 방법을 논의하며 마무리하겠다.

| 몸으로 논증하기의 세 가지 요소 |

몸으로 논증하기에는 세 가지 기본 요소가 있다. 몸과 메시지와 청중이다. 이 세 요소는 대중연설의 요소와 비슷하다. 예를 들어, 연설자는 청중의 요구와 필요와 기대에 부응해 메시지를 전달하기 위해서 자기 몸을 이용한다. 그러나 바로 이 때문에 몸으로 논증하기와 다르기도 하다. 그 이유는 몸으로 논증하는 것이 더 유동적이고 모호하기 때문이다. 상황, 시간, 청중, 심지어 메시지도 끊임없이 바뀐다. 몸으로 논증하기의 기본 원칙을 이해하면, 이처럼 계속 바뀌는 조건에 대처할 때 도움이 될 것이다.

몸

몸은 끊임없이 메시지를 전달한다. 앉고, 서고, 걷고, 행하는 방식은 정치적 입장을 강조하거나 약화시킨다. 몸이 수사적 메시지라는 점을 깨달으면, 상황을 통제하기 좋다. 즉 자신의 정치적 입장을 전달하기 유리하게 움직이고 행동하기 시작할 수 있다. 이렇게 하면, 자기 내부의 정치적 입장을 외부의 소통과 일치시키기에도 좋다. 이후 몸은 사회 변혁을 위한 정치적이고 수사적인 수단으로 변모한다.

메시지

몸은 다른 사람이 항상 독해하고 반응하는 메시지이다. 이것이 사실이라면, 몸을 이용해 메시지를 강조하고 강화하는 선택을 하도록 하자. 특별한 옷을 입고, 특별한 음식을 먹거나, 특별한 운송수단을 이용하면 다른 사람에게 특별한 메시지를 전달할 때 도움이 된다. 그러나 이같은 특수한 선택은 몸의 메시지의 시작도 끝도 아니다. 몸은 언제나 전시되기 때문이다. 몸은 언제나 전시된다. 몸은 무엇이 됐든 메시지를 전달하지 않을 때가 없는 것이다. 따라서 몸은 영구적인 메시지이다. 그렇다면 행동과 몸짓과 이동 하나하나를 잘 만든 메시지로 손질하는 것이 좋다. 그러나 이것은 불가능에 가깝다. 그렇게 자신을 통제할 사람은 아무도 없다. 중요한 것은 이 점을 아는 것이다. 몸을 메시지로 이해하면 소통할 때 효과를 높일 수 있다.

청중

몸으로 구현한 메시지는 청중의 요구와 필요를 충족시켜야 한다. 신념을 버리자고, 속이자고, 날조하자는 게 아니다. 반대로, 다른 사람을 설득하고 감화하고 소통하기 위해서 몸의 수사의 특정한 양상을 강조하거나 약화시키자는 것이다. 이번 청중에게 효과가 있다고 다음 청중에게 효과가 있으리라는 보장은 없다. 이러한 점은 몸의 수사를 포함해 모든 수사가 그렇다. 언어적 소통을 알맞게 고치는 것처럼, 비언어적 소통도 알맞게 고쳐야 한다. 이렇게 하면, 한층 효과 높은 논증을 만들 수 있다.

| 개인의 몸 |

사람들은 온갖 종류의 논증을 위해서 자기 몸을 이용할 수 있다. 문신이나 피어싱을 하고, 특이한 옷을 입고, 장식용 단추와 옷핀을 과시하고, 독특한 머리모양을 창조하고, 특이한 손짓으로 인사하고, 소비방식을 바꾸고, (결혼, 동거, 독거 등등) 특정한 생활 형태를 선택하고, 특별한 여행 양식을 이용하고, 단식투쟁을 하고, 말문을 닫고, 몸을 축 처지게 만들고, 목소리를 높이며 분노를 표현하여 몸의 태세를 고쳐 잡고, 벌떡 일어나 세상 속으로 나아가는 등 모든 것이 가능하다. 이와 같은 몸의 행동은 다른 사람이 읽고 응하는 사회적 정치적 메시지를 전달한다.

머리모양이 좋은 사례다. 1960년대 히피의 더러운 장발머리가 그랬다. 그들의 자주 감지 않은 머리는 몇 가지 논증을 몸으로 주장했다. 낡은 세대의 청결한 단발의 가치는 낡아버렸다는 것, 신교도의 노동윤리는 겉만 번드르했다는 것, 청결은 경건함이 아니었다는 것, 성차의 규범과 엄격한 이성애는 부르주아지의 구성물이라는 것, 히피의 개인적 집단적 실험은 혁명적이었다는 것 등을 모두 보여줬다. 흑인인권운동 집단Black Power Group이 고수하는 아프로Afro 머리모양에도 논증이 담겨 있었다. 그것은 백인 중심의 미국을 탄핵하며, 흑인의 반란을 신호한다. 즉 정치적 함의가 들어간 아프리카계 미국인의 정체성과 긍정적 흑인문화를 표하는 것이다. 아프로는 "흑인은 자랑스럽다Black and Proud" 그 자체였고, 흑인의 문화적 뿌리를 되찾아 구현했다. 최근에 아나키스트가 취하는 몇 가지 생활양식은 여러 가지 방식으로 거칠고 난잡하고 감지 않는 머리모양을 하는 것이다. 이처럼 머리모양 같지 않

> 아프로와 모호크. 아프로는 흑인의 반란을 상징하며, 모호크는 생물학적 성차의 해방을 뜻
한다. 머리모양은 정치적 메시지를 전달하는 중요한 수단이 되는 것이다.

은 머리모양은 현대인이 허영과 위생적 미용법 때문에 시간과 돈과 자원을 낭비한다는 것을 강조한다. 그리고 사회가 규정한 정상상태를 자신의 의지에 따라 거부한다는 것을 표시한다. 즉 권위주의적 사회통제를 반대하고 개인의 자유를 찬성한다는 것이다. 모호크faux-hauks*, 멀릿mullets**, 섀그shags***, 블리치드 팁스bleached tips**** 같은 성소수자genderqueer의 머리모양도 주시해보자. 이러한 양식은 남성과 여성의 정체성을 구별하지 않는다. 그리고 생물학적으로 남성이라고 남성의 정체성을 띠어야 하는 것도 아니고, 생물학적으로 여성이라고 여성의 정체성을 띠어야 하는 것도 아니라는 점을 인정한다. 이러한 머리모양은 생물학적 몸과 성차의 정체성 사이에 가정된 관계를 끊어낸다. 성차의 해방을 지지하는 논증인 것이다.

◆머리 양쪽을 짧게 치고 가운데 머리만 날카롭게 세우는 형태. (옮긴이)
◆◆앞머리 옆머리 윗머리는 짧고 뒷머리는 기르는 형태. (옮긴이)
◆◆◆거칠게 잘라 부스스한 느낌을 주는 형태. (옮긴이)
◆◆◆◆머리카락 끝만 하얗게 염색한 뾰족 머리 형태. (옮긴이)

개인의 소비 형태도 몸으로 논증하기의 또 다른 사례다. 예를 들어, 완전채식주의를 생각해보자. 완전채식주의자는 고기나 동물로 만든 음식을 일절 먹지 않기 때문에, 당연히 동물의 착취를 반대한다. 그들은 동물, 토지, 자연자원, 인간노동을 착취하는 다국적기업으로 이루어진 식품산업도 반대한다. 완전채식주의는 성찰 없이 하는 과소비, 개인적 사회적 무책임, 범지구적 경제의 체계적인 병폐에 주의를 기울인다. 그들은 지속가능한 생태, 생물종 사이의 존중, 개인의 책임을 지지한다. 이처럼 몸으로 하는 논증은 잠재적으로 다른 사람에게 영향을 끼치는 공적인 행동이다. 사람들은 대체로 몸이 마른 채식주의자의 몸뿐만 아니라, 채식주의자의 양심적인 행동까지 본다. 그러다보면 음식, 건강, 윤리, 동물, 정치, 사회를 얘기하게 된다. 결국, 몸으로 하는 수사는 곧바로 언어적 수사로 넘어가며, 후자를 통해서 개인끼리 대화하고 소통하는 기회가 제공될 뿐만 아니라, 더 나아가 사회의 변혁을 위한 마당까지 마련된다.

개인의 희생을 몸으로 하는 논증의 형식으로 이해할 수도 있다. 2003년 3월 16일 팔레스타인에서 평화활동가로 일하던 레이첼 코리Rachel Corrie는 이스라엘의 불도저와 어느 팔레스타인 가족의 집 사이에 서기로 결심했다. 불도저는 멈추지 않고 집도 부쉈고 레이첼 코리도 죽음에 몰아넣었다. 이 비극적 이야기를 가만히 듣다보면, '몸'과 '논증'을 통해서 이 사건을 어떻게 이해할지 갸우뚱거릴 수 있다. 그러나 레이첼 코리의 행동은 몸으로 몇 가지 논증을 한다. 첫째, 이스라엘 군대가 죄 없는 사람을 죽인다는 것. 둘째, 세계의 평화를 위해서는 커다란 위험이 따르며 개인의 힘과 용기가 필요하다는 것. 셋째, 이스라엘과 팔레스타인의 정세는 전반적으로 단단히 꼬인 상태라는 것. 넷째, 평화를 정착시키기 위해서 사람들이 자신의 몸을 자진해서 전선에 던진다는 것. 다섯째, 개인이 희생을 하면 그 결과가 비극이든 아니든 중요한 정치적 문제가 환기된다는 것이다.

위에서 열거한 각 사례에서 개인은 논증을 하기 위해 자기 몸을 이용한다. 대부분 사람들은 그들의 행동을 논증이라고 생각하지 못하는 것 같다. 그러나 한 번만 생각해보면 몸이 사람들의 분별, 생각, 행동에 영향을 끼치는 수사적 도구라는 것을 알아챌 것이다. 이것을 통찰하면, 최대의 효과를 내도록 행동을 손질할 때 도움이 된다. 다음에 행동에 착수할 때는 자기가 몸을 통해 다른 사람에게 메시지를 전달한다는 점을 유념하자.

| 개인 논증 만들기 |

개인의 몸이 하는 논증은 한 사람의 신념과 관점의 참뜻을 일러주는 개인적 행동을 뜻한다. 이 과정은 사람마다 다르다. 이 사람과 저 사람은 신념이 비슷할지 모르나 그것을 다르게 구현할 가능성이 크다. 문제될 것은 전혀 없다. 자신이 겪은 경험을 활용해 자기가 어느 정도 선에서 만족할지 깨닫는 것이 필요하다. 이렇게 할 때 필요한 다섯 단계를 이제부터 제시해보겠다.

• 첫째, 자신의 정치적 입장을 반성할 것. 자신의 신념, 가치, 관점

을 생각하라.

- 둘째, 자신의 관점을 논증으로 바꿔볼 것. 우선, 자신의 관점을 한 문장으로 써보자. 예를 들면, 나는 경제적 평등이 필요하다고 생각한다, 나는 인종차별에 반대한다, 나는 국민건강보험을 바란다 등. 자, 이제 이것들을 진술 문장으로 바꿔보자. 경제적 평등은 사회의 균형을 잡는다, 인종차별은 비열하며 추악하다, 국민건강보험은 인간의 기본권이다 등.

- 셋째, 몸으로 논증해볼 것. 이것은 여러 가지 방식으로 가능하다. 예를 들어, 노동 착취형 공장을 반대하는 문구를 새긴 티셔츠를 입거나, 인종차별적 언어를 피하면서 국민건강보험 계몽 운동을 해볼 수 있겠다. 논증에 따라서는 다른 것보다 위험한 경우도 있다. 이를테면, 온몸으로 제국주의에 반대하는 것은 시위에 참여하는 것을 뜻한다. 그러다보면 제국주의 권력에 실제로 맞서 싸울 수밖에 없다. 시위에 참여하는 것보다 맞서 싸우는 것이 극도로 위험할 수밖에 없다. 자기가 어떻게 해야 사회적 변혁에 기여를 많이 할 수 있을지 밝혀낸 다음, 몸으로 논증해내자.

- 넷째, 몸으로 하는 논증을 끊임없이 다듬을 것. 오늘 효과가 있어도 내일 효과가 있는 것은 아니며, 지금은 옳아 보여도 나중에는 옳지 않을 수 있다. 여러 형태로 몸의 논증을 시도해보고, 필요할 때마다 교정하자. 이렇게 하면, 다른 관점과 신념을 몸으로 표현할 때 도움이 된다. 그런 논증은 결국 삶의 방식으로 변모해 현실을 더 나은 쪽으로 바꿔갈 때 도와준다.

| 집단의 몸 |

집단의 몸도 논증을 만든다. 대체로 시위하고 행동할 때 곧잘 발생한
다. 여기에는 합법적 집회 · 행진 · 시위, 직접적 행동, 가만히 죽은 체하
기, 자율 행진, 가두 축제, 전투적인 동시에 평화적인 대치 등이 포함된
다. 이러한 집단행동이 의존하는 것은 몸이지, 말과 언어 혹은 직설적
인 논리적 요청이 아니다. 언어적 소통도 당연히 쓰이나, 몸으로 하는
소통에는 그다지 중요하지 않다. 집단행동이 의존하는 것은 몸의 공조
와 소통이다. 사람들의 몸이 빠지면, 집단행동은 소멸한다. 다음은 세
가지 사례다.

• 1999년 시애틀 시위는 세계무역기구의 문을 닫게 했다. 사람
들의 몸은 말 그대로 조직을 교란했다. 연설, 대담, 좌담, 인터넷
이 두드러지게 활용됐다. 그러나 가장 중요한 요인은 몸으로 하
는 논증이었다. 사람들의 몸이 빠졌다면, 세계무역기구는 결코
문을 닫지 않았을 것이다. 그러나 사람들의 몸이 있었고, 그들
은 대단한 논증을 만들었다. "세계무역기구는 틀렸다, 당장 멈
춰 세워야 한다!" 그들의 몸은 다른 논증도 만들었다. 보통 사람
도 세상에서 가장 강력한 기관 가운데 한 곳과 맞서 싸울 수 있
다는 것, 여러 다른 정치적 이데올로기가 공조하며 평화롭게 공
존할 수 있다는 것, 수많은 사람이 신자유주의와 경제의 세계화
폐해 때문에 신물을 내고 있다는 것을 보여줬다.

• 2003년 2월 15일, 1,000만에서 3,000만 명 정도의 사람들이

〉1999년 세계무역기구를 반대하는 시애틀 시위. 집단행동에서는 말이나 논리보다 '몸'이 중요하다.

세계 전역에서 곧 있을 미국의 이라크 침략을 규탄했다. 그것
은 지구 역사상 손꼽히는 대규모 공조 시위였다. 대량으로 분출
된 힘들이 부시 행정부의 전쟁몰이를 막지는 못했으나, 몇 가지
매우 중요한 논증을 해냈다. 첫째, 미국 시민 모두가 미국 정부
의 선전선동에 속아 넘어가지는 않았다는 것. 둘째, 전 세계 사
람들이 지구 전역을 잇는 조직화의 수단과 동력을 얻었다는 것.
셋째, 지리문화적 차이 때문에 범지구적 운동이 가로막힌 게 아
니며, 실제로는 강화될 수도 있다는 것. 넷째, 수백만 명의 사람
들이 세상에서 가장 강력하고 파괴적인 체제를 자발적으로 견
뎌냈고 탄핵했다는 것이다.

• 2003년 여름, 멕시코 경찰과 민병대는 멕시코의 오악사카 주

에서 벌어진 평화시위를 폭력을 동원해 진압했다. 대중의 봉기가 이어졌고, 사람들은 오악사카 민중의회Popular Assembly of the People of Oaxaca를 만들어서 대응했다. 이 조직은 멕시코 정부의 권위를 부정하는 자치체였다. 이 집단행동은 적어도 다섯 가지의 논증을 몸으로 보여줬다. 첫째, 멕시코 정부는 야만과 억압을 일삼았다는 것. 둘째, 정부의 권위가 한계에 도달했다는 것. 셋째, 정부의 권위는 거부되고 무시될 수도 있다는 것. 넷째, 대중의 힘은 권위와 제도의 힘보다 세지는 않지만 그만큼은 있다는 것. 다섯째, 민주주의의 새로운 형식은 필요할 뿐만 아니라 가능하다는 것이다.

평론가는 이런 행동이 정치적 담론에 올바르지 않은 형식이라 지적하면서, 집단적 논증을 기각할 가능성이 크다. 그들은 연설을 하라고, 편지를 쓰라고, 아니면 공직에 나가라고 말할 것이다. 그런 평론가는 사회가 용인하는 활동의 제한적 본성을 인식하지 못한다. 연설, 편지, 공직은 매체기업, 정부의 관료주의, 사회적 편견, 그리고 자본, 권력, 특권에 의해서 조종되기 십상이다. 집단행동은 이 같은 정세를 헤치고 나와, 사람들이 자신만의 소통을 창조하게 해준다. 활동가가 요구하는 것은 방송에 필요한 방송사가 아니다. 정기적으로 만나는 국회의원도 아니다. 활동가는 그렇게 하기는커녕 자신의 몸을 사용해 권력의 심장부와 직접 소통한다. 몸으로 하는 논증이 언제나 가장 좋거나 가장 효과 높은 수사 형식인 것은 아니다. 그러나 그것도 한 가지 형식이므로, 시기적절하게 사용할 수 있으며 사용되어야 한다. 시위나 집단행동의 적법성을 정의해보라고 요청받을 때는 다음의 몇 가지 진술을 사용하는 게 좋겠다.

- 시위와 행동은 수사적 개입의 대안적 형식이다.
- 몸으로 하는 논쟁은 주류 매체가 배제시킨 사람들에 대해서 말한다.
- 몸으로 하는 논쟁은 민주주의 토론의 직접적인 형식이다.
- 몸으로 하는 논쟁은 시민의 토론을 확장시킨다.
- 시위와 행동은 정치적 수사를 구체화시킨다.
- 집단행동이 소통이라는 것은, 두말하면 잔소리다.

| 집단적 논증 개선하기 |

집단적 논증을 개선하는 일은 항의 계획을 짜는 일과 비슷하기도 하고 다르기도 하다. 예를 들어, 전통적 항의는 허가를 받아야 하고, 행진의 동선을 짜야 하고, 유력한 연설자를 섭외해야 하고, 정보를 매체에 노출해야 하고, 정치적 볼거리를 만들어야 하고, 참여자를 최대한 동원해야 한다. 전투적인 양상을 보이는 직접 행동을 하는 경우에는 전략적으로 장소를 골라야 하며, 몇 명이 참여할지 정확히 결정해야 하고, 동아리를 꾸려야 하고, 얼마나 행동할지 합의해야 하고, 위에서 적은 대로 매체의 이목을 끌어내야 하고, 볼거리를 창조해야 한다. 이 같은 사전 준비 작업은 몸으로 하는 집단행동의 양상과 관련되기도 하지만

다른 측면도 존재한다. 몸으로 하는 논증은 집단행동의 특정한 양상인 것이다. 통상적으로 사전 준비 작업은 여전히 필요하지만, 몸으로 하는 논증은 그만의 행동으로 계획돼야 한다. 활동가는 대중에게 효과적으로 전달되는 몸의 논증을 의식해서 창조해야 한다. 아래 제시한 네 가지 단계는 집단적 논증을 만들고 분명히 할 때 필요한 것들이다.

행동의 실제적 논증을 명확히 할 것

자신의 논증을 완벽한 문장의 형태로 만들어보자. 그렇게 하면 문장은 진술문이 되어 이해하기가 쉽다. 예를 들어보자. 세계무역기구는 없어져야 마땅하다. 미국은 이라크에서 나와야 한다. 오악사카 사람들은 자치체제를 운영한다. 이러한 진술문장은 나중에 집단행동의 토대로 기능한다. 이 진술을 기초로 행동을 만들어라.

몸으로 하는 논증을 행동으로 창조할 것

논증의 의미를 알려주는 집단행동을 계획하라. 집단행동은 전통적 항의와 행진 아니면 집회일 것이다. 그러나 솔직히 말해서 이 같은 전통적 항의는 낡았다. 이제는 대중의 상상력을 포착하지 못한다. 전투적 양상을 보이는 직접 행동도 마찬가지다. 이것 역시 오랫동안 되풀이된 탓에 단조롭기 십상이다. 더 창조적이고 더 소통적인 행동을 찾아보자. 대중의 상상력을 포착하는 논증을 집단의 몸으로 표현하도록 하자. 예를 들어보자. 동성애를 혐오하는 정치인의 앞마당에 대규모 '우애모임love-ins'을 열 것. 정부보조를 받는 바짝 마른 농경지에 5,000명을 모아 느낌표를 만들어볼 것. 국경을 가로지르는 '국경 없는No Boder'

캠프를 세울 것. 미국방부 앞에서 팔루자_{Fallujah} 전투를 재현할 것. 중대한 형벌을 법원 앞에서 재연할 것. 이런 유형의 행동은 결코 새롭지 않지만 이 같은 항의는 대체로 그 순간에 벌어지고 끝나는 것이다. 따라서 이런 행동이 충분하게 활용되지 않는다면, 그것은 수사적 실수에 해당된다. 이러한 창조적 행동은 다른 사람이 손쉽게 깨닫고 응하는 메시지를 전달하기 때문이다. 몸으로 이런 행동을 하는 것은 전통적 행동을 하는 때보다 시간과 노력이 더 많이 들어간다. 그러나 수사적 효과가 더 좋은 것은 물론이기에 할 만한 일이다.

집체그림picture-bomb을 창조할 것

활동가는 그림 같은 행동을 창조하는 것이 좋다. 그림을 제시하며 "자, 이쪽을 보세요!" 하는 것이다. 이 '집체그림'은 설명이 조금 필요하지만 상상력을 포착하고, 사람들이 몸으로 하는 논증을 마음에 그리기 쉽게 해준다. 이 같은 효과를 내려면 수많은 요소가 필요하다. 첫째, 참여한 사람의 수, 자리, 키, 대칭을 생각하자. 훌륭한 행동을 만들기 위해서 수천 명의 사람이 언제나 필요한 것은 아니지만, 진술이 강력할 수 있도록 사람들과 그들의 몸을 이용하고 배치할 필요가 있다. 둘째, 참여한 사람의 옷, 색깔, 행동, 비언어적 표현을 고민하라. 사람들에게 상징적 색깔에 전략적인 복장을 요청하고, 서로 협조하여 표정과 몸짓을 할 것을 주문하자. 예를 들어 50명의 남성 동성애자가 삼각편대로 거리를 행진한다고 해보자. 게다가 삼각편대의 각 열이 무지개빛깔에 맞춰 옷을 입고 있다고 하자. 그렇게 되면 남성동성애자의 긍지와 공동체가 전달될 것이다. 이러한 시각적 행동은 500명의 사람들이 목적도 없이 거리를 행진하는 것보다 극적이고 사람들의 뇌리에도 잘 남는다. 셋째, 참여자의 합목적적 행동을 생각하라. 사람들의 행동이 어우러져, 전반적으로 집단적 항의의 의미와 효과를 더해야 한다. 대규모 항의일 경우에는 쉽지 않겠지만, 전단지, 전자우편, 웹사이트 혹은 구두를 이용하면 어느 정도 사전에 계획할 수 있다. 활동가의 목적은 다른 사람이 읽고 응하기 좋은 시각적 논증을 창조하는 것이다. 집체그림이란 그런 것이다.

수사적 문제의 기본을 잊지 말 것

언제나 다음을 생각하라. 목표로 설정한 청중, 지역의 사회적이고 정치적인 분위기, 국내외 정세, 항의의 범위와 시간, 집단의 몸으로 구현한 메시지의 효과, 항의를 해서 얻고자 하는 특정한 목적, 활동가의 행동에 반대할 가능성이 있는 사람들의 예상되는 반격과 비판 등을 항시 고민하자. 이러한 세부사항을 고민하면, 수사적 효과가 더 높은 몸의 논증을 창조할 때 도움이 된다.

:: 거리극 ::

거리극을 활용하면 수많은 이점이 따른다. 활동가의 정치적 입장을 다수의 사람에게 전달하기가 쉽고, 여러 계층의 사람들에게 다가가기도 쉽다. 지성보다 예술을 활용하기에 흥미 있고 재미있을 때가 많으며,

매체가 보도하기 괜찮은 볼거리를 만들고, 공동체 분위기 속에서 흥겨울 때가 많다. 특히 마지막 사항은 건강한 행동주의에 극히 중요한 일이다. 그러나 이러한 이점도 거리극을 잘해야만 확보되는 것이다. 거리에서 연희를 한다고 해서 자동으로 괜찮은 연극이 되는 것은 아니다. 연희를 훌륭하게 하려면 시간과 생각과 기교가 필요하다. 거리극을 형편없이 하면 얻는 게 거의 없다. 심지어 정치적 목적을 훼손할 가능성도 높다. 활동가는 사람들이 정치적 메시지를 기억하기 바란다. 서투른 연극이 올라가서는 안 된다. 거리극을 하는 이유도 되새기자. 거리극은 정치적 메시지를 전달하기 위해서 하는 대중 공연이다. 그렇기에 거리극에는 (언제나 그런 것은 아니지만) 대부분 몸의 수사가 들어간다. 몸을 활용해 정치적 각본을 연기하는 것이다. 이러한 각본은 메시지를 담는 그릇이다. 각본이 효과가 없거나 조리가 없으면, 청중은 고개를 갸웃거리며 흥미를 잃고 떠나버린다. 거리극이 성공하려면 정교하게 연희하는 것이 필요하다.* 아래의 내용은 거리극의 두 가지 기본 형식에 집중하고 그것을 향상시키는 비결을 제공할 것이다.

| 거리극의 두 가지 기본 형식: 무대극과 즉흥극 |

거리극이나 정치극의 형식에는 게릴라극guerrilla theater, 무언극silent

◆ 한 권의 책과 두 곳의 대중적인 거리극 집단을 참고하면 좋을 것이다. *The Activist Cookbook: Creative Actions for a Fair Economy*, United for a Fair Economy, 1997; 빵과 인형 극단Bread and Puppet Theater, Breadandpuppet.org; 어릿광대 은밀 반란군Clandestine Insurgent Rebel Clown Army, Clownarmy.org. 2008년 2월 1일 인용.

theater, 다매체 퍼포먼스multimedia performances, 해프닝, 가면극, 낭송spoken word, 매체기만극media hoaxes과 선전용 곡예media stunts, 억압받는 자들의 연극theater of the oppressed, 대중극popular theaters, 광고판 변형billboard liberations, 마임miming, 율동, 급진적 응원radical cheerleading, 플래시몹flash mob 등 여러 가지가 있다. 여기서는 이것들을 전부 다 다루지 못한다. 중요한 두 개의 형식인 무대극과 즉흥극만 다루겠다. 이렇게 분류하면 연희의 목적과 구조가 드러난다.

무대극

무대극은 목표가 명확하다. 특정한 청중에게 특정한 메시지를 전달하는 것이다. 무대극은 동선, 연기, 시간 조절, 혹은 대화의 짜임새가 좋다. 또한 전통적인 것처럼 보인다. 마치 연극무대에서 벌어지는 것을 보는 것 같다. 인도에서 하는 익살극, 장례행렬, 모의굿판, 모의재판, 재연, 사건의 극화, 대규모 집체연희가 무대극의 사례다.

즉흥극

즉흥극은 짜임새가 떨어진다. 동선, 연기, 시간 조절, 대화는 무대극보다 분방하며, 명랑하고, 직관적이고 대화식이다. 즉흥극을 하는 연기자는 연기 계획을 느슨하게 짤 때가 많고, 군중이나 청중의 반응을 읽고 그때그때 대응한다. 즉흥극의 메시지는 융통성이 있으며, 해석이 자유롭다. 청중의 입장에서는 연희의 일반적인 목적만 알아도 충분하다. 메시지를 자세히 아는 것은 무대극을 볼 때만큼 중요한 것이 아니다. 즉흥극의 사례에는 정치적 광대짓political clowning, 재미삼아 하는 익살

〉 즉흥극은 거리, 백화점, 음식점 등 다양한
곳에서 가능하다. 중요한 것은 청중에게 짧
은 메시지를 분명하게 전달하는 점이다.

극fun-loving antics, 촌극sketch comedies, 자발적인 연기spontaneous actions,
플래시몹, 즉흥악단improvisational marching bands, 유력 정치인을 본떠서
옷 입기 등이 있다. 이 같은 연희는 보통 무대극보다 단순하며 기동적
이다. 무대극이 장소를 정해놓고 한다면, 즉흥극은 곳곳을 돌아다니며
한다.

자신만의 형식을 고를 것

쓰고 싶은 극의 형식을 면밀하게 고른 후, 적절하게 준비하라. 너무 많
은 사람들이 연극은 모두 즉흥적이라고 생각한다. 그러나 그렇지가 않
다. 내가 기술했던 두 형식은 차이가 크다. 거리로 나가면, 무대극을 할
지 즉흥극을 할지 선택해야 한다. 무대극이라면, 모든 것이 연출돼야
한다는 것을 알아두자. 동선, 연기, 몸짓, 시선 하나하나에 의미와 목적
이 있어야 한다. 연기하는 것, 표현하는 것 모두 특정한 메시지를 가리
켜야 한다. 이것이 무대극을 하는 이유의 전부다. 즉 메시지를 전달하
는 의미 있는 각본을 창조해야 하는 것이다. 즉흥극을 고른다면, 연희
자에게 다음과 같은 일반적인 목적을 분명하게 주지시키자. 대통령을

조롱하기, 자본주의 비판하기, 불평등한 교육을 강조하기, 정치적 반성을 촉발하기, 유명 정치인을 능멸하기 등. 그런 다음 즉흥극 연기자는 일반적 목적이나 주제를 성찰하고 전달하는 연기에 들어가야 한다.

장점과 단점

유념할 것은 두 형식 가운데 우열이 가려지지 않는다는 점이다. 각 형식에는 장점과 단점이 있다. 보통 무대극에는 품과 시간이 더 많이 들어간다. 그렇게 공을 들이면, 청중의 심리적 감정적 공감대가 더욱 커지고, 자연스럽게 청중의 성찰도 유도할 수 있다. 결점을 없애기 위해서 더 많은 준비와 더 많은 연습이 필요한 것은 당연하다. 일도 있고, 가족도 보살피고, 일상도 꾸려야 하기 때문에 일주일 내내 연습하지는 못한다. 이 때문에 무대극의 목적은 복잡해진다. 무대극을 준비한다면, 사전에 많은 시간을 들여야 한다. 이렇게 하는 것이 길게 봐서 압박을 줄이는 길이며, 행사 전날까지 씨름하지 않게 된다. 연습 공간도 확보하자. 비용이 들어가는 경우도 있지만 거실, 지하실, 주차장, 심지어 공원까지 무료로 쓸 만한 공간도 있다. 여러 사람이 동원되면, 일정도 조절할 필요가 있다. 힘든 일이라고 할 만하다. 모든 사람이 한 날 한 시에 다 같이 연습할 필요는 없다는 것을 유념하자. 사람들을 둘씩, 셋씩 나누자. 그런 다음 행사 시간이 가까워지면, 사람들을 다 같이 불러 모아 편안한 분위기에서 공조할 수 있도록 하면서 처음부터 끝까지 연습을 하자.

즉흥극은 보통 짧은 메시지를 제공한다. 청중은 메시지를 이해하기 위해서 통신원이나 기자만큼 노력할 필요가 없다. 조금만 있으면 매체의 선전문구와 한 줄 요약 문장이 술술 나오기 때문이다. 그러나 이 같은 선전문구와 한 줄 문장은 오래가지 않는다. 난데없이 나타났다 순식간에 사라진다. 일관된 안을 바탕으로 여러 다른 즉흥극을 만들고 행하면 이 문제를 피할 수 있다. 각본이 짧으면 연희자의 부담을 덜어주고, 사람들이 메시지를 계속 관심 갖기에도 좋다. 그러나 메시지의 전체적 효과가 어떤지 촉각을 곤두세워라. 짤막하고 변화무쌍한 연희라도 구태의연해질 가능성이 있다. 그때쯤이면 새로운 것이 나온다. 자, 칠판을 세워놓고 난상토론을 하면서 새로운 메시지와 새로운 연희를 제안해보자.

| 거리극의 비결 |

아래의 내용은 거리극을 준비하고 향상시킬 때 필요한 몇 가지 비결이다. 앞에서 적어놓은 대로, 무대극과 즉흥극의 차이에 유념하자. 이쪽에 효과가 있는 제안이라고 저쪽에 효과가 있는 것은 아니다.

메시지

연희하기 전에 메시지를 명확히 하라. 이렇게 하면 청중에게 메시지를 전달할 때 도움이 된다. 메시지 없는 연희는 서투른 연극일 따름이다. 모호한 구석이 있거나 다양하게 해석되는 연희도 나쁜 것은 아니지만, 그렇다고 메시지가 없는 것과 똑같지는 않다. 연극이라면, 특히 정치극이라면 오락으로도, 값싼 웃음이나 농담으로도 환원될 수 없다. 정치극은 세상의 해석과 변화와 재창조까지 문제로 삼는다. 만약 무대극을 한다면, 매우 명료하고 구체적인 메시지가 필요하다. 메시지를 요약해 문장 하나 혹은 문구 하나 혹은 낱말 하나로 만들어라. 그런 다음 메시지를 무대에 알맞은 연희로 바꿔내야 한다. 메시지는 구체적일수록 더욱 좋다. 이렇게 하면, 청중은 전달된 메시지를 정확히 마음에 품고 돌아간다. 만약에 즉흥극을 한다면, 메시지는 한층 일반적일 수 있겠으나, 핵심이 되는 주제나 목적은 여전히 필요하다. 주제나 목적은 청중뿐만 아니라 다른 연희자와 교류할 때도 도움이 된다는 것을 명시하자. 연희를 하기 전에 함께 모여, 모든 사람이 메시지를 이해했는지 확인하자. 그다음 무엇을 말해야 하고 청중에게 무엇을 전달해야 할지 논의하자.

몸으로 구현

메시지를 몸으로 구현하는 방법을 찾아라. 모든 예술 형식이 그런 것처럼 연극은 보여주는 것이지, 말하는 것이 아니다. 활동가는 정치적 메시지로 보여주는 것이 좋다. 한마디로 몸으로 구현하는 편이 낫다는 것이다. 우선, 옷차림부터 생각해볼 수 있다. 비둘기는 평화를 상징한다. 그림 리퍼grim reaper◆는 죽음을 재현한다. 재갈이 물리고 수갑이 채워진 자유의 여신상은 시민의 자유의 상실을 재현한다. 피와 석유를 뒤집어쓴 조지 부시는 전쟁과 석유의 지정학을 재현한다. 이제는 자신의 연희를 계획해보자. 연희의 의미를 환기하기 위해서 실제로 무엇을

◆큰 낫을 든 해골 모양의 사신. (옮긴이)

하고 있는가? 여기서 연희의 메시지를 강조하는 연기를 창조할 필요가 있다. 가짜 고문 장면, 자동차 배기가스 때문에 기침을 해대는 어머니 지구, 정치인을 구매하는 우리네 자본님, 전투 장면의 재연 등. 이러한 연기는 몸으로 구현되므로, 메시지를 보여주는 셈이다.

이야기하기와 서사구조

이야기하기와 연극은 서로의 확장이다. 2장에서 말했던 것처럼, 이야기하기는 인물, 행동, 장면, 갈등/해소, 구성 등 다섯 가지 서사구조를 따른다. 이 구조는 거리극을 창조할 때도 활용 가능하다. 우선, 특정한 이야기를 전하는 연희부터 만들어보자. 그다음 갈등과 해소가 있는 극적 곡선을 갖고 줄거리를 만들자. 행동에 알맞은 상상적 장면을 어느 것으로 할지 결정하고, 이야기를 적절하게 구현하는 인물을 창조하자. 세부묘사도 빼놓지 말아야 한다. 서사에 나오는 장면은 매우 중요하다. 연희자가 교도소 독방, 전장, 혹은 종말 이후의 세계를 상상해보는 것은 연기를 직접 할 때도 도움이 된다.

물리적 환경

거리극은 물리적 환경에 알맞게 수정돼야 한다. 연희는 환경을 염두에 두고 마음속에서 창조돼야 한다. 연희가 진행되는 실제 환경을 고민하자. 정확히 어디서 연희를 하는가? 환경마다 차이가 있다. 사무용 건물, 법원 계단, 승강기, 화장실, 골목길, 커피가게, 지하철, 즉석음식 식당, 시골, 도시, 교외는 각 공간이 할 수 있는 것과 없는 것을 규정한다. 지하철은 공간이 지극히 작고 덜컹덜컹하지만, 법원 계단은 높이가 적

> 동성애 인정을 주장하는 퍼포먼스. 전달하려는 메시지를 과격하게 드러내지는 않지만 지나가는 이들의 시선을 끌기에는 충분하다.

당하다. 이 같은 조건은 연희의 요소로 책정돼야 한다. 환경의 상징성도 고려하자. 백악관, 링컨기념관, 월가Wall Street, 시청건물, 동물연구본부, 병무청, 나이키본사, 월마트 주차장, 맥도널드 같은 곳의 의미를 고민하자. 그 다음 연희와 상징적 환경의 연관관계를 강조하는 방식을 찾아라. 이렇게 하면, 연희에 중요한 의미가 더해진다.

시각적 얼개

거리극은 시각적 효과를 고려해 손질해야 한다. 우선, 모든 것이 평소보다 크고 세야 한다. 모든 연극은 동선과 몸짓을 과장하여 삶을 극화하지만 거리극은 이보다 열배는 과장해야 한다. 거리극에는 높은 무대나 특별한 좌석이 있는 경우가 드물다. 또한 청중의 시선이 제약을 받을 때가 많다. 그렇기 때문에 거리극 연희자는 연기를 과장하여 보충

해야 한다. 그렇다고 신파를 하라는 것은 아니다. 과잉연기는 하지 않는 게 좋다. 몸의 동작을 공적인 조건에 맞게 고치라는 것이다. 모든 것을 크게, 크게, 크게 만들자. 사람들은 거리극이 극적이며, 감정의 강도가 높고, 마음을 끌어당긴다고 생각한다. 거리극은 틀에 박히지 않는 것을 하는 것이고, 사람들의 관심을 끌려고 하는 것이다. 이것이 거리극의 요체다. 이제, 준비하고 연습할 때로 돌아가, 연희의 시각적 얼개를 심사숙고 해보자. 색깔, 복장, 소품, 집단이 동작을 맞춘 연기 synchronized actions 등을 고려해, 연희를 멋지고 근사하게 하는 방법을 찾아보자. 앞서 집체그림을 창조할 때 했던 제안은 시각적 얼개를 짤 때도 유용하다.

소리, 육성, 대화

거리극의 음향 조건은 끔찍할 때가 많다. 거리에는 목소리를 반사시킬 벽도 없고 천장도 없다. 연희자는 되도록 크게 말해야 한다. 필요하다면 고함을 치자. 그러나 성대가 나갈 수도 있으니 조심하자. 대중연설을 할 때는 가로막을 이용해 발성을 하자(가로막은 위장 위쪽을 얇게 감싸는 근육이다). 소리를 충분히 내지 않으면, 대사가 없는 연희가 된다. 거리극을 하다보면 매우 흔한 일로 특히 대규모 군중 앞에서 할 때가 그렇다. 아무리 사람들이 적더라도, 그 다음 되도록 대사를 줄이는 게 좋다. 대신 몸과 소품을 이용해 메시지를 전달하자. (소품은 평소보다 크게 만들 필요가 있다. 거리극을 할 때는 모든 것을 크게 과장해야 한다.)

몸의 자세

언제나 몸의 정면이 청중을 향해야 한다. 몸의 정면은 감정, 행동, 의미, 극의 '얼굴'이다. 청중이 연희자 몸의 정면을 보지 못하면 메시지를 이해하지 못한다. 군중이 대규모이거나 회전하는 경우에는 몸의 정면을 보기 어려울 때도 있다. 그때는 원을 따라 움직이며 군중에게 정면을 보이자. 이렇게 하면 군중이 따라잡기 쉬워서 그들의 관심을 유지하기에 좋다. 연희자의 머리는 눈에 띄게 강조하는 게 좋다. 내려다보는 것은 연기동작인 경우에만 허용되며, 설령 그럴 때에도 연희자의 머리는 위쪽을 향하는 것처럼 보여야 한다. 인도에 서 있을 때처럼, 청중과 눈높이가 같을 때면, 턱을 들어 청중의 머리끝에 맞춰야 한다. 이렇게 하면 청중의 이목을 끌어내기에 좋다. 가능하면, 높은 곳을 찾아라. 계단, 공원 의자, 기념물, 궤짝, 아니면 길가의 턱이라도 딛고 서면, 청중이 연희를 보고 듣기가 쉬워진다. 그리고 마지막으로, 환경의 요소를 모두 확인하자. 거리극은 보통 시끄럽고 혼란하고 불안정하다. '연극'은 언제나 바뀐다. 그렇다면 연기자도 바뀌어야 한다. 경보가 울리고, 밉살스러운 방해꾼이 조롱하고, 청중의 면면이 파도처럼 달라지면, 잠시 멈추자. 그리고 필요하다면 청중에게 기립을 요청해 좋은 장소로 이동하자. 연희자가 자신의 몸을 변하는 상황에 적응하는 것은 거리극의 본질이다.

청중

거리극 청중은 어디에도 매여 있지 않다. 그들은 입장권을 산 것도 아니며 연희자의 공연에 딱히 관심이 있는 것도 아니다. 연희자는 그들의 관심을 끌어내야 한다. 볼거리를 만들거나 솔직하게 권유하는 것,

두 가지 방식이 있다. 첫 번째는 지나가는 사람의 눈길을 끌 만큼 멋지고 근사하게 시각적 연희를 만드는 것이다. 두 번째는 연희를 하기 전에 적극적으로 권유하는 것이다. 조금 있으면 연희가 시작된다고 알리자. 작은 안내용 전단지를 나눠주는 것도 도움이 된다. 여기에 단체명, 웹사이트, 연락처가 들어갈 수도 있다. 정치적 홍보 글은 들어가도 좋고 아니어도 좋다. 청중과 대화하는 즉흥극은 청중에게 함께하는 느낌을 주며, 그들을 중심에 세운다. 이렇게 하면 사람들이 겁을 먹기에 가장 즉흥적인 연희를 할 때조차 익살스럽고 명랑하게 하는 것이 이 때문이다. 익살은 분노, 난폭, 혹은 진지한 관조보다 위협이 적기 때문이다. 연희자가 기대하는 감정이 무엇이든, 요청하고 강요하는 대신에 대화하고 지지하고 권유하자. 필요한 것은 사람들이 머물게 하여 공연을 보게 하는 일이다. 다른 수사적 활동과 마찬가지로, 거리극도 청중을 중심에 세워야 한다.

다음 절로 넘어가기 전에 유념할 것이 있다. 거리극이라고 해서 형식이 모두 같은 것은 아니라는 점이다. 무대극과 즉흥극은 그만의 기법이 필요하고, 그만의 보상과 목표가 따른다. 위에 소개한 여덟 가지 비결은 모든 것을 망라하지는 않지만, 정치적으로 더욱 강력한 연희를 선택하고 손질하고 공연할 때 유용한 것만은 분명하다.

:: 수사적 매무새 ::

수사적 매무새lifestyle는 소통의 전반적인 외양과 느낌이다. 이것은 소통하는 방식이다. 그리고 말하고 행동하는 습관이다. 매무새는 몸이 만든 현상으로, 자기에게도 타인에게도 주목할 만한 행위를 할 때 보이는 유형과 동작에서 비롯된다. 매무새는 적어도 두 개의 범주인 일상에서 흔히 소통할 때의 매무새, 삶의 매무새로 나뉜다. 첫째, 모든 사람은 소통의 매무새를 드러낸다. 그것은 행동할 때 나타나는 습관적인 방식의 일부다. 그리고 둘째, 사람들은 모두 개인적인 매무새를 드러낸다. 그것은 장기간 실행되는 것으로, 한마디로 삶의 매무새라고 할 수 있다.

매무새는 부정적인 이유 때문에 간과하기 일쑤다. 보통 매무새에 과하게 신경 쓰는 사람을 천박하고, 이기적이고, 자기도취적이고, 편협하다고 생각한다. 매무새를 부정적으로 연상하는 것은 이해할 만하지만, 잘못된 일이다. 수사적 매무새는 거울을 보는 것도 옷차림 하나하나에 과하게 집착하는 것도 아니다. 수사적 매무새는 사회정치적 목적을 달성하기 위해서 전달 효과가 높은 몸짓을 구현하는 것을 말한다. 이것이 사실이라면, 수사적 매무새는 급진적 행동주의에 항상적인 문제다. 급진주의자 다수는 자신의 매무새를 잘 알고 있다. 마더 존스Mother Jones, 표트르 크로포트킨, 엠마 골드만, 말콤 X, 마틴 루터 킹 목사, 세자르 차베스Cesar Chavez(1830~1930, 미국 노동운동가이자 조직가, 사회주의자.), 프레드 햄튼Fred Hampton(1927~1993, 미국 농장노동자노조연합을 창설한 노동운동계의 대부.), 조지 잭슨George Jackson(1948~1969, 흑인 인권운동가, 흑표범당에서 활동하던 중 FBI에게 살해되었다.), 캐슬린 클리버Kathleen Cleaver(1945~, 흑표범당 대변인으로 활동하다 1980년까지 망명 생활을 했다. 현재는 로스쿨 교수.), 안젤라 데이비스Angela Davis(1944~, 흑표범당 활동가이자 공산주의자, 1970년대 FBI의 가장 큰 정치 수배자 중 한 명이었다.), 기 드보르Guy Debord(1931~1994, 프랑스의 마르크스 이론가, 영화감독 작가. 대표작으로《스펙타클 사회》가 있다.), 에드워드 애비Edward Abbey(1927 ~1989, 미국의 환경운동가, 생태작가. 미국 서부의 소로우로 불린다), 하워드 진, 레슬리 핀버그Leslie Fienberg(미국의 트랜스젠더 작가.), 마르코스 부사령관, 우고 차베스, 반다나 시바Vandana Shiva, 아룬다티 로이Arundhati Roy 등은 자신의 매무새만으로 유명해진 것은 아니지만, 그들의 매무새는 주목할 만했고 기억될 만했다. 이러한 사항은 그들의 정치적 의제를 밀고나갈 때 도움이 되었다. 예를 들어, 마르코스 부사령관을 생각해보자. 그의 가면, 담뱃대, 명상에 젖은 듯 느린 말투, 재치 있는 농담은 전 세계의 이목을 끌었다. 이 같은 특성으로 마르코스가 환원되는 것은 아니지만, 그만의 존재감 때문에 정치적 입장 전달이 잘된 것은 사실이다. 즉 마르코스는 매무새가 있었고, 사회 변혁을 위해서 그것을 사용했다.

매무새는 매력 있고 신비하게 보일지 모르나, 실상은 그렇지 않다. 모든 매무새는 (아무리 도발적인 경우라도) 몸이 하는 동작과 행동이 계속된 결과일 따름이다. 이 같은 행동이 적절한 시기에 반복될 때 제2의 본성이 되어 습관으로 굳어진다. 이후 습관은 매무새가 되는 것이다. 매무새를 이렇게 이해하면 두 가지가 확인된다. 첫째, 매무새의 기본 본성이 드러난다. 즉 매무새는 행동할 때 일관되게 드러나는 습관이라

〉 매무새는 정치적 효과를 낼 수 있는 중요한 수사다. 검은단에 참여하는 사람은 검은 옷, 검은 두건, 검은 마스크 등을 착용한다. 이들의 모습은 보는 이들에게 강력한 인상을 남긴다.

는 것이다. 특별한 것은 아무것도 없다. 둘째, 과정의 신비가 폭로된다. 매무새는 어떤 사람한테는 있고 어떤 사람한테는 없는 게 아니다. 사람들에게는 모두 매무새가 있다. 이것은 몸이 항상 하는 양상이다. 차이가 있다면 각 매무새의 유효성이다. 매무새에 따라서 수사적 효과가 있는 것도 있고 없는 것도 있다. 어떤 매무새는 기본만 있는 탓에 통상적인 관심밖에 얻지 못한다. 그런 매무새는 이후 간과되고 무시된다. 급진주의 수사가는 이런 것을 피하는 게 좋다. 필요한 것은 눈에 띄고 주목받는 매무새다. "여기, 날 좀 보라고!" 하는 식의 이기적인 매무새를 하라는 것이 아니다. 매무새를 손질해서 정치 성향의 표현과 반성을 더욱 잘하라는 이야기다. 이렇게 하면 일상에서 반복되는 습관이 정치미학으로 탈바꿈된다. 이후에 이러한 정치미학은 정계world of political affairs라는 넓은 세계에서 주목을 받게 된다. 엠마 골드만은 매무새가 좋았다. 말콤 X, 스토클리 카마이클Stokely Carmichael(1941~1998, 미국의 흑인해방운동가로 '블랙 파워'를 창도하여 미국 사회 전체에 큰 충격을 주었다), 체 게바라, 버내딘 도른Bernadine Dohrn(1942~, 미국의 반전운동가, 폭력혁명을 주장했던 급진적 운동단체 웨더 언더그라운드 창립을 주도했다)도 그랬다. 어느 단체는 매무새가 말쑥하다. 흑표범당이 그렇다. 검은단 같은 단체는 항의 전술까지 매무새가 훌륭하다. 검은단의 전술에 동의하든 동의하지 않든 그들의 모습과 느낌이 기억될 만하다는 것은 인정해야 한다. 그들은 눈에 띄며 뇌리에 박힌다. 매무새가 좋은 것이다.

다음 절은 매무새의 두 가지 주요 유형인 일상적 소통의 매무새, 삶의 매무새를 중심으로 논의할 것이다. 그리고 두 가지 유형의 매무새를 향상시킬 때 필요한 제안도 논의될 것이다.

| 기본적 소통 |

소통을 잘하는 사람은 매무새도 좋은 법이다. 그들의 평론, 논문, 도서, 연설, 대담, 불평, 격노, 속삭임의 매무새는 독특하다. 그들이 하는 소통은, 말이든 글이든 몸이든 그 외 무엇이든 전부 흥미롭고 매력 있고 존재감이 다르다. 이 때문에 그들의 말과 생각과 행동을 인식하고 기억하기에 좋다.

나는 보도기자인 에이미 굿맨Amy Goodman의 조금은 어눌하나 힘차고 간결한 목소리를 쉽게 알 수 있다. 그녀가 말할 때 목소리와 말투는 다른 급진주의 보도기자와 다르다. 내가 매일 저녁 그녀의 라디오

방송 〈디모크라시 나우!〉를 듣기 때문일지도 모른다. 그러나 에이미의 독특한 매무새 탓이기도 하다. 영리하고, 열렬하고, 대담하고, 간결하고, 호의에서 나오는 재치로 공정하게 대하는 매무새 말이다.

나는 랠프 네이더Ralph Nader가 세계은행의 도둑질World Bank rip-off에 보이는 반응도 알 수 있다. 단조로운 색깔에 살짝 주름 잡힌 정장을 그려볼 수도 있다. 허공에서 손을 살짝 뒤집는 장면도, 크고 구부러진 등도, 사실에 충실한 대답도 상상할 수 있다. 네이더는 텔레비전에 굉장히 많이 출연했기 때문에, 그의 매무새를 떠올리고 상상하기는 어렵지 않다. 네이더는 결코 존재감이 강력한 연설자는 아니지만, 매무새가 독특하다. 심지어 그를 좋아하지 않는 사람이라도 '아, 저 사람' 하고 알아챈다.

무미아 아부-자말Mumia Abu-Jamals은 또 다른 사례다. 그의 연설과 글쓰기는 냉정하고 초연하나, 격한 감동이 담겨 있다. 그 같은 긴장감이나 '모순'이 그의 매무새인 것이 틀림없다. 무미아의 목소리는 글로 표현하든 송화기로 나오든 사형수 감방에 억류된 처지를 반향하는 동시에 초월한다. 그의 매무새는 내적인 자유뿐만 아니라 감옥에 갇힌 좌절까지 표현하는 셈이다.

프랑스의 위대한 작가이자 사상가인 시몬느 드 보부아르는 옛날 사람이지만 유용한 사례다. 그녀의 고도로 지적인 산문에는 자서전, 사회비판, 철학, 시, 다기다양한 감정이 오가는 것이 섞여 있다. 그녀의 매무새는 힘들이지 않고 쓰는 것 같다가도 빈틈없는 양상을 보이는 등 양극을 오가지만 이것이 프랑스 특유의 감성을 통해 억제된다. 그녀의 저작이 반세기 넘도록 읽혔던 이유는 시적인 언어가 매력적인 것도 있었지만 자기만의 매무새로 중요한 사회적 문제에 개입했기 때문이기도 하다. 드 보부아르의 매무새는 매력적인 분위기를 창출한다. 사람들은 그녀에게 가까이 다가가고 싶어 하며, 그렇게 하다가 어느덧 그녀의 사유와 의견에 감화되고 만다.

칼레 라슨Kalle Lasn은 유명한 문화난장꾼이자 《애드버스터스 Adbusters》잡지 편집장으로, 행동을 최우선으로 삼는 과장된 매무새를 이용한다. "지금 당장 행동해야 한다고! 아니면 집어치우든지!" 내용뿐만 아니라, 그의 문법, 언어 선택, 묘사하는 글 모두가 긴급 상황을 호출한다. 그가 하는 말에 동의하지 않고 그에게 전략적 의견이 부족하다고 비판할 수도 있다. 그러나 라슨에게 사람들의 관심을 끌어내는 매무새가 있는 것은 사실이다.

급진적 매무새를 창조하는 것은 사람마다 다른 문제다. 그러나 심층에 깔린 문제는 똑같다. 자신의 급진주의를 성찰하는 동시에 사람들에게 유도하는 매무새를 손질하는 것이다. 물론 이렇게 하기란 어렵다. 너무 급진적으로 나가면 사람들이 소외된다. 그렇다고 급진주의를 희석하면 조금도 관심을 끌어내지 못한다. 비결은 각 상황에 알맞게 고쳐서 양극의 균형을 잡는 것이다.

| 매무새를 키우는 다섯 단계 |

매무새를 키우는 것은 있으면 있고 없으면 없는 과정 같은 게 아니다. 맨손에서 시작하는 게 아니라는 얘기다. 누구나 매무새가 있기에 개조

하고 발전시킬 필요가 있다. 비결은 자신의 습관을 성찰한 다음 더욱 매력 있고 존재감 있게 개량하는 것이다. 이렇게 매무새를 키우는 과정은 다섯 단계로 나눌 수 있다. 첫째, 자신의 매무새와 타인의 매무새를 관찰할 것. 둘째, 그것들을 성찰할 것. 셋째, 다양한 매무새를 실험해볼 것. 넷째, 자기 매무새에 적용할 것. 다섯째, 다양한 매무새를 갖고 직접 해볼 것.

관찰

우선, 자신과 타인의 매무새를 주의해서 살펴보자. 자기가 어떤 식으로 움직이고, 말하고, 웃고, 미소를 짓는지 생각해보자. 질문에 어떻게 대답하는지 혹은 어떻게 자신을 소개하고 작별 인사를 하는지 생각해보자. 다른 사람이 대화를 어떻게 시작하고 끝내는지 관찰하자. 즉, 사회적이고 정치적인 문제에 어떻게 접근하고, 방에 어떤 식으로 들어오고 나가는지 살펴보자. 지금 읽는 책의 세부사항에 주의해보자. 문장의 길이, 마침표와 쉼표의 쓰임새에 유의하자. 연설을 관찰할 때는 사람들의 몸짓이 그들의 논증을 어떻게 강화시키고 약화시키는지 고민하자. 사람들과 대화할 때는 그들의 입술 모양과 눈 움직임에 주의하자. 그들의 손짓에 주목하고 그들의 목소리를 경청하자. 관찰은 매일매일 하는 게 좋다. 일상에서 하는 교류 활동에 친숙해지자. 사람들의 매무새가 어떻게 그들의 정치적 성향을 드러내는지 살펴보자. 정치적 입장을 표현하기 위해서 사람들의 몸이 무슨 짓을 하는지 생각해보자. 이 모든 것을 따지는 게 조금은 강박적인 것 같지만, 매일 주변에서 볼 수 있는 매무새를 전보다 신경 쓰도록 하자. 활동가는 타인을 대상화하여 평가하지도, 자신을 과민하게 내몰지도 않는 게 좋다. 자신의 매무새가 어떠한지 깨닫는 게 중요하다.

반성

둘째, 관찰된 매무새의 장단점을 성찰하자. 매무새가 효과가 있는지, 있다면 이유가 무엇인지 밝혀내자. 여러 다른 사람들이 자신의 매무새를 어떻게 개선하는지 고민하자. 사람들의 매무새가 텔레비전에 나올 때, 대담을 할 때, 대화를 진행할 때 어떠한 효과가 있는지 분석하자. 매무새에 관심을 갖는 사람과 관심을 끊는 사람의 유형을 생각해보자. 그런 다음, 가장 중요한 사항인 각 매무새를 어떻게 연결시킬지 생각하자. 자신의 매무새는 타인의 매무새와 어떻게 연결되고 어떻게 다른가? 자기 자신의 매무새는 다른 사람의 매무새와 도대체 어떻게 구별될까? 자신이 그런 매무새를 해보는 모습을 상상할 수 있을까? 그런 사람의 매무새에서 무엇이라도 차용할 만한 게 있을까? 이러한 질문에 답하면, 자신의 수사적 한계와 가능성을 더욱 잘 알게 된다.

실험

셋째, 다양한 수사적 매무새로 실험해보자. 이것도 해보고 저것도 해보며 자신에게 맞는 게 무엇인지 확인하자. 상황마다, 사람마다, 문제마다 어떤 매무새가 효과가 있는지 배울 필요가 있다. 그렇게 실험하다보면 개인도 변하고 수사적 역량도 성장한다. 그런 다음에는 매무새 기법을 확대하고 정돈하고 재배치하기 위해서 수사적 지식을 활용할 수 있다. 그 같은 실험은 온몸을 흥분시켜서 소통할 때 강력한 활력과 즐거움을 줄 때가 많다.

응용

넷째, 자기 매무새를 선택한 후에 응용하자. 이것은 해내기 힘든 일이다. 보통 매무새는 선택받는 대상이 아니기 때문이다. 반대로 선택하는 주체다. 어떤 동작과 행태가 부각되면, 사람들은 잠깐 관심을 두다가, 알게 모르게 괜찮은 것은 반복하고 아닌 것은 저버린다. 이 과정에는 약간의 의식적인 노력과 매우 많은 무의식적인 노력이 필요하다. 그러나 지금은 돌아가는 과정을 의식해보는 게 중요하다. 이렇게 하면, 자기만의 매무새를 창조할 때 도움이 된다. 그러나 이렇게 하기 위해서는 자신의 매무새를 응용하여 수행한 다음, 무슨 일이 생기는지 확인해야 한다. 결국은 자신만의 매무새를 깨달을 것이다. 즉 편안하고 자연스럽게 느끼는 순간이 온다는 얘기다. 물론 그런 상태에 이르기 위해서는 실험하고 응용하는 시간이 필요하다. 이후 정체 상태에 빠지면 또다시 실험해보는 것이다. 이 과정은 결코 끝이 없다. 대부분의 매무새는 시간, 연령, 조건, 개인적 문제, 사회적 사건에 따라 흥하다 망하다를 반복한다. 활동가, 조직가, 혁명가 다수는 이 과정을 겪어냈다. 엠마 골드만, 간디, 말콤 X, 스토클리 카마이클 등의 자서전과 전기에는 그 같은 변화가 기록되어 있다. 보통 자전적 설명에 따르면 개인의 삶은 여행이다. 그러나 이것은 수사적 변화의 이야기로 읽을 수도 있다. 즉 한 인간이 여러 다른 매무새를 해나가는 수사적 발전의 연대기인 것이다.

다섯째, 운에 맡기고 무슨 일이 생길지 확인해보자. 활동가는 자신의 매무새를 생각하고, 분석하고, 손질할 필요가 있다. 그러나 결국에는 운의 문제다. 어떤 몸짓, 행태, 억양 혹은 동작이 효과가 있을지는 결코 알 수가 없다. 행동하고 최선의 결과가 나오길 바랄 뿐이다. 상황을 그대로 두는 법을 배우자. 개입하지 말자. 어차피 일어날 일이다. 과정을 너무 과하게 생각하면 매무새가 밋밋하고 지루해진다. 활동가라면 신선하고, 생생하고, 활기찬 편이 좋다. 활동가가 원하는 것은 각 상황이 요구하는 흐름에 따라가는 매무새다. 1단계부터 4단계까지 구현하는 편이 좋지만, 때에 따라서는 여유롭게 융통성을 발휘하는 것도 괜찮다. 이렇게 하는 것이 수사적 잠재력의 칼날을 꾸준히 유지하는 길로서, 급진적 수사를 발전시키는 훌륭한 토대가 된다.

| 삶의 매무새는 사회 변혁을 위한 터전이다 |

모든 사람은 삶의 매무새가 있으며, 그 매무새는 어떤 방식 어떤 형태로든 세상에 영향을 끼친다. 이것이 사실이라면, 사회 변혁의 급진적 메시지를 전달하기 위해서 삶의 매무새를 활용할 수 있다. 이미 많은 활동가들이 그런 일을 하고 있다. 노동착취형 공장에서 만든 옷을 입지 않고, 공정무역 커피를 마시거나, 노동자가 운영하는 책방과 협동소비조합에서 자원봉사를 하고 있다. 모두 훌륭한 일이나, 활동가가 선택한 삶의 매무새가 물질적 효과 그 하나만으로 환원돼서는 곤란하다. 삶의 매무새는 비물질적 효과도 생산한다는 것을 유념하자. 예를 들어, 나이키 옷을 입고 스타벅스 커피를 마시는 것은 노동자의 물리적 조건에 명백한 영향을 끼친다. 이 때문에 활동가는 이들 기업 제품을 외면한다. 나이키와 스타벅스의 제품을 구매하는 것은 자본주의, 경쟁, 위계, 착취, 억압, 기업지배가 정상이라고 인정하는 꼴이기도 하다. 이후 이것은 사회적으로 수용되고, 나아가 심성과 세계관과 성향으로 이어진다. 이 같은 비물질적 현상은 실제로 노동자 착취를 위한 조건을 마련한다. 활동가 다수는 이 점을 잘 알고 있기 때문에 기업의 제품을 모조리 피한다. 그러나 다른 측면에서 삶의 양상 하나하나가 세상을 언제나 만들고 있다는 것을 깨닫게 된다. 사람들이 입는 옷부터 먹는 음식까지, 쓰는 말부터 하는 몸짓까지, 자는 방식부터 걷는 방식까지, 삶은 끊임없이 세상에 영향을 끼친다. 그리고 그 역도 마찬가지다. 세상에서 벌어지는 모든 일이 사람들에게 영향을 준다. 이 성찰적 관계는 삶의 매무새의 중요성을 설명할 때도 도움이 된다. 즉 사람들은 언제나 세상을 만들고 있다는 것이다. 그렇기 때문에 삶의 매무새는 사회 변혁을 위한 터전이 된다. 결국 활동가의 몸이 하는 행동을 수사적 효과가 높은 삶의 매무새로 바꾸지 않을 수 없는 것이다.

사회적으로 공정하고 수사적으로 효과 높은 삶의 매무새를 발전시키는 것은, 말하고 글 쓰고 설득하고 혹은 논증하는 방법을 배우는 것보다 할일이 많다. 걸린 게 많다는 얘기다. 연설은 몇 분 하는 정도지만, 삶의 매무새는 부단히 계속된다. 사람들은 활동가의 삶의 매무새를 평가하기도 한다. 공정하지 않지만 흔히 있는 일이다. 사람을 평가할 때는 그들이 사는 방식에 의거한다는 것이다. 삶의 매무새가 사회적 변화의 요체는 아니다. 그러나 현대의 활동가 대부분은 삶의 매무새가 급진적 정치학의 중요한 부분이라는 것에 동의한다. 이 문제를 지적할 때 활동가는 공정한 태도를 보여야 하며, 활동가 모두 모순에 처한다는 점에 유념하자. 예를 들어, 자본주의체제에서 윤리적으로 살고자 하면 모순에 빠지게 마련이다. 자기 삶이 타인의 착취에 의존한다면, 다른 사람을 어떻게 윤리적으로 대할 수 있을까? 따라서 이 같은 체계의 문제를 마음에 새기는 것은 도움이 되지만, 지나치게 집착하면 자기혐오에 빠진다. 비결은 끊임없이 자기 향상을 꾀하며, 현재 가능한 최선의 일을 하는 것이다. 그것이야말로 추구할 만한 삶의 매무새다.

| 삶의 매무새 발전 시키기 |

이 절은 삶의 매무새를 더욱 의식하고 그것의 수사적 효과를 높이는 몇 가지 제안을 한다. 활동가는 훌륭한 사람이 되기를 갈망하는 동시에, 자기 삶의 매무새가 소통하는 모양새를 고찰하고 싶어 한다. 자신의 매무새가 소통이 잘되지 않는다면, 생각만큼 효과가 없는 것이다. 말을 할 때마다 언제나 수사적 측면을 유념하고, 실행하고, 살아가자.

자신을 거울에 비쳐보기

수사적 효과가 높은 삶의 매무새를 개발하기 위해서는 자기성찰이 꽤 많이 필요하다. 기꺼운 마음으로 자신을 성찰하고, 바람직하지 못한 습성을 바꿔야 한다. 보통은 성차별, 인종차별, 동성애혐오의 습성을 버리는 일부터 시작한다. 이 일은 생각보다 어렵다. 왜냐하면 이 같은 습성이 몸에 깊숙이 박혀 있기 때문이다. 대체로 가족과 문화가 주입하여 물려받은 것들이다. 이러한 습성을 극복하기 위해서는 자기가 세상에서 행동하는 방식 전체를 새롭게 손질해야 한다. 당연히 시간과 인내가 필요하다. 그러나 이렇게 하면 이내 자신의 매무새로 자리 잡게 된다. 즉 자신(과 타인)의 편견에 맞서는 습관적 매무새가 된다는 것이다. 당연히 그와 같은 자기성찰과 재손질의 대상이 되는 것은 성차별이나 인종차별 같은 것만이 아니다. 삶의 매무새를 새롭게 발전시킬때 대상이 되는 것은 자기가 보기에 변화가 필요하다고 생각하는 것전부다. 예를 들면, 먹는 습관, 소비자 선택, 대인 습관, 심리적 사고방식, 감정적 대응, 자아상과 자부심, 장단기 목표 등이 있다. 비결은 개인적으로 만족스럽고, 사회적으로 공정하며, 수사적으로 효과 높은 삶의 매무새를 발전시키는 것이다.

본받을 역할 모형 찾기

본받을 역할 모형이 있으면 유용하다. 존경하고 되고 싶은 사람을 찾아내면 자기만의 긍정적인 삶의 매무새를 발전시킬 때 도움이 된다. 가장 좋은 모형은 친구, 친척, 은사, 지인 등 자기가 아는 사람 중에 찾는 것이다. 물론 언제나 가능한 것은 아니다. 아는 사람 가운데 찾지 못하면, 역사에 나오는 위인들처럼 제법 유명한 사람들 중에서 찾아보자. 그러나 그런 사람들을 우상으로 삼지는 말자. 세상에 완벽한 사람은 없다. 정말 유명하고 영감어린 사람도 바람직하지 못한 습성을 갖고 있다. 마틴 루터 킹 목사는 여성차별주의자였고, 체 게바라는 동성애혐오자였고, 시몬 드 보부아르는 남편인 장 폴 사르트르에게 한 수 접어줬다. 이 같은 습성을 인지하고 있으면, 잘못된 우상이나 이루지 못할 이상을 만들어내는 실수를 범하지 않게 된다. 우선 역할 모형의 다양한 습성을 몸으로 구현해보자. 그러나 아무리 그렇게 하더라도 우상처럼 되지는 못한다는 것을 이해하자. 일상의 순간순간은 자기가 결정해야 하며, 자기만의 삶의 매무새를 발전시켜야 한다.

매무새 키우기

삶의 매무새를 발전시키는 것은 결국 자기수양self-cultivation의 문제다. 그렇게 하기 위해서는 앞에서 언급한 다섯 가지 기본 단계가 필요하다. 자신과 타인의 삶의 매무새를 관찰하고 성찰할 것. 할 수 있는 한 최선의 선택을 하고 응용할 것. 언제나 변화에 주저하지 말고 운에 맡길 것. 이 과정은 시간과 인내와 용기와 열린 마음이 필요하다. 물론 한번에 끝낼 수 있는 문제는 아니다. 삶의 매무새는 시간과 경험과 상황에 따라 파도처럼 바뀌게 마련이다. 오늘은 이것을 믿지만, 내일은 저것을 믿게 된다. 그리고 지금 하는 행동이 나중에는 미욱해 보이기도 한다. 인간이란 존재는 그런 것이다. 비결은 사회 정의에 도움이 되도록 자신을 갈고 닦는 것이다. 자신의 정체성과 자신이 믿는 바를 효과 높게 표현하는 삶의 매무새를 키우는 것이다. 할 수 있는 한 수사적 효과를 가장 높이는 급진주의자가 되자.

자기가 선택한 수사를 고찰할 것

삶의 매무새는 소통 현상이란 것을 기억하자. 자신이 하는 선택 하나

하나가 누군가에게 무엇인가를 전달한다. 그렇기에 수사적 성찰은 필수다. 활동가는 자기 삶의 매무새를 타인의 마음에 새겨놓는 것이 좋다. 이것은 다른 사람에게 굽실거리며 살라는 것도 아니고, 사회에 순응하라는 것도 아니다. 같은 일을 하자고 다른 사람에게 권유하는 수사적 선택을 하라는 것이다. 삶의 매무새를 활용해 당장의 상황을 넘어서는 변화를 끌어내라는 것이다. 이 같은 주장에 논란거리가 많다는 것은 나도 잘 알고 있다. 많은 사람들이 내 주장을 반박하려 했다. 그러나 지금 중요한 것은 삶의 매무새의 수사성이다. 다른 사람이 활동가의 삶의 매무새에 어떻게 반응할지 고민해보자는 뜻이다. 다른 선택을 하자는 게 아니라 유리한 방식으로 선택을 하자는 것이다. 활동가가 살아가는 방식 때문에 사람들이 활동가의 정치적 입장에 끌리고 있는가? 그렇다면 훌륭한 일이나, 아니라면 수사 효과가 없는 셈이다. 이것은 개인의 태도가 문제가 될 때가 많다. 권유하는 태도를 취할 때 사람들은 관심을 보이며, 방어적이거나 옳다는 태도를 취할 때 사람들은 관심을 끊는다. 매우 유명한 급진주의자의 성격을 생각해보라. 대부분 그들은 솔직하며, 대립을 일삼고, 자신이 넘치고, 심지어 분노를 쏟아내기까지 한다. 그러나 그들은 방어적이지도 옳다고 티를 내지도 않는다. 사람을 대할 때 적대감을 비치지도 않고 미움을 사지도 않는 급진주의자인 것이다. 활동가는 다른 사람을 감화시키려 애쓰는 사람이다. 그렇기 때문에 활동가의 매무새는 사람들을 배려해야 한다. 그것이야말로 소통이 잘되는 삶의 매무새를 실행할 때 필요한 지침이다.

:: 분위기 활용하기 ::

이제 인간의 분위기에 집중해보자. 이것은 사람들 사이에서 감지되는 활기의 형태다.◆ 이 내용은 몸의 수사 형식 중에서 그다지 많이 논의되지 않는다. 사실, 대부분의 사람들은 분위기를 수사나 몸이 하는 것이라고 생각하지 않는다. 세 가지 사항을 명쾌히 하면, 분위기가 몸이 구현하는 수사의 형태란 사실을 이해하기 쉬워진다.

첫째, 분위기는 몸이 내는 현상이다. 대부분의 사람들은 분위기가 신비하며, 설명하기 힘들거나 별세계의 것이라고 생각하고 정신, 영혼, 혹은 초자연적 활동으로 다뤄야 한다고 간주한다. 그러나 분위기는 몸을 통해 감지된다. 사람은 요동치는 분위기vibrations를 전송하고 감지하는 등 몸이 활동하는 존재다. 이러한 분위기는 하늘에서 뚝 떨어지는 것도 무에서 나오는 것도 아니다. 사람의 몸이 발산하는 것이다. 몸이 하는 경험인 것이다. 그렇기 때문에, 나는 분위기를 몸이 내는 발산으로 새롭게 표현한 셈이다. 즉 사람의 몸은 느낌을 발산한다는 것이다.

둘째, 분위기는 소통 현상이다. 사람은 다른 사람과 소통하기 위해서 분위기를 사용할 수 있으며, 실제로 그렇게 한다. 이것은 언어처럼 소통의 으뜸모형은 아닐지 몰라도 매우 빈번하게 쓰인다. 사람들이 분위기를 이용하는 것은 감정과 기분을 표현하고, 타인의 주의를 이끌고, 사람들을 끌어내거나 밀어내고, 사람들의 이야기를 더욱 잘 이해

◆ 이 절의 일부는 예전에 두 논문으로 발표했다. *My Journey with Vibes, the Nexus, and Alteration: A Performing Philosophy*, Southern Illinois University, April, 2002 (나의 박사논문). "Visions of a Radical Life," *Lumpen Magazine*, January, 2008 (일반논문).

하고, 청중의 의향을 타진하고, 군중에서 누군가를 찾아내고, 자기 자신을 보호하고 호위하며, 도시 곳곳을 배회하기 위해서다. 몸의 발산은 통제 불가능한 것이 아니다. 그것은 교류하는 소통을 할 때 도구로 쓰일 수 있다. 그렇다면, 몸의 발산을 더욱 자주 더욱 효과 있게 쓰는 능력을 키울 수 있을 것이다. 주요한 소통의 양식으로 삼을 수 있다는 것이다.

셋째, 몸의 발산은 수사적이다. 그것은 다양한 형태로 얼굴을 맞대고 하는 수사적 상황에서 중요한 역할을 한다. 존재감 있는 연설자를 생각해보자. 그들의 동작은 효과적이고, 미소도 근사하며, 연설도 괜찮다는 것이 확실하다. 이러한 사항은 명백히 존재감을 높인다. 그러나 이러한 존재감은 분위기를 요동치게 만들기도 한다. 사람들은 연설자가 몸으로 구현한 분위기를 느낄 수 있다. 훌륭한 연설자는 모두 매력적인 분위기를 발산시킨다. 연설자에게 훌륭한 분위기가 없다면, 존재감이 없는 경우다. 분위기는 설득의 기능을 하기도 한다. 사람에 따라서는 어떤 일을 하자고 설득하거나 무엇인가를 믿게 하는 등 제안하는 느낌을 발산하기도 한다. 사람들은 특정한 방향으로 흔들린다. 이 같은 느낌 때문에 사람들의 선택이 좌우되기 때문이다. 설득이란 이런 것이다. 수사적 신뢰도 비슷한 상황이다. 신뢰하는 상태를 만들기 위해서는 특수한 분위기를 일으켜야 한다. 잘못된 분위기는 신뢰를 망친다. 공감대를 만들어 신뢰를 구축하는 것과 마찬가지로, 자신과 타인을 연결하는 분위기를 만들어 신뢰를 구축해야 한다. 분위기가 적절하게 형성되지 않으면 사람들은 믿음을 철회하고 떠나버린다. 내가 보기에 핵심은 명확하다. 몸의 발산은 수사적 실천의 요체라는 것이다.

다음에 나오는 세 가지 내용은 몸의 발산을 수사적 전술로 활용할 때 도움을 줄 수 있다. 첫 번째 내용은 몸의 발산인 분위기의 본성을 정확히 이해할 때 필요한 초석을 다진다. 두 번째 내용은 분위기를 소통의 형식으로 주의 깊게 사용하는 방법을 논의한다. 세 번째 내용은 더 나아가 분위기가 수사의 형식이라는 점을 명확히 한다.

| 몸의 발산 이해하기 |

사람에 따라서는 분위기와 몸의 발산을 비언어 감각으로 축소하며 묵살하는 경우도 있다. 그들은 분위기나 발산이 실제로는 있지 않다고 주장한다. 그런 기분은 다른 사람의 비언어적 소통에 대해서 개인이 느끼는 감정적 혹은 심리적 감각일 뿐이라는 것이다. 분위기가 비언어적 소통인 것은 맞지만, 그렇다고 분위기를 묵과하는 것은 내가 보기에 바보 같은 짓이다. 나도 겪고 남도 겪은 인간의 떨림을 지나칠 수 없기 때문이다. 헤아릴 수 없이 많은 시와 노래와 일상과 대중문화가 분위기를 언급하고 있으며, 수많은 사람들은 자신이 겪은 분위기를 잘 알고 있다. 그렇게 많은 사람이 알고는 있지만, '분위기'라는 말은 너무 경솔하게 사용된다. 사람들은 가리지 않고 이것저것을 가리킬 때 이 말을 사용한다. 그렇게 남용된 까닭에 분위기를 이해하기가 더 어렵게 되었다. 분위기는 명쾌해질 필요가 있으며, 내가 몸의 발산이란 문구를 쓰는 이유도 그 때문이다. 이 문구는 인간의 몸이 서로 교환하는 분위기를 지칭한다. 그것은 생명 없는 물체나 인간 아닌 종을 가리키지

않는다. 그것들은 분위기를 일으킬 가능성이 있고 아닐 수도 있지만, 여기서 논의할 거리는 아니다. 몸의 발산은 인간 존재 사이에서 발생해 분위기가 요동치는 경험을 지칭한다. 이 점을 마음에 새기면, 몸의 발산을 세 가지 경험 수준으로 나눠볼 수 있겠다. 첫째 얼굴을 보고 하는 교류, 둘째 집단과 군중의 발산, 셋째 범지구적 발산이다.

얼굴을 보고 하는 교류

사람들은 얼굴을 맞대는 와중에 서로의 분위기를 느낄 수 있다. 분위기는 좋을 때도 있고 나쁠 때도 있으며, 매력적일 때도 혐오스러울 때도 있고, 심지어 냉담할 때도 있다. 그러나 분위기는 존재한다. 몸은 분위기를 발산하기 때문이다. 분위기는 사람의 마음을 덮치고, 삼키고, 빼앗고, 눙치고, 청하고, 꾀어내고, 퇴짜 놓는다. 어떤 경험을 하든 분위기는 있으며 이것을 간파해낼 수도 있다. 자신의 몸이 분위기를 일으킨다는 것도 깨달아야 한다. 이 사항은 때때로 간파하기 어렵지만, 연습을 하면 쉬워진다. 때로는 자기 몸이 발산하는 기운이 밖으로 표출되는 것을 느낄 수도 있다. 말 그대로 범위가 더욱 확대되고, 더 많은 공간을 차지하게 되기도 한다. 몸이 내는 발산이란 그런 것이다. 사람들은 자신의 몸과 타인의 몸이 발산하는 분위기를 느낄 수 있다. 이것은 쌍방의 과정이다.

집단과 군중

몸의 발산은 집단과 군중에서도 나타난다. 집단과 군중이 내는 감정과 발산과 분위기는 더 강할 때가 많다. 이유는 몸이 더 많기 때문이다.

> 네트워크 연대의 일종인 플래시몹은 우습고 황당한 모임이다. 거리에서 사물들이 모여 다같이 박수를 치고 사라지거나, 춤을 추기도 한다. 다수의 사람들이 갑자기 만들어내는 분위기는 청중의 관심을 충분히 끌 수 있다.

몸과 발산은 비례하는 것이다. 사람들은 집단이나 군중의 발산에 한몫하는 동시에 그것을 느낀다. 얼굴 보고 하는 교류처럼, 쌍방의 과정이다. 개인은 군중을 감지하고, 군중은 개인을 감지한다. 사교 모임, 연주회, 회합, 모임, 항의, 대표자회의, 회담 등을 할 때면 발생하는 일이다. 그리고 교실, 교회, 가게, 식당, 강당 안에서 나타나며, 심지어 이웃 간, 마을, 도시 안에서도 나타난다. 사람들의 몸이 서로 밀착될 때면 분위기를 풍기며 서로 반응한다. 각 몸은 분위기를 발산하며, 몸들이 한데 모여 집단적 분위기를 만들어낸다. 이러한 집단적 분위기는 스마트몹smart mobs◆, 플래시몹, 검은단, 자율적 행진, 가두축제의 동시발생성synchronicity을 설명할 때 유용하다. 이 같은 사건이 만들어내는 집단적 분위기를 이용해가며 참여자들은 거리, 장벽, 장애물, 경찰을 헤쳐 나간다. 집단적 분위기는 동시 발생한 행동의 핵심을 설명하지는 않지만, (일부일 뿐이나) 통찰력 있는 답변을 해준다.

범지구적 발산

범지구적 수준에서 몸의 발산을 추적하기란 상당히 어렵다. 여러 가지 측면에서 이 같은 발산은 앞서 얘기했던 내용의 논리적 확장이다. 각 몸이 분위기를 발산하고, 세계 전역에 몸이 있으면, 범지구적 분위기가 있는 것은 당연한 일이다. 그러나 이 같은 범지구적 분위기를 추적할 수 있을까? 그렇기도 하고 아니기도 하다. 배경도 종류도 다채로운 사람들이 흐름을 타거나 분위기를 타는 것에 대해서 꾸준히 논의했다. 그들이 하는 말은 인간의 분위기나 범지구적 분위기를 암시한다. 즉 분위기를 타는 흐름 가운데 어떤 유형은 지리적 공간으로 확장되는 것이다. 사람들은 이 같은 범지구적 발산을 의식해서 느낄 수는 없을지 몰라도, 직관적으로 감지하고 이해한다. 예를 들면, 사람들은 분위기를 사용해 우연의 일치나 동시 발생성의 순간을 설명할 때가 많다. 사람들은 그런 순간을 경험하지만, 무슨 일이 있었는지 확신하지 못한다. 그러나 나중에 곰곰이 생각하고는 그것이 '분위기'였다고 주억거린다. 한마디로, 범지구적 흐름은 사람들을 때 맞춰서 그 자리로 인도하는 것이다. 의식의 수준에서는 범지구적 분위기를 느끼지 못한다. 그것이 얼굴을 보고 하는 교류나 집단이 아니기 때문이다. 사람들은 범지구적

◆최첨단 정보통신기술을 이용해 사회문제에 참여하는 집단. (옮긴이)

분위기가 일어나는 곳에 있지도 않고 그것을 의식해서 느끼지도 않는
다. 물에서 헤엄치는 물고기가 물을 느끼지 못하는 것과 같다. 그것은
어느 때 어디에든 있는 것이기에, 인정만 하면 된다. 너무 흔하기 때문
에 의심조차 품지 않는다. 그럼에도 이것은 분명히 존재하며, 사람들
주위에 있으며, 항시 호흡하고 맥동하고, 분위기를 타는 흐름을 스스
로 생산한다. 이 모든 내용이 맞다면 범지구적 분위기는 범지구적 봉
기, 대륙 곳곳에서 동시에 발생한 사건, 1968년 정치적 격변, 1999년
시애틀 대투쟁, 범지구적 정의운동의 범지구적 의도 같은 것을 설명할
때 도움을 줄 수 있다. 범지구적 발산은 1960년대 널리 퍼진 문구를
새롭게 표현할 때도 사용될 수 있다. "바람이 어디로 불지 알기 위해서
예보관이 필요한 것은 아니야." 이 문구는 밥 딜런Bob Dylan의 〈지하실
에서 젖는 향수Subterranean Homesick Blues〉에서 따왔다. 이 문구는 나
중에 미국의 급진 좌파 조직인 웨더 언더그라운드Weather Underground
가 사용했고, 혁명의 구호로도 널리 활용됐다. 한마디로, 분위기에 따
라서 상황에 몸을 맡기면 족하다는 것이다. 혁명은 언제나 과정이다!
이 말에 조금이라도 진실이 있다면, 정치적 목적을 위해서 분위기를
주의 깊게 이용하는 방법을 찾아야 한다. 분위기를 느끼고, 이해하자,
그리고 이것을 이용해 혁명적 자극을 일으키자.

| 분위기와 소통하는 방법 배우기 |

분위기를 활용하는 방법을 배우는 것은 활동가와 조직가에게 지극히

유용할 수 있다. 활동가는 모임과 대표자회의를 개최하고, 집회를 평가하고, 청원에 필요한 서명을 받고, 폭력 경찰의 의도를 심판하고, 자율적 행진과 플래시몹에 참가하고, 체포를 면하고, 청중을 울거나 웃게 하고, 타인과 공감하고, 연대를 넓고 깊게 하기 위해서 분위기를 이용할 수 있다. 분위기는 언제 어느 때나 타인과 소통할 때 유용하다. 분위기로 하는 소통은 다음의 세 가지 사항을 통해 개선할 수 있다. 첫째 자신을 몸의 발산에 동조시킬 것, 둘째 몸의 발산을 심리적 감정적 의도와 관련시킬 것, 셋째 분위기를 윤리적으로 활용하는 법을 익힐 것.

몸의 동조

분위기와 소통하려면, 우선 몸부터 동조해야 한다. 여기에는 두 가지 측면이 있다. 자기 몸의 발산과 동조하는 것, 남의 몸의 발산과 동조하는 것. 첫째, 자신만의 분위기를 정확히 알도록 하자. 자기 몸 안에서 밖으로 표출되는 분위기를 느껴보자. 분노하거나 속이 뒤집힐 때 약동하는 분위기를 느껴보자. 실망에 젖어 주저앉는 분위기를 느껴보자. 놀라서 펄쩍 뛸 때의 분위기를 느껴보자. 영감에 차오를 때의 분위기를 느껴보자. 세상을 거칠게 호흡하며 헤쳐 나갈 때의 분위기를 느껴보자. 자기 몸을 세상에 더욱 밀착해 동조시키면, 자신만의 분위기를 느낄 때 도움이 된다. 이것은 분위기로 하는 소통의 첫걸음이다. 분위기를 사용하기 위해서는 먼저 느껴야 한다.

둘째, 다른 사람의 분위기를 정확히 알도록 하자. 위에서 적은 것처럼, 범위가 지구 전역으로 확대되면 알기가 어렵지만, 면대면 교류와 집단 및 군중일 경우에는 상당히 쉽다. 항의집회나 연설 행사에 참여할 때 군중이나 연설자의 발산을 느낄 수 있는지 확인해보자. 거기에 있으면, 사람들이 언어와 비언어로 소통하는 모습과 자신이 거기에 반응하는 것을 확실하게 느낄 것이다. 그러나 여기서는 몸의 발산에 집중해보자. 분위기는 보이지 않겠지만, 분명히 감지될 것이다. 사람들의 몸에서 나오는 분위기를 느끼고 자신의 몸이 그들의 분위기에 어떻게 반응하는지 살펴보자. 분위기에 몸을 맡긴 채 몸이 분위기를 경험하도록 하자. 이 일은 시간이 흐르고 경험이 쌓이면 더욱 쉬워진다. 훈련을 많이 할수록, 몸의 발산에 동조하는 폭도 커진다. 활동가는 누구나 분위기를 느끼는 감도를 높이는 것이 좋다. 이렇게 하면 분위기를 의식적으로 사용할 수 있게 된다.

심리적 · 감정적 의도

심리적 · 감정적 의도는 분위기로 하는 소통의 핵심적 요소다. 몸은 끊임없이 분위기를 발산하는데, 여기에는 의도가 없다. 그러나 다른 한편으로 몸은 특정한 유형의 분위기를 전달한다. 이 같은 분위기는 어떤 의도에 기초한다. 예를 들면 말쑥하고, 초라하고, 친절하고, 소심하고, 쌀쌀맞고, 행복하고, 도와주고, 방어하고 싶은 의도 같은 게 있다. 활동가는 자기 몸의 발산과 심리적 · 감정적 의도를 연관시키는 편이 좋다. 그렇게 하는 방법을 익히면, 활동가는 몸의 발산을 통해서 의도를 전달할 수 있다. 시기적절하게 알맞은 분위기를 발하면 활동가가 느끼는 것을 사람들이 알기가 쉽다. 이 같은 유형의 소통은 수사적 이점이 많다. 사람들을 자석처럼 끌어당기기 때문이다. 사람들은 활동가가 느끼는 것을 느끼고, 활동가가 겪었던 경험에 다가가게 된다. 이러한 소통은 연설하고, 가두에서 연극을 하고, 항의할 때 쓸모가 있다. 모든 사람이 비슷한 분위기를 발산하는 대규모 집단행동을 할 때도 도움이 된다. 정말 강력해질 수 있는 것이다.

역으로 할 수도 있다. 즉 타인이 의도한 분위기에 동조해보는 것이다. 이렇게 하면, 그들이 말하지 않아도 그들의 의도를 이해할 수 있다. 이런 식의 소통은 그렇게 하지 않았으면 몰랐을 것을 일러주기 때문이다. 즉, 언제 나아가고 언제 물러설지, 언제 말하고 언제 말하지 않을지, 무엇을 말하고 어떻게 말할지, 자기 입장을 언제 지키고 언제 물러설지, 언제 지지를 하고 언제 거리를 둘지를 알려준다. 물론, 다른 사람의 분위기를 엉뚱하게 해석할 수도 있다는 것을 유념하자. 그들이 실제로 의도한 것과는 다르게 생각할 수도 있는 것이다. 그렇게 분위기를 잘못 전달하면, 위험할 수 있다. 왜냐하면 다른 사람은 활동가의 의견을 기대하지도 주문하지도 않기 때문이다. 이 점을 마음에 새기고, 조심스럽게 분위기를 해석하자.

윤리적 문제

분위기로 하는 소통에 대해서 윤리 문제를 제기하는 사람도 있다. 사람들을 설득하거나 동원하기 위해서 분위기를 활용하는 것은 윤리적인가? 분위기로 하는 소통은 잠재의식에 깊게 호소하는데, 수상한 구석이 있지는 않을까? 분위기는 사람을 속이는 형식인가? 이 모든 문제는 분위기를 활용하는 방식과 이유에 달려 있다. 사람들을 자기 뜻대로 하기 위해서 분위기를 이용하는 것은 비윤리적인 일이나 그 점은 수사적 장치에는 모두 해당되는 사항이다. 그러나 사회는 바뀔 수 있다고 설득하기 위해서 분위기를 활용하는 것은 더할 나위 없이 훌륭한 일이다. 연설과 언어를 윤리에 맞거나 맞지 않게 쓸 수 있는 것처럼, 분위기와 몸의 발산도 다를 것이 없다. 분위기로 하는 소통은 기법이라고 생각하자. 익혀두면, 잊지 않는다. 윤리의 문제는 사람과 상황에 달린 것이다. 분위기를 활용하는 방법을 익혀두면, 타인의 비윤리적인 의도를 막아낼 때도 도움이 된다. 즉 분위기를 이용한 계교를 간파하게 해주는데, 이건은 자아의 역량을 강화하는 일로 매우 윤리적인 것으로 보인다.

| 분위기, 몸이 하는 수사 |

위에서 살펴봤던 것처럼, 분위기는 다양한 상황에서 활용되는 몸의 수사 형식이다. 대표자회의와 대규모 집단토론을 할 때 '분위기를 살피는 사람vibe watchers'을 지정하는 것은 매우 흔한 일이다. 그 사람은 참여자의 분위기를 지켜보면서, 흥분이 지나치거나 통제가 안 되는 상황을 단속한다. 비슷한 작업을 다른 상황에도 적용할 수 있다. 회의할 때 '분위기를 살피는 사람'을 두는 것처럼, 항의하고 집회하고 행동할 때 '분위기를 띄우는 사람vibe generators'을 둘 수도 있다. 이 같은 사람은 군중의 분위기를 단속하고, 필요한 경우에는 분위기를 주도하거나 일으켜낼 수 있다. 집단의 도우미로서 활동가는 우선 집단의 분위기에 동조하고, 이를 바탕으로 대화를 끌어가고, 논의의 속도를 조절하고, 사람들이 논의하고 싶지만 질문하기 꺼리는 문제를 제기할 수 있다. 대중연설자로서 활동가는 신뢰와 존재감을 높이고 행동의 영감과 동기를 부여하기 위해서 분위기를 이용할 수 있다. 거리의 연희자로서 활동가는 주의를 끌어내고 군중의 규모를 키워내도록, 분위기를 띄울 수 있다. 활동가가 정치적 논쟁을 할 때는 분위기에 동조하여, 자신의 존재감을 높이고 타인의 의도를 더욱 깊게 깨우칠 수도 있다. 활동가가 행동을 마치고 체포되는 경우에는 긍정적인 태도를 북돋우고 유지하며 감옥 내의 연대를 구축하기 위해서 분위기를 이용할 수 있다. 스마트몹, 플래시몹, 자율 행진, 검은단을 할 때 활동가는 더욱 강력하고 더욱 일치된 행동을 하도록 집단적으로 동조하는 분위기를 끌어낼 수 있다. 사람들이 매일같이 하는 것처럼, 활동가도 자기 공동체의 태도와 정신을 북돋기 위해서 분위기를 사용할 수 있다. 그리고 이 같은 활동을 할 만큼 공동체가 충분히 많다면 국내외 가리지 않고 많은 사람들의 태도와 정신에 희망을 줄 수 있을 것이다. 심지어는 지구 전역에서 동시에 발생한 행동을 주도하며, 혁명적인 분위기까지 창출할 수 있다. 이 가운데 몇 가지는 알기가 어렵고 불합리하거나 상상이 지나친 것처럼 보인다. 그러나 몸의 발산이 진짜라면, 세상을 바꾸기 위해서 수사적 장치로 쓰는 것은 가능한 일이자 당연한 일이다.

5 21세기의 급진적 수사

I've learned to live
with little money ☺
and I'm happy ☺

적은 돈으로 사는 법을 배워서 행복하다

21세기는 이제 막 시작했기에 앞으로 어떻게 될지 예측하기가 어렵다. 지금부터 50년, 60년, 혹은 100년 뒤에 무슨 일이 일어날지 누가 알겠는가. 그러나 희망을 갖자, 현재 하는 행동이 지금보다 급진적이고 해방적인 시대를 개척할 것이라고, 급진주의자가 꾸는 꿈과 그리는 미래가 결국에는 현실이 될 것이라고. 이렇게 되기 위해서는 현재 하는 활동을 이해하고 개선한 다음 21세기의 변화에 알맞은 수사적 접근법을 새롭게 창조할 필요가 있다. 물론 쉽지 않은 일이다. 활동가는 재탕한 생각과 삼탕한 실천에 안주할 때가 많다. 이것에 익숙해지면 진보는 가로막힌다. 활동가는 익숙함의 마수에서 빠져나와 위험을 기꺼이 감수해야 한다.

5장의 1절은 열 가지 관찰을 설명한다. 이것들은 현대 활동가의 몇 가지 공통된 수사적 실천을 이해할 때 유용하다. 그 다음 2절은 활동가의 행동과 대중의 수용 사이에 놓인 간극을 좁히기 위해서 이 같은 관찰을 어떻게 사용할지 논의한다. 이 문제는 원래 1장에서 제기됐던 것이다. 지금까지 이해한 수사학을 바탕으로 이 문제를 다시 검토해보자는 얘기다. 3절에서는 네트워크 수사의 본성에 대해 논의한다. 네트워크 수사는 현대 행동주의를 대표하는 비유형상figure이다. 여기서는 네트워크 수사를 향상하는 방식도 논의하고, 급진주의 계획을 진척하는 새로운 수사 형식의 필요성도 거론한다. 마지막 4절은 행동주의의 소통적 노동에 기초한 급진주의의 새로운 접근법을 제안한다. 이 새로운 접근법을 '신급진주의'라고 하며, 급진주의자를 위한 수사학의 의도와 목적을 개괄한다.

:: 현대 행동주의 수사학의 특징 ::

사회운동, 정치문화, 심지어 소규모 활동가 집단조차 수사적 공통성이 드러난다. 예를 들어, 미국의 시민권 운동에는 종교적 상징체계, 절박한 순간, 급진적 정의의 소명이 가득하다. 1980년대 유럽에서 반핵운동을 하던 자율집단은 반문화와 반자본주의 정서를 구현했고, 검은 단 전술을 선취해 보여줬다. 3차 페미니즘은 반본질주의적 논증, 다양한 여성 정체성, 성차와 성 관계의 미시정치학을 강조한다. 1절이 관찰한 내용은 1999년 시애틀 대투쟁 이후 범지구적 규모로 확대된 반권위주의적 행동주의가 비슷하다는 점이다. 나는 학자로서 다양한 책, 잡지, 웹사이트, 비디오 등에서 섭렵한 지식과 활동가로서 활동한 경험을 바탕으로, 현대 활동가의 수사를 이해할 때 필요한 열 가지 사항을 관찰했다. 물론 이 열 가지 관찰이 결코 완벽한 것은 아니며, 내가 누군가를 대변하고자 하는 것도 아니다. 이같이 관찰한 결과가 활동가가 직접 겪은 경험과 공명하길 바란다. 어쨌든 활동가는 자신의 수사적 실천을 개선하기 위해서 이러한 관찰을 활용할 수 있을 것이다.

| 급진주의자의 수사는 권위주의에 반대한다 |

현대의 선진적 행동주의는 반권위주의의 영향을 짙게 받았다. 경우에 따라서는 비권위주의적, 비위계적, 수평적, 중심 없음, 네트워크형 행동주의가 영향을 줬다고 기술하기도 한다. 반권위주의는 위계적 권력구조를 제거해 진정한 평등주의 사회를 만들고자 노력한다. 조직구조의 용어로 표현하면, 활동가들끼리 접속하며 동아리를 구축한다. 이후 동아리는 커다란 계획이나 목적에 수평적으로 접속된 상태로 자율적인 행동을 한다. 활동가는 별개로 행동을 할 수도 있고, 집단과 손잡고 행동할 수도 있다. 동아리는 더 큰 집단을 만들어낼 수도 있다. 실제적 지도자는 존재하지 않는다. 도우미, 조직가, 주동자point people 등 한시적 역할을 하는 사람만 있을 뿐이다. 반권위주적 구조가 새롭다고 보기는 어렵지만 현대의 페미니스트, 아나키스트, 자율주의자, 반자본주의자, 범지구적 정의운동 활동가에 의해서 수정되어 현재 새 옷을 입은 상태다. 반권위주의적 행동주의는 위계도 중심도 없는 대화형 수사형식을 만들어 자기만의 매무새를 만들어내기도 한다. 이상적으로 보면 연설자, 글쓴이, 조직가, 혹은 '몸통body'이 없다는 것은 어느 정도 강력해 보인다. 즉 모든 사람에게 전달할 기회가 있다는 것이다. 보통 급진주의자들은 서로 이해할 때까지 대화를 한다. 심지어 합의에 이를 때까지 끈질기게 논의한다. 반권위주의는 대표자회의, 사회포럼, 조직 모임, 항의를 할 때도, 웹사이트와 블로그를 운영할 때도 이런 식으로 소통한다. 반권위주의를 생각하면 보통 젊은 백인 아나키스트가 연상 되지만, 현재는 여러 다른 세대, 인종, 문화, 정치적 정체성으로 범위를 넓혀가면서 세계 곳곳에서 발견되고 있다.

| 급진주의자의 수사는 다양성을 인정한다 |

오늘날은 어떤 식으로든 다양성의 인정을 언급하지 않고 넘어가는 출판물, 대담, 연설 혹은 운동을 찾기가 어렵다. 시대가 그렇고 추세가 그렇다. 행동가actors, 행위자agents, 의제가 모두 너무 많기 때문에 다양성을 논의하는 것은 필수다. 그렇다고 다양성을 위한 다양성을 논의하자는 것이 아니다. 급진주의적 수사는 그 대신 다양성이 개인에게도 집단에게도 이롭다는 것을 강조한다. 개인의 측면에서 보면, 각 개인은 다양한 경험과 지식과 행동의 복합물이다. 따라서 개인은 저마다의 색깔이 있다. 그리고 다양성을 더 많이 만나보고 겪어보면 세상에 존재하는 차이들을 더 많이 알게 되고, 그것들을 인정하게 되므로 결국 세상을 더 많이 알게 된다. 집단의 측면에서 보면, 서로 관련된 복수의 사람들이 혼자 있는 개인보다 생산적이고 강력하다. 이후 이러한 집단의 힘과 행동은 다양성의 인정을 필요로 한다. 서로를 존중하고 인

> 다양성은 급진주의자 수사의 핵심어이다. 집단의 힘과 행동은 서로를 인정하고 존중할 때 강력해질 수 있다.

정하지 않는다면, 공통의 목적을 이루기 위해 앞으로 나갈 수 없다. 여러 가지 측면에서 다양성의 인정은 활동가가 소중하게 생각하는 가치이다. 그러나 이 책 곳곳에서 언급한 것처럼, 수사와 가치는 분리해서 생각할 수 없는 것이다. 가치는 수사의 분석을 통해서 확인될 수 있으며, 수사적 실천은 가치를 통해서 실현된다. 두 가지는 서로를 필요로 한다. 따라서 급진주의자가 다양성을 높게 치는 것과 급진주의자가 다양성의 수사를 쓰는 것은 같은 것이나 마찬가지다. 결국 급진주의자는 다양성을 논의하면서 다양한 형태의 담론을 권유하고 인정해야 한다.

| 급진주의자의 수사는 이상주의적이고 예표적이다 |

급진주의자의 수사는 두 가지 측면에서 이상주의적이다. 첫째, 급진주의자의 수사는 만인을 위한 사회적 정의를 신봉한다. 이 같은 이상주의는 급진주의자의 항의, 시위, 글쓰기, 강연, 상징, 매무새, 행동에 스며 있다. 둘째, 급진주의자의 수사는 예표적이다. 한마디로, 급진주의자의 말과 행동은 현재 존재하지 않는 구조, 실천, 관계, 가치를 불러내려고 노력한다. 예를 들어, 페미니즘 수사는 성차를 차별하는 가부장 사회patriarchal society에 살아가면서 성차 평등과 모계 중심의 가치matriarchal values를 예표한다. 인종적 정의의 수사는 인종을 차별하는 사회에 살아가면서 인종과 인종적 배경에 상관없이 공평하게 인정과 기회를 보장하는 사회를 예표한다. 프리건freegan의 수사는 자본주의 소비사회에 거주하면서 비자본주의적 소비를 예표한다. 각 사례에서 예표된 현실은, 사람들이 하는 행동이나 사람들이 조직하는 방법에 의해서 일깨워질 뿐만 아니라 수사적 접근법, 생각, 상징체계, 소통적 노동에 의해서도 환기된다. 현대의 활동가가 애용하는 수사는 사회의 범지구적 현실이 개선될 것이라는 예표다. 이와 같은 예표는 세상을 바꿀 수 있다는 희망, 충동, 건강한 믿음을 수사에 불어넣기 때문이다.

| 급진주의자의 수사는 복수의 역사를 끌어안는다 |

급진주의자는 하나의 역사가 모든 사람, 모든 장소, 모든 시대의 일들을 요약할 수 있다고 믿지 않는다. 급진주의자는 높은 자의 이야기hi-story를 곳곳에 흩어진 복수의 낮은 자의 이야기low-story로 대체한다. 문화와 운동과 생각은 모두 사람·경험·서사의 다양성에서 비롯된다는 것이다. 이러한 관점이 반권위주의와 다양성 같은 수사와 관련되는 것은 명백하다. 사회적 정의와 범지구적 혁명을 이해하기 위해서 하나의 이야기에 의존하거나 한 명의 저자를 참조하는 일이 너무 많다. 이러한 복수 역사주의는 다음처럼 흔히 제기되는 질문에 답하기 어려운 까닭이 무엇인지 설명할 때 힘이 된다. 대표적인 텍스트는 어디에 있는가? 대변인은 누구인가? 목적이 무엇인가? 대표하는 사람은 누구이고 대변하는 것은 무엇인가? 복수의 역사적 틀거리로는 이러한 질문에 대답하기 힘들다. 급진주의자의 수사가 바라는 것은 다층적인 대답이지 유일하거나 하나로 통합된 대답이 아니다. 급진주의자는 얽히고 설킨 관계를 탐색한 다음, 그런 질문을 복잡하게 만든다. 급진주의자는 하나의 서사 혹은 한 명의 사람, 아니면 무엇이 됐든 단 하나로 중심 없는 투쟁의 이야기를 말할 수 있다고 생각하지 않는다.

| 급진주의자의 수사는 재현에 반대한다 |

급진주의자의 수사는 두 가지 측면에서 재현에 반대한다. 첫째, 어느 수사를 동원해도 다른 사람의 경험을 충만하게 재현할 수 없다. 개인적 대변, 문화적 재현, 정치적 대의는 원래부터 제한된 것이다. 따라서 다른 사람을 재현하려고 하지 말고 그들이 스스로 자신을 재현하게 하

자. 이것이야말로 직접민주주의의 요체다. 즉 사람들이 직접 정치적 결정을 하는 것이다. 이 체제는 대리인을 통해 행동하고 말하는 간접민주주의와는 다르다. 직접민주주의는 급진주의가 조직화 실천을 할 때의 초석이다. 급진주의자가 모임을 할 때는 예전부터 혜택 받지 못한 소외계층 사람을 첫 번째 연사로 선택하고 그들에게 발언 시간도 길게 준다. 그리고 모임의 도우미를 돌아가면서 하고, 모든 사람의 고민과 생각을 듣고자 노력한다. 급진주의자가 행사를 할 때는 다양한 사람을 초청한다. 관점을 다양하게 하면서 조직과 연설을 돕기 위해서다. 이러한 실천은 반획일적이다. 하나의 재현이 지배하지 못하는 것이다. 둘째, 급진주의자의 수사는 재현하는 것이 아니라 창조하는 것이다. 이 사항은 이 책을 관통하는 핵심 주제다. 언어와 상징과 몸이 하는 행동은 현실과 경험을 재-현전re-present할 뿐만 아니라 창조한다. 해방, 투쟁, 범죄, 잔혹 행위를 보고하고 전달하기 위해서 사건을 서술하고 메시지를 전달할 때도 분명히 있다. 그러나 사건의 서술은 사건의 재현으로 끝나지 않는다. 서사의 형식과 내용은 서술된 사건의 소통 경험을 창조할 때 도움이 될 것이다. 급진주의자의 수사는 현실을 창조하지 재현하지 않는다.

| 급진주의자의 수사는 복합적인 질문을 선호한다 |

급진주의자의 수사는 단순한 질문보다 복합적인 질문을 선호한다. 이 점은 수많은 실천에서 입증된다. 예를 들어, 급진주의자가 토론할 때

는 당연한 것으로 인정하는 가정을 성찰하기 위해서 서로가 논전을 벌인다. 모임을 할 때는 마지막 해답을 내놓기보다 한시적이고 소소한 합의로 끝맺기 일쑤다. 그리고 정보가 충분한 실질적 분석을 선택하지, 사전에 급하게 준비한 통일된 대답을 선택하지 않는다. 급진주의자의 소통이 반드시 복잡한 것은 아니다. 모든 사람은 이해할 만한 방식으로 소통하기를 좋아한다. 그러나 급진주의자도 세상이 복잡하다는 것을 잘 알고 있다. 사회와 정치와 인간 경험은 다층적으로 뒤엉킨 실타래와 같다. 한 가닥 한 가닥 풀어내면, 실타래는 풀리는 법이다. 급진주의자의 정체성, 지식, 문화, 투쟁, 해방은 상관적이고 체계적이다. 급진주의자는 이러한 관계를 들추고 질문하려고 노력한다. 이러한 세계관은 대중이 급진주의자의 행동과 운동을 무엇 때문에 미심쩍어하는지 설명할 때 도움이 된다. 대부분의 사람들은 진지하게 비판하는 성찰에 익숙하지 않기 때문에 급진주의자의 복잡한 질문에 소외된다고 느낀다.

| 급진주의자의 수사는 상징의 힘이 세다 |

급진주의자는 상징의 활용과 효과, 그리고 그것의 억압적 혹은 해방적인 힘을 진지하게 고민한다. 예를 들어, 급진주의자는 특정한 로고, 상표, 상품, 기업 상징물을 비판하고 거부할 때가 많다. 문화난장 culture jamming, 광고 털기adbusting, 광고판 변형 같은 실천을 하기도 하며 정신의 생태학mental ecologies, 심리적 환경, 예술과 항의를 탐구하

〉 맥도널드 보이콧 벽보. 급진주의자는 꼭두각시, 복장, 기호, 구호, 벽보를 이용해 수사 효과를 낼 수 있다.

고 탐색할 때도 있다. 나오미 클라인 Naomi Klein의《슈퍼 브랜드의 불편한 진실No Logo》과 칼리 라슨의《문화난장Culture Jam》은 급진주의 공동체에서 인기를 누렸던 책이다. 기 드보르와 상황주의자는 그들이 강조했던 문화적 심미적 우회detournement와 함께 곧잘 언급된다. 그리고 급진주의 시위에도 상징이 넘쳐난다. 즉 꼭두각시, 복장, 기호, 구호, 벽보는 수사적 무기인 것이다. 직접행동도 마찬가지다. 훌륭한 직접행동의 경우에는 상징체계를 전략적으로 기획하는 법이다. 어떤 행동을 하고, 어디서 동을 뜨고, 언제 하고, 누구를 겨냥하고, 무엇이 목적인지 사전에 계획한다. 직접행동이 제도의 작동이나 집단의 일상에 물리적으로 개입하려고 하는 때도 많다. 교통을 방해하고, 건물을 점거하고, 상업지역을 문 닫게 하는 것이다. 이와 같은 행동은 권력체계를 직접적으로 방해한다. 그러나 이 행동은 상징적이며, 가끔은 여기서 비롯된 상징성이 물리적 방해보다 중요할 때도 있다. 직접행동은 몇 시간, 심지어 며칠 동안 지속될 것이다. 행동이 계속되는 동안에는 교통, 도시, 상업은 물론이요 심지어 군사정권military regime의 기능까지 정지될 것이다. 시간이 흐르면 그것들은 대부분 제 기능을 되찾게 된다. 그러나 직접 행동의 상징적 효력은 사회의 소통 엔진을 통해서 퍼져나가면서 꾸준히 유지된다. 거기에 담긴 메시지는 다른 사람들에게 비슷한 행동에 나서게 만들면서 바람을 일으킬 것이다.

| 급진주의자의 수사는 대결적이다 |

보통 급진주의자의 대결적 수사에는 고함치고, 소리치고, 발 구르고, 박수치고, 북을 치고, 팔을 흔들고, 검은단 활동을 하고, 구호를 외치고, 열렬하게 선언문을 낭독하고 연설하는 것이 들어간다. 지금은 폐간됐으나 1999년 시애틀 대투쟁 이후 출현한 《클래머Clamor》는 이 점을 잘 지적했다. "어느 잡지보다 선두에 서서 인습을 타파하는 《클래머》는 자기결정, 창조성, 말썽꾼shit-strring을 두려움 없이 찬양한다."◆ 이 열렬하고 스스럼없는 태도는 급진주의적 수사에 녹아 있지만, 이것이 부정성이나 호전성으로 환원돼서는 곤란하다. 급진주의자가 소리치고 분노할 때도 있지만, 조용하고 엄숙하고 발랄하고 낭만적이고 행복하게 기념하며 축제 분위기를 내기도 한다. 많은 활동가가 가만히 죽은 체하기, 평화기원 철야기도, 무저항주의, 명상, 우스꽝스러운 전술을 활용한다. 논전을 벌일 때는 붙임성 있고 솔깃하고 호의롭게 대화를 하기도 한다. 이 미묘한 태도 역시 대결적인 것으로 방식만 다를 뿐이다. 대결적 수사는 권력에 대해서 진실을 말하고, 온갖 종류의 억압에 맞서 그것을 제거하자는 것이다. 대처하는 방법은 활동가마다 상황마다 상대적이다. 가차 없고 공격적일 때도 있고, 느긋하고 미묘할 때

◆ "About Clamor," Clamormagazine.org. 2008년 2월 1일 인용.

도 있지만, 두 가지 다 대결적인 것은 분명하다.

| 급진주의자의 수사는 미래를 그린다 |

급진주의자의 수사는 더 나은 세상에 대한 미래상을 먹고산다. 급진주의자는 지금 하는 행동이 더 낫고 더 민주적인 미래를 만들 것이라고 생각한다. 급진주의자는 자신을 선지자로 생각하지 않는다. 그런 식의 거만한 태도는 중심 없고, 다양하며, 복수 역사적인 수사와 모순된다. 급진주의자는 자신을 몽상가utopian라고 생각하지 않는다. 잘못된 것을 모조리 바로잡고 영원히 행복하게 살 것이라고 생각하지 않는다. 그러나 급진주의자는 지금보다 더 좋게 만들 수 있다고 믿는다. 즉 급진주의자는 현재의 체제와 구조를 더 나은 것들로 대체할 수 있으며, 더욱 윤리적이고 더욱 인간적인 사회존재가 될 수 있으며, 자신과 타인과 사회적 자연적 세계를 더욱 존중할 수 있다는 것이다. 이러한 믿음은 이상일 뿐만 아니라 마음에 그리는 미래의 현실이기도 하다. 급진주의자는 이러한 현실을 머리로 상상하며 가슴으로 느낄 수 있다. 급진주의자 가운데 많은 사람이 항의를 하고 회의를 열고 집회를 하고 포럼을 하고 축제를 열 때 이 같은 미래를 살짝 엿보았다. 작을지는 몰라도, 있는 것만은 분명하다. 무엇인가 새롭고, 흥분되며, 급진 민주주의적인 것을 조금이나마 경험한 것이다. 이러한 경험은 다른 세계, 즉 자기결정, 대인간 및 집단적 지원, 평등한 관계로 이루어진 세계를 보여준다.

급진주의자의 수사는 자신이 옳다고 여기는 동시에 자신을 비판한다

급진주의자의 수사는 자신이 옳다고 여기는 동시에 자신을 비판한다. 급진주의자는 세상을 바꾸기를 바라며, 그렇게 하는 방법을 알고 있다고 생각한다. 옳다는 믿음은 대부분의 활동가, 조직가, 사회운동에서 흔히 나타난다. 물론, 충분히 이해할 만한 일이다. 세상을 바꾸고 싶다면 명백히 자신을 믿어야 할 테니까 말이다. 그러나 급진주의적인 옳음은 지나치게 자만하는 태도에 저항 해야 한다. 물론 쉬운 답도 없고 지름길도 없다. 사회 정의에는 종류도 여러 가지고, 완전히 종결된 유토피아적 결과도 결코 상정할 수 없다. 작금의 탈근대 비평의 시대는 지렛대 한쪽에 가차 없는 현실주의를 올려놓고 급진주의적 이상주의와 무게를 맞춘다. 급진주의자도 오류를 범할 수 있다. 일상의 사람들처럼, 인간으로서 변덕도 부리고 실수도 한다. 옳지 않은 일에는 소리 높여 지적하면서도 자기도 모르게 옳지 않은 일을 계속 할 수도 있다는 것을 급진주의자도 잘 알고 있다. 급진주의자는 이전의 사회적이고 정치적인 운동으로 되돌아가 자신이 저지른 잘못된 일을 분석하곤 한다. 예를 들어, 미국의 웨더 언더그라운드와 이탈리아의 붉은 여단Red Brigades의 자기 파괴적인 성향, 베트남 전쟁 반대 운동을 조직화할 때 나타난 성차별, 2차 페미니즘의 인종차별적 배제 같은 것을 되돌아본다. 그러나 급진주의자는 미래의 세대가 현재의 운동을 뒤돌아보고 비슷한 평가를 하리라는 것도 알고 있다. "그 점을 왜 깨닫지 못했을까?" 그들은 그렇게 질문할 것이다. 미래의 세대가 어떻게 현재의 급진주의를 평가할지 알 수는 없으나 그런 식의 비판적 성찰이 급진주의자의 오만한 콧대를 꺾어놓는 것은 틀림없다. 그렇다. 급진주의자는 자기가 옳다고 믿지만, 자신을 성찰하기도 한다. 급진주의자는 비판적 옳음을 견지하기 때문에, 전위당이 범했던 오류를 경계한다. 급진주의자 모두는 혁명을 원하며, 해답이 있다고 생각하지만, 그 해답이 현재의 시대와 장소에 특정된 것이란 사실도 알고 있다. 따라서 급진주의자가 내리는 결론은 개인은 개인대로 공동체는 공동체대로 자기만의 현실을 혁명으로 이끌어야 한다는 것이다. 급진주의자는 가능하다면 언제 어느 때고 어떻게 해서든 서로를 도울 수 있으며 실제로도 그렇게 한다. 그러나 어떤 경우라도 한 사람, 한 집단, 혹은 한 수사가 모든 시대 모든 장소 모든 사람에게 통하는 해답을 주지는 못한다. 자기가 옳다는 생각은 자신을 성찰하는 비판적 태도를 제어한다. 이 같은 수사적 경향은 몇 가지 구체적 사례가 입증한다. 존 홀러웨이John Holloway의《권력으로 세상을 바꿀 수 있는가Change the World Without Taking Power》, 스타호크Starhawk가 억압의 힘power-over, 내면의 힘power from within, 연대의 힘power-with을 구별해놓은 것, 멕시코 치아파스의 원주민을 이끌지 말고 그들의 말을 경청하자는 마르코스 부사령관의 주문 같은 게 그렇다.◆ 비판적 옳음은 반권위주의, 복수역사주의, 재현 반대, 복합적 질문 등 위에서 언급한 여러 가지 수사들과 겹치는 부분이 많다.

◆ John Holloway, *Change the World Without Taking Power*, Pluto Press, 2005. Starhawk, *Truth or Dare*, HarperCollins, 1987.

:: 관찰을 사용해 틈새 막기 ::

1장은 급진주의자의 행동과 대중의 수용 사이에 벌어진 수사적 간극을 논의했다. 위에서 언급한 내용은 현재 구사하는 수사를 돌아보게 하여 이 간극을 메우게 해준다. 이제부터 급진주의자에게 효과가 있는 것은 무엇이고 없는 것은 무엇인지 밝혀낸 다음에, 다양한 상황에 적용해 보도록 하자. 예를 들어, 복합적 질문을 하면 청중 가운데 몇 사람은 소외된다는 것을 깨닫게 된다. 그런 사람은 복합적 질문에 익숙하지 않기 때문에, 관심을 끊고 발길을 돌린다. 급진주의자의 메시지가 전달되지 않는 것이다. 청중이 발길을 돌리는 이유를 이해하면, 이 문제를 처리하고 조정하기에 쉬워진다. 급진주의자는 복합적 질문을 포기할 필요가 없다. 단지 청중의 필요와 요구에 맞춰 조정하면 된다. 흥미가 넘치고 소외를 줄이는 질문을 하면, 급진주의자의 행동과 사람들의 반응 사이에 벌어진 간격은 줄어든다. 이 간극을 메우는 다섯 가지 방법은 아래와 같다.

| 청중을 특정할 것 |

'일반 청중'은 듣기 좋지만, 외연이 너무 넓다. 물론, 일반 청중을 겨냥해 행동을 하는 경우도 있다. 대규모 행동과 항의를 할 때가 그렇다. 그러나 목표로 삼은 청중을 특정하면, 어중이떠중이가 아니라 실제로 만나는 사람과 소통할 때 유용하다. 예를 들어, 대규모 반전 항의는 네 개의 특정 집단을 주로 겨냥한다. 첫째 정책 입안자, 둘째 전쟁 지지자, 셋째 전쟁에 대해서 입장이 모호한 사람, 넷째 전쟁에 반대는 하지만 행동에 나서지 않는 사람. 이 네 집단에는 거의 모든 사람이 들어간다. 어찌 보면 항의가 일반 대중을 겨냥하는 것이 맞다. 그러나 이렇게 분류하는 것은 너무 느슨하고 막연하다. 수사적 효과가 높은 항의를 만들 때 도움이 되지 않는다. 네 곳의 목표 집단을 특정하면, 수사가 구체화된다. 작업할 대상을 특정하게 해준다는 것이다. 이제 항의는 정체를 알 수 없는 사람들 대신 실제 사람을 향하게 된다. 정확히 누구한테 이 특정한 수사적 행동을 전달하려고 하는가? 청중을 선택하고, 수사를 그들의 특정한 성벽, 필요, 요구, 기대에 맞춰라. 이렇게 하면, 더 효과적인 메시지와 행동을 창조하기가 쉬워진다.

| 청중의 필요와 요구에 맞출 것 |

수사를 청중의 필요와 요구에 맞춰라. 그렇다고 다양성, 복수역사주의 혹은 이상주의 같은 급진주의자의 공통된 경향을 제거하라는 얘기는 아니다. 대신에 자신의 수사를 성사시키라는 것이다. 급진주의자는 청중을 따돌리는 게 아니라 끌어내는 방법을 찾는 게 좋다. 예를 들어, 급진주의자의 반권위주의적 수사는 수용하지만 자기가 옳다는 태도 때문에 관심을 끊은 청중이 있다고 해보자. 물론, 급진주의자는 자신이 옳다는 태도를 보여도 성찰하기도 한다는 것을 알지만, 청중은 이 점을 알지 못한다. 만약 이런 경우에 처한다면, 반권위주의를 앞세우고

> 9·11 사태 이후에 등장한 "우리의 이름으로 전쟁을 하지 말라Not in our name"는 구호는 어느 누구도 비난하지 않으면서도 주장하는 바가 명확하다.

자기가 옳다는 태도를 뒤로하자. 여러 가지 메시지를 한데 묶어 중심 없는 반위계적 구호, 상징, 행동을 부담 없이 만들되 겸손하고 온당하고 신중하게 하도록 하자. 9·11 사태의 여파가 지속되는 동안에도 많은 활동가가 이러한 유형의 전략을 깨닫지 못했다. 사회적이고 정치적인 조건은 급작스럽게 바뀌었지만, 수사는 전혀 바뀌지 않았다. 다수의 활동가는 해왔던 대로 범지구적 정의운동을 과감하고 직설적인 수사로 표현하기를 원했다. 이해할 만한 일이다. 대다수 미국인이 제국주의적 지배의 시대로 돌입하는 부시 행정부를 쫓아가는 장면을 목격할 수 있었을 테니까 말이다. 그러나 당시의 미국 시민은 대결적 수사를 받아들일 준비가 되어 있지 않았다. 그들은 자기네 정부가 무자혜딘Mujahadin에 자금을 지원했고, 그 때문에 역풍을 맞고 있다는 사실을 외면하고 싶어 했다. 또한 개인이나 국가가 책임을 져야 한다는 생각을 피하고 싶어 했다. 복잡한 질문을 바라지 않았다. 오히려 그들이 바랐던 것은 한 배에 타고 밀고 나가는 것밖에 없었다. 이러한 상황에 적응하는 것은 절대적으로 필요했고, 지금도 그렇다. 나는 9·11 사태가 있은 지 대략 6개월 후에 태동한 "우리의 이름으로 전쟁을 하지 말라 Not in Our Name" 연합이 적응을 굉장히 잘했다고 생각한다. "우리의 이름으로 전쟁을 하지 말라"는 문구는 어느 누구도 비난하지 않으면서도 주장하고 선언하는 바가 명확하다. 사람들의 방어 태세를 누그러뜨리며 진술을 하는 셈이다. 이런 식으로 수사를 수정하면, 사람들이 잠시 멈춰서 자신의 방식을 생각해보는 기회가 늘어난다. 그리고 희망을 조금 보태서 말하면 사람들이 자기의 생각을 바꿔볼 가능성이 생길 수도 있다.

| 수사를 명명하고 설명할 것 |

사람들은 자기가 이해하지 못하는 것을 두려워할 때가 많으며 대부분의 사람들은 활동가가 그 일을 하는 이유가 무엇인지 이해하지 못한다. 이 문제는 수사를 명명하고 설명하는 방식을 통해 대처할 수 있다. 이 방법은 정치적 입장을 설명하는 것과 다르다. 두 가지가 관련된 것은 명백하나, 항의를 하거나 행동에 나서는 등 되도록 활동가 자신이 선택한 수사를 설명하자. 자, 동물실험을 그만두게 하는 항의를 조직한다고 해보자. 정치적으로 설명을 한다면, 동물을 야만스럽고 무익하게 다룬다는 사실을 다뤘을 것이다. 수사적으로 설명을 한다면, 집단과 대중이 논증하는 것이 중요하다고 지적했을 것이다. 그 다음에는 집단적으로 논증하는 것이 동물실험본부에 편지를 쓰는 것보다 집단의 힘도 강화하고 잠재적으로 효과도 높을 것이라고 설명했을 것이다. 이런 식의 수사적 설명에는 활동가의 수사임을 보여주는 낱말, 개념, 문구가 반드시 들어간다. 네트워크 수사, 몸으로 하는 수사, 무리의 수사, 집단의 논증하기, 소통적 상상적 노동과 같은 말은 활동가가 무엇을 보고 있는지 알기 쉽게 해주어, 그들의 행동을 타인에게 명료하게 전달한다. 이 같은 활동은 사람들의 두려움을 줄이고 그들을 따돌리지 않고 끌어들인다. 또한 활동가는 시간을 들여서 수사의 성격과 목적을 설명할 수 있다. 이 일은 몇 가지 방식으로 할 수 있다. 연설을 할 때는 시간을 들여서 다양성이나 복수역사주의를 강조하는 이유를 설명하라. 책, 평론, 블로그, 전단지를 작성할 때도 마찬가지다. 대담, 기자회견, 개막회의를 할 때도 똑같다. 항의나 행동을 할 때 '설명하는 사람 explainer'을 지정하는 것도 가능하다. 이들은 항의가 노리는 정치적 목적뿐만 아니라 항의가 선택한 수사까지 설명할 수 있다. 항의를 이렇게 할 때 수사적 이점은 무엇인가? 항의는 하나인데 메시지가 가지각색인 이유는 무엇인가? 국회의원에게 압력을 넣거나 공직에 출마하지 않는 이유는 무엇인가? 이 같은 질문은 가두에서 대화를 나누거나 구경꾼과 보도기자에게 전단지를 나눠줄 때 제기될 수 있다. 또 하나 알아둘 것은 설명하는 사람은 지도자도 대변인도 아니란 것이다. 설명하는 사람은 항의에 참여한 사람들이 민주적으로 선택할 수 있으며, 설명의 초안은 집단이 함께 작업할 수 있다. 그런 다음 설명하는 사람은 항의자와 관찰자의 중간에서 대화를 이어주고 이해를 도와준다.

앞에서 요약한 열 가지 관찰은 결코 최종 해답이 아니다. 다양한 방식으로 수사를 접근하는 각양각색의 활동가들이 추가로 관찰하는 것이 가능하며 당연하다. 개인적으로 나는 다음과 같은 문제와 씨름했다. 내가 만든 범주화 유형은 무엇이며, 여기에 넣은 것은 무엇이고 뺀 것은 무엇인가? 문제를 손쉽게 해결하는 방안도 생각해보았다. 결코 최종적 해답을 찾을 생각은 없다며 급진주의자의 수사는 과정적이라고 기술하면 되니까, 과학적인 초연한 목소리보다 개인과 주체의 목소리가 중요하다며 급진주자의 수사는 대인적이라고 기술하면 되니까. 내가 이 문제와 씨름한 까닭은 관찰의 상대성을 강조하기 위함이다. 모두가 자신만의 관찰을 할 수 있다. 밖으로 나가자, 주위를 둘러보자, 자기가 하는 일과 타인이 하는 일을 성찰하자, 그리고 관찰한 내용을 목록에 적어놓자. 자기가 관찰한 것을 공유하는 것이 가장 중요하다. 이렇게 하면 다른 활동가가 그들의 수사를 개선할 때 도움이 된다. 이제, 그런 작업에 필요한 몇 가지 짤막한 지침을 적어보겠다.[*] 첫째, 존중할 것. 자신의 관점은 다른 사람의 관점과 매우 다르기 때문에 성찰하고 조심해야 한다. 둘째, 밖에서 보기만 하는 사람이 아니라 적극적으로 관찰하는 사람이 될 것. 수사적 엄격함을 몸소 경험하면, 자기가 관찰한 사항을 이해하고 전달할 때 도움이 된다. 셋째, 정직할 것. 본 것을

♦ 관련된 지침은 다음을 참고할 것. Uri Gordon, "Practicing Anarchist Theory: Towards a Participatory Political Philosophy," *Constituent Imagination*, Shukaitis and Graeber, eds., AK Press, 2007.

부풀리지 말자. 자기가 경험한 것을 낭만적으로 꾸미고 싶을 때도 있다. 낭만이 필요한 시기와 장소가 있기는 하나 여기서는 활동가의 실질적 실천을 향상하는 방법을 찾도록 하자. 상상하지 말고 있는 그대로 말하자. 넷째, 도움이 되는 비판을 할 것. 자기가 본 것을 주저하지 말고 논평하자. 메시지나 수사적 접근법 같은 것의 효용에 대해서 평가하고 토론하자. 그러나 상대방에게 도움이 되어야 한다. 활동가 모두 최선을 다하지만 성공할 때도 있고 실패할 때도 있다. 상대방에게 도움이 되지 않는 비판은 건설적인 것이 아니라 파괴적인 것이다. 관찰은 심판하는 것이 아니라 유용한 것이 돼야 한다.

| 개인으로서 책임을 질 것 |

급진주의자에게 수사적 지도자는 있지도 않거니와 바라지도 않는다. 이러한 접근법이 성공하기 위해서는 활동가 모두가 수사에 대해 책임을 져야 한다. 자기가 말하고 행하는 것은 다른 활동가와 조직가를 반영한다. 자기가 하는 수사는 다른 사람의 성공을 돕기도 하고 막기도 한다. 캐나다에서 활동가가 형편없이 행동을 하면, 매체를 타고 아르헨티나의 활동가에게 영향을 끼친다. 급진주의자라고 해서 문제, 메시지, 전술에 모두 동의할 필요는 없다. 그러나 급진주의자라면 자신의 수사적 노동을 끊임없이 갈고 닦기 위해서 합심해야 한다. 이 점은 두말할 필요가 없다. 예를 들어, 활동가에 따라서는 소통과 수사를 향상시켜야 한다고 생각하지 않는 사람도 있다. 좋다. 이런 생각은 활동가의 논의를 풍성하게 만든다. 그러나 수사의 향상이 중요하다고 생각하는 활동가라면, 자기가 하는 소통의 결과에 대해서 책임을 져야 한다. 활동가 모두가 책임을 지게 되면 수사적 지도자가 필요 없게 된다. 결국 지도자 없는 세상에 한 발짝 가까이 가는 셈이다.

:: 네트워크 수사 ::

네트워크 수사는 현대의 행동주의를 대표하는 비유형상이다. 이것은 연설자, 저자, 운동, 집단, 집회, 정기간행물, 출판물, 웹사이트에서 다음과 같은 문구를 쓸 때 흔히 나온다. 활동가의 네트워크, 투쟁의 망, 저항의 접속점nodes, 억압의 연동체계interlocking system, 영향의 추진력wheels of influences, 운동들의 운동 등. 이러한 문구는 정확히 똑같지는 않지만, 그것들 밑바닥에는 중심 없음, 상호접속, 네트워크처럼 현대의 행동주의와 관련된 생각들이 들어 있다. 이 구조는 급진주의자의 수사에도 적용되어, 네트워크 수사를 탄생시킨다. 네트워크 수사는 앞서 지적한 열 가지 관찰에 포함돼도 아무런 문제가 없을 것이다. 그러나 중요한 점이 있기 때문에 논의를 확장하기로 했다.

이번 절은 세 가지로 구분된다. 첫째, 네트워크 수사의 몇 가지 사례를 논의할 것이다. 둘째, 급진주의자의 네트워크 수사를 어떻게 향상시킬지 논의할 것이다. 셋째, 새로운 형태의 수사가 필요하다고 논의할 것이다. 네트워크 수사가 책에서 이런 식으로 논의된다면, 네트워크 수사의 목적이 일치감치 파악되는 셈이다. 급진주의자는 네트워크 시대를 넘어서 무엇인가 새롭고 신선하고 흥분되는 것을 창조할 필요가 있다.

| 네트워크 수사의 사례 |

네트워크 수사는 세 가지 부분으로 구성된다. 첫째 복수의 중심 없는 메시지들, 둘째 메시지들끼리 하는 대화, 셋째 공적인 진술과 메시지 혹은 행동의 편성이다. 네트워크 수사의 출발점은 자기 목소리를 내는 각양각색의 사람들이다. 세상에는 사람들이 반응하는 토론, 문제, 혹은 걱정거리가 있게 마련이다. 이것들이 모여서 난무할 정도로 메시지가 쌓인다. 으뜸가는 메시지는 하나도 없다. 복수의 메시지가 서로 수평으로 관련된다. 이후 메시지끼리 대화가 일어난다. 하나의 메시지가 논의와 행동을 지배하는 게 아니라, 일반적 주제를 놓고 논쟁적이고 모순적이기까지 한 복수의 메시지들이 치고받는다. 이후 대화는 공적인 현상을 만들어낸다. 다른 사람들이 응시하고 반응할 수 있으며, 매체가 입수하기 좋고, 더 많은 활동가를 논의에 끌어내는 진술과 메시지와 표현과 행동이 창출되는 것이다. 이 같은 유형의 네트워크 수사는 독립매체Indymedia 사이트, 사회포럼, 항의, 대표자회의, 개인발표에 흔하게 등장한다.

> 각 독립매체는 자기만의 디자인과 주제를 활용해 "모두 매체가 되자be the media"를 실천한다.

독립매체

세계 도처에는 자율적으로 돌아가는 수백 개의 독립매체 사이트가 있다. 독립매체는 두 가지 방식으로 네트워크 수사를 예시한다. 첫째, 각 사이트는 다양한 메시지, 대화, 이야기를 담는 창고를 제공한다. 누구든 글을 올리고 누구든 댓글을 단다. 이것이야말로 중심 없는 대화형 네트워크다. 둘째, 각 사이트는 "모두 매체가 되자be the media"라는 일반적 주제에 응답하기 위해서 자기만의 디자인과 내용을 활용한다. 어떻게 보면 여러 곳의 사이트가 독립적으로 운영되고 사용자가 후원하는 매체의 문제를 중심으로 대화하는 것 같다. 결국 이러한 대화는 독립매체의 현상을 창조해냈던 셈이다.

사회포럼

사회포럼에서 사람들은 여러 다른 계몽운동, 전략, 문제, 논쟁, 이데올로기를 주고받는다. 각 발표와 토론회는 자기만의 메시지를 제시하나,

사회 변혁, 공동체의 구축, 학습 및 청취라는 공통된 주제를 중심으로 대화한다. 대화를 한다고 해서 언제나 남에게 상냥하고 서로를 옹호하지는 않는다. 토론은 손쉽게 과열되기도 한다. 그러나 불화가 얼마나 일어나든 토론은 대화의 형태를 끝까지 유지한다. 이후 사회포럼에 참여한 사람이 자신의 경험을 자기가 있는 공간에 전할 때 거기서 더 많은 대화가 오고간다. 사회포럼은 본성상 사람들이 인식하고 반응할 만한 공적인 진술을 만들기 마련이다. 사회포럼의 규모는 세계적인 것도, 대륙적인 것도, 국가적인 것도, 지역적인 것도 있다. 모두 자기만의 네트워크를 구축하며 더 넓은 네트워크를 구축하기 위해서 접속한다.

항의

오늘날 활력과 영감이 가장 넘치는 항의는 중심 없는 대화형 네트워크로 이뤄지는 경우다. 이 유형의 항의는 다양한 집단과 복수의 메시지를 한데 묶어 더욱 충만하고 복합적인 대중적 표현을 만들어낸다. 범지구적 정의운동이 벌였던 정상회담 반대 항의 투쟁이 가장 훌륭한 사례지만, 오늘날 규모가 가장 큰 항의는 네트워크 구조를 따른다. 세상에는 전쟁, 기업 지배, 주택 혹은 지구온난화 같은 일반적인 문제가 존재한다. 문제마다 다양한 요인이 있으며, 그것은 복수의 공동체에 영향을 끼친다. 이 때문에 조직가는 문제의 다양한 측면을 지적하는 여러 집단을 초청한다. 이렇게 하면 안으로는 활동가끼리 대화를 하고, 밖으로는 활동가와 일반 대중이 대화를 하게 된다. 일반 대중은 어수선한 상황 이면에 있는 방법을 놓칠 때가 많기 때문에 항의가 짜임새도 없고 사리에 맞지 않는다고 비판한다. 급진주의자의 항의는 짜임새가 있지만, 그 짜임새는 네트워크 수사의 비선형적이고 비독단적인 원칙을 따른다. 구경꾼은 대화형 네트워크의 구조와 메시지에 담긴 민주적인 원동력을 깨닫지 못하기 일쑤다. 다음 절에서 이 흔한 오해에 대처하는 방법을 논의할 것이다.

대표자회의

많은 사람들이 대표자회의를 통해서 공동체의 결정 과정에 참여할 수 있다. 보통은 도우미가 빙 둘러서 원을 그린다. 다양한 동아리에서 나온 활동가와 구성원 모두가 발표할 기회를 얻고, 대화에 참여한다. 이러한 대화는 우호적인 토론부터 성숙한 논증까지 여러 가지 형태가 있으며, 참가자는 보통 어떤 형태로든 의견의 일치를 도출하려 애쓰지만 미약하나마 한시적으로 합의할 때도 있다. 대표자회의는 어떤 형태의 행동을 할 것인가, 행동을 언제 어떻게 할 것인가 등의 전략적인 문제에 집중할 때가 많다. 대표자회의는 행동을 응집하는 주제, 구호 혹은 성명처럼 집단 메시지의 초안을 짜기 위해서 사용되기도 한다. 비슷한 형태의 소통이 주민의회, 자율적 모임, 조직 모임 할 때의 직접민주주의적 절차에서도 발견된다. 각 경우에서 소통은 중심이 없고 대화형이며 네트워크를 따른다. 보통은 몇 가지 유형의 대중 행동으로 전개된다.

개인의 표현

연설자와 글쓴이는 네트워크 수사를 쓰기도 한다. 방식은 여러 가지다. 마이클 하트와 안토니오 네그리의 《제국Empire》과 《다중Multitude》은 세계를 권력의 영속 변화하는 접속점으로 구성된 확장 네트워크로 개념화한다. 데이비드 솔닛David Solnit의 《전 세계를 해방하라Globalize Liberation》는 범지구적 체제를 바꾸려는 다양한 사람, 집단, 운동을 모아놓았다. 마리나 시트린Marina Sitrin의 《수평주의Horizontalism》는 아르헨티나의 직접민주주의를 향한 분투에 대해서 다양하기도 하고 모순적일 때도 있는 직접적 설명들을 담고 있다. 그리고 잡지 《레프트 턴Left Turn》과 《제트Z》는 지리적 문화적 정치적 배경이 다양하지만 그럼에도 억압과 해방은 서로 연결된다는 점을 강조한다. 일반적으로 네트워크적 표현들은 다양하고 심지어 서로 충돌하는 것처럼 보이는 요소, 요인, 분석, 의견, 사람을 서로 묶는다.◆

| 네트워크 수사의 개선 |

네트워크 수사를 개선하면, 활동가의 행동과 대중의 수용 사이에 벌어진 간극을 메우기에 좋다. 일반적으로 대중은 네트워크 수사에 대한 소양이 없다. 확실한 것은 대중이 복수의 메시지에 익숙하다는 것이다. 그러나 그들이 메시지 사이의 고리를 발견하는 경우는 극히 드물다. 결국 모든 것이 외떨어져 접속이 끊어진 상태다. 활동가가 할 일은 네트워크 수사를 상대방이 이해하고 흥미 있게 만드는 것이다. 네트워크 수사를 그만 쓰거나 제한할 필요는 없지만, 그것을 개선시켜야 하

◆ Michael Hardt and Antonio Negri, *Empire*, Harvard University Press, 2000; Hardt and Negri, *Multitude*, Penguin, 2004; David Solnit, Globalize Liberation, City Lights Books, 2004; Marina Sitrin, *Horizontalism*, AK Press, 2006. Leftturn.org, Zcommunications.org, 2008년 2월 1일 인용.

〉 "다른 세상은 가능하다Another world is possible!"는 2001년 세계사회포럼에서 사용했던 구호다.
의미를 명확하게 전달하는 구호는 토론회, 대담, 강연을 하나로 연결해준다.

는 것만은 분명하다. 네트워크 수사를 표현하는 것이 쉬운 것은 아니
다. 현대의 한 줄 요약 문화는 시간과 장소를 제한하기 때문에 특히 어
렵다. 그러나 다음의 세 가지 단계를 활용하면 네트워크 수사를 구사
할 때 사람들의 마음을 당기고 이해를 더욱 높일 수 있다. 수사적으로
판을 짜자, 접속을 강조하자, 명료성과 접근성을 역설하자.

수사의 판을 만들 것

접속점 모두를 하나로 엮는 구호, 진술, 주제 혹은 제목을 활용하자.
이것은 수사적 판으로 알려져 있으며, 사람들이 다른 요인, 의견, 사
람, 생각, 분석 사이에 성립된 관계를 이해할 때 도움이 된다. 포럼, 회
의, 항의 같은 대규모 행사는 내적으로 틀이 짜인다. 즉 판짜기는 행사
에서 진술되는 목적이나 제목을 통해서 창조된다. 예를 들어보자. "다
른 세계는 가능하다Another World is Possible!"는 2001년 세계사회포럼

World Social Forum이 썼던 구호다. "다른 세계는 가능하고, 다른 미국은 필연이다."는 2007년 미국사회포럼이 썼던 구호다. 이러한 구호는 포럼의 틀을 내적으로 짜서 사람들이 진행되는 토론회, 대담, 강연 사이의 심층적 관계를 이해하게 해준다. 이 같은 판은 언제라도 개선될 수 있으며, 대규모 집단행동은 대체로 판이 잘 짜여 있게 마련이다.

그러나 진행되는 각 발표들이 모두 항상 순조롭게 진행되는 것은 아니다. 예를 들어, 훌륭한 연설자와 작가라면 자기 작업의 판을 짜는 방법을 잘 알고 있다. 그러나 경험이 일천한 활동가는 판짜기의 중요성을 깨닫지 못한다. 많은 활동가들이 판도 안 짜고 문제만 엄청나게 제기한다. 청중은 혼란에 빠질 수밖에 없다. 자신이 속속들이 다 알고 있다고, 다른 사람도 알 것이라고 착각하기 때문에 벌어지는 일이다. 청자와 독자는 복잡한 교차로 앞에서 어디로 갈지 몰라 다음과 같이 질문을 하기 시작한다. 이 모든 사항이 어떻게 관련되지? 핵심 요점이 뭐야? 이 모든 것들이 어떻게 충돌하지 않지? 이 인간은 무엇 때문에 사방에서 출몰하는 거야? 수사적 판짜기는 이런 질문이 나오기 전에 해결해야 한다. 이제부터 훌륭한 수사적 판을 짤 때 필요한 두 가지를 다루겠다.

수사적 판은 여러 가지 문제가 맺는 관계를 하나의 낱말, 문구 혹은 제목으로 요약함으로써 만들 수 있다. 자, 예를 들어 어느 활동가가 미국의 외교정책, 국제관계, 전쟁, 자본주의, 중동정책을 논의한다고 해보자. 이 문제는 '석유의 지정학The Geopolitics of Oil'이나 그 비슷한 것으로 요약될 수 있다. 이렇게 판을 짜면, 사람들이 발표한 내용의 심층적인 관계를 이해할 때 도움이 된다. 이 틀은 발표를 하기 전에 만들어야 한다. 그렇게 하면 대담, 연설, 토론회, 평론의 짜임새가 생겨난다. 발표를 할 때는 각기 문제와 전체 틀이 맺는 관계를 끊임없이 강조하자. 이렇게 해야 다른 사람이 따라오기에 좋다.

수사적 판은 구체적이고 흥미로우며, 많은 청중을 끌 만큼 일반적이어야 하지만, 중요한 문제(들)를 강조할 만큼 범위가 좁아야 한다. 위의 사례를 이용해, 이렇게 말해보자. 석유의 지정학, 미국제국The US Empire, 전쟁과 석유, 석유와 자본주의와 제국, 미국 정책과 미국제국의 검은 황금The Black Gold. 이러한 판은 괜찮은 제목 같다. 이것들은 청중이 마음의 준비를 할 때 도와주며, 청중 그리고 발표자 모두를 특정한 주제에 붙잡아 둔다. 여러 가지 생각을 끌어오면 청중은 혼란에 빠지기 쉽다. 특히 복잡하게 얽힌 문제를 잘 모르는 사람이면 헤매기에 딱 좋다. 수사적 판을 잘 짜면 네트워크 수사를 이해하고 접근하기가 수월해진다.

접속을 관리하는 범주를 활용할 것

네트워크 수사의 기본은 다양한 사람, 생각, 의견, 문제 등이 접속된다는 것을 강조하는 것이다. 활동가가 이러한 접속을 강조할 때 흔하게 마주치는 함정은 세 가지다. 첫째, 활동가는 간혹 접속을 강조하는 것을 잊고 넘어간다. 자신이 접속을 알고 있으니 다른 사람도 알겠다고 생각한다. 그러나 모든 사람이 네트워크의 눈으로 세상을 보는 것은 아니다. 그러므로 알지 못하는 모든 사람을 위해서 이 접속을 강조하는 것은 필수다. 즉 여러 다른 문제가 어떻게 접속되는지 설명하자. 둘째, 활동가가 접속을 지나치게 강조할 때가 있다. 이렇게 되면, 청중은 나무를 보느라 숲을 놓치게 된다. 너무 많은 접속을 강조하면, 사람들은 혼란에 빠진다. 수사의 목적이나 초점을 명확하게 헤아리지 못하는 것이다. 셋째, 접속을 강조하다보면 상당한 시간이 들어가므로 결국에는 사람들의 인내와 주의력을 시험하게 된다. 끝없이 듣고 있을 사람은 없다. 너무 늘어지면, 사람들은 관심을 접고 발길을 돌릴 것이다. 그러므로 주요한 접속만 견지하고, 나머지 부차적인 것들은 쳐내자. 짧게 해서, 사람들의 관심도 유지하고 경계 태세도 누그러뜨리자. 너무 많이 강조하는 문제, 너무 적게 강조하는 문제, 시간을 너무 끄는 문제는 범주를 사용해 해결할 수 있다. 이러한 범주는 위상으로 불리기도 하는데, 접속을 강조하고 관리할 때 도움이 된다.

예를 들어, 기업의 세계화 문제를 다룰 때는 다국적기업, 초국가적 기구, 자유무역협정, 정치경제적 이데올로기와 같은 범주로 구분할 수 있다. 이러한 범주는 활동가의 연설, 평론, 토론회를 짜임새 있게 해준다. 이 범주는 관심이 다르고 종류가 다양한 사람들과 함께 항의를 조직할 때도 활용된다. 이 일은 명백하게 연설자의 힘을 빌려 할 수 있다. 때로는 여러 다른 집단들이 그 역할을 맡기도 한다. 여기서 집단들은 각기 다른 범주를 상징하는 기호와 연희 혹은 소규모 행동을 창조한다. 항의를 조직할 때는 동아리에게 요청해 다른 범주의 일을 맡기자. 이런 범주들은 구경꾼들이 기업의 세계화를 추동하는 여러 다른 관계를 더욱 뚜렷하게 깨닫게 해주므로, 결국 청중에게 더욱 붙임성 있게 접근하는 항의를 제시하는 셈이다.

명료성과 접근성을 높일 것

활동가의 네트워크 수사는 되도록 명료하고 접근하기 좋게 만들어야 한다. 명료성과 접근성을 구성하는 것은 당연히 상대하는 청중에 따라 다르지만 활동가 모두는 이것이 무엇을 뜻하는지 조금은 알고 있다. 필요한 것이 있다면 무슨 일이든 해서 다른 사람이 자신의 수사를 알기 쉽게 만들자. 여기서는 앞에서 언급한 제안을 활용하는 것도 가능하다. 청중의 면면을 상세히 분석하고 그들에게 적응하는 것, 자신의 수사를 명명하고 설명하는 것 등이 있다. 아니면 수사적 판짜기나 범주의 활용 같은 것도 가능하다. 무슨 일을 하든 자신의 수사를 되도록 명료하고, 다루기 좋고, 알기 쉽게 만들려고 하자. 다시 한 번 말하지만 이러한 기술은 상황마다 상대적이다. 항의하는 의도를 명료히 하는 것은 서론·본론·결론 형태의 논리적 평론을 쓰는 것과 다르며, 평론을 쓰는 것은 토론회 같은 것을 하는 것과 다르다. 다 맞는 말이지만 핵심은 단순하다. 혼란은 사람들을 소외시키므로 활동가는 네트워크 수사의 복합성을 고려해 혼란을 줄이고 명료성을 높이는 쪽으로 작업해야 한다는 것이다.

| 네트워크를 넘어서기 |

네트워크는 지금 여기에 있으나 내일이면 사라질 것이다. 현재 네트워크를 논의하고 있다는 사실이 조만간 끝날 것이란 얘기다. 이 사실은 좋은 일도 나쁜 일도 아니며, 단지 세상만사가 그렇다는 것이다. 최

첨단을 달리는 구조, 생각, 행동은 사람들이 주목하기 오래전부터 존재했다. 대체로 최신의 행동은 사람들이 의식해서 깨닫기 전에 나타난다. 이윽고 사람들은 알아채고서 무슨 일이 있는지 목록에 적고 그런 행동의 효용과 효과를 논의하기 시작한다. 네트워크가 더 이상 쓸모가 없다는 얘기가 아니다. 직접 행동의 네트워크 수사는 중남미, 북미, 서유럽과 동유럽, 아프리카 일부와 아시아 등 세계 곳곳에서 일어나고 있다. 사람들은 정치와 소통의 다양한 형식을 이용해 실험하고 있다. 그들은 새로운 생각과 구조를 만들고 있으며, 가능성을 한계 끝까지 밀어붙이고 있다. 그러나 바로 이 때문에 급진주의자는 네트워크 구조에 스스로를 묶어두지 않는 게 좋다. 네트워크가 세상을 이해하는 방법을 현재 바꾸고 있다는 것만은 확실하다. 그러나 급진주의자의 투쟁과 해방이 네트워크 틀거리의 정신에 제약돼서는 안 된다. 너무 갑갑한 생각이다. 급진주의자는 네트워크-이후 출현할 수사에 마음을 열어둬야 한다. 아직까지 접하지 못했던 구조에 대비해야 하는 것이다. 어떤 것이 올지 누가 알겠는가? 어쩌면 이미 생겨났는지도 모른다.

　새로운 구조와 범형이 출현할 때는 대체로 갈등, 도전, 혹은 난국을 동반한다. 문제에 부딪히고, 무엇인가 다른 일을 하지 않을 수 없다. 그다음에야 그 문제를 극복할 방법을 찾아낸다. 여기서 나오는 해답은 새로운 행동과 사유를 일러준다. 일부러 새로운 범형을 만들기 위해서 새로운 문제를 찾아서는 안 된다. 그 대신 급진주의자는 새롭고 혁신적인 방식으로 현재의 문제를 해결할 가능성에 대해서 마음의 문을 여는 편이 낫다. 이러한 태도가 급진주의적 행동주의를 신선하고 영감 있게 만든다. 이후 여기서 자극을 받아, 무엇을 해야 하고 어떻게 해야 할지, 논의와 대화와 토론이 이뤄진다. 급진주의자의 수사학이란 이런 것이다.

:: 신급진주의 새로운 형식 ::

마지막 절은 신급진주의로 지칭되는 행동주의의 새로운 형식을 제안한다. 신급진주의는 행동주의를 새로운 현실을 예표하는 소통의 노동으로 접근한다. 이러한 접근법은 활동가가 그리는 미래와 오늘의 현실 사이의 간극을 좁힐 때 도움이 된다. 이 책은 처음부터 끝까지 그 방향을 따랐다. 예를 들어, 소통과 수사는 어떻게 현실을 창조하는지, 어떻게 말하고, 글쓰고 혹은 논증해야 효과가 높은지, 세상을 바꾸기 위해서 수사적 솜씨를 어떻게 개선할 수 있을지, 소통이 어찌해서 행동주의에 필요한 도구인지 등 간극을 좁히려 애썼다. 이러한 통찰과 주장은 이제부터 신급진주의의 이론과 실천으로 요약될 것이다.

여러 가지 측면에서 신급진주의는 새로운 것이 아니다. 왜냐하면 활동가는 세상을 바꾸는 소통을 일찍부터 사용했기 때문이다. 이것은 직접적 행동의 상징성을 고민하고, 집회할 때 연설자를 활용하고, 선언문을 작성하고, 웹사이트와 전단지를 전략적으로 기획하고, 낱말 · 문구 · 언어 · 담론을 끊임없이 비판하는 점에서 입증된다. 물론, 이러한 소통과 수사의 문제는 토지 보호, 경작권, 임금 및 안전 환경 투쟁, 의료보험 확보, 빈곤 철폐, 전쟁 종식, 자본주의적 제도 폐쇄 같은 물질적 문제에 비하면 부차적인 것이다. 이러한 문제들은 중요하지만, 물질적 조건과 비물질적 소통을 엄격하게 구별하는 것은 낡아빠진 짓이다. 예전부터 활동가는 더 나은 생활조건을 창출하기 위해서 소통을 사용했다. 대담, 토론, 논쟁, 협상, 압박, 연설, 글쓰기, 문자메시지, 블로그, 전단지, 그래피티, 행진, 항의는 모두 소통의 형식이다. 심지어 사유하는 활동까지 상당히 내향적이고 혼자 하는 것처럼 보이나 실제로는 소통의 과정이다. 활동가가 하는 일 가운데 소통이 아닌 것이 없다. 이것이 사실이라면, 소통은 행동주의, 급진주의, 사회 변혁에 접근할 때 쓰는 렌즈가 되어야 한다. 소통은 행동주의의 정확히 중심에 자리를 잡아야 한다. 그러나 '중심'이라고 했지만, 거기에는 중심이 없으며 끝없이 항상 창조가 진행돼야 한다. 소통에는 명확한 중심이 없으며, 그것이야말로 소통이 현대의 급진적 행동주의와 완벽하게 들어맞는 한 가지 이유다.

다음에 나오는 글들은 신급진주의에 대해 개관한다. 우선, 내가 신급진주의를 이해할 때 영향을 받았던 경험과 생각을 요약할 것이다. 다음으로 혁명적 현실을 창조하는 과정을 설명할 것이다. 이것이야말로 이 책의 핵심 과제다. 마지막으로 새로운 급진주의적 의제를 개발하기 위해서 필요한 몇 가지 느슨한 지침을 마련해보겠다. 이러한 설명은 예비적인 것이지 종합적인 것은 아니다. 신급진주의적 이론과 실천을 발전시키기 위해서는 생각, 토론, 성찰이 더욱 많이 필요하다. 그러나 이 책의 성격을 생각하면 소통에 기초한 행동주의를 설명하며 끝내는 것이 알맞아 보인다.

| 신급진주의의 이해 |

내가 신급진주의를 이해할 때 근거가 됐던 것은 다섯 가지다. 반권위주의적 행동주의에 대해서 내가 느꼈던 경험, 행동주의자의 소통에 대해서 내가 관찰한 사항, 소통을 현실의 창조로서 이해하는 내 방식, 20세기 서양철학에서 쌓았던 지식, 급진주의적 선지자들에 대해서 인정하는 내용이다.

반권위주의적 행동주의

나는 1999년 시애틀 대투쟁 직후 활동가의 삶을 시작했다. 서문에 언급했던 것처럼, 나를 행동주의로 이끌었던 것은 2000년 4월 국제통화기금과 세계은행 항의운동이었다. 그 행사를 전달하는 언론보도를 시청했고 즉시 무슨 일이 벌어졌는지 직감했다. 사람들이 자신의 신념을 위해서 들고일어났다는 것을, 자신의 몸을 전선에 던졌다는 것을, 세상을 바꾸려고 노력하고 있다는 것을 깨달았다. 그 순간 무엇인가 내 가슴속에 급진주의의 불을 당겼다. 말로 설명하기는 힘들지만, 그것은 나를 급진주의의 길로 밀어 넣었고, 급진주의자의 길을 걷게 했다. 이윽고 나는 세계화를 연구하기 시작했고, 범지구적 정의운동에 동참했다. 이 운동의 반권위주의는 새로웠으나 두려울 때도 있었다. 규칙도, 기대도, 소통의 맵시도 달랐다. 그때까지 내가 겪어보지 못했던 것이었다. 그러나 반권위주의는 언제나 흥미로웠으며, 이제는 그 이유를 깨닫고 있다. 당시에 반권위주의의 예표적 본성에 이끌렸고, 지금도 그렇다는 것을 말이다. 나는 소통의 렌즈를 통해 예표적 접근법을 해석한다. 즉 예표적 정치는 다른 세계를 탄생시키기 위해서 그것을 소통하려고 시도한다는 것. 이러한 해석은 명백하게 내가 학교에서 했던 공부에서 영향을 받았다. 내가 행동주의를 시작했을 때는 여전히 박사학위를 따려고 하는 중이었는데 2002년 5월 내가 행동주의에 처음으로 끌린 지 거의 2년이 흐른 후에야 학위를 마칠 수 있었다. 나는 그동안 소통의 철학을 연구하고 있었던 셈이다.

활동가의 소통

학교에서 했던 훈련 탓에 나는 사람들이 하는 소통을 자연스럽게 관찰하고 분석했다. 관찰하고 분석하는 눈은 나를 행동주의 세계로 들어서게 했고, 집회하고 모임하고 회의하고 행동할 때 나오는 연설과 토론과 논증을 분석하게 했다. 사람들이 교류하는 것을 보면서 자동으로 그들의 소통을 분석했던 것이다. 이러한 이유 때문에, 나는 언제나 활동가가 자신의 소통 능력을 어떻게 개선하는지 관찰했다. 메시지를 명확히 표현하려고 노력하는 활동가도 보았고, 메시지를 이해하려고 애쓰는 청중도 보았으며, 관심을 부탁하는 청원자도 보았고, 시선을 애써 외면하는 통행인도 보았고, 활동가와 관료기구 사이에 확립된 권력관계도 보았다. 그러나 가능하면 이러한 영역들을 개선해보자는 생각만으로 관찰한 것은 아니다. 나는 사람들이 일정한 현실을 소환하려 애쓰는 모습도 보았다. 그들은 다른 세계를 소통적으로 창조하려고 했던 것이다. 이것은 내가 이해하는 예표적 정치와 내가 파악하는 소통과 현실의 관계가 대응하는 내용이다. 각 사람은 몸으로 구현된 현실이며, 각 활동가는 더 나은 현실을 창조하고자 노력한다. 내가 생각하기에 활동가의 창조적인 불씨는 소통에 기초한다. 활동가가 수행하는 모든 것은 더 나은 세계를 향해서 소통하는 것이다.

소통과 현실

나는 소통의 철학을 훈련했다. 소통의 철학 소통을 현실의 창조로 접근하는 것을 연구한다.

이 철학이 주장하는 것은 소통이 정보를 전달하는 것만은 아니라는 점이다. 소통이 실제로 창조하는 것은 정보에 대한 지각과 이해라는 얘기다. 그래서 나는 활동가의 소통을 새롭고 더 나은 현실을 창조하려는 시도로 간주한다. 대다수의 활동가가 (물론이요 보통의 대중이) 이와 같은 소통과 현실의 관계를 보기란 쉽지 않다. 소통은 대화할 때 쓰는 도구로 간주되고, 현실은 차갑고 딱딱한 사실로 이해되기 때문이다. 보통의 사람도 활동가라는 특정한 사람도 사회적 변혁을 믿는 것은 확실하다. 그러나 소통과 현실의 관계는 지나치고 넘어갈 때가 많다. 활동가에게는 사람들의 운동, 사회 변혁 혹은 공조 활동과 구조 변화를 논의하는 것이 더욱 일상적인 일이다. 나 역시 이런 상황에 전적으로 동의한다. 그러나 나는 또 다른 측면도 생각한다. 소통은 현실의 창조라는 것을, 소통을 바꾸면 현실도 바뀐다는 것이다. 이것이 바로 내가 일반적으로는 인간 실존과 특수하게는 급진적 행동주의를 고민할 때 착수하는 문제다.

서양철학

수많은 20세기 서양 철학자들의 이론은 소통이 현실을 창조한다는 생각을 뒷받침한다. 지그문트 프로이트와 프리드리히 니체는 20세기의 사유에 커다란 영향을 끼쳤던 사상가로서, 서로의 방식이 다르긴 했지만 인간의 지각이 세계를 이해하는 방식을 정한다고 주장했다. 철두철미한 유물론자 카를 마르크스조차도 인간은 세상을 창조하는 존재이지 해석하는 존재는 아니라고 주장했다. 이러한 생각은 여러 다른 사유의 갈래를 따라 확장되고 갱신되고 변화됐다. 현상학, 실존주의, 실용주의, 구조주의, 정신분석, 비판이론, 탈구조주의, 포스트모더니즘, 문화연구, 3차 페미니즘, 매체생태학 등 갈래는 다양하다.

프랑스 68혁명 이후에 등장한 사상가 몇 명은 소통이 세상을 창조하는 방법에 깔린 정치적 함의를 이해할 때 특별히 타당하다. 예를 들어, 미셸 푸코가 제안한 생체권력이란 개념은 인간의 몸과 사회의 담론과 사회의 조직이 서로 관계를 맺는다는 점을 강조한다. 그리고 질 들뢰즈와 펠릭스 가타리는 리좀의 개념을 활용해 무한히 변하는 사회체계의 과정을 명확히 표현한다. 이 사상가들은 프랑스 68혁명의 영향을 받았으며, 반총체주의 철학의 단초proto-anti-totalitarian philosophies를 다지고자 했다. 한마디로 전제적·절대적·독단적 정치의 가능성을 송두리째 배제하는 시각과 사유를 기획했던 셈이다. 이탈리아의 포스트노동자주의자Post-Workerist는 여기에다 정치적인 삶을 붙였다. 안토니오 네그리, 마우리치오 라차라토, 파올로 비르노, 조르지오 아감벤 같은 사람들은 68혁명 이후의 사상가와 친분을 나누기도 했으며, 프랑스에서 같이 살기도 했다. 결국 이탈리아의 사상가는 제국, 다중, 비물질적 노동 같은 개념을 만들기 위해서 프랑스 철학과 이탈리아 정치학을 결합한 것이다. 내가 소통, 현실의 창조, 사회 변혁의 가능성을 사유할 때 영향을 받았던 것도 이 장구한 전통이다.

선지자

위에서 언급한 생각이 반권위주의적 행동주의와 일치하는 것은 맞지만 사실 부족한 점도 많다. 요컨대, 당대의 쟁쟁한 철학자들은 사회를 비판할 때는 발군이었지만 더 나은 사회를 구상할 때는 젬병이었다는 것이다. 이 때문에 (전부는 아니지만) 많은 활동가가 철학을 꺼려하고 마르크스주의, 아나키즘, 사파티스타주의 같은 이념으로 선회하는 것 같다. 이러한 체계들이나 '접근법'에는 세상의 변혁에 대해서 가능성과 당위성을 역설하는 생각이 들어 있다. 그것들은 세상을 바꿀 때 필요한 실질적 단계를 제시해주거나 최소한 몇 가지 지침만이라도 제공한다. 결국, 마르크스주의, 아나키즘, 사파티스타주의는 선지적 계획이라는 것이다. 그러나 나는 마지막에 언급한 사파티스타주의가 오늘날 활동가에게 가장 알맞은 것이라고 생각한다.

사파티스타주의는 삶의 비이데올로기적이고 비절대적인 정치 방식으로서, 현대의 주류 패러다임인 신자유주의 경제학에 대응한다. 절대자본주의 시대에 사파티스타가 대응하는 방식은 전 세계의 주목을 끌어냈다. 게다가 그것은 방식도 중심 없는 예표적 대응이었다. 사파티주의가 반권위주의 활동가 사이에서 인기를 끌었던 것도 이 때문이리라고 생각한다. 게다가 사파티주의는 소통과 급진적 사회 변혁의 관계를 설명할 때도 도움이 된다. 이를테면 사파티주의자는 소통하는 노동을 통해서 더 나은 현실을 예표하려고 노력했다. 범지구적 자본주의와 직접 대적하는 현실을 그려내려 했던 것이다. 그들이 꿈꾸던 자유롭게 자기 결정을 하는 현실은 아직까지 완벽하게 실현된 것은 아니며, 지금도 다양한 권력들이 그들을 공격하고 있다. 그러나 그들은 여전히 사파타주의의 개방형open-ended 현실을 쫓아서 노동하고 소통하고 있다. 일찍이 마르코스 부사령관은 이렇게 말했다. "우리는 꿈에서 다른 세계를 보았다. (…) 그곳은 과거에서 나오는 꿈도 아니었고, 선조가 우리에게 물려준 것도 아니었다. 그곳은 미래에서, 우리가 밟아나갈 다음 단계에서 나왔던 세계다."◆ 한마디로, 그들은 자신들이 염원하는 현실을 직관적으로 이해하며, 거기로 가는 길을 걷다가 결국에는 그곳을 창조할 것이다. 이 같은 선지적 충동은 내가 신급진주의를 접근할 때의 방법과도 새로운 현실이 탄생하도록 소통해야 한다는 소명과도 공명한다.

| 혁명적 현실의 창조 |

신급진주의는 행동주의를 현실 창조 활동으로 접근한다. 현재 존재하는 현실을 바꾸고 새롭고 개선된 현실을 만들기 위해서 활동가에게 소통의 기술을 활용하라고 주문한다. 이러한 사항은 급진적 행동주의에 낯선 내용이 아니다. 급진주의자의 사회포럼, 회의, 항의, 행진, 축전, 축제에 가보면 무엇인가 다른 냄새를 맡을 때가 있다. 심지어 작은 친목 모임과 대표자회의에 가봐도 그렇다. 지금 여기서 무슨 일이 벌어

◆Subcomandante Marcos, *Our World is Our Weapon*, Seven Stories Press, 2001.

지고 있는 느낌이랄까. 내 경험에 비춰보면 이것은 대안적 세계의 냄새를 포착한 것이다. 급진주의자는 이처럼 다른 현실이 언제 출현하는지 감지하고 직감할 수 있다. 그 이유는 급진주의자의 지각·이해·성향이 변화되어, 이후 다르게 보고 생각하고 행동하기 시작하기 때문이다. 이것은 급진주의자가 총체적으로 다른 사람이 된다는 얘기가 아니다. 반대로 그들의 행위, 사유, 소통의 매무새가 주변 환경에 적응한다는 것을 말한다. 다른 욕망과 다른 습속이 순식간에 수용되는 것은 물론이요 기대하기까지 한다. 짤막한 시간 동안 급진주의자는 서로를 인정하고 장려하는 분위기 속에서 다른 체계들의 교차점을 확인하고, 더 나은 사회를 구상하고, 반권위주의적 특성을 행동에 옮기고, 대결적 태도나 자기 옳음의 태도를 취하고, 혁명을 논의하는 동시에 요청한다. 이러한 경험은 다른 현실을 불러낼 수밖에 없다. 즉, 예표하는 것이다.

이러한 대안적 현실은 '일시적인 자율지대temporary autonomous zones'로 이해해볼 만하다. 이 용어는 아나키스트이자 이론가인 하킴 베이Hakim Bey가 고안한 것으로 알려져 있다.[*] 이 문구는 도움도 되고 통찰력도 있지만, 나는 '혁명적 현실'이란 문구를 쓰는 게 좋다. 여기에는 세 가지 이유가 있다. 첫째, '혁명적 현실'은 현실을 창조할 때의 유동성과 진행성을 강조한다. 대안적 현실은 일시적일 수 있으나, 현실을 창조하는 과정은 부단하게 진행된다는 것이다. 급진주의자는 언제나 현실들을 창조하는데, 이 가운데 어떤 것은 공통적이고 지배적인 현실을 영속시키는 것도 있고, 어떤 것은 대안적인 현실이거나 심

◆Hakim Bey, T.A.Z.: *The Temporary Autonomous Zone*, Autonomedia, 1985

지어 혁명적인 현실인 것도 있다. 둘째, '혁명적 현실'은 예표된 급진주의적 현실에 내재된 불온하고 혁명적인 성격을 강조한다. 이렇게 예표된 현실은 기존에 확립된 현실 모두와 대적한다. 예표된 현실이 가능하다면, 현존하는 현실 모두가 도전받고 근절되고 찬탈되는 것도 가능하다. 셋째, '혁명적 현실'은 저항, 해방, 혁명, 행동주의에 대한 급진주의자의 접근법을 변형하고 개선하고자 시도한다. 요컨대, 내가 '혁명적 현실'을 쓰는 방식은 급진적 활동에 필요한 새로운 가능성을 재개념화한다는 뜻이다. 이 점은 내가 '신급진주의'를 쓰게 한 동기기도 하다. 즉 내가 꾀한 것은 새로운 유형의 사유와 행동의 여지를 창조하는 것이다.

이 모든 사항이 정확하다면, 급진주의자는 최선을 다해서 현실을 창조하는 솜씨를 갈고닦아야 한다. 이 책은 처음부터 끝까지 그 생각을 갖가지 방식으로 역설하며, 다른 현실을 말하고 글쓰고 실현하기 위해서 언어적 비언어적 소통을 어떻게 활용할 것인지 지침을 제시한다. 그러나 이러한 기본적 기법은 범위를 좁혀서 신급진주의적 현실 창조의 전술로 전화돼야 한다. 지면이 얼마 남지 않았지만, 그 방법을 설명하면 두 단계로 구분될 것이다. 첫째 자신의 욕망을 선언하는 것, 둘째 타인의 욕망을 얘기하는 것이다.

자신의 욕망을 선언하자

자신이 욕망하는 현실을 구현해야 한다. 그렇게 할 때라야 지각과 이해가 바뀌며, 세상을 다르게 보기 시작한다. 세상의 차갑고 딱딱한 사실은 여전할 테지만, 그 사실에 대한 자신의 성향은 달라질 것이다. 예를 들어, 이제는 미합중국이 세계를 자애롭게 지키는 파수꾼으로 보이는 게 아니라 탐욕스럽고 자기만 챙기는 제국주의 초강대국으로 비칠 것이다. 이제는 자본주의가 사익을 추구하는 개인들이 공평하게 경쟁하는 열린 체계로 보이는 게 아니라 강자가 운이 없는 자를 포식하는 사악하고 야만스런 체계로 비칠 것이다. 이제는 성차, 인종, 성정체성이 자연적이고 본질적인 것으로 보이는 게 아니라 권력, 해방, 억압의 문제를 수반하는 사회적 구성의 범주로 비칠 것이다. 이제는 노숙, 기아, 빈곤이 불운하지만 않았다면 피할 수도 있었을 윤리적 사회의 피치 못할 사태로 보이는 게 아니라 본래부터 옳지 못한 체계, 구조, 기구의 직접적 결과로 비칠 것이다. 이제는 혁명이 무모하고 불가능한 생각으로 보이는 게 아니라 완벽하진 않겠지만 더 나은 세계로 가는 가능하고도 필연적인 운동으로 비칠 것이다. 이와 같은 지각의 변화는 자신의 생각과 욕망을 구현할 때 나타나며, 활동가의 마음을 다짐케하여 더 나은 세계의 창조에 매진하게 만든다. 달리 보고 달리 생각하고 달리 행동하면, 자기가 살아갈 현실과 자기가 창조한 현실이 등장하는 것이다.

정치적 입장에 따라 사는 것은 사람마다 다르다. 현재의 사회체계와 완벽하게 단절하며 살기도 하고, 현 체계에서 있는 힘껏 살기도 한다. 어느 길을 선택하든, 심층의 문제는 동일하다. 현실은 자신의 욕망을 구현하고 욕망을 헤쳐가면서 창조된다는 것이다. 물론, 욕망을 바꿔서 다른 식으로 살아가기도 한다. 애초에는 진보의 몫liberal gains을 늘려볼 생각으로 시작했다가 시간이 흐를수록 점차 급진주의자로 변모하는 활동가의 삶에서 이런 일이 나타난다. 그들은 복잡한 사회의 문제를 알아가면서 생활방식을 바꾸고, 급진적 행동에 더 많이 동참하고, 더 커다란 급진적 변화를 요구하기 시작한다. 이제 그들은 다른 현실을 살아간다. 물론, 정반대의 길 역시 가능하다. 오랫동안 활동가로 살다보면 할 일은 많고 급여는 적은 탓에 기력도 열정도 쇠하기 쉽다. 그러다보면 안정된 삶을 찾아서 현장을 떠나고 만다. 그러면 이제 그들은 다른 욕망을 살아가고 다른 현실을 창조한다.

이런 각본은 현실의 노동을 강조한다. 현실을 창조하는 일은 매우 힘든 일이다. 물론, 급진주의자는 당연한 것이라고 생각한다. 인류에 내재된 본성이기 때문이다. 급진주의자는 의심하지 않고 멈추지 않고 나아간다. 현실이 창조적으로 노동하는 과정이라는 점은 결코 의식에 떠오르지 않는다. 그러나 자신의 현실을 바꾸다보면, 혹은 대안적이고 특히 혁명적인 현실을 추구하다보면 이 과정이 밝혀지게 마련이다. 그러다가 갑작스럽게 현실은 노동을 요한다는 것을 깨닫는다. 아마 이 때문에 대다수의 사람들은 무의식적으로 자신의 현실을 재창조하기를 꺼려하는 것이리라. 차라리 그들은 인종차별, 성차별, 자본주의, 전쟁, 탐욕, 통제, 제도화된 삶처럼 사회가 용인한 일상적 현실을 택한다. 사람들이 이러한 현실을 꼭 좋아하는 것은 아니지만, 현실에 저항하거나 현실을 바꾸는 것은 너무 고된 일이다. 시간과 인내와 의식적인 노력이 필요한 것이다. 게다가 갈등이 일어날 가능성도 있다. 현실은 권력관계로 얼룩져 있는 탓에 이익을 얻는 사람이 있는가 하면 고통을 받는 사람도 있다. 권력을 장악한 사람은 권력을 놓고 싶은 마음이 없다. 그들은 자기가 누리는 특권에 맞설 생각을 안 하며, 타인의 특권에 대해서는 더욱 관심을 갖지 않는다. 이러한 옳지 못한 현실을 외면하고,

부정하고, 아니면 간단히 인정함으로써 삶을 쉽게 꾸려간다. 물론, 대립과 갈등을 솔직하게 받아들이는 사람도 있다. 그런 사람들을 일컬어 급진주의자라고 한다. 급진주의자라고 해서 반드시 대립과 갈등을 바라는 것은 아니지만, 그들은 솔직하게 수용한다. 사회적 정의의 가능성이 엿보이면, 위험과 분쟁과 노고를 무릅쓸 만한 가치가 있다고 믿기 때문이다.

욕망과 현실에 따라서는 다른 것보다 위험한 점도 있다는 것을 알아두자. 예를 들어, 성전환의 욕망을 쫓는 것은 남성이나 여성의 이성애 욕망만을 쫓는 것보다 힘이 든다. 그 이유는 많은 사람들이 무시 받고 차별 받는다며 성전환을 잘못 이해하고서 두려워하기 때문이다. 한마디로 성전환주의transgenderism를 몸으로 구현하기에는 위험한 현실이라는 얘기다. 평화주의자가 폭력에 폭력으로 맞서지 말자고 할 때도 비슷한 문제가 제기된다. 이 욕망은 평화주의자를 위험하기 짝이 없는 잠재적인 위험에 빠뜨린다. 반소비주의자와 반자본주의자도 비슷해서, 체포되고 사회적으로 배척되거나 건강보험을 충분히 누리지 못하고 좋지 못한 주택에 살며 제때 끼니를 챙겨먹지 못할 가능성이 크다.

이러한 문제 때문에 연대와 집단적 지지가 필요하다. 급진주의자라고 해서 다른 사람들의 의견에 모두 동의할 필요는 없으나, 다른 사람이 욕망하는 현실을 지지하도록 노력해야 한다. 한 사람의 현실이 다른 사람의 현실과 충돌하지 않는 이상 꾸준히 지지하는 것이 급진주의자의 윤리다. 이러한 윤리를 실천하면 모든 현실이 인정받는 세계, 진실로 중심 없는 세계에 한 발짝 다가서게 된다. 그런 세상에서는 더 나은 현실도 없고 더 못한 현실도 없다. 그곳은 바라 마지않는 창조성

들이 별처럼 빛나는 커다란 미리내로서, 여기서는 급진주의자의 현실
이 대화하고 교류하고 더 나은 세계를 끊임없이 일러준다.

이 창조적 과정을 구현하는 것은 세 가지 기본 단계로 구분될 수
있다. 첫째 자신의 욕망을 이해하는 것, 둘째 자신의 욕망을 구현하는
것, 셋째 자신의 현실에 필요한 활동가가 되는 것이다.

첫째, 내면 깊숙이 자리한 정치적 욕망을 밝혀내자. 무엇을 하고
싶은지, 어떻게 살고 싶은지, 이해하도록 하자. 자기가 살았으면 싶은
세계를 생각해보자. 자기가 살았으면 싶은 삶을 생각해보자. 자기가
살았으면 싶은 사회와 문화를 생각해보자. 그런 사회와 문화를 든든히
버티는 경제적 정치적 체계를 생각해보자. 어쩌면 경제적 체계나 정치
적 체계는 무용할지도 모른다. 무언가 완전히 다른 것을 욕망했다면
말이다. 자, 이제 그런 꿈을 마음에 그려보고, 그 현실의 구석구석을 개
념화해보자.

둘째, 그 현실을 향해서 나아가기 시작하자. 그 현실을 지금 여기
서 어떻게 창조할지 궁리하자. 그 현실을 명시하기 위해서, 무엇이 필
요하고, 어떻게 살아야 하며, 어떻게 소통해야 하는지 생각해보자. 자기
가 욕망하는 현실과 현존하는 현실 사이에는 커다란 간극이 있을 것이
다. 그렇다고 용기를 잃지는 말자. 당연한 일로 생각하고, 걷기 시작하
자. 시간이 지나면 간극은 줄어들 것이고, 이윽고 사라질 것이다. 어쩌
면 험난한 시기를, 고난의 시대를, 심지어 심각한 갈등까지 경험할지도
모른다. 사람들이 왜 그런 행동을 하는지 묻기도 하고, 심지어 제정신
이냐고 질문하기도 한다. 늘 그렇지는 않지만, 혁명적 현실이 맨 처음
제기되면 의심과 조롱을 받고 심지어 억압될 때도 있다. 이 순간이야말

로 실제적인 수사기법이 유용할 때다. 무슨 일을 무엇 때문에 하는지 설명하자. 사회적으로 더욱 공정한 현실을 추구한다는 점을 설명하자. 더 나은 세상을 향해서 걷고 있다는 것, 그곳은 모든 현실이 인정받고 포함되는 세계라는 것을 설명하라는 것이다. 물론, 이러한 내용을 다른 사람이 이해하고 연관 짓고 확인할 수 있는 언어로 만들어야 한다.

셋째, 자신의 현실에 필요한 활동가가 되자. 자기가 욕망하는 현실을 만들 때 유용한 모임, 행사, 행동, 계몽운동을 전략에 따라 조직하자. 이 일은 활동가 한 사람만의 문제가 아니다. 이 싸움은 자기가 결정하고 모두가 만족하는 현실을 창조하는 것, 즉 모든 사람의 권리를 위한 것이다. 민중의 현실 창조 잠재력을 박탈하는 억압과 싸우고, 구조를 뒤엎고, 제도를 없애자. 학교 제도의 실패, 불합리한 가격이 책정된 건강보험, 유전자를 조작한 식품, 다 쓰러져가는 주택, 매체 독점, 부패하고 대답 없는 정부기관은 사람들이 다르게 생각하고, 다르게 살아가고, 다르게 창조하지 못하게 막아선다. 바뀌어야 한다. 이곳이 전통적 급진주의와 새로운 급진주의가 만나는 지점이다. 밖으로 나가자, 그리고 세상을 바꾸기 위해서 노력하는 활동가가 되자.

타인의 욕망을 얘기하자

앞에서 지적했던 것처럼, 대부분의 사람들은 자신의 현실을 재창조하고 싶어 하지 않는다. 급진적이거나 혁명적인 현실로 바꾸는 것은 특히 그렇다. 그러나 활동가는 사람들에게 용기를 불어넣어 창조의 길로 나서게 할 수 있다. 우선 필요한 사항은 이 책 곳곳에서 제기한 수사적 전술과 접근법을 활용하는 것이다. 설득, 이야기하기, 논증하기, 권유적 수사, 그 외의 기법과 전술을 이용해, 사람들에게 용기를 불어넣어 더욱 급진적인 현실을 추구하게 만들자. 활동가는 그러한 현실을 추구할 때 개인적 이점과 집단적 이점이 무엇인지 명확하게 강조하는 편이 좋다. 그러나 이 과정은 복잡하다. 다른 사람들이 무엇 때문에 자기 욕망을 쫓지 않는지 활동가가 확실하게 알지 못하기 때문이다.

예를 들어, 급진적 현실을 욕망하지만 겁이 나서 못하는 사람도 있다. 그들은 평범하고 만족스럽지 않은 삶이나 자유주의적인 삶을 살아간다. 급진주의적인 삶 대신에 말이다. 사람들이 그렇게 사는 이유는 저마다 다를 것이다. 급진주의적인 욕망을 추구하다보면 골치 아픈 일이 많을 것이라고 생각하는 사람도 있을 것이다. 어떻게 시작해야 할지 잘 모르는 사람도 있을 것이다. 과거의 욕망, 신념, 행위에 여전히 끌리는 사람도 있을 것이다. 이유가 무엇이든 이러한 사람들에게 필요한 것은 자신의 급진주의 신념을 쫓도록 지지하고 격려하는 일이다. 그들이 믿어야 하는 것은 사회적으로 더욱 공정하고 민주적인 현실을 창조하는 일이 유일하게 할 만한 일이라는 것이다. 여기서는 격려하고 지지하는 일이 핵심 사항인 셈이다.

자신의 욕망을 추구하지만 부당하고 억압적인 현실인 경우도 있다. 이런 사람들에게는 자신이 욕망한 정치가 어떠한 것인지 탐구하도록 권장할 필요가 있다. 예를 들어, 돈도 많이 주고 몸도 편한 대기업 직장을 바라는 사람이 있다고 치자. 어찌 보면 나쁠 것이 없다. 이 사람은 비겁한 짓을 한 것도 아니고 남에게 해를 끼친 것도 아니며, 그렇다고 무슨 악의가 있는 것도 아니다. 그러나 의도하지는 않았어도 계급 차별과 경제적 불평등을 지속시키고, 강력한 독점체제power monopolies

를 도와주며 각종 노동착취를 간접적으로 지원하는 결과를 낳게 된다. 이 같은 상황이 곤혹스러운 이유는 대부분의 사람들이 자신의 욕망이 빚어내는 좋지 않은 결과를 대면하기는커녕 외면하기 때문이다. 활동가가 개입할 지점이 여기다. 그들이 불평등, 착취, 고통, 압제를 승인하고 지속시킨다는 것을 강조하자. 그러나 고발하는 듯한 언사는 피하자. 그렇게 하면 사람들은 방어태세를 취하고 마음의 문을 닫는다. 권유적 수사, 이야기하기, 일인칭 서사 같은 간접적 접근법을 사용하면 도움이 많이 된다. 이러한 전술을 통해 이야기하면 사람들은 자기만의 방식으로 이해하게 된다. 언젠가는 사람들이 자기가 욕망하는 정치를 깨달을 것이며, 결국 더 나은 세상을 위해서 변할 것이라고 희망해보자.

그런가 하면 대놓고 맞서야 하는 사람도 있다. 그들은 자신의 현실이 다른 사람에게 직접적으로 해롭게 한다는 것을 잘 알고 있으나 이 점에 대해 별다른 거리낌이 없다. 그들은 권력을 욕망한다. 그게 전부다. 이런 사람에게는 간접적인 접근법을 써봐야 소용이 없다. 다른 수사적 전술을 사용하면 조금이나마 효과가 있겠지만, 핵심은 그들을 변화시키는 것이다. 이와 같은 상황이라면 더욱 전투적인 활동이 필요할지도 모른다. 유명한 노예폐지론자인 프레더릭 더글러스Frederic Douglass는 이렇게 말했다. "권력은 누가 요구하지 않는 한 어느 것도 양보하지 않는다. 권력은 과거에도 그랬고 미래에도 그러리라." 자, 패는 모였다. 권력을 욕망하는 사람을 처리하는 방식은 이제 활동가 자신의 몫이다. 다소 전투적인 모양새를 띨 수도 있지만 어찌됐든 힘 있는 자와 맞서가며 그들의 욕망이 바뀌거나 아예 사라지기를 기대해보자.

위의 사례에서 봤던 것처럼, 여러 다른 욕망을 이해하는 것은 도움이 되지만, 실제로 삶에서 마주치는 상황은 그렇게 간단한 것이 아니다. 토론회, 연구회, 대형 집회를 하다보면 청중이 뒤섞일 때가 있다. 그렇기 때문에 사람들의 욕망을 얘기하기란 매우 어렵다. 그러나 보통 활동가는 네 가지 사항을 꾀한다.

- 사람들에게 자기가 욕망하는 정치가 무엇을 함축하는지 깨닫게 하는 것.
- 사람들에게 사회적으로 공정한 욕망을 추구하게 하는 것.
- 사람들이 그런 욕망에 따라 행동하게 하는 것.
- 사람들이 더 나은 세계를 그리고, 그곳으로 나아가게 하는 것.

이러한 유형의 논의가 과히 새로운 것은 아니다. 모든 사회운동은 시민권, 범지구적 정의, 성차 평등, 평화 등과 같은 사람들의 욕망을 얘기한다. 그러나 신급진주의의 접근법은 위와 같은 유형의 논의에 집중한다. 무엇인가 심층적인 것을 얘기하려고 한다는 것. 사람들의 응어리를 건드리고 사람들의 상상력에 날개를 달려고 한다는 것. 활동가가 바라는 것은 사람들이 다른 현실을 실제로 그려낸 다음 그곳을 향해서 걸어가는 것이다. 그렇게 하려면 당연히 바람직한 소통이 필요한데, 논리를 명확히 세우지 않는 방식이 좋다. 논리적 논증과 서론·본론·결론 형식의 논문이 선지적이고 매력적인 경우는 드물다. 활동가는 대안적 현실은 불러내는 언어, 상징, 행동, 소통 방식을 사용해야 한다. 되도록이면 집회, 행진, 포럼, 행진, 축제에서 흔히 경험하는 다름의 감각을 일깨우려고 하자. 다만, 대규모 집회나 회의를 할 때 나오는 흥

> 급진주의자에게는 새로운 구호뿐 아니라 새로운 상상력과 그것을 전달하는 방식이 필요하다.

분된 분위기에 의지하지 않고, 혼자의 힘으로 해야 한다. 이상적으로 보면, 적재적소에서 시기적절하게 안성맞춤으로 알맞은 낱말을 쓰기만 하면 얼마든지 가능하다. 이것은 활동가에게, 활동가가 하는 소통에게, 활동가가 만나는 청중에게 달린 일이다. 가능하게 만들자. 어려운 일이지만, 불가능한 것은 아니다.

수많은 활동가와 사상가가 이와 비슷한 주장을 제기했다. 예를 들어, 활동가이자 뉴욕대학 교수인 스티븐 던컴은 급진주의자의 소통을 볼거리로 만들어 사람들의 환상을 끄집어내라고 주문한다. 차림새가 독특하고, 우스개가 넘치고, 존재감이 있으며, 휘황찬란bright lights하고 허랑방탕glitz and glam한 행동을 하면, 사람들은 매혹되어 활동가의 정치적 입장에 끌려든다. 그는 이것을 '몽상의 정치학Dreampolitiks'이라고 부른다. 아나키스트이자 아이비리그 인류학자인 데이비드 그래버David Graeber도 비슷하게 주장한다. "상상력에게 모든 역량을All power to the imagination", "현실주의자가 되자, 불가능한 것을 요구하자Be realistic, demand the impossible"와 같은 유명한 구호는 새로운 옷으로 갈아입어야 한다는 뜻을 담고 있다. 급진주의자에게는 새로운 구호뿐만 아니라 새롭게 상상한 풍경과 그런 풍경의 전달에 필요한 새로운 양식도 필요하다. 이것은 정치적 상상력을 주장하는 캐나다 사회학자인 알렉스 칸스나비시Alex Khasnabish의 작업과 공명한다. 그는 성공한 정치적 반란이란 물질적 투쟁뿐만 아니라 비물질적 상상력에도 의존한다고 주장한다. 양쪽의 전선에서 싸워야만 정치적 투쟁을 승리로 이끌 수 있다. 아르헨티나 사람이 주축을 이룬 단체인 콜렉티보 시투아시오네스 Colectivo Situaciones는 언어의 추상과 제한에서 사유와 경험을 해방시켜 이 문제를 풀려고 노력한다. 그들은 과거의 물화된 이해 방식을 깨뜨리기 위해서 열려 있고 끝없이 얽혀 있는 잠언, 은유, 이론을 활용한다. 근거지가 미국인 스마트 밈 집단Smart-Meme Collective이 접근하는 방식은 약간 다르다. 그곳은 풀뿌리 조직이 사회 변혁의 이야기를 창조하는 것을 돕기 위해서 서사기법, 문화난장 전술, 매체 훈련을 이용한다.[*] 스마트밈의 회원인 패트릭 레인스버러우Patric Reinsborough는 혁명적 상상력의 탈식민화에 대해서 이렇게 적고 있다.

세계가 위기에 빠질 때, 우리가 보유한 가장 강력한 무기는 상상력이다. 그러나 먼저 해야 할 일은 사회의 변혁에 대해서 스스로 걸어놓은 개념의 속박에서 해방되는 것이다. 가능성의 영역을 확장할 때 개연성의 방향이 설정된다. 더 나은 세상을 가로막는 신화와 가설에 직접 맞서야 한다는 뜻이다.[**]

사회의 변혁에 대한 이러한 소명과 접근을 상상의 노동, 정서적 노동, 서사적 노동, 선지적 노동 혹은 수사적·소통적 노동 등 호칭을

[*] Stephen Duncombe, *Dream: Re-imagining Progressive Politics in the Age of Fantasy*, New Press, 2007; David Graeber, "Revolution in Reverse," nyc.indymedia.org/en/2007/10/9201; Alex Khasnabish, "Insurgent Imaginations" *Ephemera 7* (4) 2007, Ephemeraweb.org/journal/7-4/7-4khasnabish.pdf; Colectivo Situaciones, "Something More on Research Militancy," in *Constituent Imagination*, Smartmeme, Smartmeme.com. 2008년 2월 1일 인용.
[**] Patrick Reinsborough, "Decolonizing the Revolutionary Imagination," in *Globalize Liberation*, Solnit, ed., City Lights Books, 2004.

달리 해도 좋다. 어떤 식으로 부르든 바람직한 소통의 힘인 것만은 명확하다. 신급진주의는 이 점을 마음에 새기고, 사람들의 욕망을 추동하고 혁명적 현실을 창조하고자 노력한다. 욕망, 상상력, 소통은 신급진주의의 뿌리다.

| 신급진주의적 의제의 지침 |

신급진주의는 현실과 사회 변혁을 소통에 따라 접근한다. 이러한 접근법은 현대의 행동주의와 같이 가는 동시에 후자의 산물이기도 하다. 첫째, 신급진주의는 중심 없는 원칙에 기초한다. 급진주의자는 하나의 이데올로기에 따라 발맞춰 행진하지도 않거니와 하나의 미래나 세계를 추구하지도 않는다. 그들은 무수히 다양한 방향으로 자유롭게 나아간다. 개인은 각자 자신만의 현실을 추구하며, 그것들 가운데 더 나은 현실도 더 못한 현실도 없다. 현실은 사회 정의의 문제에 따라 수용되기도 거부되기도 한다. "당신의 현실은 사회적으로 공정한가?"라는 질문이 과정을 평가하는 지침이다. 이 중심 없는 접근법은 "하나의 세계, 다수의 현실"이란 금언을 구체화한다. 둘째, 신급진주의는 일상생활의 혁명에 기초한다. 아나키스트, 자율주의자, 페미니스트가 자주 지적했던 것은 혁명이 정부를 뒤엎거나 체계를 전복하는 것으로 환원될 수 없다는 것이다. 대규모로 진행되는 혁명은 여전히 필요한 일이며 환영할 만한 일이지만, 거대한 혁명이 절정에 달하기를 마냥 기다려서는 안 된다. 활동가가 겪는 삶과 활동가의 속 깊은 욕망은 혁명적 활동의 터전이자 수단이다. 셋째, 신급진주의는 집단의 행동에 기초한다. 사람들이 자기만의 독특한 현실을 추구할지라도 그 현실은 결코 외딴 섬이 아니다. 그들의 욕망, 미래, 현실은 사람들 사이의 교류에서 나오는 동시에 그것에 기여한다. 이 때문에 서로의 혁명적 현실을 지지하고 옹호하고 그것의 개선을 돕도록 요청을 받는다. 넷째, 신급진주의는 다양한 전술에 기초한다. 결코 한 가지 방법만 있는 게 아니다. 물론, 신급진주의는 소통에 기초한다. 그러나 소통은 가지각색이고 영구 지속된다. 비결은 전략, 주의, 기법을 소통하는 것이다. 다섯째, 신급진주의는 상당한 근거가 있는 이상주의에 기초한다. 세계는 창조되는 것이자 본시 융통성이 있기 때문에 급진적 사회 변혁은 언제나 가능하다. 따라서 희망과 의욕은 새로운 급진주의 계획의 핵심인 셈이다.

신급진주의적 의제를 발전시킬 때 필요한 몇 가지 지침을 살펴보면서 3절을 마무리하겠다. 이러한 지침은 일부러 폭넓게 해놓아, 다양한 해석과 응용이 가능하도록 했다.

- 신급진주의는 인간이 소통 과정을 통해서 자신의 현실을 창조하는 존재라고 생각한다.
- 신급진주의는 사람들에게 자기 내면에 자리잡은 정치적 욕망을 좇아가라고, 선택한 현실이 무엇이든 창조하라고 주문한다.
- 신급진주의는 다른 현실을 방해하지 않는 한 무엇이든 수용되고, 존중되고, 인정돼야 한다고 생각한다.
- 신급진주의는 사람들이 욕망하는 현실을 자유롭게 창조하게 해주는 사회체제를 수립하려고 애쓴다. 이렇게 하려면 이 과정

을 방해하는 사회체계가 무엇이든 그것을 탐구하고 대결하고 근절하는 것이 필요하다.

- 이 투쟁은 무한히 계속된다. 심지어 중심 없는 현실의 세계를 창조한다고 해도 지속된다. 방해하고 통제하고 억압하는 힘이 다시 출현하지 않는다는 보장이 없다.

:: 결론 ::

신급진주의의 많은 측면은 새로운 것이 아니다. 활동가들은 이 책이 쓰이기 전에도 소통과 미래와 욕망과 혁명에 대해 꾸준히 논의했고, 이 책이 망각된 뒤에도 오랫동안 논의할 것이다. 그러나 활동가 가운데 더 나은 소통자가 되고자 시간을 들이는 사람은 별로 없다. 소통은 현실의 창조다. 활동가는 더 낫고 더 급진민주적인 현실을 의식적으로 창조하고 개조하기 위해서 이러한 현실 창조의 과정을 활용할 수 있다. 나는 활동가가 이 책을 보고 현실을 창조할 때 필요한 도구와 전술을 얻었으면 좋겠다. 그리고 내면에서 각성되는 것이 있었으면 좋겠다. 각성되는 내용은 상당 부분 신급진주의에 대한 것도, 심지어 소통과 수사에 대한 것도 아니다. 오히려 그것은 자신의 속 깊은 욕망을 구체적인 정치적 현실로 드러내는 문제다. 활동가 모두는 그런 욕망과 미래가 있으며, 더 나은 현실을 바랄 것이다. 내가 주문하는 것은, 매우 밝은 탓에 미래로 가는 길과 넘는 길을 밝혀주는 혁명적 현실을 길잡이 삶아, 자신의 심장이 일러주는 대로 말하고 글 쓰고 행하라는 것이다. 심지어 애걸하고 싶을 정도다. 지금으로서는 그러한 미래가 어떨지 확실히 알지 못하나 장차 그것을 보면 알게 되리라. 결국 이 세계와 그 세계의 간극은 좁혀질 것이고, 현재의 활동가는 미래를 창조했던 과거의 수사가로 변모할 것이다.

내가 이 여정을 끝낼 수 있도록 도와준 많은 사람에게 감사한다. 먼저, 이 책을 출판한 뉴소사이어티 출판사 사람들에게 감사의 말을 전한다. 크리스토퍼 플랜트와 주디스 플랜트가 이 작업을 출판하자고 처음으로 제안했고, 잉그드 위트보에트와 머레이 라이스는 유용한 제안과 의견을 제시했다. 심적으로 지원해준 고향에 있는 가족과 친구에게도 진심으로 감사한다. 그들은 당신이 아니면 누구도 못하는 방식으로 나를 이해해주었고, 나의 뿌리를 경이롭게 상기하는 계기가 되었다. 나를 아낌없이 지원해준 그루브 가족에게도 고마움을 표하고 싶다. 동일한 방식으로 타인을 지원할 때 어떠한 태도를 취할지 그들에게서 천천히 배워나갔다. 그리고 나한테 대안적 세계관을 보여줬던 어릴 적 친구들에게도 감사의 말을 전해야겠다. 지금 하는 생각과 행동의 기원은 그때까지 거슬러 올라갈 수 있다.

카번데일Carbondale의 남부 일리노이 대학 대학원 교수들에게도 감사를 표해야겠다. 그들은 글을 쓰고 생각하는 방법과 가장 중요한 살아가는 법을 가르쳐주었다. 특히 리노어에게 감사한다. 그는 나를 여러 가지 측면에서 이끌어줄 정도로 친절하고 인내심이 깊었다. 친절하고 참을성이 좋기는 대학교 친구들도 마찬가지였다. 지금은 미국 곳곳에 흩어진 상태지만, 고마운 마음이 절절하다. 얼마나 광적이고 지적이고 나한테 힘이 되었던지, 정말로 선물이 아닐 수 없었다! 특히 고마운 사람은 엘리자베스와 리아다. 뉴소사이어티 출판사가 처음에 내 작업을 거절했다가 수락하는 시기까지 그들은 나와 함께했다. 나의 반려자인 아만다는 두말할 것도 없다. 그녀는 수많은 초안을 읽었으며, 내가 지치고 실망해 포기하려고 하는 모습도 내내 지켜봤다. 그녀는 이 모든 고난을 헤치고, 열정과 희망과 의욕을 갖고서 내가 글을 쓰며 살아가고 사랑하도록 격려해주었다. 마지막으로 세계 곳곳에서 노력하는 활동가들에게도 고마움을 표한다. 그들은 내게 듣고, 익히고, 성찰하는 방법과 사회적 정의를 위해서 싸우는 방법을 가르쳐주었다. 이 책을 그들에게 바친다.

더 나은 현실을 향해서 나아가자, 그러다보면 언젠가 세상을 바꾸리라!

참고 자료

활동가들이 소통, 수사, 행동주의에 대해서 그들의 지식과 실천을 더욱 키웠으면 하는 바람에서, 다음의 자료를 소개한다. 이 목록은 결코 완벽한 것이 아니라, 오히려 이 책에서 다뤘던 내용을 소개하는 것에 가깝다.

입문서

1. Albert, Michael. *Trajectory of Change: Activist Strategies for Social Change*. South End Press, 2002. 급진주의적 사회운동의 수사를 향상시킬 때 필요한 통찰을 담고 있다. 입문용 책은 아니나, 논의의 출발점으로 삼기에 괜찮다.

2. Alinsky, Saul. *Rules for Radicals: A Pragmatic Primer for Realistic Radicals*. Vintage Books, 1989. 이 고전은 원래 1971년에 출판됐으나, 지금까지도 널리 읽힌다. 알린스키는 소통과 수사의 중요성을 잘 알고 있었다. (사울 알린스키,《급진주의자를 위한 규칙》(박순성 옮김), 아르케, 2008)

3. Bobo, Kim, Jacki Kendall and Steve Max. *Organizing for Social Change: A Manual for Activists in the 1990s*. Seven Locks Press, 1996. 조직가들이 광범위하게 활용하는 설명서, 대중연설, 매체활용법, 연수회 기획, 모임 조직, 기금 마련에 관련된 내용이 들어 있다.

4. Boyd Andrew. *The Activist Cookbook: Creative Actions for Fair Economy*. United for a Fair Economy, 1999. 훌륭한 거리극장 설명서.

5. CrimethInc. Ex-Workers Collective. *Recipes for Disaster*. Ex-Workes Collective, 2005. 전복 활동을 창조하고 실행할 때의 지침을 광범위하게 모아놓았다.

6. Cutting, Hunter and Makani Themba-Nixon. *Talking the Walk: A Communications Guide for Radical Justice.* AK Press, 2006. 이 훌륭한 책은 주류 매체를 다룰 때 좋은 길잡이가 된다. 특히 인종정의 활동가를 위해서 썼으나, 다른 활동가에게도 도움이 된다. 보도자료, 논설, 홍보하기, 문제의 판짜기 등에 필요한 지침을 제공한다.

7. Kush, Christopher. *The One-Hour Activist. Jossey-Bass*, 2004. 입법자에게 청원할 때 필요한 일반적인 입문용 소개서. 편지를 쓰고, 전자우편을 보내고, 전화를 걸 때 유용한 비결을 제공한다.

8. Lakoff, George. *Don't Think Like an Elephant! Know Your Values and Frame the Debate*. Chelsea Green Publishing, 2004. 정치 논쟁에서 승리하려면 대화의 판을 어떻게 짜는 게 좋은지 일러준다. 민주당 좌파를 위해서 쓴 책이나 활동가에게도 도움이 된다. (조지 레이코프,《코끼리는 생각하지 마》(유나영 옮김), 삼인, 2006)

9. Prokosch, Michael and Laura Raymond, eds. *The Global Activist's Manual: Local Ways to Change the World*. Thunder Mountain Press/Nation Books, 2002. 범지구적 행동주의에 관련된 논문을 모았다. 인터넷 조직화, 조사 활동, 기금 마련에 필요한 지침을 제공한다.

10. Salzman, Jason. *Making the News: A Guide for Activists and Nonprofits*. Westview Press, 2003. 언론인과 접촉하고, 보도자료를 작성하고, 텔레비전에 출연하고, 라디오 대담을 확보하고, 자신의 문제를 공표할 때 훌륭한 지침을 제공한다. 구성도 좋고 읽기도 쉽다.

11. Shaw, Randy. *The Activist's Handbook: A Primer*. University of California Press, 2001. 조직가를 위한 개론적 소개서. 특히 청원, 연합 구축, 매

체 대처법, 직접 행동을 다룬다.

현대의 반권위주의적 행동주의와 운동에 관련된 텍스트

1. Callinicos, Alex. *An Anti-Capitalist Manifesto*, Polity Press, 2003. 범지구적 정의운동의 반자본주의를 개괄한다. 읽기 어려울 수 있으나 책에 나오는 제안은 매우 해볼 만한 일이다. (알렉스 캘리니코스, 《반자본주의 선언》(정성진 · 정진상 옮김), 책갈피, 2003)

2. Day, Richard J.F. *Gramsci is Dead: Anarchist Currents in the Newest Social Movements*. Pluto Press, 2005. 현대의 반권위주의적 행동주의를 훌륭하게 검토한다.

3. Duncombe, Stephen. *Dream: Re-Imagining Progressive Politics in an Age of Fantasy*. The New Press, 2007. 활동가가 상상력을 크게 발휘해 소통을 해야 하는 이유에 대해서 매우 설득력 있는 주장을 펼친다. 자기 역할을 잘 아는 학자-활동가가 쓴 책이다. 읽기 쉬우니 강력하게 추천한다.

4. Gordon, Uri. *Anarchy Alive!: Anti-Authoritarian Politics from Practice to Theory*. Pulto Press, 2008. 현대 무정부주의의 이론과 실천을 간결하고 풍부하게 조망한다.

5. Graeber, David. *Fragments of an Anarchist Anthropology*. Prickly Paradigm Press, 2004. 무정부가 정당한 사회조직 형태인 이유를 매우 짧고 통찰력 있게 논증한다.

6. Holloway, John. *Change the World Without Taking Power: The Meaning of Revolution Today*. Pluto Press, 2005. 기존의 세계 내부에서 대

안적 세계의 창조를 논의한다. 읽기는 어렵지만, 반권위주의자, 신마르크스주의자, 반자본주의자가 필수적으로 읽어야 할 책이다. (존 홀러웨이, 《권력으로 세상을 바꿀 수 있는가》(조정환 옮김), 갈무리, 2002)

7. Klein, Naomi. *No Logo: Taking Aim at the Brand Bullies*. Vintage Canada, 2000. 반기업과 반소비주의 활동에 대한 고전. (나오미 클라인, 《슈퍼 브랜드의 불편한 진실: 세상을 지배하는 브랜드 뒤편에는 무엇이 존재하는가》(이은진 옮김), 살림Biz, 2010)

8. Lasn, Kalle. *Culture Jam: How to Reverse America's Suicidal Consumer Binge—And Why We Must*. Quill, 2000. 유명 잡지 《애드버스터스》의 편집자가 문화난장에 나서자는 내용을 담고 있다.

9. Notes From Nowhere, eds. *We are Everywhere: The Irresistible Rise of Global Anticapitalism*. Verso, 2003. 범지구적 정의운동 활동가가 범지구적 정의운동 활동가를 위해 쓴 논문을 모았다.

10. Shepard, Benjamin and Ronald Hayduk, eds. *From ACT UP to the WTO: Urban Protest and Community Building in the Era of Globalization*. Verso, 2002. 다양한 문제에 대해서 활동가들이 작성한 논문을 모아놓았다. 재생산 권리, 공동체 원예, 최저생계 임금, 인종정의, 매체로 주제가 한정되지 않는다. 이 책은 뉴욕시 지역에 중점을 두지만, 모든 사람에게 적용 가능하다.

11. Shukaitis, Stevphen and David Graeber, eds. *Constituent Imagination: Militant Investigations/Collective Theorization*. AK Press, 2007. 반권위주의 이론, 분석, 이야기를 훌륭하게 모았다.

12. Solnit, David, ed. *Globalize Liberation: How to Uproot the System*

and Build a Better World. City Lights Books, 2004. 범지구적 정의운동 활동가가 범지구적 정의운동 활동가를 위해서 쓴 논문을 모았다. 세계를 바꿀 때 필요한 이론, 분석, 실무 지침을 다룬다.

13. Starhawk. *Webs of Power: Notes from the Global Uprising*. New Society Publishers, 2002. 저명한 작가, 활동가, 여성주의자의 논문을 모았다.

14. Starr, Amory. *Global Revolt: A Guide to the Movements Against Globalization*. Zed Books, 2005. 범지구적 정의 운동, 전술, 개념을 간결하고 읽기 쉽게 개관한다.

고전과 편집판

1. Bey, Hakim. *T.A.Z.: The Temporary Autonomous Zone, Ontological Anarchy, Poetic Terrorism*. Autonomedia, 1985. 이론적이고 시적이고 논쟁적인 책. 현대의 급진주의와 공통된 생각이 상당수 들어 있다.

2. Debord, Guy. *Society of the Spectacle*. Black and Red, 1983. 국제상황주의자Situationist International의 저명한 지도자가 소비자본주의를 이론적으로 치밀하게 비판하는 책이다. (기 드보르, 《스펙타클의 사회》(이경숙 옮김), 현실문화연구, 1996)

3. Duncombe, Stephen, ed. *Cultural Resistance Reader*. Verso, 2002. 문화급진주의자의 독창적인 텍스트.

4. Goldman, Emma. *Living My Life, Volume One*. Dover Publications, Inc., 1970. 저명한 무정부주의자이자 여성주의자이자 혁명가의 자서전으로, 대중에게 널리 읽혔다.

5. Hoffman, Abbie. *Steal This Book*. Four Walls Eight Windows, 1996. 전복 활동에 대해서 호프만이 작성한 고전적 입문서. 원래는 1971년에 출간됐다.

6. Katsiaficas, George. *The Imagination of the New Left: A Global Analysis of 1968*. South End Press, 1987. 급진적 사회학자의 책으로, 역사적 시기를 매우 흥미롭게 설명했다. (조지 카치아피카스, 《신좌파의 상상력: 전 세계적 차원에서 본 1968년》(이재원 옮김), 난장, 2009)

7. Marx, Karl and Friedrich Engels. *The Communist Manifesto*. Penguin, 2002. 행동을 촉구하는 유명한 선언서. 오늘날에도 급진주의 정치학에 끼치는 영향력은 여전하다. (《칼 맑스 프리드리히 엥겔스 저작선집 I》(박종철출판사 편집부 엮음, 김세균 감수), 박종철출판사, 1997)

8. McCarthy, Timothy Patrick and John MacMillian, eds. *The Radical Reader: A Documentary History of the American Radical Tradition*. The New Press, 2003. 연설, 평론, 선언의 원문을 잘 모았다.

9. Vaneigem, Raoul. *The Revolution of Everyday Life*. Rebel Press, 2006. 1967년 처음 출간된 이래 프랑스의 1968년 5월 사건에 영향을 끼쳤으며, 반권위주의적 사유와 실천에 영감을 끊임없이 제공한다. (라울 바네겜, 《일상생활의 혁명》(주형일 옮김), 이후, 2006)

이론과 철학

1. Burtler, Judith. *Gender Trouble: Feminism and the Subversion of Identity*. Routledge, 1990. 버틀러는 미국 최고의 성차·성정체성 이론가 가운데 한 명이다. 이 책은 그녀를 유명하게 만들었던 초기 저작에 속한다. (주디스 버

틀러, 《젠더 트러블》(조현준 옮김), 문학동네, 2008)

2. Cutting, Gary, ed. *The Cambridge Companion to Foucault*. Cambridge University Press, 1998. 푸코의 작업에 대한 훌륭한 길잡이. 그의 암시적이고 신비로운 문체를 헤쳐 나갈 때 유용하다.

3. Deleuze, Gilles and Felix Guattari. *A Thousand Plateaus: Capitalism and Schizophrenia*. University of Minnesota Press, 1987. 들뢰즈와 가타리의 가장 유명한 책으로, 광범위하게 인용되는 개념인 '리좀rhizome'이 설명되어 있다. (질 들뢰즈 · 펠릭스 가타리, 《천개의 고원: 자본주의와 분열증》(김재인 옮김), 새물결, 2001)

4. Gramsci, Antonio. *Selections from the Prison Notebooks*. International Publishers, 1971. 저명한 마르크스주의 이론가의 널리 인용되는 노트. 헤게모니와 유기적 지식인을 다룬 글이 실려 있다. (안토니오 그람시, 《옥중수고 I, II》(이상훈 옮김), 거름, 1999)

5. Hardt, Michael and Paolo Virno, eds. *Radical Thought in Italy: A Potential Politics*. University of Minnesota Press, 1996. 이탈리아의 탈노동 자주의적 사유를 훌륭하게 개관했다. 비물질적 노동, 일반지성, 사회적 공장social factory, 다중을 논의한다.

6. Kaufman, Cynthia. *Ideas for Action: Relevant Theory for Radical Change*. South End Press, 2003. 급진주의 이론에 대한 훌륭한 소개서. 여성주의, 성차, 인종, 이데올로기, 마르크스주의 등을 다룬다.

7. Laclau, Ernesto and Chantal Mouffe. *Hegemony and Socialist Strategy: Towards a Radical Democratic Politics*. Verso, 2001. 탈마르크스주의적 사유에 대한 핵심 텍스트. 이 책은 결정적 전망을 버리고 추론적 전망을 통해서 계

급정체성과 헤게모니를 응시한다. (어네스토 라클라우 · 샹탈 무페,《사회변혁과 헤게모니》(김성기 외 옮김), 터, 1990)

8. May, Todd. The Political Philosophy of Poststructuralist Anarchism. Pennsylvania State University Press, 1994. 무정부주의와 탈구조주의적 사유를 결합한다. 마르크스주의, 무정부주의, 비판이론, 탈구조주의적 이론을 매우 유용하게 개관한다.

행동주의와 사회운동: 학술서

1. Bowers, John W., Donovan J Ochs and Richard J. Jensen. *The Rhetoric of Agitation and Control*. Waveland Press, Inc., 1993. 시민권 운동과 시카고 민주당 전당대회 같은 저 옛날 1960년대의 문제와 사례를 주로 다룬다.

2. Della Porta, Donatella, ed. *The Global Justice Movement: Cross-national and Transnational Perspectives*. Paradigm Publishers, 2007. 사회학의 전망에서 범지구적 정의운동을 검토한 논문을 모았다.

3. Foran, John, ed. *The Future of Revolutions: Rethinking Radical Change in the Age of Globalization*. Zed Books, 2003. 현대 혁명의 본질을 주제로 사회학 및 정치학 논문을 모았다.

4. Frey, Lawrence R. and Kevin M. Carragee, eds. *Communication Activism, Vol. 1: Communication for Social Change*. Hampton Press, Inc., 2007. 소통 분야에서 활동하는 활동가-학자들의 글을 광범위하게 모았다. 도움도 되고 통찰도 있다.

5. Morris, Charles E. and Stephen Howard Brown, eds. *Readings on the Rhetoric of Social Protest*. Strata Publishing, 2001. 사회적 운동과 항의를 학문적으로 검토한 주요 논문이 들어 있다.

6. Reitan, Ruth. *Global Activism*. Routledge, 2007. 정치과학과 사회연구의 측면에서 범지구적 행동의 출현과 본성을 다룬다.

7. Stewart, Charles J., Craig Allen Smith and Robert E. Denton, Jr., eds. *Persuasion and Social Movements*. Waveland Press, Inc., 2007. 소통이론 학자들이 인정도 높게 하고 활용도 많이 하는 논문집.

소통과 수사: 학술서

1. Arneson, Pat, ed. *Perspectives on the Philosophy of Communication*. Purdue University Press, 2007. 저명한 소통이론 학자들이 주요 철학자들에 대해서 쓴 논문을 모았다. 읽기 좋고 유용하다.

2. Bizzell, Patricia and Bruce Herzberg, eds. *The Rhetorical Tradition: Readings from Classical Times to the Present*. Bedford Books, 1990. 서구의 수사학전통을 포괄적으로 개관했다. 원전에서 발췌한 구절을 활용한다. 읽기 어렵지만, 읽을거리가 풍부하다.

3. Herrick, James A. *The History and Theory of Rhetoric: An Introduction*. Allyn and Bacon, 2004. 서구의 수사학전통을 간결하고 읽기 좋게 개관했다.

4. Radford, Gary P. *On the Philosophy of Communication*. Thomson Wadsworth, 2005. 읽기 좋은 소통철학 소개서.

예술, 연희, 이야기하기, 문화난장

1. 애드 버스터스Ad Busters. 문화난장, 패러디광고spoof ads, 비상업광고 uncommercials에 전력투구하는 캐나다 잡지. 이곳 홈페이지는 문화난장에 필요한 지침을 제시한다. http://adbusters.org.

2. 빵과 인형 극단Bread and Puppet Theater. 상당한 인정을 받는 풀뿌리 인형극단 패로, 급진적 사회변혁을 추구한다. 1960년대 창단했으며, 미국 버몬트에 있다. http://breadandpuppet.org.

3. 체인워커스Chainworkers. 불안정 상태의 노동자를 조직화하기 위해서 매체와 문화난장 전술을 사용하는 이탈리아 웹진. 매우 창조적이고 효과적이다. http://chainworkers.org.

4. 어릿광대 은밀 반란군Clandestine Insurgent Rebel Clown Army. 우스개, 풍자, 익살을 활용하는 중심 없는 가극패. 주로 유럽에서 활동한다. 그들의 웹사이트는 실무적 요령과 방법을 제공한다. http://clownarmy.org.

5. 콜렉티보 시투아시오네스Collectivo Situaciones. 아르헨티나에 근거지를 둔 전투적 연구집단. 그들은 해방을 위해서 이론과 실천을 함께 짜고 같이 한다. http://situaciones.com.

6. 크라임싱크CrimethInc. Ex-Workers Collective. 중심 없는 신화창조자 집단으로, 성원들은 미국 전역에 흩어져 있다. 그들의 수사는 열정이 넘치고 생각을 도발한다. http://crimethinc.org.

7. d-i-n-a. 국적이 서로 다른 예술가, 연구자, 활동가로 구성된 소집단. 예술과 소통을 결합시켜 '급진적 오락'을 창조한다. 게릴라예술이 디지털시대를 만난 셈이다. http://d-i-n-a.net.

8. 빌리 목사님과 쇼핑 좀 그만해 교회Reverend Billy and Church of Stop Shopping.

뛰어난 퍼포먼스 작가. 반소비주의 메시지를 확산시키기 위해서 복음주의 전도사 모습을 연기한다. 뉴욕시가 근거지다. http://revbilly.com.

9. 스마트밈SmartMeme. 비영리단체로서, 풀뿌리운동이 변화의 메시지를 전달하는 일을 돕는다. 이곳은 밈운동meme campaign, 브랜드관리branding, 그래픽 디자인 등, 이야기에 기초한 전략에 관한 연수회를 연다. 미국의 여러 지역에 사무실이 있다. http://smartmeme.com.

10. 예스맨The Yes Men. 정치풍자 배우로서 기업, 정부기관, 금융기관의 공개회의에 몰래 들어가 훼방을 놓는다. 그들은 사람들을 깜짝 놀라게 만들어 웃음을 끌어낸다. 주력 인물 두 명은 미국에 있다. http://theyesmen.org.

11. 요망고Yo Mango. 스페인 바르셀로나에 근거지를 둔 가게물건 슬쩍하기 운동. 반소비주의 생활방식을 표시하기 위해서 대중문화와 패션의 자극과 매력을 전유한다. 흥미진진하고 활력이 넘치는 운동이다. http://yomango.net.

출판, 잡지, 매체

1. 디모크라시 나우Demcracy Now! 오랫동안 운영했고 높게 인정받는 일일 라디오프로그램. 온라인으로 내려받기가 가능하다. http://democracynow.org.

2. 에페메라ephemera. 급진주의 이론과 정치를 다루는 학술잡지. 최신 논쟁과 개념을 다룰 때가 많다. http://ephemeraweb.org.

3. The Journal of Aesthetics and Protest. 이론·예술·분석 잡지. 세상을 바꾸는 창조적 방식을 중점적으로 다룬다. http://journalofaestheticsandprotest.org.

4. 좌회전Left Turn. 범지구적 자본주의와 제국주의에 맞서 싸우는 잡지. 분석, 논

쟁, 보고, 서평을 담는다. http://leftturn.org.

5. 뮤트Mute. 그날그날의 따끈따끈한 문제를 집중 다루는 문화정치잡지. http://metamute.org.

6. 페이퍼 타이거 텔레비전Paper Tiger TV. (2008년 기준) 25년 된 비영리 비디오집단. 주류매체가 외면하기 일쑤인 문제영역을 다룬다. http://papertigertv.blogspot.com

7. 미국 독립매체US Indymedia. 열린 보도 체계인 미국의 참여형 매체. 한마디로 사람들이 자기가 원하는 내용을 쓰고 읽고 답한다는 것. 미국과 세계 전역에 수백여개의 사이트가 존재한다. http://indymedia.us.

8. Z Magazine. 오래된 좌파정치잡지. 매일매일 소식이 올라오며, 포럼, 비디오, 블로그, 도서, 지역소식을 담고 있다. 자료가 풍성하다. http://zmag.org.

그날의 기억, 그날을 위해

1990년대 5월의 어느 날, 개강한 지 두 달도 안 돼서 총학생회장이 잡혀갔다. 총학생회는 당연히 가만히 있지 않았고, 이윽고 교내의 학우를 조직해 항의에 나섰다. 목표는 남대문경찰서. 시내에 있는 곳이라, 별다른 선택이 없었을 것이다. 자, 가두에 눕자. 4학년 집행부 선배의 말은 냉정했고, 망했다 외치는 속마음이 지금도 생생하게 들리는 것 같다. 그렇게 대략 200명 정도의 학우가 다 같이 누웠다. 2학년이라 그랬을까. 대오의 두 번째 열에서 임박한 운명을 초조하게 기다렸다. 기다리다 못해, 고개를 살짝 들어보니, 저 멀리 백골단이 달려오고 있었다. 5분 후의 세계가 선명하게 그려졌다. 얼마나 맞을까, 머리는 안 맞았으면 좋겠는데. 에휴, 속으로 한숨을 삼켰다. 아니나 다를까, 맨 앞에 있던 선배들이 신나게 맞으며 끌려갔다. 이제 곧 내 차례. 한 번 가슴을 밟히고 끌려가는데, 어라 별로 아프지 않았다. 갑자기 가슴이 강철로 변하기라도 한 것일까. 수수께끼는 이내 풀렸다. 이해해요 이해해, 끌고가던 백골단이 내 귀에 속삭였다. 그랬다. 그 역시 대학생이었던 것이다. 상황을 십분 이해하는 과거의 동료였다. 아마 나보다 선배

였겠지. 신나게 맞고 있는 선배를 보니 미안한 마음 가눌 수 없었지만, 가슴을 쓸어내리며 살았다 싶었다. 닭장차에 끌려가서 뒤통수를 몇 대 맞기는 했지만, 다른 선배가 겪었던 곤욕에 비하면 양반이었다.

이 책을 읽을 때 생뚱맞게도 그때가 떠올랐다. 험했던 일도 있었고, 슬펐던 일도 있었고, 재밌던 일도 있었지만, 그때 생각이 가장 또렷했다. 꽤 오래전 일인데 왜 그랬을까, 곰곰이 생각해보았다. 이유는 하나뿐이었다. 그때와 지금이 겹쳤던 것이다. G20 행사 때 쥐를 그렸다고 연행하는 행태는 불심검문이 가차 없이 횡행하던 그악한 옛 시절과 뭐가 다를까. 대통령을 익살 조금 보태 '희롱'했다고 연행과 심문을 일삼으며, 경찰국가를 자임하는 행태는 옛날의 공안정권 시절과 하등 다를 게 없는 모습이다. '구체제'라고 했던가. 이명박 정권이 들어선 지 3년밖에 안 됐지만, 심리적 시간은 10년이 아니라, 30년은 거슬러 올라간 것만 같다. 세상이 미래로 가는 길을 모색할 때, 현 정권은 과거를 향해서 아찔하게 돌진한다. 거침없는 3단 후진기어를 걸어놓았다. 상황이 이렇게 돌아가니, 민간인사찰은 애교처럼 보일 정도다. 옛날이라면 정권이 뒤집어져도 시원치 않았을 사건일 텐데도 말이다.

옛 시절의 '악취'는 인터넷에서도 예외 없이 진동하기 시작했다. 초기에 들끓었던 가상세계의 정치적 잠재력은 온데간데없이 사라졌다. 그토록 바라 마지않던 사이버전사 양병에 성공했는지, 누구의 말대로 포털은 예전에 평정됐는지, 각종 커뮤니티에 정체불명의 악플러가 난입하기 시작했다. 가질 수 없으면 망치라고 했던가. 사이버전사는 이내 노략질을 시작했다. 아니, 그것은 배설이었다. 인터넷 곳곳은 급격히 오염되기 시작했다. 눈살을 찌푸리는 정도가 아니었다. 지역차별, 인종차별, 성차별 등 가슴을 후벼 파는 말들이 폭포수처럼 쏟아졌다. 뿌리 없는 악의는 지칠 줄 모르고 퍼져나갔다. 심각한 것은 이것이 전부가 아니란 것이다. 마치 습속처럼 굳어지는 것이 더 큰 문제다. 하기야 현대판 서북청년단이 백발을 휘날리며 지팡이질을 하는 마당에, 딱히 이상할 것도 없겠다. 백색테러는 친절한 금자씨도 울고 갈 정도로 온라인과 오프라인을 차별하지 않는 것이다. 이제 남은 것은 거침없이 진행되는 사회의 퇴행뿐, 그렇게 집단지성의 몽상은 집단실성의 악몽으로 변하고야 말았다. 딱 10년 만의 일이다.

물론, 시대가 역행한다고 해도, 희망의 불씨가 완전히 꺼진 것은 아니다. 몇 년 전 미국산 쇠고기 문제 때문에 발발한 촛불집회를 생각해보라. 광화문 작은 곳에서 불을 밝히던 촛불은, 광화문에서 시청까지 8차선 대로를 활활 태운 들불이 되지 않았던가. 이곳에 참여한 무리는 옛날처럼 조직된 사람이 아니었다. 학생도 노동자도 집단을 조직해 참여했지만, 전체 무리를 주도했다고 보기는 어려웠다. 이때의 주체는 솔직히 '어중이떠중이'에 가까웠다. 뉴스를 보고 혼자 나온 사람, 친구의 연락을 받고 나온 사람, 남편과 부인의 손을 잡고 나온 사람, 아예 대학교 동창회를 조직하는 사람 등 가지각색이었다. 곳곳에서 약속이나 한 것처럼 오랫동안 못 봤던 친구를 우연히 만나는 장면은 어렵지 않게 목격할 수 있었다. 시위가 구성되는 주체도 방식도 예전과는 달랐던 것이다.

흥미로운 점은 또 있었다. 어느 때보다 인터넷 동호회의 약진이 놀라웠던 것. 전까지 인터넷은 기껏해야 정보의 전달이나 홍보의 수단이었다. 그러나 이때는 달랐다. 조직의 동력이 얼마간은 인터넷 동호회에서 나왔기 때문이다. 가상이 가상을 넘어서 현실로 전화되는 양상이 뚜렷했다. 게다가 야구 요리 컴퓨터 팬클럽 등 저마다 색깔이 어찌나 다채로웠던지. 오프라인이었다면 서로가 볼 일이 없었을 그들은, 가두에서 만났던 것이다. 그리고 '미디어키드'의 활동도 빼놓기 어렵다. 그들은 최첨단 미디어장비를 들고 시위의 현장 곳곳에 출몰해, 현장에서 바로 생중계를 했다. 사용자의 '창조적 기능전환'이 일으킨 혁명적인 순간이었다. DMB를 이용해 아프리카에서 생중계할 줄은 통신기업에서도 아마 꿈에도 몰랐을 것이다. 물론, 시위대가 청와대까지 못 간 것은 지도부가 없는 탓이라고, 뒤에서 투덜거리던 퇴역병도 있기는 했다.

그러나 지금은 상황이 달라졌다. 아니, 달라진 정도가 아니라, 정세가 급속도로 악화됐다. 물론, 90년대 유서대필 사건처럼 국면을 일거에 바꾸었던 조작사건은 없었지만, 실명제를 강제하고 사이버모욕죄를 신설하는 등 갖은 수단을 동원해 네트워크 사회에 재갈을 물리려고 기를 썼다. 이미 자기네 편으로 구워삶은 언론은 뒤질세라, 정보를 왜곡하고 무시하고 편집하여, 유리한 국면을 확고하게 굳혔다. 국면은 전환됐고, 반동의 시기가 찾아왔다. 새 매체를 통해 꿈꾸던 정치적 상상력은 급격히 잦아들었다. 그래서 간디오의 《다른 세상은 가능하다》가 반가웠다. 반세계화운동이 활활 타올랐다가, 9·11 사태로 말미암아 급격히 악화된 정세를 어떻게 돌파할 것인가, 저자가 고민했던 내용이기 때문이다. 급진주의자를 위해서 수사학을 통해서 간디오가 제시하는 진단과 해법이 무엇일지 흥미로워 보였다. 오늘날 진보세력은 가뜩이나 운신의 폭이 좁아지지 않았는가. 사막 같은 시대에 단비를 어떻게 뿌려줄지 무척이나 궁금했다.

《다른 세상은 가능하다》는 세 가지가 뼈대를 이룬다. 글 잘 쓰는 법, 말 잘 하는 법, 몸 잘 쓰는 법. 이 같은 골격에 급진주의자에게 알맞은 새로운 살을 입힌다. 한마디로 '새로운 수사학'을 확립하는 것이 목표다. 그렇다, 수사학이다. 말을 꾸미는 수사학이 저자의 화두다. 이유가 뭐였을까. 저자는 두 가지 사항을 전제한다. 첫째, 현재 급진주의는 수사학을 제대로 의식하지 못했기 때문에 위기에 빠졌다. 둘째, 수사학의 진면모는 제대로 알려지지 못했다. 이를 위해 그는 수사학을 새롭게 정의하고, 더욱 확장한다. 그리고 거침없이 나아간다. 수사는 현실의 창조라는 것이다. 언뜻 보기에 사뭇 이해하기 어려운 말이다. 수사는 효과일 뿐이고, 수사학은 그것을 다루는 기법이기 때문이다. 그랬던 수사가 현실을 창조한다니, 생뚱맞게 들리지 않는 게 이상하다. 여기서 저자는 대표적으로 두 가지 자원을 동원한다. 사파티스타의 '현실'과 네그리의 '철학'이다. (물론 두 가지만 있는 것은 아니다.) 지금은 예전만 못하지만 사파티스타의 명성은 이역만리 한국에까지 미칠 정도로 대단했다. 미국의 턱 밑에서 혁명의 둥지를 틀었던 멕시코의 사파티스타, 그들의 방식은 달라도 확실히 달랐다. 옛날처럼 한 손에 총을 든 것은 같지만, 다른 손에 든 것은 이전과 달랐다. 그것은 새로운 형태의 목소리였다. 네트워크를 통해서 전달되는 새로운 '말씀'이었다. 그들이 치아파스에서 구현한 현실은 네트워크를 타고 세계 전역에 동시에 퍼져나갔고, 세계 각국의 사람들은 귀만 기울이면 그 현실을 느낄 수 있었다. 일순간이지만, 한쪽을 당기면 다른 쪽도 당겨지는 그물처럼 공명했던 것이다.

비슷한 경험은 예전에도 존재했다. 커다란 집회를 할 때나, 가두를 점거한 채 어깨동무를 하고서 행진을 할 때면, 사람들은 몸과 몸이 어울려 '독특한 분위기'를 자아냈다. 그러나 치아파스의 현실은 예전과 달랐다. 순간이나마 시간과 공간을 초월했기 때문이다. 그렇다면, 예전과는 다르지만 새로운 혁명의 방식이 가능한 것이 아닐까. 간디오가 보기에, 특히 네그리의 철학은 이 독특한 '현실'에 이론적 얼개를 제공한다. 예를 들어, 그가 제안한 '다중'의 개념이 그렇다. 조직에 묶인 노동자도 아니고 무정형의 대중도 아니나, 네트워크를 통해서 '접속'된 개체들이 이루는 무리. 이것은 정보화 시대에 알맞은 조직화 방식이 아닐까. 사파티스타가 선취해 보여줬던 혁명의 방식은 이제는 비교적 손쉽게 목격된다. 억압에 맞서는 민중은 구태여 방송국과 신문사의 매개를 거치지 않더라도, 블로그나 트위터 같은 매체를 이용해 스스로 목소리를 내기 시작하는 것이다.

물론, 간디오의 주장에는 한두 가지 생각해볼 만한 쟁점도 있다. 그는 '살아있는 현실'과 '죽어있는 사실'을 구별하고, 수사를 '비물질적 노동'으로 규정하여, 현실을 창조한다고 누누이 강조한다. 사실, 여기서 비물질의 영역은 정신적 영역을 가리킨다. 따라서, 정신과 물질의 근대적 범주는 여기서 그대로 작동하며, 정신적 노동이 '네트워크'를 통해서 비물질적 노동을 '번역'된다고 해석해도 무방하다. 번역이란 말로 표현했지만, 심하게 말해서 눈 가리고 아웅 하는 것에 가깝다. '네트워크'의 개념에 걸맞게 이름만 바꾼 셈이기 때문이다. 하기야 전기와 전자는 비물질로서, 투명한 매개를 보장하는 매체로 숭배를 받았던 게 사실이다. 물질의 더러운 때도 안 입고, 정신의 고립된 섬에 갇히

지도 않는 매체라는 것이다. 그랬던 것들이 오늘날 네트워크로 '현상' 되며, 구체적인 형태를 띠게 되자, 신종 기계교belief in machine까지 창출됐다. 네트워크의 바다에 외재화된 정신이 유영하는 장면을 상상해 보라. 농담이 아니라, 민스키 같은 사람은 조만간 네트워크에서 정신을 내려받는 시기가 올 것이라고 주장한다. 간디오는 두 범주를 손쉽게 봉합해버린 게 아닐까.

그러나 이 책의 한계는 인정하자. 엄밀한 철학책이 아니라, 활동가를 겨냥한 실무지침서이기 때문이다. 하지만 봉합해버린 것 때문에 문제가 생기는 것도 어쩔 수 없다. 생각보다 네트워크 시대의 독특한 수사적 전략을 찾기 어려웠던 것이다. 네트워크 수사를 따로 다룰 만큼 신경을 썼지만, 급진적인 제안과 방법은 그다지 찾기 어려웠다. 오히려, 급진주의의 색채만 지우면, 글쓰기 말하기 몸 쓰기를 풀어 쓴 책으로 간주해도 무방할 정도다. 저자로서는 마뜩하지 않겠지만 말이다. 그러나 목적과 수단이 손쉽게 분리된다면, 저자가 설정한 개념적 장치가 헐겁기 때문이 아니었을까.

몇 가지 쟁점을 뽑아서 비판했지만, 그래도《다른 세상은 가능하다》는 필요한 책이다. 그가 지적한 대로, 급진주의자가 수사적 전략을 주도면밀하게 세우지 못한 것은 맞는 말이기 때문이다. 특히 지금처럼 시절이 녹녹치 않을 때라면, 더욱 전열을 정비하고 새로운 미래를 계획해야 한다. 게다가, 요즘처럼 매체환경이 급속도로 변화할 때라면, 저자의 말처럼 수사적 전략은 선택이 아니라 필수다. 그리고 이 책은 읽기도 좋다. 현대판 수사학자로서 이론과 실천을 몸소 실현하고 있어서, 글이 입에 착착 감길 정도로 발군의 문장력을 자랑한다. 이 때문에 번역하기 까다로웠지만, 읽는 내내 즐거웠다. 그러나 이 책은 쓰이지 않았으면 좋았을 책이다. 지금의 세상이 살 만한 세상이었다면, 이 같은 책은 나오지 않았을 것이기 때문이다. 행복할 그날을 위해서, 불행한 현실을 이 책을 길잡이 삼아 이겨내보자.

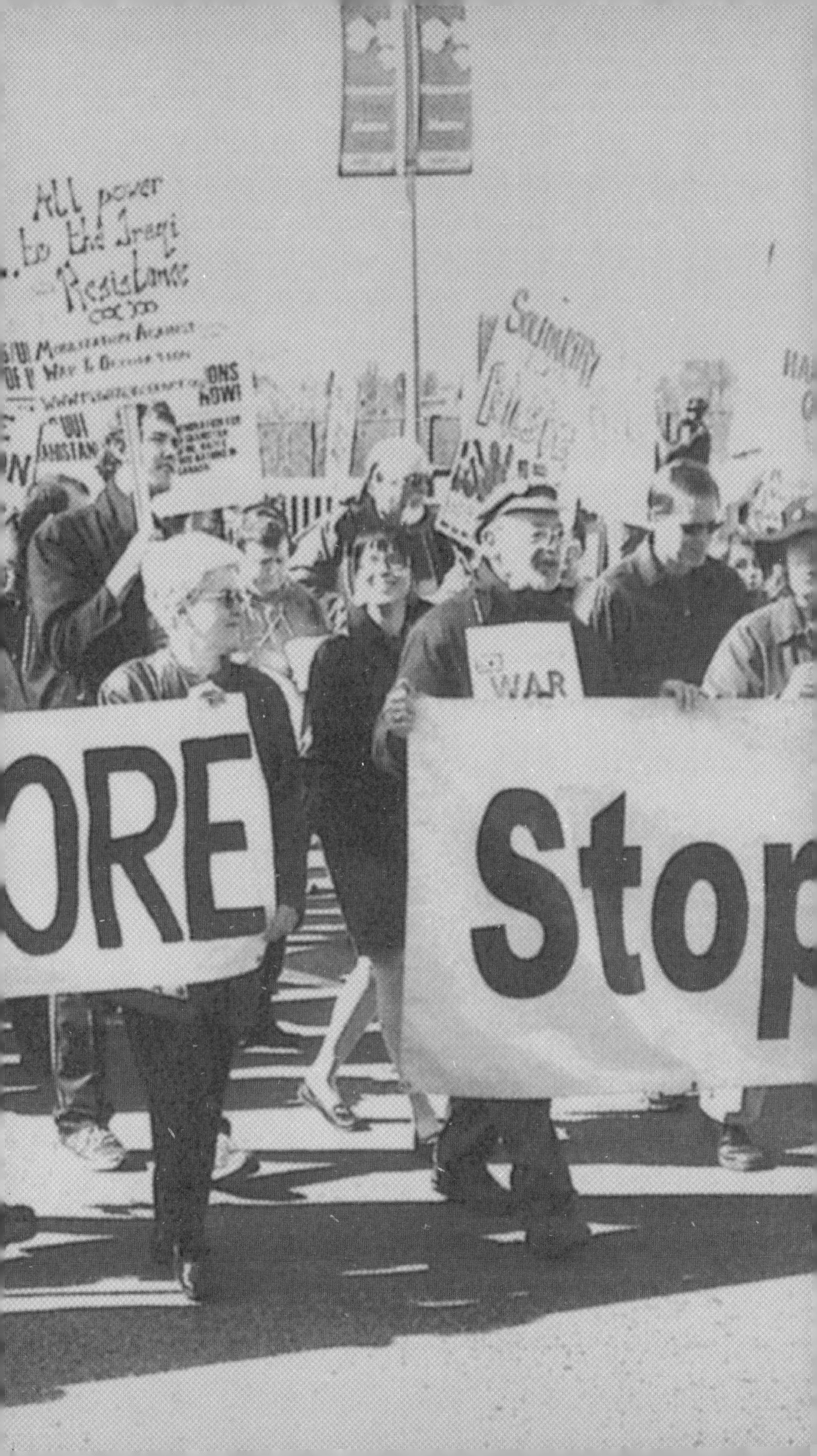
All power
...to the Iraqi
Resistance
NOW!
WAR
ORE
Stop

GIVE
A CHANCE